Michael Kleeberg

*Der Idiot
des 21. Jahrhunderts*

Der Idiot
des 21. Jahrhunderts

Ein Divan

———

versammelt von
Michael Kleeberg

Galiani Berlin

Der Autor dankt der Berliner Senatsverwaltung
für Kultur und der Stiftung Preußische
Seehandlung für die Unterstützung bei der
Arbeit an diesem Werk

Verlag Kiepenheuer & Witsch, FSC® N001512

2. Auflage 2018

Verlag Galiani Berlin
© 2018, Verlag Kiepenheuer & Witsch, Köln
Alle Rechte vorbehalten. Kein Teil des Werkes darf in
irgendeiner Form (durch Fotografie, Mikrofilm oder
ein anderes Verfahren) ohne schriftliche Genehmigung
des Verlages reproduziert oder unter Verwendung elektronischer
Systeme verarbeitet, vervielfältigt oder verbreitet werden.
Umschlaggestaltung: Lisa Neuhalfen und Manja Hellpap, Berlin
Umschlagmotiv: © Plainpicture/Stephanie Uhlenbrock
Autorenfoto: © Lothar Köthe
Lektorat: Wolfgang Hörner
Gesetzt aus der Sabon
Satz: Buch-Werkstatt GmbH, Bad Aibling
Druck und Bindung: CPI books GmbH, Leck
ISBN 978-3-86971-139-3

Weitere Informationen zu unserem Programm
finden Sie unter *www.galiani.de*

Den Freunden auf ihren Divanen
in Ost und West
Fried' und Freude allen Wohlwollenden,
besonders den Nahen Verbundenen!
Und so fortan!

»Ist es wahr, Fürst, dass Sie einmal gesagt haben,
die Welt werde durch die Schönheit gerettet?«

DOSTOJEWSKI, DER IDIOT

»Wie sich in der politischen Welt irgend ein
ungeheures Bedrohliches hervorthat, so warf ich
mich eigensinnig auf das Entfernteste.«

GOETHE, TAG- UND JAHRESHEFTE 1813

Inhalt

Moghanni Nameh
مغنی نامه
Buch des Sängers
11

Saghi Nameh
ساقی نامه
Buch des Schenken
29

Se Eschgh Nameh
سه عشق نامه
Buch der drei Lieben
63

Aknun Nameh
اکنون نامه
Buch des Augenblicks
115

Madjnun Nameh
مجنون نامه
Buch des Idioten
137

Dadjjal Nameh
دجال نامه
Buch Daddschal
189

Leyla Nameh

ليلا نامه

Buch Leilah

247

Maschregh Nameh

مشرق نامه

Buch des Orients

289

Taadib Nameh

تأديب نامه

Buch der Erziehung

345

Ghorbat dar Gharb Nameh

غربت در غرب نامه

Buch des westlichen Exils

375

Khandeh Nameh

خنده نامه

Buch des Lachens

417

Amal Nameh

آمال نامه

Buch der Utopie

437

Moghanni Nameh

مغنی نامه

Buch des Sängers

Dass wir solche Dinge lehren
Möge man uns nicht bestrafen:
Wie das alles zu erklären
Dürft ihr euer Tiefstes fragen.

GOETHE

Allerliebste Marianne, erwache!
Ei! Wach' uff und guck!
Die Welt ist aus den Fugen! Blutrot geht die Sonne im Abend
auf. Der Orient zersplittert. Gog und Magog, die Bastarde unserer Berührung, hausen in unserer alten Karawanserei, wüten
in der geliebten Stadt. Sie schießen Pfeile gen Himmel, die blut-
befleckt wieder zur Erde fallen. Sie zertrümmern den Sarkophag
des Ahiram von Byblos, und mit jedem Hieb geht uns ein Wort
verloren. Die phönizische Prinzessin, unsere Urahnin, klammert
sich verzweifelt an die Hörner des Stiers, aber der versinkt im
winterlichen Meer, und ihr Bruder, ausgeschickt, sie zu suchen,
sitzt in Abschiebehaft, und so haben wir denn keine Heimat
mehr? Die Nachtigall schweigt im Zerplatzen der Bomben, im
gelben Nebel welken Rose und Jasmin dahin. Hudhud hüpft
an den Zäunen und Stacheldrahtrollen entlang und kann seine
Liebesbotschaft nicht mehr überbringen. Daddschal, der Lügner
und Täuscher, der Missgebildete mit dem blinden Auge, schwin-
delt die Hölle zum Paradies um und das Paradies zur Hölle, und
unsere Brüder und Schwestern folgen ihm, dem Messias der Ab-
wege, und besorgen sein schmutziges Geschäft, gleich ob er sich
Schellenberg oder Kalif nennt. Die Wasserräder der Gerber-
mühle von Hama jammerten, kreischten und polterten schon in
den Ohren Trajans und Mohammeds und Saladins, aber heute
mahlt nur noch der tote Gang, und der Gevatter kommt bei
Neumond das Mehl holen. Der Schrecken ist ein Engel auf dem
Potsdamer Platz, die Piraten der Zukunft setzen zum Entern an.
Und wohin lenke ich in all diesem Wirrsal deinen erwachen-
den Blick?
Auf die Frau, die hier gegenüber von uns am Tisch sitzt

und mit geschlossenen Augen der Musik lauscht. Warum auf sie? Wegen dieses Ausdrucks völliger Hingabe auf ihrem Gesicht. Lass uns ganz leise ein wenig näher treten, die anderen rund um den Tisch bemerken uns gar nicht in ihrer versunkenen Konzentration. Komm in den Kreis hinein, den die lebendige Musik um uns alle schlägt, hinein in die Fruchtblase, die sich um jede Gruppe von Menschen bildet, die gemeinsam musizieren.

Wir könnten, wären wir selbst taub, auf diesem Gesicht die Klänge und Worte lesen. Wie anmutig die Mondsicheln der Brauen mithorchen! Und wie zart und verletzlich die geschlossenen Lider sind, aber durchflossen von Leben wie Magnolienblüten. Und wie anrührend die Falten und dunklen Vertiefungen unter den Augen und die tief eingeprägten Krähenfüße. Wenn sie lacht, kräuselt sich der Nasenrücken so liebenswert, du wirst es gewiss gleich noch sehen. Nein, es ist nicht das Gesicht eines Mädchens oder einer jungen Frau, ihre schwarzen Locken sind am Schläfenansatz ergraut, ob sie sich wohl das Haar färbt, was meinst du? Schau, die Lippen sind nicht fest geschlossen, sie bewegen sich kaum merklich, als murmelten, als flüsterten sie den Text mit, den sie auswendig zu kennen scheint. Es sind rote und volle Lippen, trocken und fein gemasert. Lass uns einen Schritt zurücktreten, nicht dass unser Atem sie aufstört.

So ganz bei sich, durchdrungen von Melodie und Rhythmus und Worten, aber nicht in sich verschlossen, ihr Gesicht, ihr Körper sind dem Augenblick geöffnet wie eine Blume der Sonne. Was meinst du, kann man sagen, sie liefert sich dieser Sekunde aus, und die ist Klang? Sie schwimmt im Fluss des Liedes mit wie ein Fisch, der sich von der Strömung treiben lässt?

Innig konzentriert, als lausche sie auf ein Echo der Vergangenheit im Gegenwärtigen. Was sagst du? Sie sieht aus, diese lauschende Frau mit den geschlossenen Augen, als durchlebe sie die Sekunde vor oder die nach dem Glück.

Ihre geöffneten Handflächen ruhen auf dem Schoß, die türkise Bluse lässt das Haar leuchten und den schwarzen Spitzenbesatz des BHs flimmern, der unter den beiden geöffneten obersten Knöpfen zu sehen ist. Der lange schwarze Rock fällt seitlich über den Stuhl. Gesammelt sitzt sie da von den Fingerkuppen bis in die Zehenspitzen, die im Takt des Liedes mitwippen. Sogar durch die geblähten Nasenflügel scheint die Musik einzuströmen, sie füllt sich mit ihr und entlässt sie wieder aus sich im synkopierten Rhythmus des Blues.

Das Bild dieser Berührten zu enträtseln, liebe Freundin, deswegen sind wir hier. Ich gestehe dir, ich hab' dich in ihr wiedererkannt, du wirst verstehen warum, wenn du sie erst selbst singen hörst. Und ganz ungeachtet solcher Nebensächlichkeiten wie Familienstand, Alter, Haarfarbe oder ihrer aparten persischen Schafsnase.

Sie heißt übrigens Maryam.

Du fragst dich: Wo sind wir hier? Nun, an einem Ort, wo nicht nur gesungen wird, sondern auch vernünftig gesprochen. Der Abend ist angebrochen, ein warmer Sommerabend, dessen schwere gelbe Düfte ab und zu ein Windhauch durchs offene Fenster weht. Aber bevor wir uns umsehen und orientieren, überquert unser Blick die feingesponnene, schwingende Brücke vom Ohr der Zuhörenden zum Mund des Sängers. Wer ist er, der die Musik macht, die die Anwesenden in Bann schlägt, die um den Tisch sitzen und lauschen? Selbst Mimi, die schwarzweiße Katze auf der Fensterbank, hört zu, genau wie Kitmir, der dreibeinige Hund aus dem Tierheim, der unterm Tisch liegt. Sogar die letzten abendlichen Amseln draußen in den Baumkronen haben respektvoll den eigenen Gesang eingestellt.

Auch die Augen des Sängers sind geschlossen. Sein Kopf ist über die Gitarre geneigt, im Kerzenschein schimmert seine Glatze, die von einem Saum grauer Haarbinsen umwuchert ist, wie ein mondbeschienener See. Die Brille ist auf der fleischigen Nase ein Stückchen hinabgerutscht. Er trägt über einem weißen T-Shirt ein lachsfarbenes Hemd mit hochgekrempelten Ärmeln, dessen Knopfleiste über dem Bauch ein wenig spannt.

Findest du nicht? Man hat hier, wie beim Anblick aller Menschen, die ganz durchdrungen von ihrer Tätigkeit, konzentriert einem komplizierten Handwerk nachgehen, das Bedürfnis, seine

Versunkenheit zu beschützen wie die Unversehrtheit eines Säuglings.

Die Hände auf den Saiten sind zwei muskulöse Spinnen, die einen Balztanz vollführen. Die linke streckt und dehnt die Beine, kommt ihrem Partner entgegengelaufen und gesprungen, zuckt dann wieder zurück, dehnt sich, zieht sich zusammen. Die rechte bleibt in sich gekehrt auf gleicher Höhe und pflückt die Töne wie Kirschen.

D-Moll, B-Dur, zwei Bünde tiefer nach C und wieder zurück nach D. Dreimal hintereinander dasselbe wohlbekannte Riff. Dann beginnt er zu singen, Hermann ist sein Name, mit einem leisen, aber sicheren Bariton. Seine Augen sind noch immer geschlossen. Er scheint tief in sich hineinzublicken oder zu horchen, wie in einen Brunnenschacht, aus dem die Wörter gefördert und geschöpft werden müssen:

»What will you do when you get lonely and nobody's waiting by your side? You've been running and hiding much too long. You know, it's just your foolish pride.«

Und dann der Refrain, und drei Stimmen fallen in die Harmonie ein, die Maryams, deren Mund sich dabei zu einem Lächeln weitet, die eines jungen Mannes von Anfang zwanzig mit schwarzem Haar, und die des neben ihm sitzenden, an ihn gelehnten dunkelblonden Mädchens mit den langen, gefilzten Dreadlocks: »Layla!«

Vier Stimmen, der Bariton Hermanns, der Celloton Maryams ganz dicht darüber, auf den sich der Tenor des Jungen und heller, aber nicht höher, die Stimme des Mädchens schichten wie Schmirgelpapiere, die sich aneinander reiben und Fünkchen schlagen der Spannung, die den Zuhörern eine Gänsehaut den Nacken hinaufjagt:

»Layla! You got me on my knees, Layla. I'm begging darlin' please, Layla. Darling, won't you ease my worried mind?«

Nur hört es sich so nicht an.

Denn Hermann, der ohnehin, wenn er an den Wochenenden aus Frankfurt hierheraufkommt, um seinen Freund TK zu besuchen, gerne ins Hääschdener Platt ihrer Kindheit und Jugend verfällt, versucht gar nicht erst, die englische Aussprache korrekt klingen zu lassen.

»Letz meek se best of se sidjuehschn, biefohr ei fainelie goh insehn. Blies dohnd seh, wiel newwer faindeweh ent tell mie ohl mei laffs inwehn!« Und vor allem singt er dann im Refrain:»Lehla! Ju gatt mie on mei Knies!« Knies! Mit K!

Aber sieh dich um! Grinst deswegen irgendwer hinter vorgehaltener Hand? Muss einer lachen? Und die drei jungen Leute, die gewiss fließend Englisch sprechen, ziehen sie höhnische Grimassen? Verliert das Lied dadurch irgendetwas von seiner schmerzlichen Besessenheit, angesichts der man einen knieenden Einsiedler in der Wüste vor sich sieht, der, die Hände zum Himmel gehoben, die Steine und den Sternenhimmel anfleht? Keine Spur. Niemand merkt auf, niemand fällt aus dem sanften Bann. Niemand zuckt mit der Wimper, ganz so als sei es völlig nebensächlich und spiele überhaupt keine Rolle, wie englisch das Englisch nun klingt. Und sag selbst: Findest du irgendein Moment der Lächerlichkeit in dieser Szene?

Nein, das tun wir beide nicht, denn auch wir sind drinnen, auch wir sind in der Fruchtblase des Einvernehmens und der Zuneigung dieses Hauses, wo man frei wird und mutig und über sich hinauswächst, du erinnerst dich? Und dieses Déjà-vu ist der andere Grund, warum ich dich bitte, diese Tage bei mir zu sein.

Etwas lächerlich zu finden und lächerlich zu machen, ist zunächst einmal nichts als der Beweis, draußen zu stehen und sich damit nicht wohlzufühlen. Das tut hier niemand, im Gegenteil, der Humus, aus dem die Blüten der Musik wachsen, ist Zuneigung, ein Wissen um die Gebrechlichkeit unserer Würde und Autonomie, um die Kostbarkeit unserer gemeinsamen Augenblicke.

»Leike fuhl, ei fell in laff wiss ju«, singt Hermann und hebt kurz den Kopf, um verlegen in die Runde zu lächeln angesichts des Gefälles zwischen der Leidenschaft des Liedes und seiner Gestalt, und hier und da wird das Lächeln erwidert, voller Respekt und Schalk, und Maryam öffnet wie auf Verabredung die Augen, blickt über den Tisch und schließt sie wieder. Dafür ergreift sie das Tamburin, das am Stuhl lehnt, und klopft jetzt als Antwort mit den Fingerkuppen den Rhythmus mit. »Layla, you got me on my knees ... Layla ... Darling won't you ease my worried mind?« Die Finger streichen zärtlich über das Fell der Daf, ganz beiläufig übernehmen sie den Rhythmus, und im Refrain schichten sich die zweite und dritte Stimme über die erste wie Blätterteig. Ob der Sänger und die Zuhörer die Geschichte dieses Songs kennen? Die Geschichte von Eric Clapton, der sich unsterblich in die Frau seines engen Freundes George verliebte, ihr dieses Lied seiner unerfüllten Sehnsucht schenkte und dann, als sie ihn, hin- und hergerissen zwischen Verliebtheit und schlechtem Gewissen, nicht erhörte, drei Jahre lang in den Abgrund von Heroin und Alkohol flüchtete? Aber warum nannte Clapton sein Lied nicht Pattie, sondern Layla? Das lag an einem schottischen Drehbuchautor, der im Swinging London zu seinen Freunden gehörte, einem gewissen Ian Dallas, der dem liebeskranken Gitarristen ein Exemplar von *Leilah und Madschnun* schenkte, jener altpersischen unsterblichen Geschichte einer unsterblichen hoffnungslosen Liebe. Da war Dallas allerdings bereits zum Islam konvertiert und nannte sich Abdalqadir as-Sufi. Seither hat er sich allerdings weniger als Mystiker hervorgetan, sondern sich mit einer Fatwa gegen den Papst und Hasstiraden gegen die Juden in eine ganz eigene Richtung entwickelt, aber das ist eine Geschichte, die nicht direkt hierhergehört.

Was hierhergehört ist, dass an diesem privatesten aller Orte, so weitab von irgendwelchem Rockstar-Glamour wie von jeder Frömmelei, Hermann, dieser nicht mehr junge Mann mit dem runden Gelehrtenbäuchlein, dessen äußere Erscheinung eines Aufbegehrens oder Auftrumpfens nicht fähig scheint, den Schmerz und die Sehnsucht und die Hoffnung von Claptons Lied mit virtuosen Fingern interpretiert und den anderen darreicht in einer demütigen Würde, die man nur dann ausstrahlt, wenn man weiß, wovon man redet.

Und auch Maryam, die so hingegeben zuhört und deren Fingerkuppen die Daf streicheln, lauscht wie jemand, der persönlich gemeint ist. Was ist das? Erinnerung an verlorene Jugend und der bittersüße Schmerz darüber?

»Hör uff!« winkt TK lachend ab, nachdem wir uns zwischen die anderen an den großen Esstisch gequetscht haben.

Nun gut, ich gebe zu, das ist eine unbeholfene Art, mich auszudrücken.

»Mir scheint«, sagt Hermann, »was uns irgend Großes, Schönes, Bedeutendes begegnet im Leben, daran darf man sich nicht von außen her erinnern, das darf man später nicht gleichsam erjagen müssen, es sollte sich vielmehr gleich vom Anfang her, wenn es geschieht, in unser Inneres verweben und mit ihm eins werden. Es muss sozusagen die vorhandene Substanz vergrößern und verdichten und beständig produktiv in uns wirken.«

Maryam blickt auf: »Es gibt überhaupt kein Vergangenes, das man zurücksehnen durfte, es gibt nur ein ewig Neues, das sich aus den erweiterten Elementen des Vergangenen gestaltet, und die echte Sehnsucht muss stets nach vorn gerichtet sein und etwas Neues, Besseres erschaffen.«

Ich könnte es selbst nicht besser sagen.

Deshalb sind wir hier, liebe Freundin, um vorauszublicken, indem wir zurückblicken, um, verfügend über unsere Vergangenheit, von diesem Balkon der Gegenwart in die Ebene der Zukunft hinunterzusehen, die unserer Kultivierung harrt.

Lass mich dir also von dem Elfer einschenken, der mineralischen Mäushöhle, dem Papillenschmeichler aus Buntsandstein und Keuper, dem Goldmundwässerchen, dem Gaumenbalsam und Zungenlockerer aus den Deidesheimer Hügeln, den unser Schenke und Magier TK so freigiebig kredenzt, während unser Blick die ganze Tafelrunde erfasst an diesem sich dem Ende zuneigenden Wochenende des 24. bis 28. Augusts 2015, meinem Geburtstag, hier an der Peripherie.

Denn wie sang Maryam vorhin, als die Reihe an ihr war:

»Den bitteren Wein wünsche ich, den berauschenden, der männerfällende Kraft hat, um einen Augenblick vor der Bosheit und Wirrnis der Welt auszuruhen.

Bring Wein, gibt es doch vor den Ränken des Himmels keine Sicherheit, wenn Sohre die Laute schlägt und Mehrih die Waffen klirren lässt.«

In solchen klirrenden Zeiten aber braucht es noch mehr als den bitteren Wein, es braucht auch Küssen in der Öffentlichkeit, Schinkenbrote, Meinungsverschiedenheiten, neueste Mode, Literatur, Großzügigkeit, Filme, Gedankenfreiheit, Jazz, Schönheit, Liebe, denn keine lasttragende Seele ist dazu verdammt, die Last einer anderen auf sich zu nehmen ...

»Und Frauenfußball!« ruft Ulla dazwischen.

Das Lied Maryams ging denn auch noch weiter:

»Auf die Armen zu achten, steht der Größe nicht entgegen.

Salomo, bei all seinem Pomp, beachtete die Ameisen.

Komm, dass ich dir im reinen Wein das Geheimnis der Zeit aufzeige, unter der Bedingung, dass du es keiner schiefen Seele und keinem Herzensblinden verrätst.

Den Brauenbogen hält die Liebste unverwandt auf den Idioten gerichtet, doch er muss lachen über seinen schwachen Arm.«

Schiefe Seelen und Herzensblinde sitzen hier heute Abend keine, dafür will ich mich verbürgen. Aber lass mich dir die Runde der aufrechten Seelen und Herzensäugigen vorstellen, die sich hier versammelt hat, um gemeinsam mit mir meinen Geburtstag zu begehen und mit der wir das Wochenende verbringen wollen.

Ehre, wem Ehre gebührt. Zunächst also TK, der Schenke und Herr des Magierhauses, und Ulla, seine Frau, das Herz und die Seele der Runde. TK heißt eigentlich Bernhard, aber außer Hermann und Ulla und Udo, die ältere Rechte haben, nennt ihn keiner so. Der Spitzname, eine Abkürzung für Tante Käthe, verdankt sich einer gewissen, aus den grauen Locken herrührenden Ähnlichkeit mit Rudi Völler und der Tatsache, dass Bernhard selbst in seiner Jugend ein vielversprechender Athlet und Fußballer war.

Ulla, die jahrelang hier oben in Mühlheim Jugendwohngruppen leitete, hat eine Weile in dem alten Pfarrhaus oben hinter dem Stadttor gelebt, das jetzt von Younes und Karoline bewohnt wird, und dann dieses Haus entdeckt, das zum Verkauf stand, und TK an langen Abenden überredet, seine geliebte Bornheimer WG ganz nahe seiner Arbeitsstätte zu verlassen und sich hier an der Peripherie anzusiedeln, wie er das nennt. TKs Reich ist eigentlich die Bergerstraße, dort hat er im Anschluss an seine Spontizeit und sein Studium einen Verein für Jugendsozialarbeit aufgebaut, in dem er aufgeht – oder aufgegangen ist bis vor kurzem, aber das ist eine schmerzhafte Geschichte, die er selbst erzählen soll.

Zu den Sängern: Hermann arbeitet jetzt wieder – oder soll ich sagen: jetzt erstmals – als Lehrer in Frankfurt, aber er ist fast jedes Wochenende als Hausgast hier. Maryam dagegen lebt seit einigen Jahren hier oben, gar nicht weit weg, in dem Eckhaus beim Bettelweib, als professionelle Musikerin hat sie dort auch einen Probenraum und ein kleines Studio. Seitdem begleiten die Frauen, die im Chor singen, also von den hier Anwesenden Ulla und Martha, sie häufig, zuletzt erst gestern bei Younes' Gartenoper, die passenderweise die Geschichte von Leilah und Madschnun zum Thema hatte. Da musste Hermann übrigens auch sein Clapton-Lied spielen, denn es ist ja quasi Gesetz beim Alten: Wer im Ort ist, macht mit. Der Einzige, der sich entzieht, ist TK, aber wir arbeiten daran.

Martha, die alte Dame in der lila Tunika (von Ulla geschneidert) mit dieser unglaublichen zarten Haut, die hier rechts sitzt und auch eine Gitarre neben sich stehen hat, ist unsere Doyenne. Sie hat vorhin gespielt (ihr Lieblingslied, *Ännchen von Tharau*), bevor wir dazugekommen sind. Was kann man über Martha sagen? Sie ist hier geboren, aber seit dem Tod ihres Mannes und vor allem seit dem tragischen Selbstmord ihres ältesten Sohns letztes Jahr fühlt sie sich in ihrem Häuschen sehr einsam und ist häufig hier, um nicht alleine zu sein. Ja, du wirst es noch sehen, dieses Haus ist ein Taubenschlag. Andauernd schaut jemand herein, und TK und Ulla haben für jeden einen Stuhl, der irgendwie noch an den Tisch passt, und je nach Tageszeit eine Tasse Kaffee oder ein Glas Wein.

»Martha und wir, wir führen hier so eine Art WG«, scherzt

TK, und das macht Martha verlegen, deren größte Furcht es ist, jemandem auf die Nerven zu fallen. Maryam hat sie vorhin mit dem Auto hochgefahren und bringt sie nachher auch wieder nach Hause, denn nach ihrer Hüft-OP kann Martha die steile Straße von ihrem Haus bis hierher noch nicht ohne Schmerzen zurücklegen.

Am anderen Ende der Altersskala unsere Zweitstimmen von eben: die philosophischen Zwillinge Ernst und Navid und dazu Giselle. Wobei Ernst zwar Gitarre spielt, aber nicht singt, und Giselles französischer Name eine merkwürdige Laune von Hermanns Schwester war; sie ist dessen Nichte, die Navid bei einem Besuch hier kennen- und lieben gelernt hat. Weder hat die Schwester, so weit ich weiß, jemals in Frankreich gelebt noch ein besonderes Verhältnis zum Ballett, und auch der Erzeuger ist ein Deutscher. Wie auch immer, Giselle und nicht Gisela. Jedenfalls studiert Giselle Design an der Armgartstraße in Hamburg und unterhält seither eine Fernbeziehung mit Navid, der seinerseits Informatik in Marburg studiert und als ›ethischer Hacker‹, wie er sich selbst bezeichnet, Geld damit verdient, Sicherheitslücken in Computersystemen aufzuspüren, wogegen sein Busenfreund Ernst, nachdem er an der Humboldt-Uni in Berlin seinen Bachelor in Politik und Philosophie gemacht hat, ein Erasmusjahr in Bristol verbringt. Dass sie alle hier sind, liegt daran, dass Ernst, der Sohn von TK und Ulla, und Navid, der von Maryam, einige prägende Jahre hier in Mühlheim verbracht haben und wann immer es geht, ein paar Tage zu Hause verbringen wollen.

Zwischen Hermann und TK sitzt der lange, grauhaarige Udo, der aus demselben Ort stammt wie die beiden und in Frankfurt als Anwalt arbeitet. Der Große, Stille da hinten ist Zygmunt, den sie hier im Dorf alle peinlicherweise Siggi nennen, er kommt jedes zweite Jahr aus seinem Dorf hinter Stettin, um aus alter Verbundenheit die Überdachung des Pfarrgartens für die Aufführung der Gartenoper aufzubauen, aber mittlerweile hat er auch jedes zweite Haus der Umgebung renoviert. Er soll später selbst noch erzählen, und hier neben ihm, das ist mein Freund.

Kadmos, der Sänger von Tyrus, der Erneuerer des lyrischen

Alphabets. Er hat auch einen bürgerlichen arabischen Namen, aber als Dichter trägt er den Namen des legendären Königssohns seiner Heimat, die er mit seinen Gedichten mindestens ebenso unsterblich gemacht hat wie sein Namenspatron. Kadmos ist öfter in Europa, nicht nur auf Lesereisen, seine beiden Kinder studieren hier, der Sohn Islamwissenschaften, Arabistik und Philosophie an der Sorbonne und die Tochter Film in Babelsberg, und da er beide finanziert, gestattet er es sich, ab und zu als Paterfamilias nach dem Rechten zu sehen. Als er irgendwann in Frankfurt las, nahm ich ihn mit hierher, vielleicht nur, um ihm zu beweisen, dass Gastfreundschaft nicht bloß in Beirut zelebriert wird.

Wir können übrigens von Glück sagen, dass vorhin während der Musik sein Handy nicht klingelte, denn das tut es normalerweise ständig, woraufhin er auch nicht zögert, den Anruf anzunehmen, ganz gleich, was er gerade tut. Zum Beispiel erlebte ich ihn vor einiger Zeit auf dem Podium einer Diskussion zum Bürgerkrieg in Syrien (allerdings zum Glück nicht in Deutschland, denn was dann geschah, hätte man hier in den falschen Hals bekommen). Er saß dort mit mehreren anderen Personen und erklärte gerade etwas mit seiner Kieselsteinstimme, als sein Telefon klingelte und er, sich entschuldigend, abnahm. Man sah ihn nicken und »mhm, mhm, mhm« murmeln, dann legte er auf und brach in schallendes Gelächter aus, das gar nicht mehr aufhören wollte. Der Moderator, angesteckt von diesem Heiterkeitsausbuch, fragte nach, und Kadmos zog ein weißes Stofftaschentuch aus seinem Jackett, nahm die Brille ab, tupfte sich die Augen und erklärte: »Entschuldigung, aber das war meine geschiedene Frau. Sie wollte wissen, ob unsere Tochter die Nacht zu Hause verbracht hat. Ich meine, die ist vierundzwanzig und lebt in Berlin. Ich nehme doch einmal stark an, dass nein.«

Sieh ihn dir an: Das Erste, was an ihm auffällt, sind seine Augen. Es kommt ein Augenpaar ins Zimmer, das von einem Menschen umgeben ist, nicht ein Fremder mit einem Gesicht, das irgendwelche Merkmale hat. Zwei dunkle Brunnen, Zisternen, in denen es aber auch maliziös funkeln kann. Wenn du weißt, was er erlebt hat, fragst du dich, wo seine fatalistische Heiterkeit herkommt, er ist jedenfalls nicht der Typ, der panisch nach Samara reitet, wenn er dem Tod auf dem Marktplatz von Bagdad begegnet. Und er ist ihm schon zwei-, dreimal begegnet.

Und er ist nicht der einzige Libanese hier. Wir wollen schließlich auch mit den Abwesenden und den Toten feiern, die selbst nur momentan Abwesende sind. Es fehlt nicht viel in diesem Haus, und TK würde auch ihnen ein Glas von dem Elfer hinstellen, falls sie sich kurzfristig entscheiden sollten, doch noch vorbeizuschauen.

Es ist letztlich nichts als eine Frage nach der Sensibilität für das Feinstofflichere.

Den ›Patriarchen‹, wie TK ihn nennt, wirst du noch kennenlernen, er hat sich heute Abend bereits zurückgezogen. Die Frage nach Abwesenheit oder Tod ist, was ihn betrifft, ein wenig ambivalent. Sagen wir so, wenn es dich nicht befremdet, dass jemand ein zweites Leben geschenkt bekommt unter der Maßgabe, sich abends in eine Eiche zurückzuverwandeln, von denen einige besonders schöne Exemplare im Pfarrgarten wachsen, dann ist Khalil Jean Younes lebendiger als die meisten von uns. Er und Kadmos kannten sich in den Jahren im Libanon zwar vom Sehen, aber ihr Leben und Denken verlief in zu unterschiedlichen Bahnen, als dass sie je eine engere Beziehung miteinander gepflogen hätten. Hier, auf exterritorialem Gebiet, ist das anders, und Kadmos hat den Alten herzlich begrüßt, besonders aber Karoline, seine Frau, die er schon immer geliebt und bewundert hat, und die, obschon kinderlos, einen jeden so in den Arm nimmt wie eine Mutter und Freundin.

Und last not least lass uns Mahmouds gedenken, des Löwen von Tripoli, und Beates, Hand in Hand im Leben wie im Tode. Auf sie erhebe ich mein Glas jedesmal, wenn ich es hebe, mit.

Du siehst, wir müssen heute den fliegenden Teppich nicht in die Lüfte entführen, um über Wüsten und Karawansereien, über Oasen und vieltürmige Städte hinweg in unseren Rosengarten nach Shiraz zu fliehen. Der Orient ist längst hier bei uns, er fliegt mit MEA und Lufthansa und Turkish, er studiert Hegel in Heidelberg, Strömungsmechanik an der TU und Heidegger in Paris, und die Gäste, die hier sitzen und dem Madschnun lauschen, wie er voll inniger Trauer und Glück von Claptons Layla singt, sie kommen aus den salzigen und sandigen winddurchfegten Gassen von Tyrus und dem kalten Zimmer mit dem Kohleofen im sechsten Stock einer Mietskaserne von Offenbach. Kommen aus den von tausend kleinen Sonnen strahlenden und duftenden Orangenhainen von Tripoli und den grauen Sechziger-Jahre-Türmen der Diezenhalde wie denen der Jordan Street in Teheran, dort wo der Afrika-Boulevard in die Nelson-Mandela-Straße übergeht, und kommen aus der Jordanstraße in Bockenheim zwischen Karl-Marx-Buchhandlung und Senckenberg-Museum. Aus den katholischen Hügeln des Pfälzer Waldes und den katholischen Wäldern Pommerns, den heidnischen Ebenen der Mark, den pietistischen Fildern, den schiitischen Geröllfeldern von Sur und den maronitischen Steilhängen von Yahchouche.

Kinder- und Jugendheimaten, Ausbrüche, Fluchten, Wanderschaften, Entdeckungen und Eroberungen. Zweitheimaten, Drittheimaten, schmerzliche Heimaten, Fremde und Exil. Aus irgendeiner Heimat sind wir alle hierher gekommen, und Heimat ist's immer, wonach wir suchen.

Und was nehmen wir mit? Unsere Identität? Ich weiß nicht, denn mit ihr reisen immer auch auch Mord, Tod und Elend, mehr oder weniger subtil, mehr oder weniger gedanklich verbrämt, aber immer gerechtfertigt durch sie, durch Identität.

»Darf ich dich unterbrechen?« fragt Kadmos. »Ich glaube, dass jemand, der mit seiner Identität in ein Land kommt, nur dem begegnen wird, was er dort auch auf die eine oder andere Weise erwartet. Ein Besuch in einer anderen Welt sollte ohne eine Identität erfolgen. Es wäre doch Unsinn, dass man sich plagt und reist, nur um sich seines Fremdseins, seines Europäer- oder Arabertums zu versichern, obwohl das so manche Reise oder Auswanderung tut. Ich wünsche uns diese Bereitschaft, unsere Identität zu vergessen (nicht unsere Existenz oder unsere

Kultur), damit wir uns einander annähern ohne fertige Katego-
rien. Es ist auch ein Abenteuer, die Identität des Anderen zu vergessen (nicht seine Existenz oder seine Kultur), das Abenteuer
eines Individuums, das anderen Individuen begegnet. Das Andere als Ziel ist zunächst eine Reise weg vom Selbst.«

»Es ist auch ein moralischer Akt«, fügt Hermann hinzu,
»seine Identität zu vergessen. Es handelt sich darum zu lernen,
nicht zu lehren. Unsere Gespräche hier, wenn ich dich recht verstehe (dabei wendet er sich an mich), können vielleicht eine Botschaft aus einem gänzlich anderen Land sein, nicht irgendeinem
bestimmten, sondern einem womöglich noch unbekannten. Verweisen wir immer wieder auf diesen Ort, der weder im Osten
noch im Westen liegt, es ist ein verschollener Ort, den wir aber
hier und da werden zu erblicken glauben auf unserer gemeinsamen Reise. Er taucht auf, doch er kommt nicht, existiert nicht,
kein utopischer Ort und auch nicht der ideale Staat, ein verlorener Ort, genauer gesagt ein Ort, der nie Wirklichkeit geworden
ist. Dennoch ist es manchmal genau der Ort, auf den wir warten,
dem wir lauschen, auf den wir verweisen.«

Ja, lass uns Identitäten zertrümmern. Wir wollen, solange wir
hier zusammen sind, die Sünde der Liebe begehen, der Anver-
wandlung, auch wenn wir so nicht zu irgendwelchen Schlüssen
gelangen werden. Dieser Preis ist zu entrichten, diese Schuld zu
begleichen, der Lohn ist das Geheimnis. In seltenen Momenten
wird es sich offenbaren, das Geheimnis unserer Reise, doch nie
ganz, denn die Reise geht weiter. Das Land, zu dem es uns zieht,
ist immer ein anderes.

Würdest du jetzt aus der niedrigen Wohnküche hinaustreten,
über den gepflasterten Hof die Gasse hoch, oben bei der Skulptur des Bettelweibs hinter Maryams Haus nach rechts abbiegen,
durchs mauerseglerdurchpfeilte Stadttor treten, die 50 Meter
am Grundstück des alten Pfarrhauses vorbei, in dem der Patriarch und seine Karoline leben, und dann die Staffeln hinauf zum
Bergfried, würdest du die 42 Stufen der äußeren Wendeltreppe
und die 84 Stufen der inneren Steintreppe hinaufsteigen, dann
könntest du bei Tag und gutem Wetter, am Altkönig vorbei hi-

nunter in die Ebene blicken, am Fernsehturm und der vertrauten City-Skyline mit dem Messeturm Maß nehmen, die Augen am schwarzen Kristall der Geld-Kaaba der EZB vorübergleiten lassen, und dann würdest du sie sehen, dort am Silberband des Euphrat, der Völkermühle und Blutkelter, hinter dem Osthafen, zwischen dem Rudererdorf und dem Kaiserleikreisel, die kurze, ewige Heimat unseres Gedichts.

Nicht mehr wiederzuerkennen, aber wie die Fliege im Bernstein, sitzt im Herzen der Zeitform ihre unwandelbare Gestalt. So dort wie hier. So damals wie heute. Ganz nah sind wir, denn wie unser Schenke stolz sagt: »Auch hier an der Peripherie wird gelebt und geliebt.«

Morgen beim langen, dem ewigen Bewegungsdrang TKs geschuldeten Spaziergang werden wir wieder darauf zu sprechen kommen, wenn wir anhalten müssen, weil Hermann und Kadmos außer Puste sind. Wir werden ins Tal von Oberlauken hinunterblicken über die Streuobstwiesen hin, und Hermann wird den Satz zitieren vom Ort, der uns allen in die Kindheit schien und worin noch niemand war.

»Die Fundamentalisten wie die Materialisten sind sich ja darin einig, dass wir an gar nichts glauben, was nicht stimmt, wie wir wissen. Aber die Rückbindung ist das eine, wie jedoch steht es mit der Zukunft? Wollen wir etwas bewahren, oder wollen wir etwas schaffen?«

Eine Utopie? Muss es dann nicht, wie alle Utopien, eine mosaische sein? Ein Ausblick? Eine Hoffnungskarotte? Ein Vorgefühl von höchstem Glück?

Wir blicken darauf wie Mose hinunter ins Gelobte Land, wie wir jetzt hinunter nach Oberlauken. Betreten kann man sie immer nur kurzfristig, denn alle Utopien verwandeln sich zu totalitärem Irrsinn, wenn sie sich konsolidieren.

Ein Blick also nur, ein Wochenende im Rosengarten von Taunus-Shiraz, ein Moment des anderen Lebens hier an der Peripherie der Welt, zum Erinnern, zum Bewahren, zum Weiterreichen, bevor die Woche wieder beginnt.

Sehen wir also zu, liebste Marianne, mischen wir uns unter

die Hausgäste, trinken, diskutieren, lachen und weinen wir mit ihnen, lösen wir uns in ihnen auf und inkarnieren wir uns in ihnen, und ihr anderen vernehmt, was wir zwei Taucher im Seelenmeer euch von diesen Stunden im August 2015 und in den Zeiten davor und danach zu berichten wissen.

Springt munter herum auf diesen Seiten. Gleich wo ihr anfangt, kommt ihr doch immer automatisch zurück in die Mitte. Und was die bringt, ist offenbar: das, was zum Ende bleibt und anfangs war.

Saghi Nameh

ساقی نامه

Buch des Schenken

———

Seele und Herz verlangen nach Freundeswort.

———

HAFIS

Als Ernst in seinem Zimmer erwacht, ist das Haus still. Nur die Morgensonne erwärmt die alten Knochen des Fachwerks und entlockt ihnen ein wohliges Knarren und Seufzen. Entweder ist er der Erste, der aufwacht, oder es sind schon alle ausgeflogen. Es ist halb neun, und aus dem Zimmer von TK und Ulla ist kein Laut zu hören, eben sowenig aus dem von Navid und Giselle. Aber die beiden schlafen gewiss noch. Vor halb elf wird mit ihnen nicht zu rechnen sein.

Auf bloßen Füßen steigt Ernst die steile Treppe hinunter in die leere Küche, nimmt zwei Tassen aus dem Schrank und stellt sie vor die Kaffeemaschine. Während sie heiser summend ihren Dienst verrichtet, tritt er hinaus auf den Hof. Auf dem Pflaster unter dem großen Vordach perlen Sonnenflecke. Hummeln steuern in zielstrebiger Unordnung die Blüten der Stockrosen an der Hauswand an. Es sieht aus wie eine bukolische, florale und friedlich-leise Version der Szenen in Star Wars, wenn die kleinen Kampfflieger in die Landeluken des Mutterraumschiffs gleiten. Der Duft des Geißblattbuschs hinter dem Außentisch fließt über die Ränder des Morgens wie Honig von einem Honigbrötchen. TKs Rennrad und der Fiesta fehlen. Die beiden sind also schon unterwegs. Aber gegenüber im oberen Gästezimmer sind die Vorhänge noch zugezogen. Ernst nickt. Das Summen hat aufgehört, der Kaffee ist fertig. In seine Tasse gießt er einen Schuss Milch, in die andere füllt er zwei Löffel Zucker. Dann nimmt er den ersten Schluck und geht mit beiden Tassen wieder nach draußen, steigt die äußere Wendeltreppe hoch und klopft an der Tür.

Es dauert einen Moment, bis Hermanns Stimme zu hören ist: »Ja?«

»Guten Morgen. Darf ich reinkommen? Ich bring' dir einen Kaffee.«

»Herrlich!« ruft Hermanns Stimme, und Ernst drückt mit dem Ellbogen die Türklinke runter und tritt ein. In dem Zimmer befinden sich nur ein großes Bett und ein ausgelagertes Bücherregal TKs.

»Ich danke dir! Du bist ein Schatz. Auf gesticktem Polsterkissen, gelehnt darauf, sich gegenübersitzend, umkreist von Jünglingen, ewigen; Mit Bechern, Näpfen, Schalen des Klarflüssigen, das nicht berauscht und nicht verdüstert, und Früchten, wonach sie gelüsten ...«

»Die Früchte gibt's später beim Frühstück«, sagt Ernst. »Und was das Klarflüssige betrifft ...«

»Gott bewahre!« Hermann setzt sich im Bett auf, angelt nach der Brille auf dem Nachttisch, setzt sie auf, fährt sich mit beiden Händen durchs kaum vorhandene Haar und streckt dann lächelnd eine Hand nach der Kaffeetasse aus.

Ernst setzt sich ans Fußende.

»Bist du der Erste?« fragt Hermann.

Ernst schüttelt den Kopf. »Nein, TK und Ulla scheinen schon unterwegs zu sein. Gut geschlafen? Kein dicker Kopf?«

»Wunderbar geschlafen. Und du?« Er trinkt den ersten Schluck. »Aah, das tut gut!«

Ernst wirft einen Blick auf das aufgeschlagene, umgedrehte Buch auf dem Nachttisch neben der Lampe und deutet darauf:

»Liest du was Neues? Oder ist das hier aus dem Bestand?«

»Was Neues. Judith Shklar. *Der Liberalismus der Furcht*. Kennst du sie?«

Ernst nickt. »Sie ja. Das Buch noch nicht. Aber den Übersetzer. Er hat an der Humboldt Examen gemacht, als ich anfing. Ziemlicher Überflieger. Aber warum Furcht?«

»Es geht um die Sicherheit vor Grausamkeit als Grundbedingung für die individuelle Freiheit. Die Grausamkeit jeglicher Machtausübung. Ihr großes Thema. Und woran arbeitest du?«

»Ich habe mich für den Bachelor gerade an einer Analyse der Spontibewegung versucht.«

Hermann lacht. »Eine geistige Herleitung deines Vaters. Hast du ihn gelöchert?«

»Ja, aber da kriege ich nur Anekdoten über Fußball und Äppelwoi zu hören.«

»Dabei gehört Bernhard zu den wenigen, die sich ihre Ideale nie haben korrumpieren lassen«, sagt Hermann.

»Ja, leider«, erwidert Ernst. »Sonst könnte er vielleicht heute auch von seinem Management 50000 pro Vortrag verlangen lassen wie Joschka Fischer.«

»Na komm, es reicht doch auch so. Wobei, du hast insofern recht, als wenn wir alle auf Hartz IV wären und nur unsere Armut zu teilen hätten, auch dieser Ort hier nicht existieren würde. Die innere Freiheit ist und bleibt bis zu einem gewissen Punkt eine Funktion der Mittel, die du dir erwirtschaftet hast.«

»Notwendige, aber nicht hinreichende Bedingung«, sagt Ernst.

»Ja, und da wären wir bei dem ›überschüssigen Bewusstsein‹ von Marcuse oder Bahro oder beiden. Den humanen Kapazitäten, die übrigbleiben, nachdem du für dein materielles Überleben geschuftet hast. Die beiden haben zwar geglaubt, dass nur im Sozialismus so ein geistiger Mehrwert herauskommt, aber das wissen wir ja nun besser.«

»Wie war das nochmal?« fragt Ernst. »Es werden Bedürfnisse freigesetzt, und zwar entweder kompensatorische oder emanzipatorische?«

»Genau. Willst du Erstere befriedigen, um dich für die Arbeiterei zu entschädigen, kaufst du Autos, machst Kreuzfahrten und spielst Golf. Die emanzipatorischen dagegen fließen in die Bildung, die Kultur, die Schönheit, die Menschlichkeit und die Gemeinschaft. Und genau darin, lieber Ernst, bist du groß geworden. Wenn Ulla und Bernhard ihr Geld lieber für sich ausgeben würden, dann gäbe es diesen Ort nicht, wo wir leben, lieben, denken und trinken können, und ich würde in irgendeinem Loch hocken ...«

»Apropos trinken. Soll ich dir noch einen Kaffee holen?«

»Nein, danke dir. Wir können ja beide gleich runtergehen und den Frühstückstisch decken.«

»Weißt du, was ich dich nie gefragt habe?«

»Nein, was denn?«

»Wie das eigentlich für dich war, als TK dich damals gefragt hat, ob du hier hochkommen und es mit uns versuchen wolltest.«

Hermann ist mittlerweile aufgestanden und hat das Bett aufgeschüttelt. Er trägt einen rot-blau gestreiften Schlafanzug und hält die leere Tasse in der Hand.

»Ich sagte zu ihm, wie soll das denn gehen? Ich kann sowas doch nicht! und er: Improvisieren wir halt. Das war nicht nur Großherzigkeit, es zeigt dir Bernhards Gabe, dem anderen Peinlichkeiten zu ersparen und ihn auf Augenhöhe zu ziehen. ›Wir improvisieren.‹ Mein Gott, man muss sagen, wir haben gar nicht so schlecht improvisiert.«

Ernst lächelt.

»Weißt du, dein Vater vermittelt immer den Eindruck, als sei er es, der den anderen zu Dank verpflichtet sei. Weil sie zu ihm kommen, die er einlädt. Weil sie mit ihm sprechen, der das Beste aus ihnen herausholt. Seine Großzügigkeit erweckt nie den Anschein, als gebe sie etwas. Sie befreit vielmehr. Und so hat sie mich damals auch befreit aus meiner Wüste.

Weißt du, ich glaube, diese Gabe der Großzügigkeit ist ein Erbe oder ein gelebtes Beispiel, eine Verpflichtung von klein auf, weil er es einfach von seiner Mama her so gewohnt war, die immer kommentarlos einen weiteren Teller auf den Tisch stellte, wenn jemand zur Tür reinkam. Es spielt auch Taktgefühl mit hinein, jedenfalls vermittelt er dir nie den Eindruck, jetzt zu einer Gegenleistung verpflichtet zu sein. Verstehst du, das ist das Schöne an ihm: Er macht dich größer als du bist. Seine Großzügigkeit wirkt, als käme sie dir einfach zu und sei nicht mehr, als was du verdient hast. Und so befreit er seine Freunde und alle anderen von jedem Schuldgefühl. Das ist seine Kunst. Und nur so können an diesem Ort hier so viele schöne Momente stattfinden, Momente der Erkenntnis, Vertiefung von Zuneigung, Denkaufschwünge, Gefühlsehrlichkeit. Dank dieses Spinnennetzes der Freundschaft, das die beiden hier gesponnen haben.

Denn natürlich gibt es keinen Bernhard ohne Ulla. Ich habe nie jemanden getroffen, der so viel für andere tut, ohne dass du dabei jemals das Gefühl hast, sie würde zu kurz kommen oder sich selbst hintanstellen. Guck, jetzt ist sie wahrscheinlich schon oben im Pfarrhaus und hilft den beiden beim Aufräumen.«

Die zwei klettern die enge Wendeltreppe hinunter, überqueren den gepflasterten Hof und fangen an, den Tisch draußen fürs Frühstück zu decken.

»Wie viele sind wir denn?« fragt Hermann.

Ernst zählt mit den Fingern nach. »Wir vier. Die beiden Langschläfer. Maryam kommt vielleicht. Martha bestimmt. Lass uns mal für acht decken. Wenn noch irgendein unerwarteter Gast dazukommt, stellen wir halt noch was raus.«

In diesem Augenblick bremst quietschend TKs Rennrad im Hof. Er steigt aus den Klicks und lehnt es gegen die Mauer, wischt sich den Schweiß von der Stirn und legt den Rucksack ab, aus dem er eine große Papiertüte mit Brötchen zieht sowie die FAZ und die Lokalzeitung.

»Guten Morgen, habt ihr gut geschlafen? Ich hab' auf meiner Runde beim Bäcker haltgemacht. Ich geh' schnell duschen, dann können wir frühstücken. Die Frauen kommen auch bestimmt gleich. Sie sind oben beim Patriarchen und helfen aufräumen und die Reste zusammenpacken.«

Die Erste, die erscheint, ist Maryam, die einen Korb mit übriggebliebenem Essen von der Nachfeier der Oper mitbringt.

»Ulla und Martha kommen gleich mit dem Auto nach«, sagt sie. »Aber Ulla kann nicht weg, bevor sie nicht alles wieder picobello aufgeräumt hat.«

Ernst steht an der Tür, und Maryam deutet mit dem Kopf lächelnd auf Hermann, der im Schlafanzug hinter seiner Zeitung sitzt. Dann sagt sie zu dem Jungen gewandt:

»Gib zum Morgentrunk, o Schenke
ihm das Weinglas in die Hand,
da das Leben wie im Schlafe
dem ergrauten Träumer schwand.«

»Bloß nicht«, grantelt Hermann, ohne den Blick zu heben.

»Ernst wollte mir auch schon Wein geben am frühen Morgen. Was habt ihr bloß alle für ein Bild von mir?«

Maryam und Ernst grinsen sich an, und Maryam fährt fort:
»Doch von jenem Weine gib ihm,
der, wenn er das Aug' erhellt,
Ihm als Wasserspieg'lung zeige –«

»Was sie wirklich ist, die Welt«, schließt Hermann hinter seiner Zeitung den Vers ab. »Das versuche ich ja gerade herauszufinden, wenn man mich nur lesen lässt.«

Maryam zwinkert Ernst zu und hebt wieder an:
»Doch von jenem Weine gib ihm,
der, sobald er schäumend gärt –«

»Den erhab'nen Dom des Himmels«, respondiert Hermann hinter der FAZ, »einem Bläschen gleich verzehrt.«

»Hey!« sagt Ernst und klatscht in die Hände.

Ohne hinter seiner Zeitung hervorzusehen, sagt Hermann:
»Doch von jenem Weine gib mir,
der durch seine frohe Kraft –«

»Trunkne zu verrückten Männern,
Weiber zu Verliebten schafft«, ergänzt Maryam.

Jetzt lässt Hermann die Zeitung sinken, prostet Maryam mit der Kaffeetasse zu und sagt:
»Du schummelst! Das war der falsche Reim.«

»Na gut: Weise zu Verliebten schafft also.«

Hermann nickt und fährt fort:
»Da ich nun zum Greis geworden,
geht dies Einz'ge nur mir nah: Na, was?«

»Dass du, diesen Wein entbehrend,
deine Jugend schwinden sahst«, ergänzt Maryam. »Meine Rede!« Und beide lachen.

»Hey!« sagt Ernst nochmal. »Habt ihr das eingeübt?«

»Keine Spur«, sagt Maryam zwinkernd. »Wir funktionieren wie Behram und Dilaram, die im Zwiegespräch ihrer Zuneigung ganz unversehens die Dichtkunst und das Reimen erfunden haben.«

»Geh«, sagt Hermann, »das kannst du auch. Pass auf:

Wein zu trinken und im Rausche
aufzugeben deinen Geist ... na?«
»Ew'ges Glück ist dies zu nennen«, sekundiert Maryam.
»Na ...?«
»Ja, wartet«, meint Ernst. »Geist, Geist ... Ja!
Prost, und ich genieß es dreist!«
»Bravo! Komm, noch einen. Maryam?«
Die überlegt kurz, dann:
»Wie schön ist, was zum Harfenklang
beim Morgenwein der Sänger sang.«
Hermann hilft: »Erwach, o Mensch, dein kurzes Sein ...«
»Schließt Schätze langen Schlafes ein!« ertönt es von oben,
und alle blicken hinauf, wo Giselle und Navid sich aus dem
Fenster lehnen. »Die ihr einem aber raubt mit eurem Dichten
am frühen Morgen! Gibt es Frühstück?«
»Für den, der mithilft, es zu machen«, sagt Ernst.

Als der Tisch gedeckt und TK geduscht ist und den Usinger
Anzeiger durchblättert, fährt auch der Fiesta vor, und Ulla und
Martha steigen aus. Beide tragen ein Tablett mit übriggebliebe-
nen Salaten von gestern Abend.

»Karoline wollte uns noch mehr geben«, erklärt Ulla, während sie die Sachen auf den Tisch stellt und prüfend mustert,
was die Männer und jungen Leute geleistet haben. Dann packt
sie wortlos Wurst und Käse aus den Tupperdosen, in denen die
Tischdecker sie gelassen haben, und legt alles auf das Silbertablett aus dem Pfarrhaus, holt aus der Küche Löffel für die Marmeladengläser und schneidet zwei überreife Rosenblüten vom
Strauch und stellt sie in die flachen, runden Tonvasen auf dem
Tisch. Währenddessen ist TK aufgestanden, um seiner Frau und
Martha Kaffee zu machen.

»Karoline kommt nachher auch noch kurz runter, aber der
Patriarch muss sich von der gestrigen Anstrengung erholen.
Bernhard, wann musst du in Homburg am Bahnhof sein, um
Kadmos abzuholen?«

Der winkt ab. »Erst um vier. Noch viel Zeit.«

Nach dem Frühstück ist der Moment, scheint mir, um TK

einmal beiseitezunehmen und ihn nach den Entwicklungen bei seiner Arbeit zu fragen, die ihm auf der Seele lasten. Aber Bernhard kann, wie er selbst sagt, nur richtig denken und dementsprechend auch Gedanken formulieren, wenn er sich bewegt. Man muss auch keine Angst haben, ihn überzubeanspruchen, nachdem er heute früh schon 40 Kilometer radgefahren ist. »Ich brauche das«, sagt er. »Und momentan mehr denn je. Es nagt doch mehr an mir, als ich gedacht hätte.«

Es passt mir gut in den Kram, dass wir unseren Spaziergang in den Friedwald machen wollen. Denn dort kann ich vermutlich ganz leicht Krüger auftauchen lassen, der in diesem Falle der geeignetere Gesprächspartner ist. Seinen Vornamen kenne ich nicht und weiß auch nicht, ob überhaupt jemand hier ihn kennt. Er stellt sich immer nur mit »Krüger« vor und redet von sich auch in der dritten Person: »Der Krüger sagt jetzt Gute Nacht«, wobei er mit den Knöcheln auf den Tisch klopft, um sich zu verabschieden. Man redet ihn eben mit »Du, Krüger« an. Seit seiner Pensionierung, Krüger war Personalchef bei einer Frankfurter Bank, hat er hier in Mühlheim das Geburtshaus seines Vaters bezogen und arbeitet ehrenamtlich für den örtlichen Friedwald, der gleich hinter dem Sportplatz am oberen Ende des Dorfes beginnt. Merkwürdig genug, dass Krüger diese Seite des Dorfausgangs bevorzugt, den stillen Hochwald, unter dessen Buchenstämmen er den Leuten mögliche Grabstätten zeigt, und nicht die gegenüberliegende, wo der Golfplatz beginnt, den man einem Exbanker eigentlich eher als Aufenthaltsort für seine hart erarbeiteten Mußestunden zutrauen würde. Politisch steht er natürlich dennoch am anderen Ende der Skala als TK, und wenn die beiden ins Diskutieren kommen, fliegen die Fetzen. Was nichts an der gegenseitigen persönlichen Wertschätzung ändert. Denn Krüger ist ebenfalls Mitglied in der Triathlon-Abteilung des TUS Mühlheim (ja hat sie zusammen mit TK, Marthas verstorbenem Sohn und einem weiteren Sportfex überhaupt erst gegründet), und Erfahrungen wie den Sportplatz winterfest zu machen, sich mit dem Rad von Schmitten zum Sandplacken hochzukämpfen oder anderthalb Kilometer durch die Lahn zu schwimmen verbinden mehr, als irgendwelche Meinungen entzweien können.

Es ist vielleicht feige, aber es ist mir lieber, dass Krüger TK der Naivität zeiht, als dass ich es mir anmaße. Denn dass sein Partner und Freund und Spontigenosse A. S. Bernhard nach dreißig gemeinsamen Jahren, seit sie den Verein für Jugendarbeit in Bornheim gegründet haben, ausgebootet und aufs Abstellgleis geschoben hat, ist natürlich viel mehr als eine berufliche Niederlage und eine menschliche Enttäuschung. Der Skeptiker und Misanthrop würde es ein Lehrstück nennen.

Und da kommt er uns auch schon entgegen, aufrecht, das Haar in einer grauen Bürste, im kurzärmligen, karierten Funktionshemd, Shorts und Laufschuhen. Eine eckige Brille mit Goldrand. Krüger hebt die Hand zum Gruß:

»Ei, Bernhard. Des is awwer kaa Training!«

»Bin heute schon Rad gefahren, Krüger«, entgegnet TK.

Dass ich mir um unseren Schenken im Magierhaus Gedanken und ein paar Sorgen mache, versteht sich von selbst: Um ein offenes Haus führen zu können, braucht man ein Haus. Das Essen, das jeder, der hereinschneit, vorgesetzt bekommt, muss eingekauft werden, desgleichen der Elfer. Großzügigkeit braucht Mittel, und Großherzigkeit kommt aus der Selbstachtung, die wiederum daher rührt, dass man Arbeit hat und angemessen dafür bezahlt wird.

Die Gefahr ist immer, dass man solch einen Ort für selbstverständlich nimmt, für gegeben und unveränderlich, und ausschließlich am Wesen der Gastgeber festmacht anstatt an den komplizierten und unsichtbaren Mechaniken des Lebens, die die Existenz auch dieser Gastgeber bedingen. Denn ein solches Wesen ist eben nicht unveränderlich, und die wichtigsten Veränderungen kommen meist nicht aus ihm selbst, sondern von außen, über eine Veränderung der materiellen Basis, die alles ins Wanken bringen kann, was eben noch festgefügt schien.

»Wie is' die Situation bei deiner Arbeit?« fragt Krüger. TK hat die Geschichte nicht für sich behalten, und im Bekanntenkreis wird eifrig und offen darüber diskutiert, was zwar nicht immer hilfreich ist, aber wenigstens nicht die Stickluft geheimgehaltener Bedrängnisse aufkommen lässt, und das ist an sich schon eine Erleichterung.

»Die Anwälte unterhalten sich«, sagt Bernhard.

»Da wer'n wenigstens zwei bei der Sach' froh. Aber wie hats denn so weit komme' könne'?«

Bernhard seufzt.

»Ei, lauf mer e bissi«, sagt Krüger. Das ist bei ihm als Einladung zum Gespräch zu verstehen. Ich hasse es, durch den Wald zu rennen. Ich brauche meine Luft zum Laufen, deswegen beteilige ich mich nicht an der Konversation im Rhythmus des gleichschrittigen Trabens über den weichen Waldboden.

»Mit einem Wort«, sagt Krüger nach einer Weile, »du hast nie die Machtfrage gestellt.«

»Nein, warum hätte ich auch sollen. Der ganze Verein war doch über all die Jahre auf flache Hierarchien und den Gedanken kollektiver Gemeinschaftsentscheidungen ausgerichtet. Macht hat da nie eine Rolle gespielt und sollte das auch nicht.«

»Und das ist genau der Punkt, wo du dich täuschst!« sagt Krüger schnaufend. »Wenn nicht explizit in festen Hierarchien, dann implizit in Form von individueller Exzellenz.«

»Exzellenz, hör uff!« lacht TK.

»Und vor allem füllt sich ein Machtvakuum immer sofort. Wenn einer die Macht abgibt oder ausschlägt, ist ein anderer da, der sie übernimmt. Aber denk doch mal nach: Wessen Idee war dieser Verein?«

»Meine.«

»Und wer hat ihn aufgebaut und ausgeweitet?«

»Ich. Aber nicht nur.«

»Und wer hatte die Ideen dazu?«

»Die kamen aus gemeinsamen Diskussionen.«

»Schon. Aber wer hat solche Diskussion eingefordert, angeregt und ihnen eine Richtung gegeben? Sei ehrlich!«

»Ich«, sagt Bernhard schweratmend und sein Lacher gleicht einem Husten.

»Und wer hat die Richtungsentscheidungen gefällt?«

»Immer gemeinsam im Kollektiv. Aber stimmt schon, ich habe die anderen schon meist in die Richtung gelenkt, die mir am besten vorkam.«

»Und deshalb bist du ja auch der Vorsitzende des Vereins gewesen.«

»Nie. War ich nie.«

»TK! Isch glaub's net!«

»War mir nie wichtig.«

»Aber was für eine Position hast du denn dann innegehabt?«

»Gar keine. Mitarbeiter.«

»Aber du hast den Verein doch nach außen repräsentiert. Gegenüber der Stadt, dem Sozialamt, dem Jugendamt, was weiß ich?«

»Naja sicher, ich kenne die ja alle.«

»Bernhard, du bist naiv!«

»Mag schon sein. Aber warum ist es naiv, sich nicht in den Vordergrund zu drängen, wenn sowieso alle wissen, dass man den Laden schmeißt?«

»Genau deshalb, mein Lieber. Weil sich sonst jemand dahin drängt, der ihn eben nicht schmeißen kann, oder der ihn auch schmeißen kann, aber anders als du. Ich nehme doch an, dass dein Freund und Mitgründer, der dich jetzt rausgeekelt hat, der Vorsitzende des Vereins ist.«

»Ja, für den war das wichtig.«

Die Probleme hatten ganz unscheinbar begonnen. Vielleicht damit, dass A. S. vor einigen Jahren neben dem Verein eine eigene Entrümpelungs- und Umzugsfirma gegründet hat, die jugendliche Alkoholiker und Straftäter resozialisierte. Eigentlich ein tolles Projekt. Nur dass er, als im ersten Jahr die Liquidität fehlte, in die Vereinskasse griff, um das auszugleichen. Sie hatten das durchdiskutiert und die Summe dann in ein offizielles Darlehen umgewandelt.

»Kein Wunder, dass er einen Rochus auf dich hat!« sagt Krüger.

»Wieso denn er auf mich?«

»Weil er in deiner Schuld steht. Und weil du seine Schwäche und sein Fehlverhalten kennst und gerade nicht öffentlich gemacht hast. Und natürlich, weil er die Gelder hätte ganz bequem und legal verschieben können, wenn es alles sein Laden gewesen wäre.«

»Es war aber so lange alles gut, bis er mit der Überwachung anfing. Effizienzsteigerung. Monitoring! Wo dann kein Platz für Vertrauen und Selbstverantwortung bleibt.«

»Die gewiss jeder bis ins letzte Glied in jeder Minute geübt hat ...«

»Krüger, jetzt wirst du zynisch. Wir sind alle Menschen und machen Fehler. Und das muss auch erlaubt sein. Jedenfalls fing A. S. dann mit Stichprobenkontrollen an, und es gab die ersten Abmahnungen statt eines Gesprächs. Und dann kam er mit der Idee, den Verein in eine GmbH umzuwandeln. Und erst dagegen habe ich offen opponiert.«

»Ohne dir die Machtmittel gesichert zu haben«, sagt Krüger. »Ich nehme mal an, da hast du dann auch deine erste Abmahnung bekommen. Aber weißt du, wenn du von der Wut und der Enttäuschung abstrahieren kannst, wird dir Folgendes auffallen: Dass die entscheidende Rolle bei alledem nicht der gewiss schäbige Charakter deines früheren Freundes spielt, den schenk' ich dir. Sondern der Zeitpunkt und das Alter.«

»Wie das?« fragt TK und bleibt vor Verblüffung kurz stehen. Aber Krüger joggt im Stand und wartet, bis der andere sich wieder in Bewegung gesetzt hat, bevor er fortfährt.

»Hast du noch nie bemerkt, dass das der natürliche Weg aller jugendlichen, idealistischen Gründungen und Unternehmen ist? Sie fangen alle mit der alleinigen Konzentration auf die Sache an, das Ziel, den Stern am Horizont. Einigkeit herrscht, Jugend herrscht, da können die Hierarchien flach bleiben, die Einkünfte symbolisch, und die Diskussionen finden schnell zu einem gemeinsamen Ergebnis, und Macht ist ein Zwangsmittel, das nur Alte und Analneurotiker brauchen, und gleich sind wir sowieso und können im Kollektiv entscheiden, denn alle leitet uns die Vernunft.

Aber irgendwann merkt der Klügste oder Arbeitsamste oder

Ehrgeizigste, dass es immer schon *er* war, der die Sache entscheidend vorangebracht hat, und jetzt wird er älter und will endlich auch persönlich etwas von dem Ganzen haben. Dass die Gleichheit aller Beteiligten eine fromme Illusion und Lüge ist und immer war, das fällt ihm jetzt langsam wie Schuppen von den Augen. Das machen das Alter und die Erfahrung und der Blick nach rechts und links. Irgendwann stellst du fest, du bist ein Individuum geworden, das ganz anders ist als die anderen, und du sagst dir: Jetzt muss es aber auch endlich mal um mich und meine Meriten gehen. Und mit Alter und Erfahrung steigt auch die Verachtung für die Mitläufer und Profiteure und die Nichtskönner und Faulenzer und Durchmogler. Oder wenn dir Verachtung ein zu scharfes Wort ist, dann die Unduldsamkeit für Schlamperei und Dummheit. Es wächst einem ein Bewusstsein für Rangunterschiede zu. Wir reden nicht von Menschenrechten, Achtung! Es geht nicht darum, einen netten Versager auszupeitschen, aber muss er unbedingt das Gleiche verdienen wie ich? Du bekommst ein Gefühl dafür, dass Gerechtigkeit, von der immer so viel die Rede ist, eigentlich das wäre, wenn der Bessere und Klügere und Fleißigere, derjenige, der die Verantwortung trägt und auf sich nimmt, auch den größeren Teil des Kuchens für sich beanspruchen dürfte. Nochmal: Nicht dass die anderen darben sollen. Nie und nimmer. Aber mitreden sollen sie nicht, wenn sie nichts verstehen und sich im Grunde ihrer Seele auch nicht dafür interessieren, gottverdammt!«

»Ja, so ungefähr hat A. S. wohl gedacht«, sagt Bernhard.

»Und zweifellos hättet ihr die GmbH zusammen gründen können, euch zu Geschäftsführern machen, die Gewinne teilen und der Realität endlich eine adäquate Struktur geben. Teilen und herrschen.«

»Ja«, sagt TK schweratmend. »Ja, aber das wollte ich nicht. Das kam mir wie Verrat vor an dem Grundgedanken der Unternehmung. Außerdem haben wir alle sehr ordentliche Gehälter bekommen, und ich hab' auch beizeiten für eine erstklassige betriebliche Altersvorsorge gesorgt. Mehr brauche ich nicht.«

»Klassischer Denkfehler aller Utopisten der Machtlosigkeit.

Zu glauben, es gebe einen endlichen Bestand an Bedürfnissen und alles, was darüber hinausgeht, sei Gier.«

Sie fallen beide endlich zurück in Schritt, denn wir sind wieder im Dorf und auf dem Weg hinunter zu TKs Haus.

»Ich will gar nicht mit dir darüber streiten, dass die Dinge die Tendenz haben, größer werden zu wollen, und dass nichts schwieriger ist, als sich mit einem Status quo zu begnügen. Worum's mir geht, sind die menschlichen Schäden dieser Vergrößerungs- und Optimierungs- und Effizienz- und Kontrollwut. Weil sie so zutiefst unnötig sind. Weil wir fast dreißig Jahre bewiesen haben, dass man gute und sinnvolle Arbeit eben auch ohne Macht leisten kann.«

»Was du sagst«, meint Krüger, »erinnert mich an Utopia von Thomas Morus. Aber der logische Fehlschluss daran lässt sich in einen Satz fassen: *There is no free lunch.* Sowas wie kostenloses Mittagessen gibt es nicht.«

»Ich kann dir gleich das Gegenteil beweisen«, erwidert Bernhard.

»Ja, aber warte ab, wie du reagierst, wenn ich Geschmack daran finde und jeden Mittag bei euch vor der Tür stehe und es einfordere. Es gibt ein Grundprinzip, das überall wirkt, wo der Versuch gemacht wird, die Macht auszublenden. Es mag gelingen, Hierarchien, Eigentum und Geld abzuschaffen. Aber in dem Maße, in dem die Macht aus den hierarchischen Ungleichheitsverhältnissen verschwindet, kehrt sie durch die Hintertür zurück als strukturelle Gewalt. Es braucht ein rigides System der Überwachung, um sicherzustellen, dass alle sich an die Regeln der Gleichheit, Besitzlosigkeit und Brüderlichkeit halten. Das utopische System kommt nicht ohne drakonischen Strafenkatalog aus. Strafen zu können ist aber einer der Grundpfeiler von Macht. Und eine Quelle permanenter Gewalt. Deshalb lieber eine GmbH mit einem Chef als ein Kollektiv mit einem Revolutionstribunal, das den Eierdieb dann irgendwann einen Kopf kürzer macht, um ein Exempel zu statuieren. Der vermeintliche Verzicht auf Macht kann eine perverse Sache sein.«

Diese letzten Sätze hat Krüger auf dem Hof gesagt, wo er sich jetzt an den Tisch setzt, um ein Glas Wasser zu trinken. Hermann, der sich noch immer nicht von dort wegbewegt hat, hört sie und legt die Zeitung beiseite.

»Ich verstehe, was du meinst«, sagt er, »aber auf Bernhard bezogen, also auf den Einzelnen bezogen, will das nicht viel heißen. Gewiss, er hätte der Umwandlung des Vereins in eine GmbH zustimmen können, er hätte der Hierarchisierung des Betriebs zustimmen können, aber dazu hätte er ein anderer Typus sein müssen als er ist. Der Bernhard, der diese Dinge aus betriebswirtschaftlicher Logik und Eigeninteresse getan hätte, wäre eben ein anderer Mensch, eine andere Wesenseinheit als die, die hier sitzt. Oder besser: bei der wir sitzen. Und jener Bernhard wäre eben vielleicht gerade niemand, dem andere Werte durch den Kopf gehen als Macht und Effizienz. Mit der Konsequenz, dass beispielsweise ich hier nicht sitzen würde bei jenem Bernhard. Ich habe keinerlei Nutz- oder Tauschwert. Ebenso wenig Martha. Und noch ein paar andere. Die richtige Frage ist also nicht die, ob unser Bernhard naiv gehandelt hat und letztlich selbst schuld an seinem Schicksal ist, sondern die, welche sonstigen Auswirkungen auf das Leben anderer jener Bernhard hätte. Und da scheint die Waage doch sehr zugunsten des Unsrigen auszuschlagen.«

»Und ich wollte doch auch nichts anderes sagen«, wiegelt Krüger ab, »als dass er sich nicht grämen soll, weil er eben nicht Opfer menschlicher Niedrigkeit, sondern einer Strukturlogik geworden ist. Danke fürs Wasser, der Krüger muss los. TK, wann trainiere' mer widder?«

Bernhard winkt ab. »Nächste Woche irgendwann.«

Dann, als Krüger davongejoggt ist, meint er: »Aber recht hat er schon irgendwie.«

Hermann schüttelt den Kopf. »Das hätte er nur, wenn wir so wurzellose und freie Existenzen wären, die in jedem Augenblick interesse- und logikgesteuert sich neu erfinden könnten. Aber wir kommen ja von weither. Und wenn wir unsere Wurzeln kappen, dann kappen wir auch unsere Herzensgründe, und durch die fließt das Leben. Das ist zugegebenermaßen kein ökonomischer Lehrsatz.«

»Aber ein tröstlicher, alter Freund.«

»Und wenn du noch mehr Trost brauchst, dann sag dir, dass du keiner bist, der die Grausamkeit auf dieser Welt befördert.«

Ein wenig später fangen schon die Vorbereitungen fürs Abendessen an, während TK ins Tal fährt, um Kadmos von der Bahn abzuholen.

Giselle und Navid wollen im kommenden Frühjahr nach Iran reisen, wo Giselle noch nie war und auch Maryam schon länger nicht mehr, da sie damit hadert, in ihrer Heimat nicht öffentlich auftreten zu dürfen.

»Du musst nur achtgeben, dass er dich dort nicht heiraten will«, sagt Maryam zu Giselle. »Eine Freundin von mir, die jahrelang hier in Deutschland gelebt hat, eine Malerin, hat letztes Jahr endlich ihren langjährigen Freund geheiratet. Sie war geschieden und er verwitwet, aber ihre Eltern haben trotzdem auf einer schiitischen Zeremonie bestanden. Und dafür musste Karim, der ein armenisch-orthodoxer Atheist ist, zum Islam konvertieren. Was er natürlich nur mit zusammengebissenen Zähnen getan hat, der Erniedrigung wegen. Er hat die Glaubensformel nur gemurmelt, wenn es denn die Glaubensformel war, was er da gemurmelt hat. Natürlich glaubt keiner der beiden. Aber so ist es: Traditionen, das gebrochene Herz der armen Eltern. Immerhin hatten sie einen humorvollen schiitischen Sheik, der zu Chaza sagte: ›Er braucht es nicht laut zu deklamieren. Völlig unnötig, dass ich verstehe, was er sagt. Hauptsache, der da oben versteht es richtig.‹«

»Mach dir keine Sorgen«, sagt Navid. »Die Mullahs haben es in dreißig Jahren geschafft, aus einem tiefreligiösen ein säkulares Volk zu machen. Da gehen genauso wenig Leute in die Moschee, wie in der späten DDR noch in die Kirche gingen.«

»Und dabei war es wirklich ein Land, in dem die Religion wichtig war im täglichen Leben«, sagt Maryam. »Sozusagen das religiöseste Land des Islams, das Land, das im Islam überhaupt erst das Religiöse erfunden hat.«

»Wie das?«

»Nun, der Koran war ein Gesetz, und dann kamen die Schiiten

und haben eine Religion daraus gemacht. Mit Märtyrern, Heiligen und Jungfrauen.«

»Du als Katholikin«, meint Navid spöttisch, »würdest dich dort heimisch fühlen. Solche Sachen wie den ›Heiligen Rock‹ oder das ›Heilige Blut‹, oder was immer ihr da in der Pfalz anbetet, gibts dort auch zuhauf.«

»Ja, aber so harmlos, wie sich das jetzt anhört, sind eure Mullahs ja wohl nicht«, sagte Giselle.

»Natürlich nicht«, erwidert Maryam. »Warum glaubst du, dass ich emigrieren musste? Es ist ein zutiefst verlogenes und korruptes System, in dem das Religiöse schamlos zur Durchsetzung der Macht, zur Selbstbereicherung und zum Ruhigstellen der einfachen Leute benutzt wird. Ein Freund von mir aus der Revolutionszeit lebt in einem schönen Apartment in Evin im 12. Stock mit Blick auf die Berge. Aber manchmal, wenn er zum Rauchen auf den Balkon geht, dann kommt er nicht zurück, und wenn du nachschauen gehst, sitzt er da völlig starr, die Zigarette ist ihm zwischen den Fingern verglommen, und starrt reglos hinüber auf das Gefängnis. Und das sind dreißig Jahre alte Erinnerungen ...«

»Du musst unterscheiden zwischen der derzeitigen Regierung und der Mullahkaste und den Revolutionsgarden dahinter«, sagt Navid. »Dem ganzen religiös getünchten Stalinismus. Öffentliches Bauwesen, Öl, Schwerindustrie, das ist alles in der Hand und im Privatbesitz dieser Leute. Der Ahmadinedschad-Clan zum Beispiel. Oder der Sohn Chamene'is, dem gehört das halbe Land. Und die Profiteure des unseligen Embargos. Diese ganze neureiche Kaste, die im schwarzen Im- und Export als Mittelsmänner fungieren und dabei Millionen scheffeln. Die haben alle genauso wenig Interesse am Ende der Sanktionen wie die Hardliner in den USA. Wahrscheinlich verstehen sie einander in Wirklichkeit ganz gut und halten den Kalten Krieg grinsend am Köcheln, weil er ihnen Milliarden in die Kassen spült. Ach ja, und die Revolutionsgarden kontrollieren den Alkohol- und Drogenhandel.«

»Und den mit Fernsehantennen«, lacht Maryam.

Giselle schaut verdutzt.

»Naja, sie machen ab und zu Razzien in den Vierteln und zerstören die Dachantennen, und am nächsten Tag fahren dieselben Leute in anderer Kleidung im Lieferwagen vor und verkaufen nagelneue. Das nenn' ich wirklich mal ein Musterbeispiel für marktforschungsbasierten Kapitalismus!«

»Aber pass auf«, sagt Navid. »Die Gleichung religiös gleich fanatisch geht eben auch nicht auf. Eine Bekannte von mir in Isfahan, die als Fremdenführerin arbeitet, weil sie englisch und französisch spricht, die ist sehr gläubig, genau wie ihre Familie. Hält die Fasten und Feste, geht beten und versucht nicht, das Kopftuch immer weiter nach hinten zu schieben. Die Frauen legen es auch in der Wohnung nicht ab, und selbstverständlich gibt es dort keinen Alkohol. Aber das sind die offensten und nettesten Menschen, die du dir vorstellen kannst. Der Vater ist Werkmeister irgendwo, und sie leben in einem Dreigenerationenhaus, die Großmütter im Erdgeschoss, die Eltern in der Mitte und die Kinder oben. Aber wenn Nushin irgendwelche sympathischen Kunden zum Essen einlädt, dann fährt die Mutter alles auf, was Küche und Keller hergeben, ganz gleich ob das Amerikaner sind, die da kommen, und auch, wenn es Amerikaner sind, die Levy heißen. Wobei die leider eher selten kommen. Nushin ist eine echte Lokalpatriotin, sie kennt die Geschichte Isfahans wie ihre Westentasche, unglücklicherweise findet sie deswegen keinen Mann.«

»Warum denn?«

»Weil sie bei jedem Freund darauf besteht, nach der Heirat in der Stadt wohnen zu bleiben, und darauf will sich keiner einlassen. Dabei kenne ich eigentlich keine schönere Stadt auf der Welt.«

»Ist Isfahan wirklich so schön?«

»Stell's dir vor wie Florenz ohne Touristenströme.«

»Und warum wollen die Männer dann weg von da?« fragt Giselle.

»Sie sind alle gut ausgebildet, aber finden keine ordentlichen Jobs oder keine gut bezahlten oder haben Schwierigkeiten, ein eigenes Unternehmen zu gründen, von innen hindert sie die Kor-

ruption, nach außen das Exportembargo, dann gibt es zu wenig
bezahlbaren Wohnraum, die Freiheiten, die sie in Europa oder
in den USA genießen können, haben sie zu Hause auch nicht ...
Enge. Es ist letztendlich die Enge. Ein Land, das seiner Jugend
die Zukunft abschnürt«, sagt Maryam.

»Na, nicht überall ist es eng«, lacht Navid. »Als ich letztes
Jahr die Cousinen besucht habe, war ich einmal bei einer Familie zum Abendessen eingeladen im Zentrum. Einem Essen zu
Ehren der feministischen Verlegerin Golshifteh, du kennst sie
doch?«

»Vom Hörensagen.«

»Jedenfalls eine dreistöckige Innenstadtvilla mit grünem Vor-
garten und Pool und einem mannshohen Tor. Die Eingangshalle
mindestens 100 Quadratmeter groß und nichts weiter als eine
Eingangshalle mit einer großen breiten Treppe. Die gehst du
dann hoch, und oben stehen die Gastgeber und nehmen dich in
Empfang.«

»Ich hoffe, du hast wenigstens was Anständiges angehabt!«

Navid hebt die Augen zum Himmel und schielt nach Hermann, der schmunzelt, aber schweigt.

»Oben die erste Wohnebene, alles offen. Du blickst nach oben
in die nächsten Etagen, ganz oben sind dann die Privaträume.
Stell dir das alles so prachtvoll und großzügig vor, wie du kannst,
Giselle: Pfauenthrone, Kronleuchter, Bling-Bling überall, dabei
kein schlechter Geschmack, also nicht so wie in dem Schah-Pa-
last, der so eine Mischung aus Versailles und Wandlitz ist. Na
und wie gesagt, auf dieser Ebene wurden wir empfangen, ich
war mit einer deutschen Bekannten dort, einer DAAD-Lektorin
an der Uni, und einem dortigen Professor. Die feministische Verlegerin saß in einem großen Sessel und reichte einem die Hand.
Sah so ein bisschen Susan-Sontag-artig aus, ich meine die zwei-
farbigen Haare, halb weiß, halb schwarz.«

»Eine feministische Verlegerin in Iran? Und was darf die dort
veröffentlichen?«

Navid lacht. »Ja, momentan gar nichts, das ist ein bisschen
das Problem. Sie hat erzählt, dass seit anderthalb Jahren ihr ge-

samtes Verlagsprogramm zensiert wird und nichts rausgekommen ist, kein einziges Buch.«

»Und wovon lebt sie dann?«

»Das hab' ich sie auch gefragt. Ganz naiv und mitleidig, weil ich mein', ein Verleger, der nicht verlegen darf … Und sie lächelt mich an, verständnisvoll, und sagt: ›Von meinem Privatvermögen. Sonst ginge es ja gar nicht.‹ Sie wird auch vom Geheimdienst observiert und hat erzählt, dass sie auch mal zwei Tage im Gefängnis war. Allerdings zu einer Zeit, als ihr Programm noch veröffentlicht wurde und internationale Preise bekam.«

Navid schüttelt den Kopf. »Immerhin konnte ich mich mit ihr auf Englisch unterhalten. Die Gastgeber sprachen nur persisch, und mein Farsi ist ja eher dürftig.«

Ein schuldbewusster Seitenblick auf seine Mutter, die missbilligend zurückblickt.

»Aber die Gastgeber hättet ihr sehen sollen, also die Frau und die Tochter des Gastgebers, ich wusste gar nicht, wo ich hingucken sollte. Beide so total Donatella-Versace-mäßig verunstaltet durch zu viele Schönheits-OPs und Botox. Sahen aus wie zwei Cyborg-Schwestern aus einem Science-Fiction-B-Movie. Sehr nett und freundlich dabei, das Irritierende war bloß: Die Mimik hielt nicht mit den Gesten Schritt. Da war nämlich keine Mimik, das macht dich vollkommen irre, weil du nie weißt, ob sie's ernst meinen oder sich über dich lustig machen oder ob du sie langweilst bei den starren Gesichtern. Die Gesten dafür unendlich affektiert, die gespreizten Finger und das Überschlagen der Beine und die sich wie Sonnenblumen drehenden Kelchhände auf Schulterhöhe …«

Die anderen lachen.

»Hamsterbäckchen, Schlitzaugen, Stoßstangenlippen, richtige Clownsmasken. Haben wir nicht mal irgendwann davon gelesen, dass Schönheitskliniken in Teheran boomen?«

»Kann schon sein«, sagt Maryam. »Ich hab in Frankfurt auch schon mal einen iranischen Namen am Türschild von so einem kosmetischen Chirurgen gelesen. Ich glaube, wir sind da die führende Nation. Wie die Argentinier bei Psychoanalytikern.«

»Der Gastgeber selbst sah dagegen völlig normal aus«, fährt Navid fort. »Graumeliertes, dichtes Haar, ein kariertes Hemd, Jeans, ein bisschen der Typus Ahmadinedschad. Im ersten Moment, als er uns auf dem Treppenabsatz begrüßt, dachte ich tatsächlich, o Gott, das ist er. Dabei ist er Kinderbuchverleger. Ein 60-Mann-Betrieb, aus dem Nichts aufgebaut. Probleme mit der Zensur hat er offensichtlich keine. Seine beiden Söhne mit Frauen und Kindern waren auch da, leben alle im Haus. Im nächsten Stockwerk, da wo das Esszimmer und die Küche sind, da gab es auch einen TV-Raum, der rausgeht auf die Terrasse, und da saßen die ganzen Kids und sahen fern und spielten Computerspiele, und der kleinste von ihnen hatte in jeder Hand so einen Plastiksuperhelden und ließ sie aufeinander einschlagen, dass die Fetzen flogen, oder besser die Plastikteile. Und als wir dann beim Essen saßen, kabbelten sich Jessica und ihr iranischer Professor die ganze Zeit, aber auf so eine flirtende Weise, ich glaube, die beiden hatten ein Verhältnis miteinander. Für Jessica war es auch ein Abschiedsessen, ihre DAAD-Zeit war rum, und sie ging wieder nach Deutschland, und der Professor wandte sich zu den anderen und spielte genüsslich den schockierten Moslem: ›Am Anfang war sie perfekt iranisch und sittlich gekleidet‹ – und während er das sagt, springen ihm die Silikonbrüste der Verlegersgattin und ihrer Tochter beinahe ins Gesicht – ›und jetzt:‹ – er deutet auf Jessica: ›Wir werden sie auspeitschen und ausweisen lassen müssen!‹ Und irgendwie hatte ich das Gefühl, er hätte nichts gegen so eine Shades-of-Grey-Beziehung zu ihr gehabt. Und sie darauf, zu Golshifteh gewandt: ›Er wird heiße Tränen vergießen, wenn er niemanden mehr hat, den er mobben kann.‹ Und Golshifteh erzählte ganz empört: Sie hätte mit dem Minister gesprochen, auch bei so einem Abendessen. Die totale Willkür! ›Ich meine, ich kenne den Wortlaut der Gesetze‹, sagt sie, ›und hab sie ihm zitiert, auswendig, aber der Staat hält seine eigenen Gesetze nicht ein! Nicht einmal die unrechten! Ich schätze Ihre Bücher, sagt er zu mir, aber was wollen Sie machen? Schaun wir mal Ende des Jahres, da könnte sich einiges ändern zum Guten ...‹ Nur hatten wir außer Fruchtsäften nichts, um auf diese Hoffnung anzustoßen. Aber das Essen war ein Traum: rosiges Lammfleisch, so mürbe, das es vom Knochen fiel, wenn man dagegenpustet, Gemüse ohne Ende, vier Variationen Reis, und Giselle, du glaubst es nicht: das Nachtischbuffet. Ich dachte, ich bin im Paradies. Die Früchte! Und die Sahnecremes! Und die Aromen! Das ist Teheran, Giselle. Du wirst es mögen.«

»Der Magen hat gesprochen«, sagt Maryam trocken. »Fangen wir mal mit dem Kochen an.«

»Aber wer ist denn nun der große Terrorfinanzier und Terrorunterstützer?« fragt Giselle.

»Das, was ihr hier als islamistischen Terror kennt«, sagt Kadmos – denn er und TK sind mittlerweile eingetroffen und haben sich dazugesetzt –, »das kommt aus dem sunnitischen Islam, aber das heißt nicht, dass die Schiiten alles Engel wären. Nur verüben sie keine Selbstmordattentate. Aber die Hisbollah bei uns ist auch ein paranoider, stalinistischer Verein, siehe den Maulkorb, den sie mir umhängen, oder die Tatsache, dass auf Druck der Hisbollah das *Tagebuch der Anne Frank* als Schullektüre im Libanon gestrichen wurde, obwohl wir ja nun gerade *kein* islamisches Land sind.«

»Auch der Iran-Irak-Krieg von 80 bis 88 geht letztlich auf das Konto Irans oder besser gesagt Khomeinis«, sagt Maryam. »Das muss man schon eingestehen. Der hatte ein Auge auf den Irak geworfen wegen der heiligen Stätten und der schiitischen Bevölkerungsmehrheit im Land und hat damals so lange provoziert und gedroht, bis Saddam sozusagen gar nichts mehr übrigblieb als einen Präventivkrieg zu beginnen. Was natürlich genau das war, worauf Khomeini es abgesehen hatte. Denn so konnte er den Patriotismus des Volks mobilisieren und die gesamte Opposition und Demokratiebewegung ausschalten.«

»Aber der wahre Terrorstaat«, sagt Martha plötzlich in die Runde hinein, »das sind die USA!«

Und das klingt so absurd und zugleich so bitterernst aus dem Mund der alten Dame, dessen Winkel erregt zucken, dass es allen einen Moment lang die Sprache verschlägt.

Dann sagt TK, um die Atmophäre zu lockern: »Ei, unsre Martha –« Aber Ulla wirft ihm einen Blick zu, und er verstummt sofort.

»Glaubt mir, ich habe meine Erfahrungen mit den Amis. Gute und schlechte«, sagt Martha. »Ich stand da unten an der Straße hinter dem Fenster im April 45, als die Kolonnen da durchgefahren sind, endlose Kolonnen aus Jeeps und Panzerwagen, und es staubte, und die Häuser bebten, und überall hingen die weißen Fahnen aus den Fenstern, und wenn ein mutiges Kind mit geweiteten Augen draußen stand und sich ans Hoftor drückte, warfen sie Kaugummis auf die Straße. Ich weiß auch noch, dass mein Vater im Oktober abgemagert wie ein Skelett aus den Rheinwiesenlagern zurückkam, wo er nach dem Ruhrkessel gefangengesetzt war. Er hat es nur überlebt, weil er sich geweigert hat zu arbeiten und sie ihn dann irgendwann rausließen, anstatt ihn den Franzosen für die Bergwerke oder das Minenräumen zu übergeben. Und ich weiß auch noch, wie nett es in den Fünfzigern war, als ich neben der pädagogischen Hochschule bei ihnen arbeitete, um Englisch zu lernen, im IG-Farben-Haus, beim *Signal Service,* und den GIs ihre Heimatbriefe diktierte, weil sie noch schlechter Englisch konnten als ich. ›Please give me a hand, Martha. I'm such a darn speller.‹

Ich habe mich eigentlich, wie die meisten von uns, mein Leben lang wohl und sicher und geborgen gefühlt in der Rolle des Mündels, das nie volljährig zu werden braucht. Das Mündel eines wohlhabenden, glänzenden und gütigen Mannes, der uns 1945 unseren gemeingefährlichen Eltern weggenommen und strenge Vormundschaft über uns übernommen hatte. Ich weiß nicht, ob er erwartete, dass wir irgendwann volljährig werden und ausziehen würden, vielleicht bestand auch unausgesprochene Einigkeit darüber, dass das wegen der erblichen Belastung aus Sicherheitsgründen besser unterbleiben sollte. Und ich habe mich, wie wir alle, in meiner Unmündigkeit bequem eingerichtet und bin darüber alt geworden und habe irgendwann wirklich geglaubt, dieser Vormund sei eigentlich mein Vater und nicht mein Bewährungsaufseher, streng, gerecht, aber liebevoll, und er hat uns ja auch viele Freiheiten gegeben und uns machen lassen, und erst jetzt, als alte Frau, musste ich erleben, was der Vormund tut, wenn das Mündel gegen die Hausordnung verstößt, besser gesagt nicht ich, sondern mein Manfred musste das erleben.

Ihr habt ihn ja gekannt«, sagt Martha zu den Gastgebern, »aber ihr beiden«, spricht sie Ernst und Navid an, »wart ja schon weg, und ihr (zu uns gewandt) kennt die Geschichte gar nicht. Und da sie mir ein Stück von meinem Leben zerstört hat, will ich sie euch erzählen, wenn ihr noch einmal zuhören mögt.

Mein Sohn Manfred war ja Elektrotechniker und hat für eine Berliner Firma gearbeitet, die sich um Wassermanagement kümmert, das heißt um so Sachen wie Abwasserreinigung und Trinkwasserversorgung, also die konstruieren Kläranlagen, Rohrsysteme, betreiben Grünflächenbewässerung und entwickeln unter anderem eben auch Strategien der Wasserversorgung für trockene Gebiete. Da ist Manfred schon ganz schön rumgekommen in Europa und anderswo. Und vor etwa zehn Jahren hatte seine Firma eine Ausschreibung gewonnen, von der Weltbank wohlgemerkt und unserem deutschen Forschungsministerium, die Wasserversorgung in Teheran zu modernisieren. Kinder, nach Details dürft ihr mich nicht fragen, aber es war jedenfalls ein langes Projekt, auf mehrere Jahre angelegt, und er war immer wieder monatelang dort und hat mir dann immer Wunderdinge erzählt darüber, wie schön gepflegt die Parks von Teheran sind und die Brunnen und die Wasserspiele, wie viel besser die sich dort um die öffentlichen Räume kümmern als zum Beispiel bei ihm in Berlin – ›dort sollten wir mal ein Projekt machen‹, hat er gesagt, ›die hams nötiger‹, Maryam, du hast ihn ja gehört, wie er von Teheran schwärmte. Aber die Arbeit muss natürlich auch kompliziert und schwierig gewesen sein. Zum Glück brauchte er sich als Techniker ja aber nicht selbst mit der Verwaltung rumzuschlagen, die dort vermutlich funktioniert wie überall, nämlich gar nicht. Bis 2012 war er immer wieder dort.

Ja, und dann ist es plötzlich passiert, völlig aus heiterem Himmel.

Manfred selbst war gar nicht in Deutschland. Er saß für ein Projekt in Malaysia, da kriegt er den Anruf: sofort alles abbrechen und auf der Stelle nach Hause zurück mit dem nächsten Flieger. Was war passiert? Eine Pressemeldung. Ein Ticker von einer amerikanischen Behörde namens OFAC im amerikanischen Finanzministerium. Natürlich nicht an Manfreds Firma direkt, sondern für die Öffentlichkeit, aber die Telefone dort müssen sofort heißgelaufen sein. Deren Hausbank rief an, sie bekamen eine Mail der Weltbank, die die Finanzierung und Zusammenarbeit kündigte, mitsamt einer Klageandrohung, eine Mail des Forschungsministeriums, Unterbrechung der Zusammenarbeit bis Klärung der Sachlage, alles an einem Vormittag, und einen Tag später war klar, dass die Firma am Monatsende zahlungsunfähig sein würde. Eine Firma mit über 200 Mitarbeitern.

Was war das nun für eine Pressemeldung? Sie besagte, dass das amerikanische Finanzministerium Manfreds Firma und vor allem Manfred persönlich auf ihre schwarze Liste von Terrorfinanziers und Terrorunterstützern gesetzt hatte. Die fielen aus allen Wolken und Manfred natürlich genauso, als er 24 Stunden später in Berlin ist und davon erfährt. Terrorunterstützung! Ich meine, die haben dort Kläranlagen gebaut und Wasserrohre verlegt!«

Martha unterbricht sich kurz und blickt mit glasigen Augen in die Runde. Diejenigen, die die Geschichte noch nicht kennen, starren sie an, als sei sie wahnsinnig geworden oder dement oder lanciere die krudesten Verschwörungstheorien. Aber zugleich ist jedem klar, dass das nicht stimmen kann, denn ihr Sohn hat sich aufgehängt.

»Natürlich sind sie dort selbst erstmal paranoid geworden und haben angefangen, ihre Akten zu wälzen und Manfred in die Mangel zu nehmen, aber es war ja ein Bundesauftrag gewesen, stellt euch das vor, und die erste Desolidarisierungsmail kam vom Ministerium selbst.

Es war wie bei Kafka. Jemand macht dir plötzlich den Prozess, und du hast keine Ahnung, warum und wofür. Manfred als

Terrorunterstützer! Er hat sofort an das amerikanische Finanzministerium geschrieben, um das Ganze als Irrtum offenbar zu machen, aber von dort kam nur der Hinweis, sich an eine amerikanische Anwaltskanzlei zu wenden. *Shuster-Leibowitz LLP. – OFAC Sanctions Attorney.* Ich hab' mir den Briefkopf damals notiert, als Manfred mir endlich davon berichtet hat. Ich wusste ja nichts. Er war ja immer ein Eigenbrötler, hat auch seinen Geschwistern zunächst nichts gesagt, mir schon gar nicht, erst als der Druck zu groß wurde und er anfing zu verzweifeln, hat er die Hände ausgestreckt wie ein Ertrinkender ...

Also, er meldet sich bei dieser Kanzlei, die ihm einen Schriftsatz des amerikanischen Ministeriums schickt. Die ersten zwei Seiten waren noch leserlich, Anschuldigungen gegen Manfred wegen Terrorunterstützung und Kontakt zu terroristischen Vereinigungen, eine komplette Auflistung der Aufträge seiner Firma, an denen er mitgewirkt hatte, aber in völlig anderem Lichte. Der ganze Rest war geschwärzt, und die Kanzlei schrieb auf seine Anfrage nur lakonisch irgendwas in der Art von: Da sehen Sie mal, wie viele Vorwürfe es gegen Sie gibt. Aber die Einzelheiten können Sie nicht erfahren, das ist alles geheimes Material. Ein guter Rat: Bekennen Sie sich schuldig!

Schuldig! Wessen denn? Kläranlagen gebaut zu haben? Die Firma hörte das Gleiche. Wortwörtlich schrieben die denen: ›Ihre Behauptung, nie gegen die Wirtschaftssanktionen der US-Regierung verstoßen zu haben, ist zwar an sich nicht falsch, führt aber in die falsche Richtung, denn es ist keine Voraussetzung, gegen die Sanktionen verstoßen zu haben, um auf die SDN-Liste zu kommen. Vielmehr verhält es sich so, dass die meisten Firmen und Individuen auf dieser Liste keine US-Staatsbürger sind und auch nicht den Regeln des OFAC unterliegen. Dennoch sind solche Unternehmen und Individuen an Aktivitäten beteiligt, die, wären sie von US-Staatsbürgern begangen worden, gegen die Sanktionen verstoßen würden. Daher kann die OFAC alle, die solche Aktivitäten durchführen, auf die SDN-Liste setzen, um das Finanzsystem der USA und ihre nationale Sicherheit zu schützen.‹

Jetzt werdet ihr sagen: Sollen sie doch, aber das Problem ist, dass die amerikanische Gesetzgebung bei uns zwar nicht gilt, aber trotzdem wirkt.«

»Das erinnert mich an meinen alten Juraprofessor in seiner Einführungsveranstaltung«, sagt Udo. »Kommen wir zum Völkerrecht. Macht geht vor Recht. Kommen wir zum Strafrecht ...«

Ulla hat Martha ein Taschentuch gereicht, und die schneuzt sich die Nase und fährt fort.

»Manfred hat sich dann mit seiner Firma auf eine Kündigung gegen Entschädigung geeinigt, das war die einzige Chance für den Laden, nicht dichtmachen zu müssen und 200 Leute auf die Straße zu setzen. Dabei hatte die Firma ja sofort bei der Bundesbank angefragt, wo sie ohnehin all ihre Iran-Geschäfte hatte genehmigen lassen. Die schickten sechs Prüfer nach Berlin, die wochenlang Akten wälzten und schließlich zu dem Schluss kamen, dass es keine Transaktionen gegeben hatte, die nach deutschem, europäischem oder internationalem Recht verboten waren. Half ja aber nichts. Ich habe gehört, dass seine Firma erst vor wenigen Monaten von der schwarzen Liste genommen wurde, als sie nach seinem Tod die Schuld auf ihn schob und insofern zugab, dass schuldhaftes Verhalten vorgelegen hatte.

Aber für Manfred fing es da erst richtig an, die unglaubliche Hexenjagd, die ihm schließlich das Leben gekostet hat. Die Commerzbank hat ihm das Konto und die Kreditkarte gekündigt. Erklärung: Sie mussten das im Rahmen eines Vergleichs mit dem amerikanischen Justizministerium und der Bankenaufsicht tun, in anderen Blacklist-Fällen ebenso. Dann hat die Telekom verweigert, ihm ein Apple-Handy zu verkaufen, und sogar vorgeschlagen, den Vertrag vorzeitig zu beenden, weil der Verkauf von Apple-Geräten an eine Person auf der schwarzen Liste gegen die Lieferbedingungen verstößt. Und dann ist ihm auch noch die Lebensversicherung gekündigt worden – gleiche Geschichte, die Versicherungsgesellschaft wollte Klagen in den USA vermeiden.

Jetzt stellt euch das vor. Da steht er alleine in seinem Haus, das auch noch nicht abbezahlt war, ohne Arbeit, ohne Aussicht auf eine neue Anstellung, gebrandmarkt und in den Ruin getrieben von einer ausländischen Macht, vor der dich selbst der eigene Staat nicht schützt! Als ich davon erfuhr und ihn besuchte, sah er schon schlecht aus, fand ich. Unrasiert und hatte auch wieder mit dem Rauchen begonnen, und mit dem Alkohol übertrieb er es kräftig. ›Mama, ich fühle mich so hilflos, so eingekreist‹, hat er mir gesagt. ›In meinem eigenen Land hilft mir keiner! Ich fühle mich, als wäre nachts bei mir eingebrochen worden, und die Typen stehen vor meinem Bett, und ich schreie: Hilfe! Polizei! Und da lachen sie sich krumm und sagen: Aber wir *sind* die Polizei!‹

Ich hab' noch versucht, ihn aufzurichten und zu trösten. Mir war die Dimension des Ganzen überhaupt nicht klar, ich fand es nur absurd, ich dachte immer noch: ein Versehen, ein Irrtum, das muss sich jetzt doch bald aufklären. Ich hab' mir nicht klargemacht, wie das ist, so ein kleines Menschlein, und eine Weltmacht drückt dich einfach tot wie eine Wanze!

Richtig selbst bewusst geworden ist es mir ein paar Wochen nach meinem Besuch bei ihm. Er hatte ja so eine alte verrottete Gartenbank auf der Terrasse stehen, und ich dachte, machst du ihm eine Freude und schenkst ihm ein neues Ensemble mit schönen hellen und sauberen Kissen, und gehe hin zu einem Händler für Gartenmöbel unten in Homburg und bestelle es ihm. Und zwei Wochen später bekomme ich einen Brief von dem Händler, die Spedition Schenker habe sich leider geweigert, die Möbel an Manfred auszuliefern, weil der auf einer amerikanischen Liste steht. ›Auf einer amerikanischen Liste‹. Wortwörtlich.«

»Ich glaub's nicht!« platzt Giselle heraus. »Das gibts nicht! Gartenmöbel!«

»Da habe ich's auch mit der Angst zu tun bekommen«, sagt Martha. »Ich schreibe an Schenker, und der Justiziar antwortet mir: ›Wir halten uns an die Gesetze.‹«

»Ja, aber an wessen Gesetze!« ruft Giselle. »Das ist ja unglaublich!«

»Ich hatte gehofft, irgendwann arrangiert sich das wieder, irgendwie«, fährt Martha fort. »Irgendwer wird ihm schon wieder einen Job geben. Ich meine, er ist Ingenieur und hat schließlich nichts verbrochen. Aber das war naiv. Die vergessen dich nicht, und die lassen dich auch nicht los. Und wenn du dabei vor die Hunde gehst, ist es ihnen scheißegal. Und er hat alles versucht, um von dieser Liste runterzukommen.

Ich glaube, der Punkt, wo dann alles gekippt ist und er das Gefühl hatte, in einer Falle zu sitzen, die sich immer enger um ihn schloss, das war, als er dann plötzlich nach unzähligen Bitten und Eingaben an das US-Finanzministerium einen Brief von denen bekam. Einen vierseitigen Brief aus der Abteilung *Global Targeting*, was immer das bedeuten soll. Ich hab' den gesehen. Ich glaube, das Beängstigendste war, dass die über jeden Tag, über jeden Schritt seines Berufslebens Bescheid wussten. Was er zum Beispiel zwischen dem soundsovielten und soundsovielten Januar 2011 in Moskau gemacht habe oder – wieder exakte Daten – in Kuala Lumpur und bei allen seinen Aufenthalten in Teheran. Sie wollten die Namen und Positionen all seiner Gesprächspartner auf diesen Reisen wissen, ›detailed narrative description‹ all seiner Begegnungen. Dann wollten sie wissen, mit welchem IT-System im Teheraner Wasserwerk gearbeitet wird, und einen detaillierten Plan der dortigen Wasserversorgung sollte er ihnen auch liefern. Du, die wussten, in welchem Gebäude er an irgendeinem Maitag 2012 in Teheran gewesen war! Organigramme der Wasserwerke, Kläranlagen, Porträts seiner Kontakte dort, Namen, Einschätzungen ihres Charakters, ihrer politischen Ansichten. Es war gespenstisch. ›Eine Weigerung, die gelisteten Informationen in allen Einzelheiten mitzuteilen, wird Ihre Petition, von der SDN-Liste genommen zu werden, negativ beeinflussen.‹

Und dann luden sie ihn ein, seine Aussagen auch ganz persönlich in Washington zu machen. ›Damit sie mich gleich nach Guantánamo schicken?‹ hat er gesagt. Aber er hatte auch mehr und mehr Angst, dass sie ihn vielleicht auch hier in Deutschland abholen würden, er fühlte sich beobachtet. Und mal ohne Scherz, wer hätte es denn verhindert?

Und wir haben das alle nicht ernst genug genommen! Ich hätte eigentlich zu ihm ziehen müssen! Aber man denkt doch, hier zu Hause ist man sicher vor sowas ... Obwohl von den deutschen Behörden nicht *so viel* an Unterstützung kam! Nichts! Haben sich alle totgestellt oder auf die ungeklärte Rechtslage verwiesen.

Aber das Verrückteste war: In der Anlage zu diesem Brief bitten sie ihn um einen Lebenslauf. Und Manfred damals zu seinem Bruder: ›Da frage ich mich doch, welches Interesse man an einem Lebenslauf hat, außer wenn man jemanden einstellen will. Das ist wie bei der Stasi: Erst foltern sie den Typen und zerstören sein Privatleben, dann sagen sie ihm: Aber wenn du mit uns zusammenarbeitest, können wir auch netter zu dir sein.‹

Und Gerd hat gelacht und gesagt: ›Wer weiß? Vielleicht wird ja noch so 'n richtiger James Bond aus dir.‹

Aber ein James Bond ist er nicht geworden. Stattdessen hat er diesen Brief in die Schreibtischschublade gelegt, und zwei Monate später ruft die Polizei bei Gerd an. Ein Nachbar hat ihn runtergeschnitten, er hat sich in seinem Garten aufgehängt. Mit einem Nylonseil, das er am selben Vormittag bei OBI gekauft hatte. In seinem Abschiedsbrief stand außer der Entschuldigung, uns, seiner Familie, sowas anzutun, dass er es nicht mehr aushalte und sich verfolgt und beobachtet und zu Tode gehetzt fühle.«

Martha sieht sich um. »Ich habe dann nach ein paar Monaten, nachdem ich mich vom ersten Schock erholt hatte, nachgerechnet. Ein Carepaket war damals 15 Dollar wert. Der Dollar stand bei vier Mark zwanzig. Wir haben damals zwei Carepakete bekommen, im Wert also von 126 Mark. Inflationsbereinigt, hab' ich mir ausgerechnet, entspricht das etwa 400 Euro, plusminus. Diese 400 Euro hab' ich bar in einen Umschlag gesteckt und mit einer kurzen Erklärung an die amerikanische Botschaft in Berlin geschickt. Ich weiß, es ist eine lächerliche Geste, aber damit fühle ich mich diesem Land quitt und was es für mich getan hat.

Das ist die Geschichte, die ich erzählen wollte. Entschuldigt, wenn sie so lang gedauert hat. Und ihr beiden« – und damit wendet sie sich an Navid und Giselle – »ja, ihr beiden. Fahrt ihr ruhig nach Teheran. Die verhaften euch zwar vielleicht, wenn ihr euch auf offener Straße küsst und gegen die sonstigen dortigen Gesetze verstoßt, aber sie kommen nicht nach Deutschland und zerstören euer Leben hier, weil ihr mal in den USA gearbeitet habt.

Und wenn ihr dann dort seid und die Wasserspiele in einem der Parks im Norden der Stadt anseht, dann denkt dran, dass die auch deswegen so schön sind, weil mein Manfred mitgeholfen hat, sie schön zu machen.«

Se Eschgh Nameh

سه عشق نامه

Buch der drei Lieben

———

Dieses leidgeprüfte Herz wird überstehen,
gib die Hoffnung nicht verloren!
Und dies schwere Haupt wird Ruhe finden,
verzage nicht!

———

HAFIS

Das vierte Paar

D e r j e n i g e ,   v o n   d e m hier zunächst erzählt wird, hätte der Protagonist der vierten großen Liebe sein sollen, aber er ist es nicht geworden. Seit 30 Jahren fragt er sich, ob er rechtzeitig entkommen ist oder sein Lebensglück ausgeschlagen hat. Gerettet oder gerichtet?

Für den Rest seines Daseins wird er nicht fertig werden mit dieser Geschichte, die für ihn anfängt –

Im Sommer 1985. Das Bild, von dem alles ausgeht, ist der Tennisplatz auf der unteren Ebene des terrassenförmig angelegten Anwesens und die Aussicht, die sich Matthias von dort bietet. Der lupenreine blaue Diamant des Äthers, tief unten die stahlblaue See, die sich am Horizont in einer fliederfarbenen Gouache mit dem Himmel mischt. Dazwischen ein in der leichten Brise wogendes gelbes Meer aus Rosenblüten. Wildkräuterduft steigt aus den Büschen und Beeten. Mit einem trockenen Pock trifft der Schläger den gelben Ball, der am Rand des ziegelrot leuchtenden Ascheplatzes aufkommt und von der schönsten der Frauen wieder zurückgeschlagen wird. Unten im Dunst die Landzunge mit den weißen Häuserkuben Beiruts und darüber in reinen Parabeln die Leuchtspur der Raketen und Granaten, die vom Osten der Stadt in den Westen und umgekehrt fliegen, völlig stumm, und kurz darauf die spielzeughaft wirkenden Rauchwölkchen der Einschläge und mit ein wenig Verzögerung die schwache Erschütterung der Detonationen, nicht lauter als das Scharren der Tennisschuhe auf der roten Asche.

Es war Krieg dort unten, aber sie gingen nicht hin.

Er führte 5:3 gegen Christine bei eigenem Aufschlag. Er trug ein Käppi mit dunkelgrünem Plastikschirm gegen die Sonne. Er spielte mit freiem Oberkörper und hatte schon mehrere Punkte verloren, weil er zwischendurch immer wieder mit ungläubiger Freude auf seinen braungebrannten, sehnigen Oberkörper blickte. Seinen Satzgewinn untermalte eine Bombenexplosion wie ein gedämpfter Tusch.

Es war der Traum für einen 24-jährigen, abenteuerlustigen, wachen jungen Mann. Liebe und Krieg. Eine Liebe im Krieg. Schon die Ankunft: der Flug im UN-Helikopter, weil die Green Line dicht war. Im Landen sah er die halbmondförmige Bucht, die als die schönste des ganzen Mittelmeers galt vor dem Krieg. Unten am Hafen erwartete ihn Sams Limousine und brachte ihn die Serpentinen hinauf, immer höher über das Meer, und durch die offenen Fenster wehte der bittere und süße Balsamduft des Landes. Ganz selbstverständlich arbeitete er in der Klinik mit, obwohl er, genauso wie Christine, sein Studium noch nicht beendet hatte. Es waren Semesterferien in Deutschland. Eigentlich wollte er sich auf Kinderheilkunde spezialisieren. Aber hier ging es nicht um Kinderheilkunde, sondern um Notfallchirurgie und Amputation. Krankenwagen lieferten pausenlos Bomben-, Mörser- und Granatenopfer. Sam war ganz selbstverständlich davon ausgegangen, dass der Freund seiner Tochter als Arzt im Krankenhaus mitarbeiten würde, und ebenso selbstverständlich war Matthias an seinem zweiten Tag im OP erschienen. Abgerissene Arme, Füße, die nur noch an Sehnen hingen, offene Schädel, mit Splittern gespickte Rücken – es war eine ungeheure Metzgerei, für die es einen festen Magen brauchte. Matthias hatte einen, wenn vielleicht auch nur, weil er sich permanent fühlte, als sehe er sich einen Film an, in dem er selbst mitspielte.

Die Kriegsgeräusche nahm er als Alltagsgeräusche wahr: Ein Raketenbeschuss klang wie Silvesterfeuerwerk. Der Einschlag einer Granate wie ein mit Stahlplatten beladener Lastwagen, der über Bahnschwellen rumpelt. Als jemand nach einem Notfall eine Plastiktüte mit abgerissenen Gliedmaßen brachte, sagte Sam: »Das ist nur eklig, nicht tragisch. Tragisch sind die Erzählungen.« Es gab Momente, die ihm gerade deswegen einen Schock versetzten, weil die anderen in ihnen so verstandeskühl handelten: wenn Marlene in einer zerbombten Kirche über die Trümmer des Altars stieg, mit einer Hand den Rock hochhaltend, um große Schritte machen zu können, und nach Kunstgegenständen suchte. Oder als Sam einmal einen abgerissenen Arm gereicht bekam und mit ein wenig Drehen und Ziehen einen Brillantring vom Finger löste und in die Hosentasche steckte, bevor er den Stumpf zu den anderen Leichenteilen warf.

Die Albträume und die Schlaflosigkeit sollten erst Jahre später kommen. Es war Arbeit wie in einem Frontlazarett, nur dass es dann nachmittags hinaufging in die Villa, wo ihm ein Livrierter einen Drink an den Rand des Pools stellte, in dem er seine Bahnen zog, wo Christine im weißen Tennisdress Aufschläge übte, wo abends ein deutsch-libanesisches Kammerensemble Schumann spielte und wo er nachts bei offener Balkontür mit Christine Liebe machte. Ihr Zimmer lag in einem anderen Flügel, dennoch konnte Matthias nicht glauben, dass niemand in dem großen Haus ihren Gesang hörte.

Es war ein liberales Haus, niemand hatte daran Anstoß genommen, dass sein Zimmer und Christines en suite lagen und sich ein gemeinsames Badezimmer teilten.

»Das ist also dein Verlobter, herzlich willkommen«, hatte es bei der Begrüßung geheißen, sehr direkt und herzlich, wenn auch ominös klingend, denn um die Zukunft hatte Matthias sich noch keine Gedanken gemacht, seit er in einem Hörsaal der Uni Aachen Christine kennengelernt hatte. Auch war ihm nichts Fremdländisches an dem Mädchen aufgefallen, das selbstbewusst, eloquent und ganz offensichtlich wohlhabend war, obwohl Christines Lust zu lachen und irgendein Tonus, eine Alertheit, etwas, das Matthias so ungeheuer lebendig an ihr vorkam, sie von den deutschen Studentinnen unterschied.

Erst als er Sam kennengelernt hatte, den Patriarchen, Charmeur, Ladies Man, Chirurgen, Klinikchef, Clanchef, Strippenzieher und Alleinunterhalter, der überhaupt nicht aussah, wie Matthias sich einen Araber oder sonstigen mittelmeerischen Typus vorstellte, wurde ihm auch klar, warum Christine, die Tochter einer Freiburger Musikerin und Gesellschaftslöwin und eines maronitischen Millionärs, zwar ungleich rassiger wirkte als seine sonstigen Kommilitoninnen, aber eben keinesfalls wie das, was er sich unter einer Suleika vorgestellt hätte. Kopftuch (und Handschuhe) trug sie nur, wenn sie das MG-Cabrio steuerte und sie Ausflüge in die Eifel oder nach Belgien machten.

Und nun also war er hier im Libanon, nachdem sie ein gutes Dreivierteljahr zusammen waren, für die gesamten Semesterferien, arbeitete morgens und manchmal nachts als assistierender Lazarettchirurg und lebte nachmittags und abends im schönsten Haus, das er wohl je bewohnen würde, spielte Tennis, aß, trank, schwamm, fuhr Wasserski in der Bucht mit Blick auf die Raketen, liebte und lernte stilvoll zu leben, was ihm, dem Försterssohn aus Höchenschwand, nicht an der Wiege gesungen worden war.

Einmal in der Woche, ob Krieg oder Feuerpause, ob Beschuss oder Stromsperre, gab es einen Hausmusikabend, zu dem der Salon immer mit 20, 30 Menschen gefüllt war, denen die philippinischen Dienstmädchen aufwarteten. Trios, Quartette, Quintette – je nachdem, wie viele Musikergäste von außerhalb die Kriegssituation zuließ. Neben allem anderen lernte Matthias in diesen Monaten die deutsche Kammermusik kennen.

Sam und Marlene waren ein ehrfurchtgebietendes, ein bewunderungswürdiges, ein ideales Paar. Sie führten ein internationales, viersprachiges Haus, sie hatten trotz des Kriegs ein funktionierendes gesellschaftliches Leben, sie waren vielseitig interessiert und beschlagen, humorvoll und charismatisch, worauf vielleicht auch die Tatsache hindeutete, dass Sam, wenn sie zu mehreren waren, seine Frau »la patronne« nannte, worauf sie konterte, dass sie bei Wagner nie Migräne bekomme, höchstens Magenkrämpfe (Scherze, die an Matthias' naturwissenschaftlicher Bildung vorbeigingen).

In der Küche und den Parallelfluren schuftete unsichtbar wie die Hauselfen ein halbes Dutzend oder mehr Filipinos und Filipinas, um Sauberkeit und Perfektion aufrechtzuerhalten, und wenn die Gespräche (auch die zwischen Christine und Matthias) aufs Politisch-Grundsätzliche kamen, auf die Notwendigkeit von Gleichberechtigung, die Möglichkeiten des Sozialismus oder die Lage unterdrückter Ethnien (hier waren die Palästinenser gemeint), so fanden sie doch stets auf dem unerschütterlich selbstverständlichen Boden einer Grundversorgung dieser utopischen Gesellschaften mit genügend Dienstboten statt.

Von Marlene wurde Matthias mit ähnlich freundschaftlichem Respekt behandelt wie die durchreisenden Künstler, allerdings doch ein wenig mehr wie ein junger Mann – wie ein Freund ihres Sohns, von Sam wie ein Mann, ein Kollege und ein Schwiegersohn auf Probezeit.

Die gute, manchmal fast ausgelassene, aber immer aufgeräumte Stimmung, die in der Familie herrschte, erstaunte Matthias umso mehr, als sie vor anderthalb Jahren einen fürchterlichen Schicksalsschlag hatte hinnehmen müssen: Christines älterer Bruder, der in Paris soeben sein in Gießen begonnenes Medizinstudium beendet hatte, war dort bei einem Motorradunfall ums Leben gekommen.

»Hier herrscht Krieg«, sagte Sam kopfschüttelnd zu Matthias, »deshalb haben wir die Kinder zum Studieren nach Europa geschickt, damit sie in Sicherheit sind. Aber es kommt wohl, wie es geschrieben steht.« Und dann fügte er, der atheistische Maronit, noch hinzu: »Inschallah.«

Woran Matthias sich nicht gewöhnen konnte, das war, dass alle Familienmitglieder von diesem Sohn und Bruder immer so sprachen, als habe er nur gerade das Haus verlassen oder sei kurz verreist. Nie hörte er in diesem Zusammenhang die Vergangenheitsform. Dennoch hätte er weniger aufgeweckt und feinfühlig sein müssen als er war, um nicht zu verstehen, dass sich jetzt alles umso mehr auf Christine fokussierte.

Da war die Klinik, die wuchs, dann die christliche deutsche Schule mit Kindergarten, die mit Sams finanzieller Hilfe unter der Schirmherrschaft der deutschen Botschaft von Marlene gegründet worden war, die dem Aufsichtsrat vorsaß – alles das wollte vererbt, weitergegeben und weitergeführt werden, durchaus nach dem bewährten deutsch-libanesischen Prinzip.

Nach zweieinhalb Monaten schreckte Matthias manchmal nachts schweißgebadet aus dem Schlaf hoch, was nichts mit der

Sommerwärme zu tun hatte. Sie wollen sich einen Schwiegersohn kaufen, dachte er dann. Und: Sie zahlen unvergleichlich gut.

Das dachte er immer öfter, bis er nicht mehr klar wusste, ob er liebte oder aufs Angenehmste korrumpiert wurde, nur war ihm bewusst, dass er irgendwann eine Entscheidung würde treffen müssen, bevor er nicht mehr in der Lage dazu war und andere sie für ihn träfen.

Natürlich liebte er Christine. Er hatte nie zuvor eine Freundin von solcher Lebendigkeit, solchem Flair und solcher Klasse gehabt. Und in seinen klaren Momenten sah er ganz deutlich, dass er, sollte er das Angebot ausschlagen, das ihm auf dem Präsentierteller hingehalten wurde, auch nie wieder eine vergleichbare Frau treffen würde. Nicht so schön. Nicht so besonders. Nicht so reich.

Das Leben mit ihr, vor allem, seit sie hier im Bürgerkriegslibanon waren, besaß eine höhere Intensität, eine höhere Dichtigkeit als das Leben zu Hause in der BRD, das im Vergleich verplant, vernagelt, verzagt, kleinmütig, ja irgendwie feige wirkte. Hier im Libanon, befreit vom Mehltau der Ordnungen, Traditionen, Anspruchshaltungen, Besitzstandswahrungen und der allumfassenden Missgunst der Heimat, mit dem leichten, aber durchaus existenten Risiko, in eine Kugel zu rennen oder in die Luft gesprengt zu werden, atmete er eine prickelnde kohlensäurehaltige, ja champagnerartige Lebensluft ein – vivere pericolosamente, dachte er und fühlte sich wie ein Teil einer Starbesetzung, jedenfalls als eine Cinemascope-Version des Matthias, als der er aufgewachsen war.

Das war das eine. Das andere war, er hatte sich durchaus schon Gedanken über eine Zukunft mit Christine gemacht. Musste er denn – und er wusste, dass er, so denkend, einem überkommenen, konservativen Geschlechterbild aufsaß, für das Christine als moderne Frau gar keine Verwendung hatte –, musste er eine solche Frau denn nicht erobern, aus ihrem Königsschloss entführen oder zumindest mit einer Armee davor auftauchen, die ebenso imposant war wie die des Königs?

Denn er war zu dem bitteren Schluss gekommen, dass diese Zukunft nicht in Deutschland würde liegen können. Christine als Frau eines Assistenzarztes an einem deutschen Provinzkrankenhaus oder eines niedergelassenen Arztes in einer Kleinstadt? Undenkbar. Doppelt undenkbar, auch wenn er selbst in seinem Ehrgeiz sich in 20 bis 25 Jahren auf Augenhöhe mit Sam sah. Denn sie war nicht nur die Tochter dieser Familie, sie fühlte sich auch ganz als Libanesin, vielleicht umso mehr, als sie eine halbe Deutsche war. Wie sie ihn gedrängt hatte, sie endlich »in meiner Heimat« zu besuchen. Aber die Tochter ihrer Familie war sie eben auch, was Matthias jedesmal betrübt feststellte, wenn er erlebte, mit welcher Selbstverständlichkeit sie die Hausangestellten nutzte; eine Herrenattitüde, die in Fleisch und Blut übergegangen war, etwas, das Matthias in seinem Leben nicht lernen würde, etwas, mit dem man groß geworden sein musste, ohne dass jemals irgendjemand, den man kannte, ein schlechtes Gewissen darüber empfunden oder auch nur die Existenz eines solchen in Betracht gezogen hätte.

Matthias sah ganz deutlich, dass ihn, ließe er die Falle zuschnappen, hier ein gemachtes Bett erwartete. Gewiss, ein luxuriöses Kingsizebett mit Damastbezügen. Eine Karriere und Geld und Privilegien ohne Ende (an denen kein Bürgerkrieg und keine Revolution je etwas ändern würde). Und monströs viel Arbeit.

Ebenso deutlich sah er – und dafür musste er nur einen Blick auf Sam werfen, der damals 50 war: Hier würde er immer der Junior bleiben. Der Schwiegersohn, der Ersatzsohn, die Nummer zwei, die ihre Autorität ausschließlich von Sam empfing. Noch wenn er selbst 50 wäre und die Klinik nominell längst leitete und Sam 80, würden, sobald er eine Anordnung traf, eine Perspektiventscheidung fällte, erstmal alle Blicke zu dem Alten wandern, und erst wenn der unmerklich nickte, würden sie tun, was Matthias sagte.

Matthias litt nicht an Minderwertigkeitskomplexen, aber soviel Wirtschaft hatte er bereits studiert, dass er wusste: Hier entschied schlicht das Kapital. In diesem Libanon, in diesem Haus, in dieser Klinik und Familie würde er sein Lebtag nicht an Sam vorbeikommen, selbst nachdem der Patriarch längst gestorben wäre. Und er würde sich immer die Frage stellen: Hätte ich es nicht auch aus eigener Kraft schaffen können?

Er hatte Christine nie gefragt, ob sie ihm folgen würde nach Deutschland und um ihrer Liebe willen auf all dies hier verzichten. Er wusste nur zu gut, wie ihre Antwort lauten würde, und wollte ihr die Peinlichkeit ersparen, lügen zu müssen. Am allerschlimmsten wäre es allerdings, wenn ihr selbst das alles nicht klar war und sie im Überschwang der Gefühle Ja sagte.

Das Leben, der Sommer auf dem Berg über der schönsten Bucht des Mittelmeers, war zu aufregend, zu anregend, als dass Matthias diese Frage, diese Konfrontation, diese Entscheidung nicht so lange aufschieben würde, wie es irgend ging.

Das war die Situation, als Marlene bekanntgab, sie habe zwei ihrer alten Bekannten mit deren Männern zum Abendessen geladen.

Dieser Abend sollte der letzte sein, an dem die drei Liebespaare, von denen in dieser Geschichte die Rede ist, einander sahen. Es ist die Geschichte dreier völlig verschiedener Frauen aus den unterschiedlichsten Regionen Deutschlands, mit dem unterschiedlichsten familiären und sozialen Hintergrund, deren Gemeinsamkeit darin bestand, dass sie, alle etwa gleichaltrig, ohne voneinander zu wissen, im Abstand weniger Jahre sich in einen Libanesen verliebt hatten und ihm in den Libanon gefolgt waren.

Und noch eine Gemeinsamkeit hatten sie: Nach wenigen kurzen Jahren im vermeintlichen Paris und Paradies des Orients brach der Bürgerkrieg los und veränderte ihr aller Leben von Grund auf.

Marlene war die mittlere Tochter eines Freiburger Geschichtsprofessors und musikalisch mit Abstand die begabteste der Familie. Sie war auch die rebellischste und politischste der Töchter, und um sie und ihre Zukunft machten die Eltern sich die meisten Sorgen. Sie ging nach dem Abitur aufs Konservatorium, aber spätestens als sie 20 war, wurde ihr, wenn auch noch nicht ihrer Familie, klar, dass es für eine Solokarriere als Geigerin nicht reichen würde. In einem durchschnittlichen Orchester zu spielen, eine Musikbeamtin zu werden, kam für Marlene nicht in Frage. Sie hatte große Pläne, und wenn sie an ein unüberwindliches Hindernis stieß, suchte sie in der großen weiten Welt andere Wege. Da traf es sich gut, dass das Quintett, in dem sie spielte, zu einer mehrwöchigen Tournee durch die Goethe-Institute der östlichen Mittelmeerregion geladen wurde. Es begann in Alexandria, die übernächste Station war Beirut, und schon auf dem Flughafen verliebte sie sich in den Duft des Landes. Nach dem Konzert verliebte sie sich sodann in den 30-jährigen Sam, der deutsch sprach, weil er einige Semester in Heidelberg studiert hatte, und der sich gerade anschickte, zum Chefarzt der kleinen Klinik zu werden, die sein Vater gegründet hatte.

Es war ganz einfach: Sie stand am Strand und blickte hinaus aufs Meer. Der kräftige weiße Stier näherte sich. Sein Auge war sanft und lang bewimpert, sein Körper muskulös wie der eines spanischen Miuras. Sein Fell spannte wie die seidene Haut einer stählernen Mechanik. Sie umkränzte seinen Hals mit Blumengirlanden, die sie dort am Fuß des Tempels von Byblos gepflückt und geflochten hatte. Er bedankte sich, indem er vor ihr auf die Knie sank. Übermütig packte sie ein Horn und schwang sich auf seinen Rücken. Sobald sie im Damensattel auf dem duftigen weißen Fell des massigen Tiers saß und ihm mutwillig die Fersen in die Seite stieß, stürmte er los, hinein ins schäumende und perlende Wasser, mit beängstigender Kraft und Schnelligkeit. Najaden und Wassermänner tauchten neben der Gischtspur auf, die er zog, und bliesen triumphierend in ihr Horn. Das mittelmeerische Wasser umschmeichelte warm ihre Füße und Schenkel. Immer weiter ging es hinaus, während der Reigen der Meeresgötter sie umspielte. Alles Wehklagen und Beten half nicht, er entführte und besaß sie.

Marlene brach die Tournee ab und blieb und schickte den Eltern dann eine Karte, auf der sie ihre Vermählung mitteilte. Hier war Sams Reich, die blühende, duftende, leuchtende Levante, die ihm gehörte und wo er mit einem Fingerschnippen regierte und ihr eine Welt von Möglichkeiten öffnete, die sie mit deutscher Akribie eine nach der anderen realisieren würde.

Ein paar Jahre nach ihrer Heirat lernte sie bei einem Charity-Buffet in der Kirche Karoline und Younes kennen.

Karoline war wenige Jahre jünger als Marlene und so verschieden von ihr wie Wasser von Feuer. Sie kam aus einem Pfarrhaushalt im Taunus und war ein stilles und verträumtes, ein schüchternes und frommes Mädchen gewesen, das sich aus dem damals noch sehr strengen und unfrohen Protestantismus seines Milieus in die bunte Welt der Märchen aus 1001 Nacht geflüchtet hatte, mit ihren Kalifen und Helden, die abends auf geflügelten Pferden in das kleine Zimmerchen kamen, in dem Karoline lag, um sie in eine bunte und strahlende Welt zu entführen, in der keine Schuld und keine Erbsünde auf ihr lastete, sondern Gutes mit Gutem und Böses mit Bösem vergolten wurde.

Nach dem Abitur schrieb sie sich an der Universität Bonn für Orientalistik und Islamwissenschaft ein, eine der sehr wenigen Studentinnen, die damals diese Fächerkombination wählten. Im zweiten Jahr machte sie ihre erste Reise in den Sonnenaufgang, was zugleich ihre erste Reise außerhalb Deutschlands war. Alleine, mit einem Rucksack und wenig Geld, umgeben vom Schutzpanzer vollkommener Naivität und Jungfräulichkeit, der sich als hilfreicher herausstellte als jeder Diplomatenpass. Sie reiste nach Istanbul, lernte dort freundliche Menschen kennen, die sie zu Familienmitgliedern nach Kars schickten. Von dort fuhr sie weiter nach Iran, und von Teheran über Maschhad nach Afghanistan. Ihre zweite Reise führte sie über Syrien und den Irak nach Saudi-Arabien. Die dritte nach Pakistan, Indien und Bangladesch. Eine kürzere Reise in den Maghreb machte ihr klar, dass ihr die Arabische Halbinsel und die dortige Mentalität näherstanden als Nordafrika. Im Laufe ihres Studiums und ihrer Reisen kristallisierte sich heraus, dass sie als Dissertationsprojekt eine Sammlung und Klassifizierung arabischer Märchen vornehmen wollte. Sie erfuhr die warme Gastfreundschaft, die ihr überall entgegengebracht wurde, als lebensverändernd. Um aktuelle Politik kümmerte sie sich wenig. Der Orient, ein Rückert'scher Orient, war ihre blaue Blume.

Und dann sah sie am Schwarzen Brett ihrer Fakultät eine Ankündigung: Der Theologie-Doktorand Khalil Jean Younes aus dem Libanon, der in Lille promoviert und ein Semester als Französisch-Lektor in Bonn zu Gast ist, trägt eigene Lyrik unter dem Titel *Die Botschaft der Nachtigall* vor. Karoline ging in den kleinen Seminarraum, in dem die Dichterlesung stattfand, und sah einen leisen, zurückhaltenden, ein wenig linkischen Mann in Schwarz, der aussah wie der junge Omar Sharif, zugleich einem träumenden Faun glich, und der Traum, in dem er lebte, war ein ökumenischer Musenhain. Ein christlicher, utopischer, merkwürdig zwischen den Zeiten, zwischen der Vergangenheit und der Gegenwart hängender Romantiker von altfränkischer Höflichkeit, rehäugiger Naivität und stiller Glaubensglut. Er schien zwar körperlich präsent, aber sein Geist schweifte derweil in einer reinen und unschuldigen Vorzeit, die ganz offensichtlich so nur in ihm selbst existierte. Seine Gedichte, mit gedämpfter Stimme in einem scharfkantigen, kieseligen Französisch vorgetragen, wirkten auf Karoline wie eine Kreuzung aus Saadi und Novalis.

Es waren nur zwölf Leute in dem kleinen Raum, Karoline saß als Einzige in der ersten Reihe und hatte alle Muße, den großen, zarten, männlich-weiblichen Pan zu betrachten. Danach kaufte sie sein dünnes Bändchen, lud ihn, weil er ein wenig hilflos herumstand, zu einem Kaffee in die Mensa ein und schlug ihm vor, seine Gedichte, die sie tief angesprochen hatten, ins Deutsche zu übersetzen.

So begann diese Liebe als Arbeitsgemeinschaft. Ihr Sinnbild sollten später die beiden im 90°-Winkel aneinandergerückten Schreibtische im gemeinsamen Studierzimmer werden, die sich berührten wie die Schläfen eines keuschen Paars. Anfangs gewährte der Balkon dort in Jounieh noch einen Blick aufs Meer hinab, irgendwann wuchsen dann überall am Hang vielstöckige Hochhäuser empor wie Pilze nach dem Regen, und die Aussicht reichte nur noch bis zum gegenüberliegenden Küchenbalkon und nach unten, oder anders gesagt: in die Vergangenheit. Diese von Büchern, Manuskriptpapier, Tuschfässern und Federhaltern bedeckten Schreibtische, der eine aus blondem Eichen-, der andere aus Lindenholz, befruchteten und inspirierten einander. Fragen, Antworten, Ermutigungen, Scherze und Trostworte flogen zwischen ihnen hin und her, und wie das Gehäus eines heiligen Eremiten oder die Klause eines Scholasten war es erfüllt vom süßen, etwas stockigen, blumigen Duft des Geistes – in diesem Fall des Geistes des alten Orients, der so nie anderswo als eben in der Gemeinschaft von Jean und Karoline existiert hatte.

Dass diese Gemeinschaft nur im Orient würde gelebt werden können, war beiden von vornherein klar, ohne dass darüber ein Wort verloren werden musste. Die blaue Blume wuchs ausschließlich im Tal des Adonis, wo das Haus von Jeans Vätern stand.

Dorthin wurde Karoline einmal eingeladen, als Freundin der Familie, aber sie wollte zuerst ihr Studium beenden, bevor sie heirateten, und Younes wollte zuerst heiraten, bevor er sich ordinieren ließe, da entsprechend dem Konkordat der Maroniten mit Rom zwar ein verheirateter Mann nach wie vor nach dem lange geltenden Vir-probatus-Prinzip Priester werden konnte, der Vatikan aber durchgesetzt hatte, dass ein Priester nicht mehr heiraten durfte. An einem der ersten Tage fuhr er mit Karoline hinauf bis zur Quelle des Nar-Ibrahim und zeigte ihr das rote Wasser des Frühlings, jedes Jahr nach der Schneeschmelze blutgetränkt von den Wunden des Adonis, zum Zeichen, dass er, der Zerrissene, wieder für ein halbes Jahr auferstanden war. Sie pflückten keine blauen, sondern die karminroten Anemonen, die hier wuchsen, und die Astarte, seine Geliebte und Mutter, mit seinem Blut getränkt hatte, als der verwegene Jäger vom eifersüchtigen Gott des Kriegs in Gestalt eines wilden Ebers aufgespießt und gemordet worden war.

Adonis und Astarte, der Gemarterte und die weinende Mutterbraut, wurden zu den ersten Gevattern dieser Liebe, aber sie sollten nicht die letzten sein.

Die Seelsorge ernährte ihren Mann nicht, und so fand Jean

irgendwann Arbeit als Lokalkraft am Goethe-Institut, und dort lernten sie eine weitere junge Deutsche kennen, die als Sprachlehrerin im weißen Haus in Manara unter dem alten Leuchtturm eine Anstellung gefunden hatte.

Das war Beate. Und sie und ihr Mann Mahmoud bilden das dritte Liebespaar unserer Geschichte.

Beate und Mahmoud hatten sich in der Kantine des Bayerischen Rundfunks in München kennengelernt. Beate finanzierte ihr Studium der Bibliothekswissenschaft mit ihrer Stimme, die tief, sonor, rauchig und erotisch war, vor allem, wenn sie heiser lachte, und sie lachte gern. Sie wurde als Sprecherin eingesetzt, für den Wetterbericht, für Ansagen und Nachrichten, und lebte ansonsten in der Schwabinger Studentenboheme.

Aber einen Mann wie Mahmoud hatte sie dort noch nie getroffen. Oh, von diesem kühnen Löwen von Tripoli, von diesem stolzen Adler soll gleich die Rede sein!

Mahmoud war bereits ausgebildeter Kameramann, als sie sich kennenlernten, er war Gaststudent an der Hochschule für Film und Fernsehen und ein Bewunderer des Oberhausener Manifests. Daneben verdiente er sich Geld als Kabelträger oder Gaffer bei der Bavaria. Er war stark, mutig, ja übermütig und tollkühn und voller Stolz, aber er war auch von vollkommener, gentlemanhafter Höflichkeit und einer Ritterlichkeit gegenüber Frauen, die, wie Beate rasch erlebte, keine altorientalische Konvention war, sondern Ausdruck von Respekt und vor allem der Überzeugung von derselben Würde aller, ob Frau oder Mann, Kind oder Erwachsener, Bettler oder Millionär, Dummkopf oder Weiser. Außerdem war er, wie Beate erfuhr, als sie das erste Mal intim wurden, von einer behutsamen, sinnlichen Zärtlichkeit, wie sie nur ein Mann besitzen kann, der an keinen versteckten oder kompensierten Komplexen leidet, sondern frei ist, sich zu verströmen. Erste Liebe und Heiratsantrag folgten binnen weniger als 24 Stunden.

Bei Mahmoud und Beate schien es zu Anfang weniger klar als bei den anderen beiden Paaren, wohin sich ihr Leben geografisch entwickeln würde. Sie fühlten sich wohl in München, und Mahmoud genoss die Freiheit von seinem Familienclan, auch wenn der Levantiner in den deutschen Wintern dahinwelkte wie eine Schnittblume. Entscheidender waren im München jener Jahre der unterschwellige und der offene Rassismus, der Mahmoud und auch Beate entgegenschlug. Als sie in der kleinen Zweizimmerwohnung in Giesing, die sie gefunden hatten, einmal einer Dame im Treppenhaus begegnete, fuhr die sie, ohne den Blick zu heben an: »Du ausg'schamte Araberhur', du ausg'schamte!« Oder Mahmoud wurde bei Dreharbeiten von einem Regieassistenten aufgefordert: »He Ali, hol mal die Kabel.« Tiefer ging, dass selbst diejenigen der Redakteure und Verantwortlichen, die weniger primitiv waren, ihm nichts zutrauten, Angst hatten, ihm teure Gerätschaften anzuvertrauen, und so wirkten, als fürchteten sie entweder, er würde das Zeug klauen und verticken oder aber als ungebildeter Orientale schlicht nicht in der Lage sein, es sachgemäß zu bedienen. Was umso lächerlicher war, als Mahmoud ein wesentlich besserer, einfallsreicherer und erfahrenerer Kameramann war als irgendeiner der Festbeschäftigten. Doch genau das wurde bald klar: Auf eine Festanstellung im deutschen öffentlich-rechtlichen Rundfunk oder auch bei einer Produktionsfirma konnte Mahmoud nicht hoffen.

Als Beate ihn das erste Mal in seine Heimat begleitete, hielt er nach einer Stunde Fahrt am Straßenrand an und bat sie, die Fensterscheibe zu öffnen. Die leichte Brise vom Meer brachte ihn zuverlässig heran, und der unvergleichliche, süßsaure, intensive, sonnige, in der Nase prickelnde Duft, der die ganze Ebene südlich von Tripoli erfüllte, verströmte sich und erfüllte alles, Auto, Luft und Himmel, wie eine lebenspendende Droge. Kurze Zeit darauf dann tauchten sie ein in das grüne, sonnenbehangene Paradies, das bis zum Horizont reichte und bis ans Meer hinunter und bis an die ersten Häuser, die Orangenplantagen Tripolis, und Beate stieg hinaus, lief hinein, drehte sich um sich selbst wie eine Tänzerin, am liebsten hätte sie sich ausgezogen und jeden Baum umarmt, neugeboren in diesem Augenblick, angerührt, gezeichnet vom Sonnenzauber gab sie ihr Herz der phönizischen Landschaft, der Wiege der Zivilisation.

Mahmoud hatte früh seinen Vater verloren und seine Mutter im Kindbett bei ihrer letzten Geburt und fand sich bald, aus einer konservativen, vielköpfigen, sunnitischen Familie stammend, als das nominelle Oberhaupt eines Clans aus Schwestern, Nichten, Neffen, Tanten, Onkels und Großmüttern, die, sobald wichtige Entscheidungen anstanden oder Zwistigkeiten zu regeln waren, auf sein Wort warteten und zählten. Privatleben war in Tripoli ein Fremdwort und eine Unmöglichkeit. Aber Mahmoud war ein moderner Mensch, und er wollte ein modernes Leben führen, unabhängig und anonym, wie er es in Deutschland schätzen gelernt hatte. Deshalb zogen er und Beate nicht in seine Heimatstadt, wo er, trotz des rasenden Wachstums, der permanenten Zerstörung und des zyklopischen Neubaues, jede Gasse, jeden Souk, jedes Stück Ufer und den Fluss, in dem er als Kind noch gebadet hatte, kannte, sondern in die Freiheit der Kapitale.

In den ersten Jahren hatte zwischen den drei Frauen, die es in den Orient und in die Hände von Orientalen verschlagen hatte, eine enge Freundschaft geherrscht. Sie waren und gaben einander Heimat. Gemeinsam feierten sie deutsche Weihnachten mit Christbaum und Stiller Nacht und deutsche Ostern mit Bach und bunten Eiern. Aber recht bald schon lockerten und dehnten sich die Beziehungen. Zu unterschiedlich waren die drei Frauen, zu unterschiedlich waren ihre Männer, zu unterschiedlich das jeweilige Umfeld, die soziale Stellung, die politische Überzeugung. Eine libanesische Identität, die Gemeinschaft hätte stiften können, existierte damals nirgendwo im Land.

Dann brach der Krieg aus, der jeden Menschen zwingt sich zu bekennen.

Jean fuhr jeden Tag über die Grenzlinie, um das Goethe-Institut zu öffnen, wo er mittlerweile arbeitete, und es selbst zu einem Leuchtturm des Geistes in Zeiten des Ungeists zu machen. Karoline wartete auf ihn, sammelte und übersetzte Märchen. Fuhren sie nach Yachouche, verzweifelte Younes daran, wie die Nachbarn, die seit Jahren friedlich zusammenlebten, sich gegenseitig die Fenster einwarfen oder die Schafe und Ziegen töteten.

Die Schiller'sche Brüderlichkeit, die für ihn pure Realität und Handlungsanweisung war, beschwor er vergebens. Sie verfing nicht. Wenn er in der Kirche rief: »Brüder, überm Sternenzelt *muss* ein lieber Vater wohnen!«, drohte man ihm Prügel an.

Mahmoud wurde vom deutschen Fernsehen, das sich plötzlich für den Libanon interessierte, als Lokalkraft engagiert. Eigentlich sollte er nur mit Sprach- und Ortskenntnis helfen und zutragen, aber es dauerte keinen Monat, da drehte er die Filme, die dann in den deutschen Nachrichtensendungen zu sehen waren. Niemand ging so weit nach vorne, niemand ging so nah ran, und die deutschen Korrespondenten, die halb aus Angst, halb aus schlechtem Gewissen und mit dem Abenteurergefühl zynischer alter Graham-Greene-Alkoholiker an der Bar des Commodore beim Whisky auf sein Material warteten, um dann vor dem Gebäude ihren Kommentar zu seinen Bildern einzusprechen, an Stellen, wohin kein Scharfschütze zielen und wo keine Querschläger landen konnten, dankten es ihm und wussten, was sie an ihm hatten.

Aber mit seiner klug kalkulierten Kühnheit stürzte er Beate in ein jahrelang dauerndes Stahlbad permanenter Furcht, das sie, wie sie selbst spürte und fühlte, schneller altern ließ als ein ruhiges Leben zu Hause, und das sie dennoch oder deswegen als die intensivste, die sinnlichste, die wacheste und lebendigste Zeit ihres Lebens wahrnahm. Gestundete Zeit, bis zu absoluter Reinheit destilliert, von der jeder Tropfen so bitter wie köstlich schmeckte.

Jedes Glas Wein, jede Zigarette, jedes Gedicht, jede Wolkenformation über den Rauchschwaden der Einschläge, der Anblick von Schnee im Gebirge, die Sonne auf einem 2000 Jahre alten niedergestürzten Säulenkapitell, der Geschmack eines Apfels, die Konsistenz von Labne, die Farbe von Arrak – alles war schmerzhaft schön, lebenswichtig und unvergesslich.

Marlene weigerte sich, nur weil Krieg war, das gesellschaftliche, das zivile Leben aufzugeben. Sie spann Fäden, sie intensivierte die Beziehungen zur deutschen Botschaft und zur immer mehr schrumpfenden deutschen Gemeinde, sie fand Finanziers

80

für die Schule, sie half Sam, das Krankenhaus profitabler zu machen, und so lebten die Freundinnen sich im Laufe der Kriegsjahre auseinander.

Es gab keine offenen Konflikte, aber politische Einschätzungen, Loyalitäten, Sympathien entfernten sie voneinander, sie verkehrten in unterschiedlichen Schichten und Kreisen, und die Männer hielten nicht viel voneinander. Sam hielt Mahmoud für einen verkappten Revolutionär und Palästinenserfreund und Jean für einen Träumer und Spinner. Mahmoud Sam für einen Falangisten, und ob Younes die beiden anderen überhaupt wahrnahm, ob und wie sie in sein Weltbild des vergangenen Jahrhunderts passten, ist unklar. Nur dass er sie natürlich als Geschöpfe des einen Gottes achtete wie jeden anderen, vom Präsidenten bis zum Ziegenhirten.

Das war die Konstellation, als die drei Paare auf Einladung Marlenes nach langer Zeit wieder zusammentrafen, nicht ahnend, dass es das letzte Mal sein würde.

Sie hatte es mehrfach angeregt und versucht, immer war etwas dazwischengekommen, der Krieg oder die Arbeit, nun aber fanden sich alle im Laufe des Nachmittags auf der großen Terrasse ein, und auch das vierte Paar war zugegen, die Zukunft, Christine und Matthias. Weder die Younes noch Mahmoud und Beate hatten Kinder.

Es hatte offenbar irgendeine Unstimmigkeit gegeben zwischen Matthias und Christine, sie nahm neben ihrer Mutter Platz, und Matthias zog sich einen zusätzlichen Korbsessel an den Tisch, um nicht neben Sam sitzen zu müssen. Bis der ein paar Minuten nach den anderen erschien (der wichtigste Mensch in der Runde darf, ja muss sogar einen gesonderten Auftritt nach den Übrigen haben), begann die Sache aber tatsächlich nicht richtig. Keiner bestimmte ein Thema, keiner sprach einführende Worte. Sam präsidierte nicht nur ganz selbstverständlich eine jede Runde, er animierte sie auch. Er war Herz und Seele jeder Zusammenkunft, an der er teilnahm. Es gibt Menschen, die erstrahlen im kleinen Kreis, unter sechs oder acht Augen, so jemand war Mahmoud. Es gibt welche, die bleiben in einer Gruppe unscheinbar und stumm, aber glühen in der Erinnerung nach, so war Khalil-Jean. Sam jedoch strahlte desto heller, je größer die Gruppe war, dann sprühte sein Charisma Funken. War man alleine mit ihm zusammen, dann ging es immer nur um Konkretes: Arbeit, Entscheidungen, Befehle, Hinweise. Kein Mann für die Metaebene, kein Philosoph oder Denker, aber ein begnadeter Strippenzieher, Menschenfänger und Kommunikator, dachte Matthias, der aus den Augenwinkeln fasziniert und neidvoll beobachtete, wie er das Glas hob, Beate zu ihrem Kleid Komplimente machte und dabei wohlgefällig auf ihre Beine sah, Mahmoud nach der Situation in Tripoli und dem Ergehen seiner Familie fragte (alle solche Dinge wusste er und behielt, was er einmal gehört hatte) und Karoline fragte, ob sie *Der Kellner und die Königstochter* schon übersetzt habe.

Während die Filipinas Kaffee und Kuchen servierten, als wäre es Sonntagnachmittag in irgendeinem deutschen Garten bei einem Familientreffen, studierte Matthias mit einer Mischung aus Bewunderung und Furcht die Gesichter der drei Männer, die sich über den Anschlag auf die amerikanische Botschaft unterhielten, der hier im Haus alle Glasscheiben hatte klirren lassen.

Es waren andere Männer als die zu Hause, tiefere Linien waren in ihre Gesichter gegraben, die Stirnen waren gefurchter, aber die Lippen auch voller – sie schienen durchbluteter. Aber was den Ernst unter der jovialen Oberfläche betraf, fühlte Matthias sich an seinen eigenen Vater erinnert, der ein Jahr lang in Russland gekämpft und dann fünf Jahre Lager dort überlebt hatte.

Zum ersten Mal verstand und erkannte er ihn auf eine Weise wie nie zuvor: ein Leben in permanenter Gesellschaft des Schicksals. Angst, Abstumpfung, Zynismus, Lebensgier, kühle Verantwortung, Bitternis, Reife, Fatalismus, Abgeklärtheit – er fühlte sich so viel weicher als diese Männer, aus einem anderen, moderneren, hautschmeichelnderen, kleidsameren, aber definitiv weniger haltbaren Material gemacht. Zugleich auch ihnen überlegen, heutiger, ballastfreier, weniger archaisch, weniger geerdet und gefesselt. So will ich nicht werden, dachte er und sah zugleich die zerfetzten Menschenleiber vor sich, deren Blutungen er stillen musste, deren Gliedmaßen er annähte oder absägte, deren Adern und Gefäße er flickte. So nicht, aber will ich denn lieber einer der weichen und unschuldigen deutschen Kindmänner meiner Generation sein?

Auch Christine war anders als die drei Frauen, anders auch als ihre Mutter, und doch zugleich ein Produkt dieses Landes und dieses Krieges; als Tochter der Gewinner ebenso gezeichnet wie sie es als Tochter all der Verlierer gewesen wäre. Und hielt er sie im Arm, wog sie so viel schwerer als alle deutschen Mädchen, die er gekannt hatte.

Und dann nahm er wieder Sam in den Blick und sah ganz deutlich, an diesem Mann würde er nie vorbeikommen, bliebe er hier. Der war wie ein reißendes Wasser, und es zu durchwaten oder zu durchschwimmen, um ans eigene Ufer zu kommen, ein völlig absurder Gedanke. Seine Gewalt würde dich einfach mitreißen.

Die Erwachsenen – Matthias dachte tatsächlich »die Erwachsenen« – machten weiter kein Aufhebens von dem jungen Paar, das im Gegensatz zu den Älteren nicht nebeneinandersaß. Sie würden den Stab aufnehmen, die deutsch-libanesische Kombination weiterführen, in die Zukunft, in die Friedenszeit hinein. Jung und voll Zukunft, was soll man sich da für Gedanken machen. Niemand stellte ihre Union in Frage. Matthias überlegte, welche der drei so unterschiedlichen Frauen wohl am tiefsten die Identität des Gastlandes angenommen hatte und welcher der drei Männer es am ehesten in Deutschland aushalten würde.

Karoline lebte trotz des Krieges im Libanon wie in einem Buch, wie in einem der Märchen oder der klassischen Erzählungen, die sie sammelte und übersetzte. Sie nahm den Krieg zwar wahr – wie auch nicht, umso mehr als Jean in ständiger Lebensgefahr schwebte, aber in einer tieferen Schicht ging dieser Krieg sie nichts an. Sie lebte zwischen Göttern und Helden des Mont Liban, in einer altfranzösischen, kultivierten Kolonialzeit, zwischen Bauern und Mönchen, die Quellnymphen des Nar-Ibrahim flüsterten ihr zu, und Adonis starb und erblühte im Kreislauf der Natur.

Wie so viele sensible Naturen ihrer Generation hatte sie spätestens nach den Auschwitz-Prozessen innerlich mit ihrem Heimatland abgeschlossen – nicht etwa mit der Familie oder der Natur oder den Landschaften, aber mit Deutschland als Nation. Zu viel Horror, zu viel Schuld, und so wie andere junge Frauen mit ›Aktion Sühnezeichen‹ in ein israelisches Kibbuz gingen und Grapefruit pflückten, ging sie in den Orient – nur eben nicht in den tatsächlichen. Beide beklagten sie den Hass zwischen den Konfessionen, der der Vorwand für ganz andere Kämpfe war, dabei war es für Karoline doch ein und dieselbe Gegend, nämlich das Land, durch das der Erlöser gewandert war. Er war nach Sidon und Tyrus gekommen, herunter vom Galil – 2000 Jahre waren ihr wie ein Tag, an dem immer wieder das Numinose sich ereignet und nicht etwa erinnert wird, und vielleicht, dachte Matthias, war sie gerade deswegen in ihrem Herzen am deutschesten geblieben von den drei Frauen.

Marlene dagegen erinnerte ihn an die Pioniersfrauen im Wilden Westen, die ihren Planwagen mit Kindern und allem Hab und Gut unverdrossen in Richtung Sonnenuntergang steuern. Sie suchte Neuland. Sie kam aus der Alten Welt, deren Werte sie selbstbewusst mit im Gepäck führte, und krempelte die Ärmel auf, um zu tun, was getan werden musste.

Ihr Heim war ihre Wagenburg, sie war die einzige der drei, die sich nicht darum scherte, Arabisch zu lernen, denn mit jedem zivilisierten Menschen im Libanon konnte man französisch sprechen und mit den halbzivilisierten – den Arabern – immerhin noch Englisch. Aber sosehr sie die blieb, die sie war, ließ sie sich doch viel mehr auf das konkrete Land ein, in dem sie jetzt lebte: Handwerkersorgen, Bakschische, Absprachen und Verabredungen, klug eingesetzte Korruption, ein lockeres Zeitmanagement, all das lernte sie und musste doch im Entscheidenden nichts verlernen, denn das Leben mit Sam brachte keinen Kulturschock, es war ein Leben nach deutschem und europäischem Muster, mit europäischer Literatur, mit europäischer klassischer Musik und Philosophie, mit den entsprechenden technischen und hygienischen Standards – und was orientalisch war, das war das bessere Essen, die heiterere Tischgesellschaft, das wärmere Mittelmeerklima. Der Krieg – nun ja, nun gut, wir wissen auch, was Krieg ist! –, dieser hier war etwas chaotischer, unübersichtlicher, idiotischer und zweckfreier als unserer – und natürlich zerstörte er, was sie ihm übelnahm, die Stadt, in die sie sich verliebt hatte, zerstörte und arabisierte sie. Aber wenn man nicht in der falschen Gegend wohnte und politisch nicht den Kopf zum Fenster rausstreckte und finanziell nicht völlig auf dem Trockenen saß, ließ sich auch dieser Krieg überleben – inschallah.

Am meisten von den dreien hatte Beate ihre Identität abgelegt und sich in eine orientalische, in eine arabische, ja fast in eine moslemische Frau verwandelt. Das lag natürlich an ihrer Ehe. Sie und Mahmoud waren ein Paar, das ineinandergriff wie zwei Zahnräder. Auch in ihrer politischen Überzeugung hatten sie einander gefunden. Beate hatte als junges Mädchen die Schwabinger Krawalle miterlebt, eine Weile in einer Kommune verbracht, sie war entsetzt und angewidert von der deutschen Vergangenheit und Gegenwart, die sie für eine restaurative hielt. Mahmoud kam aus der Bewegung des panarabischen Sozialismus, die 1967 ihre traumatisierende Niederlage erfuhr, und unterstützte die palästinensische Freiheitsbewegung als Paradigma eines progressiven politischen Kampfes, worin er sich mit Beate traf. Er hielt den Vorkriegslibanon für das korrupte ausgelagerte Bordell der Franzosen, einen Staat wie Kuba unter Batista. Den Beginn des Bürgerkriegs erlebte er wie Castros Befreiung. Es waren euphorische Tage, bevor die Ernüchterung einsetzte.

Mit ihm lernte Beate die politisch gleichgesinnte Avantgarde der jungen Schriftsteller und Lyriker kennen, darunter auch Kadmos und seine Freunde. Theatermacher und Musiker gingen bei ihnen ein und aus, es wurde politisiert und diskutiert und 1982, als Kadmos während der Besetzung Beiruts von den Israelis gefangengenommen und zwei Tage lang gefoltert wurde, kam er nach seiner Haft zuerst zu ihnen, und Beate päppelte ihn wieder auf.

Aber sie tauchte nicht nur in die aktuellen Konflikte und Auseinandersetzungen ein, sondern zugleich in die älteren und bleibenden Strukturen, nämlich immer dann, wenn Mahmoud als Familienoberhaupt nach Tripoli fuhr und sich wie ein Pate die Fragen und Sorgen und Hilfsersuchen der Clanmitglieder anhörte. Die Frauen seiner Familie taten, was Beate nie tun musste und wozu er sie kein einziges Mal aufforderte: Sie gehorchten. Gewiss zu ihrem Besten, aber wenn sie in Tripoli waren, spürte Beate ihr von Mahmouds Familie ein verhaltenes Gefühl der Fremdheit, vielleicht des Misstrauens und des Neids entgegenschlagen. Denn Mahmouds Verhältnis zu ihr war ein anderes. Nicht nur war es ganz selbstverständlich, dass Beate arbeitete und dass alle Entscheidungen gemeinsam abgestimmt wurden, nicht nur achtete und respektierte Mahmoud sie in der Öffentlichkeit demonstrativ, er war auch im Privaten kein anderer und schon gar kein Despot. Er kochte, wusch, machte die Betten, versäumte nie, ihr frische Blumen mitzubringen, wenn er von Aufnahmen an der Front nach Hause kam, und er besaß, was Beate an ihren Freunden in Deutschland stets vergeblich gesucht hatte und was gerade einer freien Frau wie ihr das Kostbarste an ihm war: Würde. Er hatte die ruhige Würde eines Mannes, der keinem etwas schuldet und keinem etwas beweisen muss. Er würde eine Beleidigung nicht stehenlassen, sie wusste von zwei, drei Gelegenheiten, er konnte furchtbar werden, aber seine Ausstrahlung freundlicher Ruhe und natürlicher Autorität sorgte dafür, dass nie jemand sie oder ihn beleidigte. Verglichen mit ihm wirkten die deutschen Männer, die sie gekannt hatte, alle wie Jugendliche, die Reife und Abgeklärtheit nur spielten, und in seiner Gegenwart fühlte sie sich sicher und unverwundbar, selbst wenn ringsumher die Kugeln pfiffen, was ihnen dank Mahmouds Tollkühnheit mehr als einmal passierte.

Aufgrund dieser natürlichen Würde und seines ebenso natürlichen Anstands nahm auch alles, was Mahmoud ausmachte und umgab, für Beate diese Würde an: die arabische Welt mit ihren Traditionen, die schäbige Schönheit Tripolis, die Religion, aus der er kam (wenn er sie auch nicht praktizierte), sein Volk, sein Boden, die Sitten, die Gastfreundschaft und das lange und empfindliche Gedächtnis.

Ein Mann wie Sam war als Christ und Millionär schon vor dem Ausbruch des Krieges der natürliche politische Gegner gewesen, und daran hatte sich im Laufe der Auseinandersetzungen, vor allem nach Sabra und Schatila, wenig geändert. Wobei Mahmoud natürlich als Mitarbeiter des deutschen Fernsehens zu faktischer politischer Neutralität verpflichtet war – was allerdings persönliche Parteinahme nicht ausschloss. Aber auch diese Parteinahme war in den aufeinanderfolgenden Enttäuschungen, Verraten, Gaunereien und Desillusionierungen hypothetisch geworden. Dass man den Kampf der Palästinenser guthieß, galt, wenn sich die Front gegen Israel richtete, nicht aber, als Arafat mit seinem korrupten Clan versuchte, den Libanon bis hin zu seiner kompletten Zerstörung für seine Zwecke zu instrumentalisieren. Dass die armen Schiiten aus dem Süden mehr Rechte und mehr Anteil an den Entscheidungen des Landes bekamen, war gerechtfertigt, nicht aber die Morde der Amal-Milizen.

Zum Zeitpunkt dieser Einladung bei Marlene hatten auch Mahmoud und Beate jegliche politisch-revolutionäre Leidenschaft verloren, genauso wie die meisten anderen ihrer denkenden Freunde. Aber es waren nicht nur die landesfremden Mächte, die wie im Dreißigjährigen Krieg in ihrem Kampf um Einfluss ein Land zerstörten und zur Geisel nahmen, die Mahmoud mehr und mehr das Gefühl gaben, nur ein Spielball zu sein, ein Sklave seiner Zeit und nicht ihr Herr, Ähnliches spielte sich im Kleinen auch bei seinem Arbeitgeber ab, dem deutschen Fernsehen. Der gleiche Rassismus und der gleiche Dünkel der Ahnungslosen, der ihn schon aus München vertrieben hatte, wiederholte sich jetzt hier in Sätzen wie: »Reicht es denn nicht, wenn er uns an die Orte fährt, wo es was zu filmen gibt, muss er denn auch das Material anfassen? Das ist doch ein Risiko.« Oder: »Er soll uns mal ein paar Tips geben, die kennen sich doch hier alle irgendwie, die Brüder.« Solche Sätze fielen keineswegs hinter seinem Rücken, sie wurden ganz offen geäußert, als verstehe er die Sprache ohnehin nicht, und sie kamen von Menschen, für die er nicht nur die filmischen Kastanien aus dem Feuer holte, sondern die er, trauten sie sich denn einmal aus dem Commodore hinaus, in ihrer völligen historischen und geografischen Ahnungslosigkeit auch noch davor bewahren musste, Opfer eines Hinterhalts, eines Snipers oder auch nur eines Hitzschlags zu werden. Nur der alte Alkoholiker und Fahrensmann, der offizielle Korrespondent, der nach ein paar Jahren wegen battle-fatigue und Zirrhose abgelöst wurde, hatte Mahmoud abends nach dem 12. Whisky an der Hotelbar tränenreich gestanden, er schäme sich vor ihm und blicke zu ihm auf, der wahre Korrespondent sei er.

Der Nachmittag und der Abend jetzt verliefen aber leidlich friedvoll und friedfertig, es war nur kurz zu einem Wortwechsel zwischen Sam und Mahmoud gekommen, als es um die Syrer ging, den aber Younes mit einem Friedenssermon gelöscht hatte. Jetzt saß Mahmoud neben Matthias, der auch ein Filmnarr war, und unterhielt sich mit ihm über Fritz Lang. Mahmoud war ein Fan und hatte vor einigen Jahren Beate geholfen, fürs Goethe-Institut eine Retrospektive auf die Beine zu stellen. Jetzt fragte er Matthias, ob er auch Peter Lorres Film *Der Verlorene* kenne, aber Matthias schüttelte den Kopf.

Mahmoud berichtete ihm über den erstaunlichen Weg aus einer jüdischen Familie der österreichisch-ungarischen Provinz übers Straßentheater und *M* bis nach Hollywood und von seinem Emigrantenunglück, als er nach dem Krieg mit dem *Verlorenen* versuchte, im deutschen Kino Fuß zu fassen, und wie alle zurückkehrenden Emigranten, die keine Stalinisten waren und in der DDR unterkamen, mit eiskalter Schulter empfangen wurde. Auch Lang selbst hatte es kein Glück gebracht, auch kein künstlerisches, auf eine Zusammenarbeit, Zusammengehörigkeit mit den zerstörten deutschen Seelen zu hoffen. Das wirkliche Exil, sagte Mahmoud, lässt sich nicht rückgängig machen, nicht umkehren, und da glaubte Matthias zu verstehen, warum ein Leben in Deutschland für Mahmoud keine Option sein konnte. Du musst mit den deinen untergehen, auch in Unrecht und Schuld, sonst hören sie dir nie wieder zu.

Auch Karoline, Beate und in geringerem Maße Marlene waren für ihre alte Heimat auf immer verloren. Zwischengänger im Vakuum zwischen den Kulturen, der einen tief entfremdet, an die andere nur durch ihre Männer wirklich gebunden.

Am nächsten Tag reiste Matthias ohne Ankündigung ab, der Flughafen war gerade offen, wer weiß, wie lange, mittags saß er im Taxi, abends flog er ab. Und kehrte nie wieder in den Libanon zurück.

Der Urmord

Wie aber ging die Geschichte der drei Paare weiter, nachdem er fort war?

Oder sollte die Frage eher lauten: Woher kam sie, lange bevor er da war? Denn wenn wir danach gehen, wohin sie blicken, dann stellen wir fest, dass die Menschen in unserer Geschichte aus uralter Tradition heraus zwar in die Zukunft hinein leben, aber die Augen, das Gesicht, die gesamte Vorderseite, dem Frühen, den Ursprüngen zuneigen. So dass die Zeit sie sozusagen von hinten durchströmt, und der Horizont, den sie, in ihr voranstrebend, sehen, der sich entfernende der Anfänge ist, wogegen sie die Zukunft im Rücken haben. Was auch nur logisch ist, denn die Zukunft kann keiner sehen, alles Augenmerk liegt auf dem Urpunkt des Seins.

Und in diesen fünfzehn Jahren des unerklärten, mörderischen Krieges, in dem sich ein Land auflöste und neu zusammensetzte auf dem Leichenfundament der Getöteten, in diesen Jahren, die unsere Paare zu überleben versuchten, ohne zu töten und zu Opfern zu werden, setzte sich doch nur fort, was die Landschaft (wie viele andere) seit den Ursprüngen erlebt hatte. Und da unsere Blicke, während uns die Zeit durchfließt, zurückgehen, spähen wir einmal voraus ins Urfrüheste, um mitzuerleben, wie es alles begann, versuchen wir, zu den Tagen der Ewigkeit zurückzuwandern, als alles noch an seinem seit jeher ihm zugewiesenen Platz war – und doch auch schon Blut floss wie heute.

Die Landschaften, auf die die Menschen blicken, haben sich nur unwesentlich geändert. Das tiefblaue Meer leuchtet seit jeher in dieser Farbe, die Trompeten der Purpurschnecken am Strand schimmern noch immer in gelblich-rötlichen Tönen, die schneeweißen Kuppen des Atlas schweben über dem Wolkenmeer, die karge, tiefeingeschnittene, von Bach- und Flusstälern und Schluchten gekerbte Hügellandschaft unter dem Mittelmeerhimmel ruht im staubig grauen Ocker, und im Frühling strahlen die Ginsterblüten wie kleine, von ihren grünen Lanzetten aufgespießte Sonnen. Seit urvordenklicher Zeit kauert die Landschaft wie eine Herde dicht beieinanderliegender Ziegen zwischen Meer und Hochgebirge, gekrönt von den Zedern, biegen sich die Dornbüsche im Wind, seit langem sind die kleinen rotbraunen Äcker angelegt, wird die Erde kultiviert im Sonnenbecken der Bekaa-Ebene.

In dieser zitternden Luft kann man nicht nur weit in die Landschaft blicken, sondern auch weit in die Zeitentiefe, und unsere Paare schreiten in ihr durch ein Land des Handels und des Krieges, der Opfergaben und des Blutzolls, und mit ihnen schreiten die Götter, die sich in dieser Region der Erde seit jeher wohlfühlen und schon vor dem Beginn der Zeiten sich hier ihre irdische Wohnstatt gesucht und ihre Opfersteine errichtet haben.

Am wenigsten sichtbar sind die jüngsten Götter dieser Erde und dieses Himmels, die ungeborenen, einzigen, die unbegrenzte Macht haben und dem Menschen unbegrenzte Macht über die Erde, die Tiere und die übrige Schöpfung verliehen haben. Jene absoluten Götter, die in Wüsteneien von eigenbrötlerischen, von Allmacht faszinierten Asketen hervorgedacht werden mussten, um sich schließlich gegen die Älteren, Simpleren und Sinnlicheren durchzusetzen und ihren Platz einzunehmen. Jene Götter, die Herrschaft in die Welt gebracht haben, ihre Herrschaft und die der Menschen. Die Regeln aufgestellt haben: richtig oder falsch, Sünde oder Heil, für mich oder gegen mich. Vielleicht halten sie sich bewusst unsichtbar und abseits, um ihre ältere Verwandtschaft zu verleugnen, ihre Genealogie, die immer ein wenig peinlich ist.

Aber andere sind hier und gehen neben den Menschen einher, lassen sich opfern und leben ihr Götterleben mit Frau und Kindern, sind Heldengötter, sind Stadtgötter und Schöpfergötter, sind Kämpfer wie die Sterblichen, und wie sie hungrig nach Fleisch und Blut.

Eine Zeitlang siedelten in dieser Weltgegend bevorzugt Götterfamilien, die zu Beginn des Jahres Heilige Hochzeit hielten und deren Kinder geopfert und zerstückelt wurden, ins Totenreich hinabstiegen, wieder ans Licht heraufkamen, um dasselbe Schicksal im kommenden Jahr wieder zu erleiden. Allerdings waren die Familien nicht immer so reinlich in Generationen zu trennen. Der hier in der Gegend als Schöpfergott angebetete El, dem später noch eine große Karriere bevorstand, begattete seine Tochter Ascherath, welche göttliche Braut und Tochter sogar noch mit seinen zukünftigen Inkarnationen weiterlebte. In Els Nähe herrschte das Geschwister-Götterpaar Anat und Baal, der El in mehreren Städten später den Rang ablief. Die Große Mutter mit dem Kind, das geopfert und zerrissen wird und in die Nacht hinabgesenkt, um daraus wieder aufzusteigen, hat es den männlichen Göttern hier lange schwergemacht, ihr patriarchalisches Recht zu behaupten, und war eine solche Persönlichkeit, dass bis zum heutigen Tage keiner ganz von ihr und ihrer Geschichte lassen will.

Einiges spricht auch dafür, dass der geopferte Sohn Baals, des Herrn, der im Flusstal oberhalb von Younes' Haus getötete Adonis ist, und dass es Mot war, der Gott der Unterwelt, der ihn in Gestalt des reißenden Ebers tötete. Es laufen in der Tat so viele Götter durch diese Landschaft, die zum Teil auch dieselben unter verschiedenen Namen sind, dass es auf unserer Pilgerreise gegen den Horizont der Ursprünge des Mordens und Blutvergießens zu ratsam wäre, sich einen von ihnen zum Cicerone zu nehmen, am besten einen, der sich in der Gegend und ihrer Geschichte und Vorgeschichte gut auskennt und aus eigenem Erleben oder wenigstens als Zeuge über die blutbesoffene Genealogie des Tötens und Opferns referieren kann, aus der sich alles religiöse Empfinden und Denken entwickelt hat.

Nun denn, ihr Pilger zum Urhorizont, dann will *ich* mich euch andienen, auch wenn ich kein Urheber blutiger Riten bin, denn viel zu spät in der Zeit und zu zivilisiert bin ich bereits, um dem angeborenen Hunger auf Fleisch oft nachzugeben. Aber ich kenne mich hier aus, seit recht langer Zeit, und da ihr in euren Reihen den begnadeten Sänger meiner Stadt zählt, lasse ich mich ihm zu Ehren herbei, Patron und Gott der Purpurschönen, der ich bin.

Gestatten, Melkart, Baal von Tyrus, Stadtkönig, Feuer des Himmels, Herr der See, Bringer der Fruchtbarkeit, Schutzpatron des Handels, Gatte der Astarte und Vater des Eschmun oder Adonis, mit dem ich manchmal auch in einem genannt werde; andere Städte nennen mich Tammuz oder Dumuzi, da auch ich die Welt von oben und von unten kenne und meine Erfahrungen mit Mot und der trüben Tiefe habe.

Es ist allerdings von mir ein weiter Weg hinaus zu den Ursprüngen, die euch interessieren. Zu dem Ort, wo die Gewalt in die Welt gekommen ist. Waren es die blutrünstigen Menschen, die unseren göttlichen Appetit auf die Lebensflüssigkeit vorgeschoben haben, um ihr Tun vor sich selbst zu rechtfertigen? Oder waren wir es, die ihnen das Exempel setzten? Die frühesten Hetzmeuten sucht ihr, die ältesten Sündenböcke, den Urmord und die Uropferung und den ersten Altar der rituellen Schlachtung von Mensch und Tier und den Rausch des dampfenden Bluts? Die erste Nachahmung sucht ihr, die Urmimesis, um euch zu erklären, warum die Menschen erstechen, erschießen, köpfen, in die Luft sprengen und als sublimstes Opfer, als absolutestes Opfer auch sich selbst zerstückeln im großen Schlachtritual?

Oh, wir könnten, wolltet ihr vorwärtsgehen von meiner Zeit aus statt rückwärts, recht bald an den entgegengesetzten Punkt kommen. Zu ihm, der eigentlich der letzte sein wollte, der sich blutig opferte, um den Kreislauf zu beenden, die Spirale zu kappen. Zu dem Nazarener, nach dessen Tod doch eigentlich der Urzustand des Paradieses wiederhergestellt war. Nun ja, wie sagen die englischen Touristen, die hier bis zum Ausbruch des Krieges so zahlreich durch die Tempelruinen stolperten: Nice try.

Aber ihr glaubt auch nicht an die Fermate und daran, dass sich damals etwas geändert habe, ihr schlagt mit mir als göttlichem Führer die andere Richtung ein. Es kostet aber auch euch etwas, euch meiner Dienste zu versichern. Betretet meinen Tempel zwischen der goldenen und der smaragdenen Säule. Mit Weihrauch wird es nicht getan sein, auch nicht mit einem Lamm oder gar einem Stier. Ich will einen Menschen auf dem Stein bluten sehen, ein Kind – denn darum geht es euch doch, das wollt ihr doch herausfinden. Bringt mir also eines – in Zeiten von Krieg und Katastrophen fällt auch von mir der Zivilisationsfirnis ab.

Ich danke euch, der Rauch stimmt mich gnädig, es duftet, und es soll mir munden.

Trocknet eure Tränen, alle Menschen müssen sterben, und nicht jeder zu einem so noblen Zweck. Wohlan denn, to the elements.

Beginnen wir mit der Frage nach der Ekstase des Mordens. Warum muss das Blutvergießen immer mit solch einem Zeremoniell tiefer Bedeutung verbrämt werden? Warum wird es heilig genannt? Warum ist es zum Ritual geworden? Warum verwandeln wir uns zum Blutvergießen in andere, als wir sonst sind? In Falle des Krieges und noch gar des Krieges um Religion in eine Schar heiliger Krieger? Warum, anders gefragt, beginnt alles, alle Ordnung, mit einem Mord? Oder beginnt sie vielmehr mit einem Sühneopfer für einen Mord? Und warum tötet auch, wer sühnt? Oh diese tiefen Fragen nach dem Ursprung der Schöpfung, die ihr stellt!

Besuchen wir meinen Vorfahrn, El, den starken Stier, der die Erde erschuf, indem er an der Quelle, worin die beiden Göttinnen badeten, zunächst mit seiner Lanze einen neugierigen Vogel tötete, ihn dann von den Frauen zubereiten ließ, um ihnen nach dem Mahl beizuwohnen, nicht eben freiwillig, wie die Legende geht, so dass sie, Athirat und Sapsu, niederkamen, die eine mit Saha, der Göttin der Morgendämmerung, und die andere mit Salim, ihrem Bruder, dem Gott der Abenddämmerung. Und so konnte es Abend werden und wieder Morgen: der erste Tag.

El, der mächtige Bulle, hat die Gewalt, über Leben und Tod zu entscheiden, und wenn sein Sohn Baal, also ich, den Meeresgott Yam töten will, brauche ich seine Erlaubnis. Aber versteht, so einfach ist es nicht, dass der oberste Gott das Töten befiehlt oder gestattet und dann eine Befehlskette bis hinab zum Menschen die Taten ausführt. Auch der Gott, und das ist das Mysterium, muss sterben. Auch der herrliche Stier wird wieder und wieder geopfert, denn eines müsst ihr am Beginn unserer Reise verstehen: Den Göttern opfert man, aber zuletzt ist das Opfer der Gott. Ihr kennt das Gleichnis vom Schmetterling und der Flamme. Ich bin das Licht, worein sich der Falter begierig stürzt, bin auch der trunkene Schmetterling, der der Flamme verfällt, und bin zuletzt die Kerze, die ihren Leib hergibt, damit das Spektakel von Werden und Vergehen stattfinde.

Wandern wir also nord- und ostwärts von Tyrus hinauf über Saida und Beirut und Jounieh und Byblos und hinauf nach Tripoli. Überschreiten wir die Berge und steigen in die fruchtbare Ebene hinab, wieder übers Gebirge nach Damaskus und dann hinauf nach Hama, nach Homs, nach Aleppo und Ugarith. Folgen wir dem Halbmond nach Osten, den Ölfeldern entlang bis Babylon und Uruk und Ur. Ihr kennt die Landschaften und ihre Gottesschönheit und Gotteseinsamkeit und die Kriege und Kämpfe und die Blutspur, die den Halbmond rot leuchten lässt, so wie der Handel und Austausch, die Lebensspur, ihn wieder blank wischt.

Denn lange vor El, weiter im Osten, in den Marschen bei Ur, ward die Welt schon einmal erschaffen, vom ältesten der Götter, die mir bekannt sind, durch einen Mord.

Denn am Anfang, als es Himmel und Erde noch nicht gab, sondern nur das Wasser, das salzige und das süße, wurde schon gezeugt und getötet. Apsu der Uranfängliche, und Tiamat, die sie alle gebar, der Drache, die Seeschlange, das strahlend schöne Ungeheuer, zeugten Ea, der größer wurde als sein Vater und ihn tötete und wiederum Marduk zeugte, den Wind, den Donner, den mit den 50 Namen, der das flammende Schwert bringt, der die Schicksalstafeln trägt. Ihn will Tiamat vernichten, ihn will sie mit einem Krieg aller gegen alle überziehen. Aber die anderen Götterkinder heben Marduk auf den Thron, vorausgesetzt er zieht gegen das Ungeheuer, und das tut er, mit Pfeil und Bogen, mit Keulen und Blitzen, mit den elf Winden, mit Sturmflut und Viergespann. Er hat sich einen Bogen geschnitzt, die Pfeilspitzen geschärft, er packt seine Keule, er wirft mit Blitzen um sich, er weiß, er wird alles brauchen gegen seine Feindin, er wandelt seinen Körper zur Flamme, er knüpft ein Netz, um Tiamat darin zu fangen, er befiehlt den vier Winden, sich zu erheben und erschafft zur Sicherheit noch sieben schreckliche Wirbelstürme, dann hebt er die Arme und lässt die Regenflut steigen. Er springt auf seinen Sturmwagen, gezogen von vier giftspeienden Flügelrossen. Er trägt den Fluch auf den Lippen und die Hände voller Kräuter, um sich vor den Verwünschungen der Göttin zu schützen.

Tiamat speit Feuer und schlägt rasend um sich, aber Marduk spaltet sie in zwei Hälften und tötet sie, und aus der einen Hälfte mit Kopf und Brust, die er nach oben schleudert, formt er den Himmel, und aus der anderen Hälfte mit dem stachelbesetzten Schwanz formt er die Erde,

Und nachdem so viel Blut geflossen ist, formt Marduk die Menschen aus dem vergossenen Blut und dem Wissen um Zeugen und Töten.

Und der Mensch erinnert sich, dass er aus dem Blut von Bluttaten erschaffen ist, und führt selbst Kriege, wie Marduk es tat und opfert Blut für besseres Gelingen und Sieg. Soweit, so gut, sagt ihr, so wurde durch Els Vergewaltigung und vor ihm durch Marduks Mord die Welt und der Mensch erschaffen, der morden muss, weil es ihm im Blut liegt. Sind wir dem Urhorizont nahe genug gekommen? Reicht euch diese Erklärung?

Nein? Ihr meint, der sich verdüsternde Horizont des Beginns sei immer noch ebenso weit entfernt wie zuvor, und auch Marduk und seine Stadt seien schon späte Erscheinungsformen eines noch viel älteren, viel uranfänglicheren Prinzips?

Dann aber muss unser Weg ins Chaos führen und ins Tohuwabohu, in die Dunkelheit des Menschen, als es noch keine

Städte gab und keine Tempel und keine Altäre, keine Kultur und keine Religion, keine Zivilisation. Auch keine Äcker und Viehweiden, nur das Land und das Meer und ein paar wenige gebückte Gestalten, die noch kaum Menschen zu nennen sind und von Wurzeln und Beeren leben und dem, was die Natur übriglässt.

Was vermögen sie? Wenig bis nichts. Nur zeugen, töten und sterben.

Aber sie haben doch schon gelernt, ihr eigenes Aas zu vergraben und die Antilope und den Hirsch zu jagen. Sie treiben sie vor sich her, Männer und Weiber, die stolzen, schönen, flüchtenden Tiere, und zwei werfen einen Speer, und das Tier erstarrt im Sprung und bricht zusammen, und voller Schrecken sehen sie seine Augen erlöschen. Und dieser Anblick macht ihnen bewusst, dass sie Schuld auf sich geladen haben, indem sie ein lebendiges Wesen wie sie selbst welche sind, getötet haben, um ihrerseits zu leben.

Habt ihr einmal das Auge eines lebenden Tiers brechen sehen, das ihr selbst getötet habt? Habt ihr die verständnislose, ergebene Frage in diesem sich leerenden Auge gesehen? Was geschieht mir? Warum hört es auf? Habt ihr die ohnmächtige Demut des Tiers wahrgenommen, das spürt, dass sein Leben endet? Wenn ja, dann kennt ihr das abgründige Grausen, das den Jäger neben und unterhalb der Euphorie ergreift, das Bewusstsein von Bruder-, von Kindermord. Aus diesem Grauen im Triumph entsteht das Sühneopfer, entsteht der Opfergedanke. Und der Rauch des zweimal getöteten, des geopferten Tiers steigt zum Himmel und weckt uns auf.

So, mit der Jagd und dem Töten und der Schuld, begann es alles.

Es sei denn, wir einigen uns darauf, dass Schuld ein relativ spätes, ein zutiefst kulturelles Phänomen ist. Denn ist es nicht so, dass man schon recht weit gekommen sein muss in der Beschäftigung mit sich und seiner Seele, in der Anschauung des Kosmos und des Lebens, dass man schon viele Geschichten von Leid und Unrecht gehört haben muss, um angesichts seiner Taten und Unterlassungen ein schlechtes Gewissen, ja überhaupt ein Gewissen zu entwickeln? Oder hätte Gott uns das Schuldbewusstsein wie einen Radiowecker ins Herz gepflanzt, der ab dem Moment, wo Adam die Augen aufschlägt, zu klingeln beginnt jedesmal, wenn wir Unrechtes tun?

Falls aber nicht, sind wir mit der Schuld des Jägers noch immer ein Stückchen vom Horizont der tiefsten Nacht entfernt.

Nein, in der tiefsten Nacht der Vorzeit, da gab es das Gefühl der Schuld noch nicht. Oder besser gesagt, es gab noch nicht das Schuldbewusstsein des Tötenden. Wenn es Schuld gab, dann lag sie beim Bock, beim Opfer.

In diesen Urgründen der Menschwerdung gab es zwischen den Gestalten, die zweibeinig gingen und Beeren sammelten und Aas fraßen und erst kaum einmal gemeinsam ein lebendes Tier erlegt hatten, nur zweierlei: die Gemeinschaft und die Rivalität. Den Neid und die Arbeitsteilung. Der Neid war noch früher da als die Arbeitsteilung. Sofern sie schon ein Bewusstsein hatten, diese zerstreuten Menschen, blickten sie einer auf den anderen und dachten: Ich will sein wie du. Ich will haben, was du hast. Mein Anteil soll größer sein als deiner. Und als dieser Wunsch unabweisbar und unwiderstehlich wurde, da geschah der Mord.

Und es rumorte gewaltig am Abend in der Höhle, nicht nur war der erste Mord geschehen, es wurde auch sogleich das Konzept der Blutrache ersonnen, bis dann einer der Versammelten, ein Unbeteiligter, einer, der weiterblickte, sah und erklärte, dass die Sippe sich selbst nur schwäche und die Idee hatte, ein Ventil zu finden für den Zorn, einen Schuldigen, zum Beispiel den hinkenden Einäugigen (der ohnedies ein Hindernis war bei Jagd und Flucht). Der hatte es eingeredet und eingegeben, der musste büßen, um wieder Frieden zu schaffen. Er stachelte die Erregten auf, und das Gebittel und Gebettel des Bocks machte sie nur zorniger. Und dann erhoben sie sich, alle gemeinsam, und drangen auf ihn ein, im Schutz der Gruppe, und schlugen ihn nieder, legitimiert und aufgestachelt ein jeder von der Gemeinschaft, der vorige Mörder schlug gemeinsam mit dem Weib des eben

Ermordeten zu. Und als der Einäugige reglos lag, kam wieder Frieden in die Horde. Sie sahen ihn da liegen, und der Prediger kniete sich vor dem Kadaver nieder und befahl ihn zu verbrennen zu Ehren der Mächte. Und so wurde das Opfer der Meute ein Gott, und der erste Gott war ein Getöteter.

So begann eure Geschichte mit Neid und Nachahmung und Mord und Vergöttlichung.

Wer von euch ist es, der jetzt immer noch in die Nacht hineindeutet und behauptet, das sei noch nicht der Anfang gewesen, wir hätten den Beginn noch nicht erreicht?

Unersättlich ist euer Bestreben! Noch immer bekommt ihr den Geruch des ersten Blutes und des ersten Rauches nicht aus der Nase, und immer noch glaubt ihr, es müsse noch ein Ersteres geben als das Erste! Verflucht sei euer heilloser Erkenntnisdrang, aber kommt mit auf die allerletzte, die ultimative Wanderung, hinab in den tiefsten Kreis, wenn euch nicht graut.

Nun habe ich euch bis zum Horizont geführt, zur ersten Grenze. Berührt sie, ihr Ungläubigen, dahinter ist nichts mehr. Hier kann ich kein Gott mehr sein, ein Gott braucht ein denkendes Gegenüber. Mir graust vor dem Anblick: Seht, wie sie da hocken, behaart, halbe Tiere noch, in undurchdringlicher Dunkelheit, sprechen nicht, starren einander an, krümmen die Finger zu Gesten, berühren einander, wärmen sich gegenseitig in der schwarzen Nacht. Halbtot vor Angst und Furcht, vor Heulen und Zähneklappern.

Sie essen und sie zeugen und sie sterben. Sie selbst sind das Aas, das herumliegt, und von dessen Resten sie sich ernähren, nachdem der Gott mit dem Rachen und den Hauern und Klauen sein Blutmahl beendet und sie diesmal verschont hat.

Sie verstehen nichts, außer dass sie sterben müssen, dass sie alle sterben, kaum geboren oder ein wenig später. Früher oder später endet jeder von ihnen zwischen den Zähnen, im gähnenden Schlund des grausamen, mächtigen Gottes.

Sie staunen die Gestirne an, von denen keine Antwort kommt, und haben Angst. Angst und Grauen und Verständnislosigkeit sind ihr Leben. Nachts wie tags verstecken sie sich in ihrer vollkommenen Ohnmacht. Sie sind keine Menschen, sie sind die ohnmächtigsten Geschöpfe der Welt.

Und dann kommt der Tag, der alles ändert. Die Sonne geht auf. Und eines der Wesen erhebt sich und sieht vor seinem inneren Auge den mordenden und verschlingenden Gott, dem sie alle ausgeliefert sind, und vergeht fast im vorausgefühlten Angstschmerz des Gefressen- und Heruntergewürgtwerdens und Sterbens.

Und plötzlich ist der Gedanke da, diesen herrlich-fürchterlichen Gott mit den Klauen und Zähnen und dem Rachen, in dem sein Leben verschwinden wird, nachzuahmen, es ihm gleichzutun.

Und er schleicht sich auf das andere, ihm gleichende Wesen zu, das noch schläft, und schlägt ihm mit einem Stein den Schädel ein, trinkt sein Blut und schlägt dann im Rausch die Zähne in das warme Fleisch. Und er spürt seine Ohnmacht schwinden, er spürt sich bis zum Himmel wachsen, er spürt, wie ihn die Angst für einen Moment verlässt, das Grauen vor dem Sterben, die Furcht vor der Berührung, der Verfolgung.

Einen Moment lang jubiliert er, genießt er, ist er eins mit seiner wahren Bestimmung.

Es ist der erste Mord, die Urnachahmung, die Mimesis mit dem mordenden, fressenden Gott. Es ist unwiderstehlich. Die permanente Todesdrohung und Todesfurcht hat die Ablenkung des Todes auf einen andern zum allertiefsten Bedürfnis gemacht. Dem nachzukommen dieses Wesen erst zu einem Menschen macht.

So hat der Gott den Menschen erschaffen. So und nicht anders.

Ihr aber, bevor ihr wieder, nach dieser Umkehr, rückwärts in die Zukunft taumelt und fallt, lasst euch von mir sagen, dass ihr nicht die Gewalt heiligen sollt, den friedenbringenden Mord am Opferbock, sei er Mensch oder Tier. Bedenkt die Ohnmacht, aus der ihr kommt, und heiligt die Ohnmacht. Verbrüdert euch nicht gegen das Opfer, sondern mit ihm. Das sage ich euch, der göttliche Stier, dem geopfert wird und der geopfert wird seit der Morgenfrühe der Zeiten.

Die Götter

Und nun zurück in die Jahre vor dem Abkommen von Taif, in die Jahre der täglichen Blutopfer diesseits und jenseits der Green Line.

Wie haben die drei Paare, die einander nicht mehr sehen sollten, den Rest der Todeszeit, der Mordjahre verbracht? Welchen Preis mussten sie den entfesselten Göttern bezahlen, welche Opfer an Leib und Seele mussten sie bringen, um diese Jahre im Fleisch und im Geist zu überstehen?

Für die Younes begann es bei einem Konzert in Jounieh. Sie saßen in der vierten Reihe, eine Sängerin gab einen Liederabend mit Mendelssohn- und Schumann-Liedern und hatte soeben *Das Lied der Suleika* begonnen: »Wie mit innigstem Behagen, Lied, empfang' ich deinen Sinn! Liebevoll du scheinst zu sagen: dass ich ihm zur Seite bin«, da ertönte eine Alarmsirene, sofort darauf setzten Explosionen ein, und dann gab es eine ohrenbetäubende Detonation, der Putz rieselte von der Decke, und es riss die Türen aus ihren Angeln. Der Saal wurde evakuiert, bis der Angriff zu Ende war, dann kehrte das Publikum geschlossen zurück, die Sängerin klopfte sich den Staub vom Kleid und schüttelte sich die Haare aus, der Pianist fegte die Mauerbröckchen vom Steinway, und der Abend wurde unter großem Applaus zu Ende geführt.

Dennoch entschlossen sich die Younes am nächsten Morgen, Karoline für eine Weile in Sicherheit zu bringen, nach Deutschland, bis wieder eine ruhigere Phase des Bürgerkriegs käme. Der Flughafen war gesperrt, ohnehin war kein Durchkommen nach Süden, und nur am kleinen Yachthafen von Jounieh fuhren Boote nach Zypern.

Offenbar hatte der letzte Angriff viele zermürbt. Die Kaianlagen und die anschließenden Straßen und Plätze sahen aus wie ein Flüchtlingslager. Menschen saßen, lagen, hockten auf Bänken, Bordsteinen, auf Koffern, Tüten, Ballen, Alte, schreiende Kleinkinder, bärtige Männer mit tiefen Furchen im grau bestoppelten Gesicht, juwelenglitzernde Damen im Pelzmantel. Alle Boote waren überbucht, überfüllt, tuckerten bedenklich tief im Wasser liegend aus der Hafenmole hinaus. Man handelte, man schacherte, Geldscheinbündel wechselten von Händen in Brusttaschen, Verzweifelte und Ungeduldige versuchten, im Moment des Ablegens an Bord zu springen.

Karoline ließ alles, den Blick nach innen gerichtet, mit einer ruhigen Würde über sich ergehen, obwohl sie inmitten Hunderter anderer auf dem offenen Boot stehen musste, unter freiem Himmel, rings um das Steuerhaus, dem einzig überdachten Raum des Kutters. Nach zwei Stunden auf See, im Dröhnen und Vibrieren der Maschine, im Gestank nach Diesel, im Krängen und Stampfen des Boots, längst war es dunkel, die Nacht fällt hier ja wie ein Vorhang, kam Seegang auf, das tiefliegende Boot kämpfte gegen die Wellen an, Gischt brandete über die Borde, erst zu hören als Brausen, dann aus der Dunkelheit herausbrechend wie Geisterreiter, wie sich türmende Schemen. Rasch waren alle bis auf die Knochen durchnässt, Kinder schrien und weinten, Frauen wimmerten, Männer stöhnten auf, nur die erzwungene stickige, stinkende Nähe der Körper wärmte ein wenig. Dann wurde den ersten von der Mischung aus Geschaukel, Zigarettenqualm und Dieselgestank übel, bald allen, zunächst versuchten die Höflichen noch, nach außen zu gelangen, um sich über die Reling zu übergeben, aber dazu war es zu eng, bald kotzte jeder einfach vor sich hin, auf die eigenen Schuhe, auf die Schuhe und die Hosen der anderen, im Stehen, kniend, im Sitzen, keiner achtete mehr darauf, wohin der Schwall ging, oder sah noch, welche Spuren im Gesicht hängenblieben.

Der Skipper und sein Helfer im Steuerhäuschen lachten sich kaputt, während sie abwechselnd eine Flasche Arrak an den Hals setzten und rauchten, was das Zeug hielt. Alle Versuche der Passagiere, mit ihnen ins Gespräch zu kommen, um etwas zu bitten, lehnten sie mit obszönen Gesten von drinnen ab, ohne auch nur die Tür zu öffnen.

Irgendwann lag eine klebrige Kinderhand in der Karolines, irgendwann war sie wieder fort. Karoline schlief im Stehen, ihr

Kopf war auf jemandes Schulter gesunken, wann immer der andere sich bewegte, schreckte sie hoch, aber die Menschen standen so eng, dass sie nicht fallen konnte. Das Wimmern und Jammern wie von trauernden Sirenen hörte überhaupt nicht mehr auf, grundierte das halbe Wachsein und das halbe Träumen.

»bin gut angekommen stop keine probleme stop flug deutschland heute abend stop«, telegrafierte Karoline am nächsten Tag aus Larnaka und bezahlte auch noch ein weiteres Wort: »liebe«.

Younes fuhr jeden Tag, an dem die Gefechtslage es zuließ, ins Goethe-Institut unter dem Leuchtturm von Manara. Er selbst war der Leuchtturm. Der Krieg dauerte an, ›Giti‹ blieb offen. In seiner freien Zeit werkelte er an dem Familienhaus im Adonistal. Er wollte es so sehen, wie die alten Häuser der Gegend auf alten kolorierten Zeichnungen aussahen: erbaut aus großen ockerfarbenen Steinquadern, mit einem leuchtend roten flachen Walmdach, mit einer großen weinüberlaubten Terrasse als Sommerwohnzimmer und einem großen steinernen Saal mit Mosaiken auf dem Boden und starken Deckenbalken, hoch und kühl, als Treffpunkt für die Familie und die Freunde, ein Raum, in dem sich auch 60 Menschen nicht auf den Füßen stehen würden.

Es wurde eine ökumenische Baustelle. Christliche Dachdecker aus dem unteren Adonistal und moslemische Zimmerleute aus dem oberen. Steinmetze, Fliesenleger, Dachdecker und Klempner. Und christliche Fanatiker aus dem unteren und moslemische Fanatiker aus dem oberen Adonistal warfen die Scheiben ein, klauten Dachziegel und sprühten Hassparolen auf die Mauern.

Der Glaser wurde Younes' engster Freund, er bezahlte ihn mit Tauf- und Trauungsgottesdiensten in der kleinen Kapelle des heiligen Seman, in der er einmal im Monat die Messe las.

»Wir sind alle Kinder desselben Gottes«, sagte er dann, zog den Glockenstrang, der ihn einen Meter in die Luft hob, und der Schall und Schwall ergoss sich zwischen den Muezzinrufen hinab ins Tal.

Um nach Westbeirut zu kommen, nahm er ab Antelias meist die alte Uferstraße, die hinter Bourj Hammoud im Hafen in die

Innenstadt mündete. Hier gab es weniger Straßensperren und Kontrollen, und sie wurden laxer gehandhabt. Wenn er konnte, stellte er den alten Citroën in einem leeren Container ab, bezahlte einem Jungen ein paar Münzen dafür und überquerte die Demarkationslinie zu Fuß, um hernach in eins der Sammeltaxis zu steigen, die nach Manara und Raouché fuhren.

An diesem einen Tag gab es am Ende des Hafens eine neue Straßensperre. Syrische Soldaten zwangen ihn mit vorgehaltener MP aus dem Auto. Er musste sich breitbeinig vor das Auto stellen, die ausgestreckten Arme aufs Dach gestützt, mit dem Rücken zu den Syrern. Den ersten Schlag auf seinen Rücken sah er nicht kommen und erwartete er nicht. Ein zweiter Schlag traf auf seinen Hinterkopf. Er hörte das Gelächter der Männer wie aus weiter Ferne, ihren Spott, ihre sexuellen Zoten.

In diesem Moment schob sich eine Wolke vor die Sonne, alles wurde dunkel, und ein Nebel stieg auf, der dem beobachtenden Blick alles verbarg, was in der nächsten Stunde geschah.

Das Wunder war, wie es ihm gelang, zurück nach Jounieh zu fahren, wo er sich selbst ins Krankenhaus einlieferte. Die gebrochene Nase wurde gerichtet, der Kieferbruch mit Draht stabilisiert, die Schürf- und Brandwunden desinfiziert und verbunden und die inneren Verletzungen behandelt. Als Karoline, die angerufen worden war, zurückkam, war er bereits wieder zu Hause. Fünf Tage später stand er wieder an der Baustelle im Adonistal, eine Woche darauf fuhr er wieder ins Goethe-Institut. Aber er war nicht mehr derselbe Mann. Sein Haar ergraute binnen eines Monats. Ein leichtes Handzittern blieb und zeigte sich in Momenten der Aufregung. Er sprach nie über jenen Vormittag. Karoline drang nicht in ihn. Er schrieb ein Jahr lang kein Gedicht. Es brauchte Monate, wahrscheinlich Jahre, bis seine Seele vernarbt war, und weitere Jahre, bis die Narben nicht mehr bei jeder Gelegenheit schmerzten, dass ihm der Schweiß aus den Poren trat.

Die Prüfung von Mahmoud und Beate kam aus heiterem Himmel, unerwartet wie alle Prüfungen und Katastrophen. Es geschah gerade nichts Neues im Krieg, und das deutsche Fernsehen war auf die Idee gekommen, zwischen all den Bildern von Explosionen und zerstörten Gebäuden zur Auflockerung einen kulturellen Beitrag zu senden. Als Ortskraft mit geografischen und historischen Kenntnissen wurde Mahmoud allein zu einem Tagesausflug ins bergig zerklüftete Hinterland von Tyrus geschickt, um eine phönizische Ausgrabungsstätte ins Bild zu setzen. Er hatte gebeten, seine Frau als Tontechnikerin mitnehmen zu dürfen, und versprach sich ein schönes gemeinsames Wochenende, wie man es sich auch im Krieg mit ein wenig Umsicht, Vorsicht und Planung durchaus schaffen konnte.

Es war die Stunde Pans, als sie den Wagen in einem Dorf abstellten und den steinigen Fußweg hinaus zu der Grabungsstätte begannen. Still, heiß, schattenlos, menschenleer.

Das Areal bestand aus mehreren verschalten Gräben entlang einer Felsflanke, die eine Siedlung aus der mittleren Bronzezeit freilegten, mitsamt den Resten einer Befestigungsmauer. Von der nächsten Kuppe war in der Ferne der schneebedeckte Hermon zu sehen, aber das Dorf, wo ihr Auto stand, wurde von den schroffen Hügeln verschluckt. Beate bereitete das Picknick vor, während Mahmoud mit der Kamera herumkraxelte und nach einem geeigneten Übersichtspunkt suchte, denn filmisch gab nur eine Draufsicht etwas her.

Wie üblich bewegte sich der kühne Mann, den sie liebte und bewunderte und um den sie immer Angst litt, wie ein Hochseilartist oder ein erfahrener Bergsteiger: schwindelfrei, trittsicher, die Augen unter den buschigen Brauen hellwach.

Sie hatten gefilmt, gegessen, getrunken, die Schatten waren sehr lang geworden, sie waren bereit zum Aufbruch, als die Felswand hinter ihnen in etwa 50 Metern Entfernung explodierte und sie noch im Moment der Taubheit von einem Hagel von Steinchen und Splittern getroffen wurden. Immer noch derselbe Moment: Beate, schockstarr, stand und starrte verständnislos auf die Felswand, da bewegte sich Mahmoud bereits. Schnell, aber nicht panisch. Seine orientierenden Blicke bekam Beate gar nicht mit. Er zog sie sanft, aber nachdrücklich hinunter in den tiefsten Graben, drückte sie auf den Grund, legte den Finger an die Lippen, bettete die Kamera neben sie, breitete die Picknick-decke über beide und schaufelte dann mit beiden Händen Erde und Staub darüber, bis man sie nur noch direkt über ihnen stehend hätte wahrnehmen können. Dann sprang er wie eine Katze den Graben hinunter und war verschwunden.

Kurz darauf brach das Inferno los.

Während der nächsten zwei Stunden bestand die Welt nur aus Schüssen, Explosionen, Schreien, dem Geräusch von schweren Fahrzeugen und dem Klirren und Rumpeln von Panzerketten. Mahmoud erklärte später, dass sie offenbar unversehens zwischen feindliche Linien geraten waren, vermutlich zwischen einen Hisbollah-Stoßtrupp, der von einer Mission an der Grenze zurückkam, und die ihn verfolgende Einheit israelischer Soldaten.

Irgendwann, es war längst Nacht, und seit einigen Minuten wurde nicht mehr geschossen, spürte Beate eine Hand auf der Schulter. Mahmoud kniete neben ihr, zog sie unter der Decke hervor und bedeutete ihr, hinter ihm herzukriechen. Es war so dunkel, dass sie nichts sah außer seinen Schuhsohlen. Sie robbten durch die Gräben, glitten dann in ein trockenes Bachbett und krochen auf Händen und Knien vorwärts. Irgendwann zog Mahmoud sie hoch, beider Handflächen waren aufgeschürft und blutig, und zerrte sie in den Schatten einer Felswand, an der sie sich entlangtasteten. Vor ihnen ragte eine schwarze, kokelnde Silhouette auf. Bevor Beate, die ihre Hand in die ihres Mannes krallte, noch sicher war, dass es sich um nichts Lebendiges handelte, trat sie in etwas Weiches und rutschte aus, aber Mahmoud zog sie fort, bevor sie nach unten blicken konnte.

Zweimal hörten sie Stimmen in der Nähe, die arabisch redeten, Mahmoud drückte Beate flach auf den Boden, bis sie verklungen waren und sich auch die roten Punkte der Zigarettenglut aufgelöst hatten. Beate hatte alle Orientierung verloren, sie wusste nicht, wohin ihr Mann sie führte oder ob er nur versuchte, von den Kämpfern wegzukommen. Mehrmals wurde der Weg auf einem Grat so schmal, dass sie die Augen schloss und sich von seinem Arm dirigieren ließ.

Mahmouds Armbanduhr zeigte halb vier, als sie aus einer erodierten Rinne stiegen und plötzlich das Dorf vor sich hatten, wo wie eine Geistererscheinung aus einer anderen Welt in 50 Metern Entfernung ihr Wagen geparkt war. Mahmoud packte sie an den Schultern, damit sie aufhörte zu zittern, und befahl ihr, direkt und ohne anzuhalten nach Norden zu fahren. »Und du?« fragte sie entgeistert, erschrocken über ihre laute Stimme. »Kamera«, antwortete er. »Ich komme nach. Wir sehen uns nachher zu Hause.«

Beate hätte später nicht sagen können, wie sie in ihrem Schockzustand, zitternd wie Espenlaub, das Lenkrad hatte halten und die Gänge einlegen können und bis Beirut gelangt war. Die Sonne ging auf, die Vögel zwitscherten in den staubigen Platanen, der Verkehr rauschte, während sie, Zigarette um Zigarette rauchend auf dem Balkon stand und Ausschau hielt.

Sie hatte sich gerade einen Kaffee geholt und trat wieder hinaus, als von unten ein Pfiff ertönte und Mahmoud breit grinsend heraufwinkte. Sie rannte ihm entgegen, warf sich ihm in die Arme und schüttelte ihn wie verrückt, versetzte ihm Püffe mit den Fäusten, während die Tränen auf seinen staubigen Hemdkragen fielen. »Sie ist heil«, sagte er. »Bisschen verstaubt, zwei, drei kleine Kratzer, nichts Schlimmes. Hab sie eben noch ins Büro gebracht. Sie hätten mir den Kopf abgerissen, die Deutschen.«

»Ist ihnen denn die verdammte Kamera wichtiger als dein Leben?«

»Natürlich«, entgegnete Mahmoud achselzuckend. »Ich bin bis Sour mitgenommen worden und habe dort ein Taxi überredet, mich hierherzufahren. Teures Picknick. Aber die Bilder sind schön. Glaube nicht, dass sie an dieser Stelle noch viel finden werden nach heute Nacht. Gute Story.«

In persönliche Gefahr gerieten Marlene und Sam nicht, aber dafür war der Tod im Krankenhaus allgegenwärtig und kam jeden Tag, um sich seinen Tribut zu holen.

So verging die Zeit, irgendwann begann der Krieg, sich seiner selbst zu langweilen und seiner selbst müde zu werden, und plötzlich war Frieden, und sie waren alle 50, und das war ihre Jugend gewesen.

Beirut lag in Trümmern, kaum ein Stein mehr auf dem anderen in der Mitte der Stadt, das Unterste zuoberst, aber auf der Unterseite der Steine wimmelte das Leben in diesem alten, hartnäckigen, fatalistischen, gegenwärtigen Land. Dem Tode gehörend, aber dem Leben dienend, fuhren die Überlebenden fort zu essen, zu trinken, zu tanzen, zu spielen, Geld zu verdienen, zu lernen, zu reisen, zu kaufen, aufzubauen. Und zu vergessen. Ohne Vergessen kein Friede. Der Libanon hatte überlebt, ja er begann jetzt erst zum Libanon zu werden, plötzlich konnte man sich zu diesem Boxer bekennen, der 15 Runden lang Prügel bezogen und dann einen Punktsieg gelandet hatte. Viele Christen, Sunniten, Schiiten, Drusen, Armenier und was sie alle waren und gewesen waren, sprachen zum ersten Mal von sich selbst als von Libanesen.

Hariri gründete Solidere, es wurde investiert auf den Ruinen, und aus dem Schutt wuchs eine Innenstadt, ein levantinisches Triest oder Florenz 2.0, ein internationales Einkaufszentrum, das Kadmos hasste, weil es in all seinem Strahlen und Leuchten die alten Ungleichheiten einbetonierte, die früher wenigstens hier, im Souk, sich im Wimmeldämmer von Stadt- und Landbevölkerung, von Schachern und Handeln und Kaufen aufgelöst hatten. Aber nachdem der freie Geldfluss in Zeiten des Mordens gestockt und umgeleitet war, brach er sich jetzt Bahn, es war gar zu verführerisch, der zweiten liebsten Beschäftigung der Menschheit zu frönen.

Wie tropische Vegetation nach dem Regen explodierte zugleich das Bedürfnis nach Kunst, auch das nach Amüsement. Bars, Clubs, Diskotheken, Kinos öffneten überall, in jeder Ruine gab es ein Konzert und eine Theateraufführung. Es war Nachkriegszeit, seit jeher und überall die fruchtbarste Zeit für Neues.

Es war auch neugewonnene Zeit der Freiheit für die drei in die Jahre gekommenen Paare. Beate und Mahmoud genossen die neue Theater- und Performance-Szene, regten ihrerseits gemeinsame Projekte libanesischer und deutscher Musiker- und

Schauspielertruppen an, hörten Claude Chalhoubs Crossover-Musik und reisten.

Auch die Younes waren regelmäßig in Deutschland, stellten ihre Märchensammlungen in Kirchengemeinden vor und sprachen über die Ökumene. Wenn es dann zu Gegenbesuchen im Adonistal kam, war das für viele Deutsche das erste und unvergessliche Erlebnis der überbordenden Gastlichkeit und Gastfreundlichkeit des Landes.

Dasselbe galt für Sam und Marlene, wenn ihr offenes Haus auch andere Gäste aus anderen Zusammenhängen sah. Ein Haus, reicher bestückt mit Kunstschätzen jetzt nach Kriegsende als selbst das Nationalmuseum, ein Füllhorn von dreieinhalbtausend Jahren Schönheit, phönizische Vasen und Mosaike, Juwelen und Schmuckkästchen aus der Bronzezeit, Votivgaben aus dem Eschmuntempel, hellenistische Figurinen und Statuetten, Artefakte aus der Fatimiden-, Seldschuken-, Ayubiden- und Mamelukenzeit. Kunsthistoriker kamen sogar aus den USA und bewunderten, von Marlene geführt, die Privatsammlung.

Jedes Jahr zu Weihnachten schickten sie wieder, was während des Krieges nur unregelmäßig geschehen war, ihren Rundbrief mit den Familienereignissen des Jahres in die Welt, berichteten von ihren Reisen, den Hauskonzerten, dem Ergehen der Schule und des Krankenhauses und führten auch die Tradition weiter, immer mit namentlichen Grüßen zu enden, die auch jedesmal von Sohn und Tochter bekräftigt wurden. Jedes Jahr vergrößerte sich der Kreis der Empfänger, ab dem Ende der Neunziger noch mehr, weil die Rundbriefe elektronisch versendet wurden – nur Matthias bekam nie einen und las nie die letzte Zeile, die stets endete mit »Und Grüße an alle auch von Christine«.

Und da die Zeit im Frieden (einige kleinere Kriege wie den Angriff Israels 2006 ausgenommen) schneller verfliegt als im Krieg – schon war der 11. September geschehen, schon war die Zedernrevolution im Gange, schon die Syrer weg und die Hisbollah vor dem Parlament –, sind wir schon im Heute angekommen, und unsere drei Paare sind alle jenseits der Siebzig.

Um ihre Geschichte zu Ende zu erzählen, müssen wir uns im

Falle der Younes, die im Garten des Familienhauses ihre Äpfel und Oliven ernteten und Cidre und Seife herstellten und verschenkten, noch einmal kurz in eines der letzten Kriegsjahre begeben, als ein zunächst banal anmutendes, aber folgenschweres Ereignis geschah. Es war zur Zeit der Offensive Aouns, als eines Abends zwei völlig verängstigte Männer an Younes' Tür klopften, zwei versprengte syrische Soldaten, die verfolgt wurden und, die Waffen im Anschlag, um ein Versteck für die Nacht baten.

»Wir sind alle Kinder desselben Gottes«, wiederholte Younes sein Mantra und öffnete ihnen die Türen, und Karoline setzte ihnen das wenige Essen vor, das im Haus war, und sie verbrachten die Nacht dort, betranken sich vor Angst, wobei wieder einmal ein Fenster zu Bruch ging, fuchtelten mit ihren MPs herum, jung und halb irre vor Angst und Scham und Alkohol und Testosteron, schliefen schließlich ein, wurden im Morgengrauen geweckt und machten sich durch den Garten und das Unterholz am Flussufer davon.

Diese Episode war lange vergessen, als die beiden langsam müde zu werden begannen und ihr einziger Wunsch der war, nicht eines ohne den anderen gehen zu müssen. Dieser Wunsch wurde ihnen gewährt und sogar noch ungleich mehr, denn die beiden syrischen Soldaten waren in Wahrheit Götter gewesen, die auf der Erde wandelten, um die Menschlichkeit der Menschen in Kriegszeiten zu prüfen. (Natürlich hatten sie sich in Gestalt syrischer Soldaten auch wie solche verhalten müssen, daher unter anderem die eingeworfene Scheibe, die aber wiederum den Glaser freute.) So standen die beiden in ihrem Garten, und Laubwerk verbarg und verhüllte ihr Antlitz, und Younes verwandelte sich in eine Eiche und Karoline in eine Linde, die nun inmitten der Apfel- und der Ölbäume im großen Garten standen. Welch freundlicher Augenblick aber war es, als im selben Moment bei uns hier im Dorf, oben im Garten des Pfarrhauses unter dem Bergfried mit dem Blick auf Frankfurt, aus einer ebensolchen Eiche und einer ebensolchen Linde beide blinzelnd und erwachend hervortraten, um seither in unserer Mitte zu leben, von aller Müdigkeit befreit, ihr zweites und gewiss abschließendes mit uns zu teilen und jedes zweite Jahr mit dem halben Dorf die Gartenoper einzustudieren, deren neueste wir gerade erleben durften.

Mahmoud und Beate reisten. Nicht nur, nicht in erster Linie nach Deutschland, er las ihr die Sehnsuchtswünsche von den Augen ab, und wenn sie nicht im verrauchten Café de Paris Kadmos zuhörten, der im Freundeskreis neue Gedichte in entkerntem, beschossenem, ruiniertem, rohbaumäßigem und kahlem Arabisch vortrug, Prosagedichte, die sich manchmal anhörten wie Kurzgeschichten Kafkas, manchmal wie Skizzen Gogols, dann entdeckten sie mit gemeinsamem Blick die ebenso surrealen Silhouetten der Bucht von Ha Long oder der Skyline Manhattans aus der Perspektive schräg unter der Brooklyn Bridge (wobei nach 2001 die Einreiseformalitäten für Mahmoud immer dreimal so lange dauerten).

Und dann kam der Tag, wieder ein Familientag in Tripoli, der Clan trug dem Patriarchen seine Probleme, Streitigkeiten und Bitten vor, man saß im Kreis in dem großen Salon auf den goldgeschwungenen falschen Louis-XV-Sofas, trank Tee und nahm von den süßen Petit Fours, und danach gab es einen Spaziergang hinauf zum Qualat Sandschil, der alten Kreuzfahrerburg des Raymond de St. Gilles.

Und wie so oft all die Jahre und Jahrzehnte zuvor, so wie es schon der Knabe Mahmoud getan und wie es der sehnige Jugendliche Mahmoud getan hatte, sprang der weißhaarige Löwe auf einen Mauersims und balancierte über dem Abgrund. Leichtfüßig, schwindelfrei und trittsicher wie je, und Beate stand Ängste aus wie je um ihren kühnen Geliebten.

Da, während alle auf ihn blickten, geschah es, dass es ihm das Herz aufriss, und aus seiner Brust befreite sich endlich der große Vogel Simurgh, der Adler und Falke, der mit dem prächtig gemusterten Gefieder, der Löwe der Lüfte; er breitete seine Schwingen, schraubte sich hinauf ins Blau, warf sich in den Wind, der ihn trug und hochhob und fortzog von der mit offenem Munde starrenden Familie.

Er breitete die Schwingen dort droben, die in der Sonne

leuchteten, und flog, flog zu den schneebedeckten Gipfeln des Atlas, flog nach Hause in sein Nest hinter dem höchsten Berg, dort wo Wahrheit und Selbsterkenntnis wohnen und wo seine wahre Heimat ist.

Und er war nur noch ein dunkler Punkt im Äther, als sich endlich der verzweifelte heisere Schrei löste aus der Kehle der zurückgebliebenen Frau.

Damit war auch Beates Leben zu Ende, und die einsame Zeit, die ihr noch blieb, wartete sie, dass er sie holen komme, wie er sie immer geholt hatte. Nun stellte sich heraus, dass sie doch eine Fremde geblieben war, zumindest für Mahmouds Familie, bei der sie keine Heimat fand, deren Preis es gewesen wäre, im Chor der schwarzen, stummen Witwen in Tripoli zu versinken, ihre Unabhängigkeit, ihr Geld, ihr Leben beim neuen Familienvorstand, einem bärtigen Cousin Mahmouds, abzugeben, dem sie nichts bedeutete als Mensch, nichts galt als Frau.

Die schöne Wohnung in Beirut war zum Kerker, zum Mausoleum geworden, trat sie auf den Balkon und rauchte, blickte sie immer nur hinauf, ob Simurgh sie nicht holen käme. Aber sie musste den Vogel selbst ausbrüten, sie spürte, wie er in ihr hackte und pickte und die Schale ihres Körpers langsam zerstörte. Es dauerte lange, bis er freikam, viel länger als bei Mahmoud, sie lag schon im Krankenhaus, als sie irgendwann im Dämmer des aus Schläuchen in sie gepumpten Morphiumschlafs den großen Vogel hinter dem Fenster erblickte, der sie endlich heimholte.

Nur Sam und Marlene leben noch immer in ihrer Villa hoch über dem Meer, mit den Rosenbeeten und dem verwaisten Tennisplatz, sie werden älter und älter, der Tod hat sie vergessen.

An jenem Morgen vor so vielen Jahren, als Matthias sich schon halb und halb entschlossen hatte, Beirut zu verlassen, fuhr er hinunter ins Krankenhaus, um mit Sam zu sprechen.

Er fand ihn zunächst nicht, aber dann betrat er, nachdem er angefleht worden war, bei den Notfällen zu helfen, im OP-Kittel einen der Operationssäle. Er brauchte eine Weile, um wahrzunehmen, was er sah, um es zu verstehen, um, wie er glaubte, plötzlich alles zu verstehen.

Das Ärzteteam stand um einen erstaunlich kleinen Körper herum, und im Hintergrund des Saals standen noch zwei weitere Bahren, die aber bedeckt waren. Man blickte kurz auf, als er eintrat, hielt ihn vielleicht hinter seiner Maske für einen weiteren Operateur.

Matthias erstarrte. Der operierte Körper war eine Leiche. Ein frisches Kriegsopfer. Ein Kind. Mehrere Kinder im Saal. Dann sah er die Behälter. Sah die Nieren. Die kleinen Lungen. Die Bauchspeicheldrüsen. Die Augen.

Er verließ rückwärts taumelnd den Raum, als hätte man ihm einen Stoß vor die Brust versetzt. Er verlor das Gleichgewicht, hielt sich am Türrahmen fest, kletterte aus der offenen Tür wie aus einem Schott bei Orkan. Ein Mann kam hinter ihm her, stützte ihn, hielt ihn am Arm, bugsierte ihn auf einen Stuhl. Zog sich die Maske vom Gesicht. Sam.

Er zog einen zweiten Stuhl heran, setzte sich gegenüber und legte Matthias die Hände auf die Knie. »Du musst das verstehen. Wir tun ungeheuer vielen Menschen ungeheuer viel Gutes auf diese Weise. Retten sie. Diese hier konnte niemand mehr retten. Der Krieg ...«

Matthias schüttelte den Kopf und lief blindlings davon. Fuhr hinauf zur Villa, stopfte seine Sachen in eine Reisetasche, verabschiedete sich von niemandem, bat den Fahrer, ihn hinunter in die Stadt zu bringen, nahm sich dort ein Taxi zum Flughafen und checkte in den erstbesten Flug ein, der nach Europa ging, es war ein Alitaliaflug nach Rom. Er musste plötzlich wieder an den abgerissenen Arm mit dem Brillantring am Finger denken, den Sam seinerzeit ohne zu zögern abgezogen hatte, und wie er damals zum ersten Mal verstanden hatte, dass es eine Härte gibt im Menschen, die nicht Bosheit ist, und die vom Krieg verliehen wird. Es war wie bei Siegfried, als er den Drachen getötet hat und dann in seinem Blut badet, und das macht seine Haut hürnen und unverwundbar. Auch er, Matthias, hätte in diesem Drachenblut untertauchen können und wäre ein anderer geworden. Er stand vor dem Pfuhl. Er war nicht hineingestiegen.

Als eine der Filipinas ihr sagte, ihr Verlobter sei wie von Sinnen durchs Haus gelaufen, suchte Christine überall nach ihm, niemand hatte ihn gesehen. Sie fragte ihre Mutter und das gesamte Hauspersonal. Erst draußen am Tor beim Fahrer wurde sie fündig. Sie ließ sich von ihm ins Krankenhaus bringen, fand ihren Vater, der druckste herum. Ohne zu wissen, was geschehen war oder was im Krankenhaus geschah, reimte sie sich zusammen, dass ihr Geliebter geflohen war. Sie musste ihn finden, ihn aufhalten, bevor er eine Dummheit beging, bevor er sie verließ, bevor er fort war und sie alleine in ihrem goldenen Käfig zurückließ. Alles, nur das nicht.

Sie bat den Fahrer, sie nach Beirut zu bringen, zum Flughafen.

Sie kamen ungeschoren und ungestoppt auf die südliche Ausfallstraße.

Dann explodierte die Welt. Der Wagen war im Gefolge anderer, die wahrscheinlich gemeint waren, von einer ferngesteuerten Bombe getroffen worden, die in einem am Straßenrand geparkten Lastwagen gezündet worden war. Es zerriss ihn in Fetzen und alle, die darin saßen.

Christine war sofort tot. Ihre Eltern konnten sie anhand einer Halskette identifizieren, die an einem Stück Haut und Fleisch klebte, und anhand eines Rings, den Matthias ihr geschenkt hatte und der an einem Finger gefunden wurde.

Aknun Nameh

اكنون نامه

Buch des Augenblicks

———

Thut ein Schilf sich doch hervor
Welten zu versüßen!
Möge meinem Schreibe-Rohr
Liebliches entfließen!

———

GOETHE

Sie wollen, dass ich von der Gartenoper berichte, ich weiß nicht, warum, denn ich bin kein Spezialist für Theateraufführungen und Literatur, sondern Handwerker.

Aber es ist wahr, dass es nun das dritte Mal war, dass ich mich dabei um die Bühne und vor allem um die Überdachung gekümmert habe, das heißt genauer gesagt: um die Überdachung erst das zweite Mal, denn vor vier Jahren war ja das fürchterliche Gewitter, das leicht hätte böse enden können, und danach war klar, dass für die 150 oder mehr Menschen, die kamen, der Garten überdacht werden musste.

Es ist auch richtig, dass ich natürlich, während ich auf dem Anwesen herumwerkele, eine Menge von den Proben und dem Drumherum mitbekomme, sozusagen als unsichtbarer Zeuge, also macht es vielleicht Sinn, wenn ich davon erzähle.

Aber vorab erstmal ein paar Worte über mich und wie es kommt, dass ich als Pole aus der Gegend um Szczecin überhaupt hier in Mühlheim gelandet bin und sogar ein paar wirkliche Freundschaften geschlossen habe, vor allem natürlich mit Ulla und TK und mit Dr. Khalil und Frau Dr. Karoline.

Es ist vielleicht zehn Jahre her, da stand die Familie plötzlich vor unserer Einfahrt. Es ist nicht ganz einfach, das Dorf zu finden, wenn man die Gegend um Szczecin nicht kennt, und noch schwieriger, unser Haus zu finden, also war gleich klar, dass sie zu mir wollten. Und es war auch klar, dass es Deutsche waren, und wann immer du Deutsche vor deinem Haus stehen hast, wappnest du dich innerlich erst einmal.

Aber es stellte sich dann schnell raus, dass sie an der Ostsee Ferien machten und ihrem Sohn einmal das Haus der Urgroßeltern und Großeltern zeigen wollten, und im Gespräch am Gartenzaun erfuhr ich dann auch, dass der Schreiner, dessen Werkstatt mein Vater übernommen hatte, als sie dort angesiedelt wurden, eben Ullas Großvater gewesen war, und da habe ich sie natürlich reingebeten und ihnen die Räume gezeigt, es hat sich ja bis auf die Maschinen nicht so viel verändert.

Ein Wort gab das andere, und schließlich habe ich sie zum Abendessen eingeladen, und als sie wieder fuhren, schrieben sie mir ihre Adresse auf und luden uns auf einen Gegenbesuch ein.

Es dauerte dann wegen der Krankheit meiner Frau ein paar Jahre, bis ich tatsächlich in Deutschland zu tun hatte, und als ich auf gut Glück anrief, dachte ich nicht, dass sie sich noch erinnern würden, aber es war gleich großes Hallo, und so kam ich denn das erste Mal nach Mühlheim.

Wie üblich hier wurde es spät, und sie boten mir an, in der Gästewohnung zu übernachten, und ich hatte schon bemerkt, dass an dem Haus einiges zu tun war, aber aus Höflichkeit nichts gesagt. Doch Ulla konnte sich noch an irgendetwas erinnern, was ich in meinem Haus gemacht hatte, gar keine eigentliche Schreinerarbeit, irgendeine Renovierung, aber die Liebe zum Detail war ihr wohl aufgefallen, jedenfalls fragte sie mich nach meiner Ansicht zu verschiedenen Umbauten, die sie in Angriff nehmen wollte.

Ein Wort gab das andere, und wir waren im Geschäft.

Drei Monate später kam ich dann mit dem Lieferwagen und dem Werkzeug, und los gings, und wie das bei Ulla und TK die Regel ist, saß ich abends mit am Tisch und lernte so nach und nach das halbe Dorf kennen.

Und so kam es, dass mich im Laufe der Zeit auch der eine oder andere der Freunde oder Nachbarn ansprach; hier war eine Treppe zu bauen, dort ein Einbauregal oder dort eine Dachgaube. Ich arbeite nicht übermäßig schnell, aber dafür solide, und ich habe, was mein Handwerk betrifft, einen Sinn für Schönheit und Gediegenheit. Ich möchte, dass die Dinge, die ich mache, bleiben. Und das gefiel wohl auch den anderen und natürlich ebenso, dass die Preise, die ich berechne, wenn auch für polnische Verhältnisse eher hoch, in Deutschland doch günstiger sind als vergleichbare Qualität.

So spielte es sich irgendwann ein, dass ich einmal pro Jahr hierhergekommen bin, zum einen, um die Freunde zu besuchen, zum anderen, um hier und da einen größeren Auftrag zu erledigen. Tja, und so traf ich schließlich auch Dr. Younes und Dr. Karoline, die soeben das alte Pfarrhaus bezogen hatten. Ein Haus aus dem 18. Jahrhundert. Ein Kleinod. Eine Augenweide. Und, was die Arbeit betrifft, eine Lebensaufgabe.

Für die dringendsten und größten Arbeiten bin ich in drei aufeinanderfolgenden Jahren jeweils drei Monate dort geblieben, mit meinem Sohn und einem Gehilfen, natürlich nicht durchgängig, und wir haben dort wie ein Teil der Familie gelebt, ja tatsächlich wie der Sohn und der Enkel des alten Paars, das ja selbst keine Kinder hat.

Da lernt man einander kennen, und so habe ich auch miterlebt, wie Dr. Younes in meinem ersten Sommer dort in seinem Pavillon seine erste Gartenoper geschrieben hat, jeden Vormittag und jeden Nachmittag zwei Stunden lang. Genauer gesagt habe ich gehört, wie er Verse skandierte. Ich hab' ihn natürlich gefragt, was er da macht.

Und er hat mir erklärt, dass er eigentlich genau das Gleiche machen wollte, was er auch schon in seinem ersten Leben im Libanon getan hatte, nämlich die Menschen seiner Umgebung einander näherbringen. Damals waren es die politischen und konfessionellen Spannungen gewesen, die sein Heimatdorf zerrissen und die Menschen einander entfremdet hatten, hier, in dieser neuen, fremden Heimat waren es andere Gründe, aber mit dem gleichen Ergebnis: Pendler und Ortsgebundene, Städter und Provinzler, Alte und Junge, Kinder und ihre Eltern, Arme und Reiche, Glaubende und Agnostiker – alles driftet auseinander, keiner kennt den anderen, und die Zeiten, von denen jemand wie Martha noch wusste, als alle im Dorf einander gekannt (wenn auch nicht gemocht) hatten, waren lange vorüber.

»Aber kommen Sie doch rein, Zygmunt«, sagte er und bat mich in den kleinen Pavillon, in dem sich ein Schreibtisch mit

Laptop, einigen Büchern und Papierstapeln sowie ein Stuhl und eine Chaiselongue befand, auf der er ruhte und auf die mich zu setzen er mir bedeutete, während er sich auf den Stuhl fallen ließ. »Ich denke mir, ein humorvolles, legendenhaftes Stück über die Frühgeschichte des Dorfs hier wäre eine gute Möglichkeit, die unterschiedlichsten Menschen zusammenzubringen. Minne, Abenteuer, Duelle, ein wenig Satire und ein wenig Lokalgeschichte. Es soll nach den Kreuzzügen spielen, die Hauptperson ist der Graf, dem die Burg hier oben gehört hat, aber der eigentliche Held ist ein Minnesänger.« Er erklärte mir, dass er das Ganze bauen wollte wie eine Oper, nur eben ohne Musik, eine Sprechoper in gebundener, gereimter Rede.

»Eine Oper ohne Musik?« habe ich gefragt, und er hat gelacht und gesagt: »Ja, sonst findet sich ja keiner, der mitspielt. Aber es gibt hier im Dorf eine Bläsergruppe und auch einen Frauenchor, ein bisschen Musik werden wir also in jedem Fall dabeihaben, wenn alle mitmachen. Und außerdem eine Trachtentanzgruppe, für die ich noch irgendeinen Tanz einbauen muss.«

Er war von einer ruhigen, selbstverständlichen Zuversicht, dass die, die er ansprechen wollte, tatsächlich mitmachen würden, und so ist es dann ja auch gekommen.

Ab und zu, wenn wir beide zur selben Zeit eine Pause machten, las er mir einen Dialog oder einen Vers vor. Ich erinnere mich an einen von meiner Lieblingsfigur, dem raffinierten Burgkaplan Pater Judocus, den dann hinterher der Jochen Muth so genial gespielt hat, der Nachbar von Ulla und TK, der am Flughafen arbeitet:

»Deine Gegenwart könnt' mit diesem Alterssitz am End' mich noch versöhnen«, sagt er zu seiner Geliebten, der Gräfin, als deren Mann verspätet aus den Kreuzzügen kommt und Gerichtstag halten will.

»Doch ich frage und ich klage an:
Ist's gerecht denn, dass man einen Mann,
der einer Frau, die in ein Verlies gekettet.
das Leben ihr und ein wenig Glück gerettet,
dafür bestrafen kann?

Du blühst noch immer und bist jugendschön,
wie man es selten hat gesehn.
Du hast kein graues Haar und keine Falten.
Das war doch ich, der dich so jung erhalten!
Der dich umhegt und liebevoll umsorgt
und keinesfalls kurzfristig ausgeborgt.
Du bist mein, und ich will für immer dich behalten!«
Und so weiter. Wie gesagt, nach Jahren im Heiligen Land
kommt Graf Heinrich zurück auf seine Burg, sprich die Ruine
mit dem Bergfried oberhalb des Pfarrhauses, und erwartet, dass
alles noch so ist wie ehedem. Aber natürlich vermisst ihn keiner, und als er dann sein altes Regime wiederherstellen und alle
wegen ihrer verlotterten Moral bestrafen will, taucht die Frau
auf, die er dort in Palästina geheiratet hat, und plötzlich sieht
er nicht mehr so souverän aus. Im Grunde eine extrem moderne
Geschichte.

Naja, ehrlich gesagt hab' ich mir damals noch nicht so viel
dabei gedacht. Ich dachte, das ist ein schöner, würdiger Zeitver-
treib für den alten Herrn, so eine Geschichte zu schreiben, und
ich habe darauf geachtet, dass die lauteren baulichen Arbeiten,
die ich am Haus zu verrichten hatte, nicht auf seine Arbeitsstun-
den im Pavillon fielen.

Aber dann bin ich im Frühjahr darauf wiedergekommen und
habe meinen Augen nicht getraut. Der idyllische, ja fast klös-
terliche untere Garten des Hauses, also dort, wo zwischen den
beiden Flügeln die Terrasse ist, von der aus neben dem kleinen
Teich vier Stufen im Halbkreis nach oben gehen wie ein win-
ziges Amphitheater zur anderen Seite des Hauses hin – dieser
ganze Bereich glich einem Taubenschlag!

Der alte Dr. Younes stand wie ein Dirigent oder wie ein Prophet mit ausgebreiteten Armen auf dem obersten Rang, ein Ma-
nuskript in der Hand wie Moses seine Tontafeln, und gestikulierte zur Terrasse hinunter, wo Jochen Muth, der Burgkaplan,
und seine Schwester Gerlind, die Vorsitzende des Mühlheimer
Fastnachtsvereins und momentane Gräfin, ihr Liebesgeturtel
einübten, während hinter dem Haus der Graf mit einem leib-

haftigen Esel auf seinen Auftritt wartete. Im oberen Garten, um Ruhe zu haben, übte der Ortsförster, der sich hatte breitschlagen lassen, den Minnesänger zu geben, seine Kantate, ein Stück weiter schritten die Damen und der Herr der Trachtentanzgruppe Hand in Hand über den Rasen, in der Küche schmierten Ulla und Karoline Brote für die Proben, irgendeine Frau hielt dem Regisseur die Kostümentwürfe unter die Nase, im Esszimmer saßen Bankangestellte, Rentnerinnen und Halbwüchsige mit auf die Fäuste gestütztem Kopf auf der Eckbank und lernten ihre Zeilen. Und meine erste Aufgabe war es, den Rahmen für das Burgtor zu bauen, das am Rande der Terrasse stehen und für die Auftritte und Abgänge dienen sollte.

Obwohl ich eigentlich gar nicht vorgehabt hatte, im Sommer wieder da zu sein, widerstand ich der Einladung der Hausherren nicht, und so erlebte ich die denkwürdige erste Gartenoper mit.

Younes' Traum ging in Erfüllung, obwohl es ja eigentlich gar kein Traum war, sondern Arbeit, viel Arbeit, Charisma, Gespräche, Mund-zu-Mund-Propaganda, Neugierde, Lust und Motivation. Jedenfalls war wirklich das ganze Dorf präsent oder doch ein erstaunlicher Querschnitt durch die Dorfbevölkerung. 22 Sprechrollen, dann der Frauenchor, die Tanzgruppe, die Bläserfanfare, eine Souffleuse, ein Beleuchter, die Caterer (wenn man Ulla so nennen will), die Schneiderinnen und sogar ich, der ich beim Bühnenbild mitgeholfen hatte.

Die jüngste Mitwirkende war die kleine Tochter des Försters, eine Neunjährige, die allerdings auch nur drei Zeilen Text sprechen musste, und die beiden ältesten zwei Frauen aus dem Chor und der Trachtentanzgruppe, die 87 und 89 Jahre alt waren. Und wer nicht selbst beteiligt war, der kam als Zuschauer. Und selbst die notorischen Zweifler wurden von der Aussicht angelockt, einmal den Pfarrgarten von innen zu sehen. Ab halb sieben strömten sie die Treppe zum Pfarrhaus hoch, traten in den Innenhof, sahen sich um, begrüßten einander, suchten sich Plätze, ließen sich auf den Bänken nieder oder legten ihre Kissen auf die Stufen, Ehefrauen machten sich über ihre kostümierten Männer lustig, die Männer in Zivil kniffen die Augen zusammen, als würden sie ihre als Burgfräulein oder morgenländische Schöne verkleideten Frauen und Töchter zum ersten Mal sehen. Und mittendrin stand Dr. Younes und sah gelassen zu, wie sein Altersrefugium voller und voller wurde, bis schließlich kein Platz mehr frei war.

Vielleicht spürten sie alle, was das Besondere an diesem Abend war, auf den sie fünf Monate lang hingearbeitet und hingefiebert hatten: dass er einmalig und unwiederholbar sein würde. Wer nicht hier war, als Teilnehmer oder Zuschauer, der würde nie etwas davon erfahren, und niemand würde es sich später als Konserve hervorholen können. Es fand nur einmal statt, nur in diesem Augenblick.

Ich hatte ja nicht viel dazu getan, aber ich konnte dieses eigentümliche Gefühl des Präsentseins im Jetzt trotzdem gut nachvollziehen. Die einzigen Bilder aus meiner Schulzeit, die mir noch gegenwärtig sind, gehören zu einer Aufführung des Schulchors zu Weihnachten in der Kirche, bei der ich mitgemacht habe. Ein halbes Jahr Proben und dann der riesige Chor in der kerzenleuchtenden Kirche, links und rechts und vor und hinter mir ganz dicht der Klang der anderen Stimmen, dazwischen die brausende Orgel, die kalte, nach Weihrauch und Bienenwachs duftende Luft, das hochkonzentrierte Gesicht des dirigierenden Kaplans – eine einzige Aufführung, Weihnachten, als ich vierzehn war, aber ich habe sie nie vergessen, und ich habe auch nicht vergessen, wie anders es ist, dabei zu sein, als unten in den Bankreihen zu sitzen als Zuschauer.

Die roten Ohren, das Lampenfieber, diese Körper, die eine gemeinsame Stimme erzeugen, diese Aufhebung der Vereinzelung – das habe ich auch dort im Pfarrgarten an jenem Abend wiedererkannt oder besser wieder gespürt.

Ein Unterschied natürlich: Damals bei mir in der Schule, das war eine öffentliche Veranstaltung, von oben herab organisiert und dirigiert, wogegen das jetzt hier doch auf vollkommener Freiwilligkeit beruhte. Wie kriegst du als Privatmann den Oberförster dazu, eine allseits respektierte Persönlichkeit am Ort, dass er riskiert, sich als Minnesänger lächerlich zu machen? Wie kriegst du all diese Pendler, die in ihren Jobs gefangen sind und im Dorf nur schlafen und essen, dazu, Monate ihres Lebens mit dem Lernen von Rollen und mit Proben zu verbringen und auf einmal mit all diesen Dörflern zu fraternisieren? Warum setzen sich Frauen hin und schneidern 30 Kostüme? Oder fahren in irgendeinen Theaterfundus, um Stulpenstiefel, Schwerter, Kettenhemden und Genovevahüte zu organisieren? All diese freie Zeit für einen einzigen vergänglichen, sofort wieder verschwundenen Abend und Moment! Ohne Bezahlung, ohne Karrierechancen, ohne Tweets! Das war das wahre Wunder.

Ach ja. Und dann das Gewitter. Es war ja ein heißer Augusttag. Als das Stück begann, der Garten rappelvoll, oben im oberen Garten alles für den anschließenden Umtrunk vorbereitet, das erste Wetterleuchten. Ab und zu ein fernes Grollen. Nichts Dramatisches, im Gegenteil, es gibt ja kaum etwas Schöneres als warme Sommerabende mit dem Echo eines fernen Gewitters. Als würde die elektrische Spannung in der Luft alle wie ein Stromkreis miteinander verbinden und enger zusammenrücken lassen. Im zweiten Akt dann ab und zu ein Windstoß, der die Bäume aufrauschen ließ und die langen Röcke der Schauspielerinnen bauschte, und der Donner klang näher.

Und dann im dritten Akt, genau im Moment des Showdowns, als der Graf seine Frau und den Pater konfrontiert und ihm Suleika, seine Nebenfrau aus dem Morgenland, unerwartet in die Parade und die Tirade fährt, da brach das Inferno los:

Nicht wie andere Gewitter, die sich mit starkem Wind ankündigen oder bei denen es zunächst anfängt zu regnen. Nein, plötzlich war überhaupt kein Lufthauch mehr zu spüren, eine Stille, in der man die Worte von der Bühne noch in der hintersten Reihe hörte wie erzene Glocken, dann ein infernalischer Schlag und ein grelles Aufleuchten, der Blitz musste keine 100 Meter entfernt eingeschlagen sein, wahrscheinlich in den Fahnenmast des Bergfrieds, und die Schleusen des Himmels öffneten sich alle auf einmal, ein rauschender Wolkenbruch, von dem man taub wurde und kein Wort mehr verstand, alles innerhalb einer Sekunde, und man war sofort bis auf die Knochen durchnässt, und Panik brach aus, alle schrien auf und sprangen hoch – ein paar von den Jüngeren lachten auch –, es war keine schlimme Panik, eher eine heitere, wenn man so will, aber natürlich doch das absolute Chaos, die Wiesen rutschig und glitschig, von den Steinstufen rann das Wasser wie eine Kaskade, an ein Fortführen des Stücks war nicht zu denken, alles, was rasch auf den Beinen war, rannte durcheinander und suchte sich unterzustellen, aber die Älteren waren in echter Gefahr, auszurutschen und zu stürzen, dann der nächste Blitz und Donnerschlag, ebenso nah wie der erste, man sah vor Regen kaum noch die Hand vor Augen, und wir mussten links und rechts jemandem helfen, jemanden stützen und ins Haus führen. Handtücher wurden gereicht, irgendwer rannte nach oben und brachte Essen und Getränke in Sicherheit oder was noch davon übrig war, die jungen Männer liefen mit nacktem Oberkörper herum und alle, die mit anpackten, hatten die Schuhe ausgezogen, es sah dort oben aus wie in Woodstock, aber unten mussten die Leute in Sicherheit gebracht werden, auch diejenigen, die instinktiv unter den hohen Bäumen Schutz gesucht hatten und nun in Gefahr waren, vom nächsten Blitz erschlagen zu werden. Ach Gott, und der Esel hatte sich losgerissen in Panik und war hinunter Richtung Stadttor galoppiert und musste wiedergefunden werden, bevor er irgendwo in ein Auto laufen würde, die Kinder hatten einen Heidenspaß, wurden aber von ihren schreienden Müttern eingefangen, und die umsichtigsten der Schauspieler brachten die Kostüme und Requisiten vor dem Unwetter im Haus in Sicherheit.

Dann wurden die Ältesten mit dem Auto nach Hause gefahren, um sich etwas Trockenes anziehen zu können, damit sie nicht womöglich noch eine Lungenentzündung bekamen. Nach anderthalb Stunden saß nur noch der harte Kern im Pfarrhaus. Zum Glück war alles glimpflich ausgegangen, niemand war verletzt worden, allerdings gab es Spätfolgen, aber das wundert mich nicht: die seltsame sinnliche Intimität, die unter Schauspielern entsteht, die mit angenommenen Identitäten ihr Maskenspiel treiben, das Chaos des Sommergewitters, in dem man einander aus den Augen verlor, der Moment der Regellosigkeit und Anarchie, kurzum, es gab jedenfalls im Juni darauf zwei unerwartete Geburten, und in beiden Fällen wurde Dr. Younes zum Paten gebeten.

Wie das so ist in heißen Sommern, am nächsten Abend war von dem Unwetter keine Spur geblieben, und der 3. und 4. Akt wurden wiederholt, und es blieb tatsächlich kein einziger Platz leer. Alle waren erneut gekommen, alle Mitwirkenden und alle Zuschauer, ich glaube nicht, dass das Dorf jemals zuvor einen solchen Moment der Zusammengehörigkeit erlebt hatte.

Aber es war auch klar, dass für die Zukunft – denn Dr. Younes hatte ja versprochen, in zwei Jahren die nächste Gartenoper aufzuführen – der Innenhof überdacht und geschützt sein musste. Und das zu bewerkstelligen, das war nun meine Aufgabe.

Und keine ganz leichte: Überdachen Sie einmal eine Fläche von mehr als 100 Quadratmetern ohne einen zentralen Stützpfeiler und wenn Sie die Fassade eines denkmalgeschützten Hauses nicht anbohren können, um das Gestänge daran zu befestigen. Und dann muss die Plane straff genug sein, um bei Regen keine Taschen zu bilden, und das Wasser muss irgendwohin abfließen können. Kommt noch das Gefälle von guten zwei Metern dazu, die unterschiedlich hohen Fassaden der beiden Flügel und die rechte Flanke mit baumbewachsenen Felsen. Fragen der Statik, der Fixierung, der Neigung, der Stabilität, der freien Sicht auf die Bühne von jedem Platz – oder wie Dr. Younes sagte: »Zygmunt, wenn das einer hinbekommt, dann Sie.«

Vor zwei Jahren dann präsentierte er ein Stück, das seiner eigenen Geschichte als Wanderer zwischen den Welten und Kulturen näherlag, einen *Raub der Europa,* eine Aufführung, bei der, wenn es möglich ist, noch mehr gelacht wurde als bei der ersten Gartenoper. Und das Dach stand auch, allerdings regnete es das ganze Wochenende lang keinen Tropfen. Dafür wurde die Aufführung unterbrochen, als Vanessa, die siebzehnjährige Tochter der örtlichen Hebamme, die die Europa spielte, einen Satz brachte, der alle, Publikum und Mitspieler, solche Lachtränen vergießen ließ und dann solchen Szenenapplaus bekam, dass sich danach erst einmal wieder alle in den Griff kriegen mussten und der Mann, der den Zeus spielte, fünf Minuten lang vergeblich versuchte, seinen Schluckauf unter Kontrolle zu bringen. Ich kannte das Mädchen nicht, und ich weiß auch nicht, ob der Heiterkeitsausbruch darin begründet war, dass es so sehr gegen seine Natur oder so sehr in seiner Natur spielte. Den Vers jedenfalls habe ich behalten, ziemlich am Anfang, Europa, die Königstochter, will mit ihren Gespielinnen am Strand einen Reigen tanzen, da entdeckt sie den in einen weißen Stier verwandelten Zeus am Ufer. Natürlich trug auch das Stierkostüm mit der riesigen Bullenmaske etwas zur Komik bei und natürlich der breite Dialekt des Mädchens, den man sich dazudenken muss:

»Wer hat den Stier hierhergeschafft?
Ich muss die Blicke niederschlagen!
Vor solch geballter Zeugungskraft
phönizische Jugend sollt' verzagen.«

Es war herrlich, und die arme Vanessa, habe ich gehört, ist damit noch wochen- und monatelang aufgezogen worden.

Und auch dieses Jahr wieder ist das halbe Dorf beteiligt gewesen.

Für mich hat es ganz gut gepasst, weil ich ohnehin zwei Renovierungsaufträge im Dorf hatte und bei Dr. Younes wohnte, insofern habe ich den letzten Probemonat und die Vorbereitungen und die Aufführung jetzt am Freitag hautnah miterlebt.

Offen gestanden bin ich ganz froh, dass ich dank der Überdachungsgeschichte und einiger Schreinerarbeiten am Bühnenbild ein Alibi hatte, nicht auch noch mitspielen zu müssen, denn ansonsten ist Dr. Younes gewissermaßen gnadenlos. Also, sein Charme und seine Überzeugungskraft sind gnadenlos, und der Einzige, der ihm, glaube ich, je einen Korb gegeben hat, ist TK. Der andererseits aber im Hintergrund mithilft, Ulla unterstützt, Einkäufe macht und mit dem Lieferwagen die Stühle und Bänke holt und wieder wegbringt.

Auch die fußballspielenden Jungs aus dem Sportverein hat Dr. Younes requiriert und Bernhard und Reiner auch gebeten, bei den Jugendlichen aus dem Flüchtlingsheim nachzufragen, mit denen sie kicken. Und so fand sich denn auch eine Gruppe täppischer und vor Scham und Peinlichkeit rotbackiger Jugendlicher bei den Proben ein, die dann allerdings mit ihren Krummschwertern und bei einer Art rudimentärer militärischer Choreografie rasch auf den Geschmack kamen. Wobei: Ich weiß noch, dass Dr. Younes sich mit uns darüber unterhielt, wie er die Flüchtlinge einsetzen könne. Er meinte, es gehe ja wohl kaum an, Jungs, die gerade aus einem Kriegsgebiet kämen, Schwerter umzubinden und sie in einen Clankrieg zu schicken. Und so mussten die fünf oder sechs aus der Unterkunft zu ihrem größten Verdruss Diener und Eremiten und Derwische spielen, anstatt sich bei der Schlacht zwischen den beiden Familien kloppen zu können.

Wobei mir auffällt, dass ich vielleicht zuerst etwas über das Stück sagen sollte. Dr. Younes hat sich diesmal eine alte persische Liebesgeschichte vorgenommen, die dort drüben offenbar sehr berühmt ist und die jeder kennt. Sie heißt *Leilah und der Verrückte* und ist, hat er mir erklärt, so etwas Ähnliches wie *Romeo und Julia* bei uns und gleicht dem Hohelied des Salomo, wenn es in Handlung aufgelöst wäre. Eine Liebesgeschichte, die in der Wüste spielt, um ein jugendliches Paar, das nicht zusammenfinden darf, weil die Eltern des Mädchens die Heirat verbieten. Der Bräutigam verzweifelt darüber und wird zum Einsiedler in der Wüste, aber sie bleiben sich treu, denn auch Leilah verweigert sich dem Mann, mit dem sie verheiratet wird. Ein ganzes Leben lang kommen die beiden nicht zusammen und bleiben doch ein Paar. Das ist, wie man sich vorstellen kann, eine ernstere Geschichte als die beiden ersten Gartenopern.

Das Erstaunlichste oder Anrührendste war Folgendes – und das war auch noch einmal ganz anders als die beiden Male zuvor –, nämlich die atemlose, gespannte Anteilnahme der jungen Leute, der Jugendlichen. Es waren ohnehin mehr von ihnen im Publikum als früher, vielleicht auch, weil die beiden Hauptrollen von Jugendlichen gespielt wurden – allerdings ganz verwandelten Jugendlichen –, und ihre Freunde im Publikum wurden auch verwandelt, sprachlos irgendwie, als wäre vor ihren Augen abrupt die Tür zu einer gänzlich anderen Welt aufgestoßen worden. Und das lag – das muss gelegen haben – an den Worten, an der Sprache. Ich weiß nicht, wie Dr. Younes – nein anders: ich weiß nicht, ob Dr. Younes sich gewissermaßen selbst übertroffen hatte, einen geheimen Draht in die gut versteckten Seelen dieser jungen Leute fand, oder ob er den Originaltext benutzte oder ob er beides mischte, es waren ja keine Worte aus der Alltagssprache dieser Jungen, im Gegenteil, und das Stück ist ja nun auch kein Actiondrama, gewiss, es hat seine Kampfszenen, aber die sind nicht das Beeindruckendste. Das Beeindruckendste sind die Liebesklagen der beiden zwangsweise voneinander Getrennten. Also von Leilah und dem Verrückten, der wohlgemerkt erst verrückt wird, als er sie nicht bekommt, und es ist mir völlig unklar, wie jemand, der so alt ist wie Dr. Younes, diesen Ton finden oder schaffen konnte, diese kompromisslose, jugendliche Leidenschaft, die aber eben bei beiden kein Spleen ist, der mit zunehmendem Alter und zunehmender Reife verloren geht, sondern existentieller Ernst bis hin zur Selbstverleugnung, Selbstauslöschung. Es war so authentisch und so, wie soll ich sagen? So rein. Vielleicht hat er die jungen Leute damit gewonnen und bezaubert. Wie kann, dachte ich mir, die Sprache eines alten Mannes so brennen, der es doch, möge Gott ihm helfen, alles lange hinter sich haben muss. Ich habe selbst mehrmals geschluckt. Wer weiß, vielleicht auch aus Erleichterung, dass ich diese Dinge nicht mehr so schwer nehme, so schwarz-weiß sehe in meinem Alter, aber zugleich mit dieser Erleichterung war auch Neid da auf die beiden verzweifelten jungen Menschen, verrückterweise, ja, ich habe sie um ihre Gefühle beneidet. Die beiden jungen Menschen, die Hauptdarsteller, die haben sich in diese Rollen gestürzt wie die Klippenspringer vom Felsen, momenteweise konnte man Angst um sie haben, dass sie da nicht mehr rausfinden und sich etwas antun. Nein, das trifft es nicht, es hatte ja nichts Destruktives, es war, tja, wie soll ich sagen, es war von einem heiligen Ernst, den in solcher Ausschließlichkeit und Naivität vielleicht eben nur die Jungen haben und verstehen, und der uns abhandengekommen ist. Mag sein zum Glück, wie sollte man sonst leben, aber für uns Ältere war es dann eine ganz seltsame und ganz ergreifende Wiederbegegnung mit unseren lang vergessenen Anfängen. Gespiegelt in den schönen Gesichtern des Mädchens und des Jungen.

Aber ich kann das nicht so gut sagen. Ich habe gesehen, dass die Susanne, eine 20-jährige Kosmetikerin, die die Leilah gespielt hat, nach dem Schlussapplaus kurz in der Küche saß und weinte. Nicht weil sie traurig war, die Gefühle, in deren Bann sie gewesen war, mussten raus, sie war völlig erschöpft. Hinterher dann aber im oberen Garten war sie ganz ausgelassen.

Ich dachte vorher, ich würde mit so einer orientalischen Geschichte nicht so viel anfangen können, zu alt, zu weit weg, zu exotisch, und habe auch nicht verstanden, worauf Dr. Younes mit seinem Hinweis auf das Hohelied hinauswollte. Aber dann war es, glaube ich, gerade das Katholische an mir, das mir einen Zugang verschafft hat; ich habs ihm nicht gesagt, um mich nicht lächerlich zu machen, aber mich hat die Leilah an die Heilige Jungfrau erinnert, an die Mutter Gottes, und zwar bei der Verkündigung. Dieses Stille, Reine, leicht Verängstigte und Überforderte, aber dabei doch diese Stärke und der Glaube und das demütige Annehmen der Aufgabe oder Last, auserwählt zu sein mit allem Wunderbaren, aber auch Unerträglichen, das dazugehört. Und die Leilah nimmt eben auch so etwas auf sich, die Liebe, die nicht gelebt werden kann, die Assoziation hat bestimmt auch damit zu tun gehabt, dass das Kostüm in Blau und in Weiß gehalten war wie auf den Verkündigungsbildern. Naja, und der Verrückte, aber das habe ich ganz gewiss zu niemandem gesagt, er hatte schon ein wenig von Jesus an sich, Jesus in der Wüste, wie er versucht wird. Und der Verrückte wird ja auch von allen Seiten versucht, die Sache nicht so tragisch zu nehmen und wieder in den Kreis der Normalen zurückzukehren. Aber genug davon.

Meine Überdachung wurde bei der öffentlichen Generalprobe gebraucht, da hat es nämlich geregnet. Die ist eingeführt worden, weil der Besucherandrang zu groß war für einen Abend. Ich glaube, es hat fast 300 Bestellungen gegeben.

Und es gab auch neue Mitwirkende. Vor allem natürlich Maryam und ihre Lieder. Wie gesagt, Dr. Younes inkorporiert ja jedes Talent, das vor Ort ist, in seine Gartenopern. Aber diesmal war es so, als wäre das ganze Stück geschrieben, um Maryams Gesang darin unterbringen zu können.

Sie ist eine lebendige und offene und hilfsbereite Frau von vielleicht 50, die seit einigen Jahren hier oben in der Straße vor der Stadtmauer lebt, bis vor kurzem mit ihrem Sohn, und sie ist eine professionelle Musikerin, aber was heißt das? Ich war schon bei einem ihrer Konzerte in der Schulaula in Usingen, aber man muss gar nicht ins Konzert gehen, um das Musikalische an ihr wahrzunehmen. Wie soll ich das sagen? Die Musik ist in ihr, noch bevor sie anfängt, Musik zu machen. Sie *ist* gewissermaßen die Musik, und man muss, egal wie und wo, sozusagen nur den Hahn aufdrehen, und sie kommt aus ihr raus wie Quellwasser. Ich kann das nicht ausdrücken. Sie hat wochenlang mit dem Frauenchor geübt, der sie begleiten sollte, im oberen Garten von Dr. Younes, und dieser Chor klang danach völlig anders. Ich glaube, die Frauen waren alle selbst völlig baff, wozu sie plötzlich in der Lage waren. Aber der Prolog oder die Ouvertüre oder wie man es nennen will wurde nicht von ihr bestritten, sondern vom schüchternen Hermann, den es unglaubliche Überwindung gekostet haben muss, sich mit seiner Gitarre vor so ein großes Publikum zu setzen. Wie üblich trat Dr. Younes, als alle saßen, vor das steinerne Rund und sagte ein paar einführende Worte. Dann stellte er einen Stuhl in die Bühnenmitte, und Hermann wurde von TK und Maryam aus dem Haus halb gezogen, halb geschoben. Ich hatte von meinem Platz aus gesehen, wie sie auf ihn einredete und dann ein rotes Stofftaschentuch aus dem Kleid zog und ihm damit den Schweiß von der Stirn wischte. Er schwankte jedenfalls mit seiner Gitarre nach vorn unter dem Applaus des Publikums, ließ sich auf den Stuhl fallen und begann zu zupfen und zu singen. Der Kontakt seiner Finger mit dem Instrument schien ihn ein wenig zu beruhigen. In der zweiten Strophe dann die Erlösung: Nach und nach traten weitere Musiker neben ihn, Ernst, Ullas und TKs Sohn, spielte eine Ge-

genmelodie auf einer Gitarre, Navid, Maryams Sohn, mit dem Tamburin, und dann Maryam selbst, die die zweite Stimme sang. Und alle Zuschauer, die mit Hermann mitgebangt und mitgefiebert hatten, waren drin.

Und dann sang Maryam mit dem Frauenchor, zu dem auch Dr. Karoline und Ulla und Martha gehörten, alle in farblich abgestimmten orientalischen Fantasiekleidern, und die Männer begleiteten sie auf ihren Instrumenten. Sie sang am Anfang und in den Aktpausen und am Ende, und vielleicht war es mehr als alles andere ihre tiefe und rauchige und mal schwermütige, dann wieder mädchenhaft-glockenklare Stimme und wie sie in einigen Liedern, so als würde die Sonne durch eine Regenwolke brechen, plötzlich einen hellen Schein der Lebensfreude aufglänzen ließ, was die Zuschauer entführte und mitfliegen ließ in die Wüste und die Atmosphäre der Geschichte.

Es waren Lieder von Hafis, von Attar und Omar Khayyam, Trinklieder und Liebeslieder, die sie auf Persisch sang, und das war wirklich eine andere Welt. Zuerst einmal hatte ich nicht diesen zarten und weichen und harmonischen Sprachklang erwartet – sie hat mir dann hinterher erklärt, dass es eben Persisch sei, was völlig anders klinge als Arabisch, und dann ist es natürlich eine ganz andere Harmonik, nicht unsere europäischen Tonarten. Wenn sie die Skala improvisierend rauf und runter sang, dann hörte sich das für meine Ohren fast schon indisch an. Aber das vielleicht Ungewöhnlichste war der Raum dazwischen, die Leere zwischen den Noten, den gespielten und gesungenen, die irgendwie dazugehörte, diese Stille, und die schuf mitten im Lied einen ungeheuren Raum, groß und weit und leer wie die Wüste, und so stellten sich die Bilder, die zu der Geschichte gehörten, ganz automatisch im eigenen Kopf ein. Erst ihre auf und nieder fließenden Melodiebögen, dann Stille, dann eine gezupfte Begleitmelodie Hermanns, dann wieder Stille, dann vielleicht ein einsetzender Rhythmus des Tamburins und erst dann wieder der Gesang.

Die Übersetzungen der Liedertexte lagen auf unseren Stühlen, und an ein paar Stellen erinnere ich mich noch, eine hat mich berührt, vielleicht weil ich beim Aufbau des Daches so geschwitzt hatte und so stolz auf meinen Sohn war, der kräftiger ist als ich mittlerweile und ebenso geschickt, und vielleicht auch, weil ich mich nach dem Stück über mein eigenes Leben befragt habe und die Rolle der Liebe darin, und ob ich denen, die ich liebe, immer gerecht geworden bin. »Heute Abend habe ich vor, voll berauscht, tanzend und mit dem Weinkrug in der Hand, mich zum Derwischviertel zu begeben und alles, was ich habe, in einer Stunde zu verspielen. Es ist Zeit aufzustehen und etwas zu tun.«

Oder den: »Wenn wir längst nicht mehr sind, die Welt wird sein. Kein Name und keine Spur von uns wird sein. Einst waren wir noch nicht, und es hat nichts ausgemacht.«

Ich habe dann hinterher im oberen Garten Hermann gefragt, von wem das ist, und er sagte, von Omar Khayyam. Und es geht so weiter: »Wenn einst wir nicht mehr sind, es wird an uns nicht mangeln.«

»Ist das nicht ein tröstlicher Gedanke?« fragt er mich und prostet mir zu. Und ich denke an meinen Sohn und nicke.

Irgendwann saß der alte Dr. Younes auf einer Bank, sehr alt und erschöpft und müde von all dem Trubel. Ich setzte mich daneben, und Dr. Karoline gesellte sich zu uns und strich ihm über die Stirn, und dann kommt die Susanne vorbei, die die Leilah gespielt hat, und sagt: »Dr. Younes, ich glaube, heute Abend habe ich zum ersten Mal verstanden, was Liebe ist«, oder vielleicht auch: »Heute Abend ist mir einiges über die Liebe klar geworden«, ich weiß es nicht mehr wörtlich. Und er streicht ihr über den Arm und sagt: »Dann ist es ja gut«, bevor sie wieder von ihren Freunden fortgezogen wird.

Ja, die Stimmung war anders an diesem Freitagabend als bei den Feiern im Anschluss an die beiden ersten Opern. Eine tiefere Heiterkeit, wenn es so etwas gibt, das Nachbeben eines Glücks, das uns alle ganz sanft und unmerklich erschüttert hatte.

Natürlich wurde auch gelacht und gealbert, vor allem rund um den Essens- und Getränkestand, dann gingen die Lampions in den Bäumen an, und die Fledermäuse zirkelten ihre Runden, aber niemand wollte nach Hause. Ich blieb auf der Bank sitzen, mein Sohn brachte mir ein Bier, ich plauderte ein wenig mit Dr. Younes und seiner Frau, die sich irgendwann diskret und unhörbar zurückzogen und Hand in Hand hinter dem Pavillon unter den hohen Bäumen verschwanden.

Und ich saß da und sann über die merkwürdigen Wege des Lebens nach. Ich habe verstanden, was die Liebe ist oder so ähnlich, hatte das junge Mädchen behauptet, noch ganz im Banne der Verse und der Musik und der seltsamen Illusion von grenzenloser Intimität und Nähe, die das gemeinsame Theaterspielen offenbar vermittelt. Was habe ich verstanden? Weswegen opfere ich meine Freizeit – und gerne! – 800 Kilometer fort von zu Hause, um hier dabeizusein? Warum tut es eine 20-jährige Kosmetikerin? Sie konnte ja noch nicht ahnen, dass sie lernen würde, die Liebe zu verstehen. Oder der Förster? Oder der junge Fußballspieler und Automechaniker, der den Verrückten spielte mit einer Intensität, als zerreiße es ihm die Seele, auch wenn die Souffleuse ein paarmal einspringen musste, was allerdings angesichts der Textmassen und der Reime kein Wunder war. Oder der Fassenachter, der bei Fraport arbeitet, der beim ersten Mal den Pater spielte und jetzt den Vater des Verrückten? Oder der Chemiker, der erzählte, er habe seine Rolle in der Vorortbahn nach Höchst gelernt? Oder eine persische Musikerin, die auf irgendwelche bezahlten Auftritte verzichtet und stattdessen einen Chor alter Frauen dirigiert?

Was ist es? Es ist kein Geld damit zu verdienen und kein Ruhm zu erwerben, nicht einmal Bekanntheit. Es steht nichts davon in den Zeitungen. Es wird auch nicht fotografiert und gefilmt und archiviert. Es ist ein Windhauch in der Zeit, vorbei, wenn es vorbei ist, und wer nicht dabei war, wird es nie wieder irgendwo sehen und erleben ...

Aber wer dabei war, vor allem, wer mitgemacht hat, der erinnert sich daran wie an andere Augenblicke des Lebens, von denen es auch keine Zeugnisse gibt und die dennoch bei dir bleiben, als könntest du in ihnen umhergehen. So wie jenes Chorkonzert in der weihnachtlichen Kirche. Oder das erste Wochenende ganz alleine am Fluss und im Wald mit der Angel und dem Schlafsack und die schmerzliche Schönheit des ersten silberglatten Fischs. Oder die Fahrt mit dem Motorrad zum Jazzfestival in Warschau. Oder mein Gesellenstück, der Nachttisch aus Eiche mit dem Geheimfach auf der Rückseite, der noch heute neben meinem Bett steht.

Sie alle, die Alten und Jungen, die Berufstätigen und Rentner, geben ihre Zeit im Austausch für … eben nicht für eine Kompensation, es ist ja für alle zusätzliche Arbeit gewesen … Aber eine, wie soll ich sagen, eine befreiende Arbeit? Eine Befreiung aus unseren Bindungen, um sich dafür freiwillig in andere Bindungen zu begeben … Ist das nicht eigentlich absurd? Dass keiner bei der ganzen Geschichte etwas für sich haben will. Wäre ja ein schlechter Scherz, wenn ich sagen würde, was mir jetzt auf der Zunge liegt: dass man sich so mal den Sozialismus vorgestellt hat. Na gut, komm, ebenso könnte ich sagen, dass man sich so mal das christliche Leben vorgestellt hat. Alles Unsinn. Nein, das Entscheidende ist, glaube ich, die Erfahrung, an etwas mitgebaut zu haben, das Glück spendet. Und das als ein Moment der Schönheit stehenbleibt, auch nachdem es vorbei ist. Vielleicht so wie ein Polarlicht oder der Anblick der Milchstraße oder eine Sternschnuppe in einer Augustnacht. Wir haben eine perfekte Sternschnuppe gebaut. Eine Luftskulptur des Glücks. Des Glücklichseins unter Menschen. Natürlich kann man auch alleine glücklich sein. Aber es ist schön, wenn das eigene Glück auf Gesichtern gespiegelt wird, die Bescheid wissen …

Wahrscheinlich wäre keine der drei Gartenopern jemals entstanden, wenn es organisierte Aktionen irgendeines Vereins oder Komitees gewesen wären. Ich glaube, sie sind deshalb so besonders, weil sie eine Geste, eine Gabe dieses alten Pfarrers und Dichters aus dem Libanon waren, der sich einfach hingesetzt hat und etwas verschenken wollte. Der ausgesät hat.

Und die Saat ist dann in den Köpfen einiger anderer aufgegangen und gewachsen, die ihrerseits wieder den Samen ausgestreut haben. Dr. Younes ist die Seele des Ganzen, aber eben kein Vereinsvorsitzender.

Mit Blick auf die Jungs und Mädchen, die jetzt wieder zu Fußballern und Kichererbsen geworden waren, fragte ich mich, was wohl in ihnen bleibt von alldem. Der Optimist in mir denkt sich, dass so ein Anruf aus der Welt eines anderen Lebensverständnisses, einer anderen Lebenspraxis, nicht mehr gänzlich verhallen kann. Der Pessimist sagt sich: Mach aus diesem Einzelfall keine Gesetzmäßigkeit über die Güte und das humane Potential der Menschen.

Als mein Sohn zum Bier bei mir saß und seine Schwielen mit meinen verglich, habe ich heimlich ein paar Tränen verdrückt, denn ich musste an meine Frau denken, Hanna, die vor vier Jahren gestorben ist. Aber dann sagte ich mir, anders als Leilah und der Verrückte haben wir wenigstens 30 gemeinsame Jahre gehabt.

Madjnun Nameh

مجنون نامه

Buch des Idioten

―――――

Wer ein Werk vollbracht,
wohnt zum Lohn im Paradies;
uns Besitzlosen und Weisen
ist das Magierhaus genug.

―――――

HAFIS

Hääschde

»*Wenn du in* Hääschde aufwächst, dann hast du genau vier Möglichkeiten: Du wirst Kommunitarist oder Waldgänger oder Hornochs oder – das vierte hab ich jetzt vergessen.«

»Aber Hornochs war ich schon auch!«

»Hornochsen sind wir alle von Zeit zu Zeit. Guck dir den Bernhard an, der einmal volle anderthalb Jahre kein Wort mit seinem Bruder geredet hat, weil der ihn beim Fußball gefoult hat und es keinen Freistoß gab, weil Frank nämlich auch der Schiedsrichter war.«

»Und Kommunitaristen waren wir auch alle. Wir haben noch bei der Sonntagsmesse im Karmel ministriert, Bernhard, als du schon aus der Kirche ausgetreten und bei den Spontis warst. Und Fußball hat auch jeder gespielt.«

»Ja, aber nicht mit der gleichen Leidenschaft und dem gleichen Talent.«

»Und irgendwann waren wir auch alle bei den katholischen Pfadfindern.«

»Ja, aber nur der Bernhard ist mal zum Probetraining beim 1. FC Kaiserslautern eingeladen worden. Und nur der Bernhard hat mit achtzehn 6700 Punkte im Zehnkampf geschafft.«

»Ich hab' eben immer diesen Bewegungsdrang gehabt. Hat sich bis heute nicht viel dran geändert.«

»Aber der Leser und Waldgänger, das war schon immer der Hermann. Hier, hört euch das an: ›Wann immer du auf der Straße einen komischen Typen siehst, einen Verwachsenen oder Krüppel, einen Verzweifelten, und kannst den Blick nicht von ihm abwenden vor Hohn, Verachtung, Abscheu, Ekel, Mitleid und Schuldbewusstsein, dann siehst du dich selbst.‹ Wer sowas mit fünfzehn aufschreibt …«

»Wie bist du auf solche Gedanken gekommen, Hermann?«

»Jedenfalls, während unsereiner auf dem Fußballplatz war, ist Hermann mit vierzehn in den Wald.«

»Und dort hab' ich gelesen.«

»Ich hatte immer ein schlechtes Gewissen, wie viel du gelesen hast. Also wirklich *gelesen* hast. Aber später. Noch nicht, als wir Kinder waren und gespielt und gekickt haben.«

»Danach sind wir immer zu euch, Bernhard. Das Haus deiner Mutter, das war schon genauso ein Haus wie dieses hier. Ein Magnet. Ich hab mich immer wohlgefühlt bei euch. Aber wer hat das nicht? Deine Mama, da hab ich mich erholt von zu Hause.«

»Ach ja, die Mama … Wo für vier Brüder und drei Schwestern Platz ist, hat sie immer gesagt, da ist auch noch Platz für die Freunde von allen.«

»Und so wars ja auch. Und ihr Stampes war legendär.«

»Stampes gibt's heut Abend auch, Hermann!«

»Ja, um meinem Vater zu entkommen, bin ich zu euch oder eben in den Wald. Zu euch, wenn ich Stimmen hören wollte, und in den Wald, wenn ich lesen wollte in der Stille.«

»Und eine Weile bist du immer mit dem Rex in den Wald, erinnerst du dich? Diesem bissigen Hund. Du warst der Einzige, den er an sich ranließ.«

»Ja, das war ganz merkwürdig, wie's dazu gekommen ist …«

»Wo kam der denn her, dieser Rex?«

»Na, das war der scharfe Kettenhund vom Metzger, erinnerst du dich nicht, Udo? Sobald du da einkaufen wolltest, kam er aus dem Hof geschossen, Lefzen entblößt, und die Kette reichte fast bis zum Tor. Das stand natürlich offen. Alle Kinder sind wir immer auf der gegenüberliegenden Straßenseite längs geschlichen und dann direkt über die Straße, obwohl's eine unübersichtliche Ecke war. Wahrscheinlich war die Gefahr viel größer, von einem Auto erfasst zu werden, als dass der Rex dein Hosenbein erwischt hätte. Aber er war schon ein Monster mit seinem gesträubten Fell.

Ja, mit dem Rex, das war komisch. Aber eigentlich lag das an meinem Papa. Der war im Grunde kein schlechter Mensch, nur verbittert nach dem Krieg und als die Mama so früh gestorben ist. Er hat eben geprügelt, er wusste es nicht besser. Immer nur im Affekt. Aber er war jähzornig von Natur aus. Und dann hat er ja auch getrunken. Ich habe die Prügel lieber selbst bekommen, als dass er meine kleine Schwester schlägt, und irgendwann ist mir aufgefallen, dass er aufhört, wenn ich ›Au, au, au, au!‹ rufe. Also nicht wenn ich schreie, auch nicht wenn ich rede oder flehe oder bitte. Aber wenn ich ›Au au au au‹ machte, dann sah er plötzlich ganz bestürzt drein und hörte auf. Ich meine, ich hatte mir das ja nicht ausgedacht. Es tat einfach weh, und irgendwann mal, wahrscheinlich weil ich weinte und schon halb den Schluckauf hatte, habe ich eben nicht ›Aua!‹ geplärrt, sondern so ganz leise hintereinander ›au au au au‹. Naja, und da hat er aufgehört.

Aber ich wollte ja von Rex erzählen. Einmal auf dem Weg zum Metzger oder in die Kirche, als ich da entlangkam mit meinen sechs oder sieben Jahren, zerrt er wieder an seiner Kette und bellt. Irgendwie hatte er mir außer Grauen auch schon immer Mitleid eingeflößt. Und plötzlich ging es mir auf, dass er ja genauso wie ich ›Au au au au!‹ rief, wahrscheinlich, dachte ich mir – und vermutlich nicht zu Unrecht –, weil er auch geschlagen wird. Also ruf' ich ihm mein ›Au au au au‹ entgegen, und da antwortet er mit ›Au au!‹. Und das war nun eben kein wütendes Gebell mehr in meinen Ohren, sondern eine Antwort, und die hab' ich verstanden. Und da hatten wir uns irgendwie gefunden. Als ich nicht wegrenne, sondern in die Hocke gehe, legt er sich auf den Rücken und lässt sich den Bauch streicheln, und die Zunge hängt ihm dabei seitlich aus dem Maul.

Und dann durfte ich ihn manchmal mit in den Wald nehmen, an der Leine natürlich. Als er dann älter war und der Metzger ihn erschossen hat, habe ich sehr geweint. Aber so war das mit dem ›Au au au‹.«

»Keiner hat damals verstanden, wie du, der doch eigentlich eher ein ängstliches Kind war, mit dem Rex umgehen konntest. Merkwürdigerweise hast du dich aber auch nie an den Idioten gerächt, das wär' der erste Gedanke gewesen, den ich gehabt hätte.«

»Wie, gerächt?«

»Na, du hättest denen, die dich geärgert haben auf dem Schulweg, nun deinerseits Angst machen können mit dem Hund. Hast du aber nie.«

»Nein, auf den Gedanken bin ich offen gestanden nicht gekommen. Aber über das ›Au au au‹ habe ich mir schon meine Gedanken gemacht. Ich meine, eine simple Lautverbindung, die so direkt wirkt auf andere Menschen und sogar auf Tiere! Ich habe damals lange gegrübelt, ob ich nicht auf der Spur einer universell verständlichen Sprache wäre, aber das einzig andere, was mir einfiel, war ›Ei‹. Au, der Schmerz. A als Laut der Klage, E als Laut des Intellekts, des Nachdenkens, I als Laut der Abneigung, des Ekels, O als der Laut des Göttlichen, Himmlischen, Religiösen und U als der Laut des Gefühls, der Wärme. Und dann hab' ich versucht, die entsprechenden Farben dazu zu finden. Rot für das U und Grün als Komplementärfarbe fürs I. Gelb für das O und Violett für A und Weiß als neutrale Farbe für das neutrale E. Aber dann das Ei. Es gibt kaum einen zärtlicheren Laut, aber zusammengesetzt ist es aus der Klage und dem Ekellaut. Ich bin also nicht weit gekommen. Das erste Mädchen, zu dem ich Ei sagte, in der Hoffnung, es versteht mich so wie der Rex oder mein Vater, hat mich für schwachsinnig gehalten.«

»Solche Gedanken hast du dir im Wald gemacht?«

»Ja, ausprobiert habe ich sie da, und da haben sie auch überhaupt nicht absurd gewirkt. Nur irgendwann wurde mir klar, dass ich mit den Urlauten bei den Menschen nicht weit kommen würde, und ich habe mir gedacht: Ein wenig verständlicher musst du werden.«

»Wir hatten nie das Gefühl, dass du nicht verständlich bist. Im Gegenteil, du warst so eindeutig, dass es auch schon wieder verwirrend war. Ich weiß noch, du warst der erste Junge, der ganz beiläufig gesagt hat: ›Nein, das tu' ich nicht, ich hab' zu viel Angst.‹ Ich meine, ich dachte damals, wow, was braucht es für einen Mut, zuzugeben, unter Jungs, dass man Angst hat ...«

»Unter dem Gesichtspunkt hab' ich das damals gar nicht gesehen. Es war nur einfach ein klarer und wahrer Satz. Er hat nichts dazugelogen und nichts weggelassen. Es war einfach so. Wahrscheinlich war ich auch schlicht ein weiches Kind, ich erinnere mich, dass ich mir alles so zu Herzen genommen habe. Vielleicht ist es ja so, dass jemand, dem das Wort nicht viel bedeutet, auch dem dazugehörigen Gefühl nicht sonderlich viel Wert beimisst. Und ich hab' ihm vielleicht zu viel Wert gegeben, weil ich so erfüllt war von diesen Zuständen. Angst hat mich wirklich beinah zerrissen, aber dafür auf der anderen Seite auch Freude. Und Mitleid. Es war, als würden sich diese Bilder und Empfindungen wie ein Messer oder wie ein Sonnenstrahl in die Netzhaut meiner Seele einritzen und -brennen. Es ging nicht mehr weg oder nur sehr langsam. Es war alles so intensiv, dass ich nie auf den Gedanken gekommen bin, diese Zustände etwa nicht zu respektieren und in gewisser Hinsicht auch stolz auf sie zu sein, selbst wenn es wie die Angst peinliche oder unwürdige Zustände waren. Und dass ich mich bemüht habe, oder nein: dass es mir natürlich war, diese Zustände auch ganz simpel auszusprechen, das verdanke ich, glaube ich, unserem guten alten Hääschde. Ja, was ich ihm am meisten zu verdanken habe, ist das Misstrauen gegen Rhetorik und der Respekt vor dem Faktum.«

»Und das sagst du, unser Philosoph?«

»Ja, erinnert euch, wir hatten den Bereich der Schuhfabriken, dazu gehörte im Grunde alle Arbeit, die getan wurde, und auch alles soziale und sportliche Leben. Und wir hatten den abgegrenzten Bereich des Katholischen. Im Rahmen des Kirchlichen herrschten die Worte, ansonsten zählten die Taten.

›Du redst wie 'n Pfaff‹, sagten die Leute, erinnert ihr euch? Das hieß, deine Worte haben eine Deckung durch Fakten nur im Jenseits, nicht hier. Und was für die Berufspfaffen gerade noch angehen mochte, war für jemanden, dessen Betätigungsgebiet nur diese Welt war, verächtlich. Ja, reden kannst du, sagte man, wenn einer eben nichts als reden konnte. Es hat, und der Bernhard muss ein Lied davon singen können – ein schönes wohlgemerkt! –, bei uns im Dorf die Tat gezählt, und bei dir, Bernhard, das Tor, nicht das Wort. Bei uns Kindern die sportliche Tat, bei den Erwachsenen die Fähigkeit und der Wille zu manueller Arbeit. Es war immer klar, dass das Wort nicht ganz koscher ist, vielleicht nur ein Schutzmäntelchen oder eine Nebelmaschine, die braucht, wessen Tat nicht für sich stehen konnte. Was einer in Worten und Gedanken vermag, kann ja großartig sein, am großartigsten war natürlich die Behauptung der Wandlung in der Messe, aber erst im Ergebnis, nicht im Denken und Sprechen davor und danach, zeigt sich, was für ein Kerl einer ist. Dieses Misstrauen war nun einerseits ein wenig schade, denn es hat unsere Hääschdener geistig gedeckelt, so dass fort musste, wer vom Geist gerufen war, aber es hatte auch Vorteile, zum Beispiel eine gewisse soziale Nivellierung. Denn die Tat trug ihren Lohn ja in sich, und ein Arbeiter, der einen sauberen Leisten schneiden konnte und die Elektrik in seinem Häuschen verlegen, hat einen ebenso guten Ruf gehabt wie jemand, der mit seiner Arbeit reich wurde. Könnt ihr euch an einen einzigen Moment unserer Kindheit erinnern, in dem es Sozialneid gegeben hätte oder überhaupt ein Bewusstsein von Klassengegensätzen? Das kam doch alles erst, als wir in die Städte gingen.

Aber auch jemand wie ich, der gewiss eher ein Wortmensch als ein Tatmensch ist, hat diese Hääschdener Mahnung sein Leben lang behalten und beherzigt: dass bei zu viel Rhetorik und Geschwätz die Alarmglocken aufleuchten und dass man solche allzu beredten Menschen nicht ganz ernstnehmen kann.«

»Aber spricht dagegen nicht das Glück, das wir beim Ministrieren empfunden haben, Hermann?«

»Im Gegenteil! Denn dieses Glück, erinnere dich, kam ja nicht aus den lateinischen Messgesängen, von denen haben wir ohnehin kein Wort verstanden, es kam daher, dass wir Ausführungsgehilfen einer Tat waren, und zwar einer ganz außergewöhnlichen und magischen, nämlich eben der Wandlung vom Wort zum Fleisch. Zugegebenermaßen ein Grenzbereich der Tat und ihres sichtbaren Ergebnisses nach Hääschdener Kriterien. Ihr lacht, aber das ist eine der Lektionen, die ich daraus gezogen habe: Zwischen Wort und Fleisch muss der Glaube stehen, nicht

der Gedanke. Womöglich bin ich deshalb später nicht in die so-
zialistische Falle getappt an der Uni.«

»Ja, das *Kapital* wolltest du nicht lesen, später, als Frank
schon beim ASTA in Frankfurt war und uns alle zu wöchentlichen Exegesen gezwungen hat. Dagegen hast du Kierkegaard
gehalten und gesagt: Es geht nicht um die Trennung zwischen
Arbeit und Kapital, sondern um die zwischen Gott und dem
Menschen. Das ist die entscheidendere Entfremdung.«

»Damit konntet ihr damals so gar nichts anfangen ... Aber
immerhin, Bernhard, hast du dich auf Edith Stein eingelassen.«

»Ja, ich weiß noch, wir haben viel über das Aufspüren der
verborgenen Traditionen gesprochen und über die Verluste des
Fortschreitens; die allerdings hätten wir auch selbst sehen können.«

»Und ich habe mir dank euch Gedanken über das Unabgegol-
tene gemacht, ich wollte schon damals die gesellschaftliche Utopie nicht gegen die spirituelle ausspielen.«

»Mich hat damals nur unsere Schwester Agnes noch ein bisschen an die Kirche gebunden. Aber was bin ich froh, dass wir sie
vor zwei Jahren noch zu ihrem 85. besucht haben.«

»Oh ja, das war eine gute Frau.«

»Wogegen mir unser Herr Pfarrer schon damals suspekt war.
Erinner' dich, Hermann, ich hab sehr früh dafür gesorgt, dass
nie einer von uns Ministranten alleine mit ihm war. Ich wusste
nichts, aber ich war immer irgendwie misstrauisch. Wenn er uns
seine Briefmarkensammlung zeigen wollte. Bernhard, ich hab'
da etwas ganz Besonderes für dich. Und ich: Oh fein, aber der
Hermann und der Udo wollen's auch sehen.«

»An den Menschen erinnere ich mich gar nicht, aber von
Schwester Agnes hab' ich gelernt, was Güte ist, und von deiner Mama, was Herzlichkeit ist, und von dir, was Solidarität ist.
Eigentlich eine ganz gute Ausstattung, um damit in die Welt zu
ziehen.«

»Aber du warst eben immer schon der Unverfügbare, Hermann. Nicht zu rekrutieren, nicht zu instrumentalisieren, nicht
zurechtzustutzen. Unbeeindruckt vom Werben der Ideologen

der Politik, der Moral und des Konsums. Nicht fürs Hassen und Parteinehmen und Ausgrenzen zu vereinnahmen. Ich habe dich bei mir immer unseren Fürst Myschkin genannt.«

»Du meinst, du hast mich einen Idioten genannt!« sagt Hermann lachend.

Udo schüttelt den Kopf: »Nein, den Fürsten der Unverfügbarkeit.«

»Wisst ihr noch, wie wir dann im Hof bei Bernhard saßen, in der Abizeit? Die Familie war da und die Clique, und wir haben den Blues gespielt mit drei Gitarren und uns überlegt: Wie geht's jetzt weiter? Warum hast du seinerzeit eigentlich nicht ernst gemacht mit dem Sport, Bernhard? Hätte es denn nicht gereicht zum Profi?«

»Sowas weißt du immer erst hinterher. Keine Ahnung. Vielleicht war's auch Angst vor der eigenen Courage? Technisch hätte es womöglich schon gereicht, aber ich hatte ja auch andere Interessen, und alles nur auf diese eine Karte zu setzen ... Es ist ja Hochverrat, was ich da sage, aber sosehr der reine Sport wunderbar war und ist, so stupide und eintönig fand ich schon damals das ganze Umfeld. Ich wollte studieren, ich wollte Gesellschaftsveränderung, und seien wir ehrlich: Die Chancen, dass ich wirklich in der Bundesliga gelandet wäre, standen bei 1:50.«

»Ja, und dann sind wir alle von Hääschde fort. Bernhard ist zum Zivildienst und dann seinem Bruder nach Frankfurt gefolgt, ich habe meine 24 Monate Panzeraufklärer gemacht und dann Jura in Göttingen angefangen, und der Hermann, der als Einziger untauglich war – warum eigentlich?«

Hermann klopft sich auf die Brust. »Schwache Bronchien. Asthma.«

»Und der Hermann ist natürlich nach Heidelberg, um Philosophie zu studieren.«

»Ja, um mich pflichtschuldigst mit Hegel auseinanderzusetzen. Aber da ich nicht ganz größenwahnsinnig war, habe ich Philosophie, Theologie und Germanistik auf Lehramt studiert.«

»Und so haben wir Hääschde in die Welt rausgetragen, ein Hornochs, ein Kommunitarist und ein Waldgänger ...«

Der Jasmin des Minnedieners

Schwarze Madonna, du bist so schön.
So sah ich dich auf dem Sockel stehn.
Du bist ganz schön, ganz süß und lind.
So schön bist du wie der Morgenwind.

Du bist so schön, dass vor dir nichtig werden
Alle Bilder, Blumen und Künste der Erden.
Du bist ganz schön – du hast alles vollendet.
Alles Leid hast du in Liebe gewendet.

Wie sonst sollte ich es sagen? Sagen was geschehen ist.

Es fällt mir schwer und leicht zugleich, meine Freunde, davon zu erzählen. Leicht, weil für mich alles seine Bedeutung, seine Klarheit, seinen Sinn und seine Schönheit hat. Weil es so und nicht anders ist. So leicht wie eine Rose zu beschreiben.

Aber zugleich auch schwer, weil die Beschreibung einer Rose einen anderen nicht sehen oder erleben lässt, was eine Rose ist. Ihr kennt mein Leben ja und habt gewiss öfter die Stirn gerunzelt oder mich bedauert oder Angst um mich gehabt. Es ist von außen gesehen vielleicht zu großen Teilen ein vertanes, ein mäanderndes, ein erfolgloses Leben gewesen. Meine Schwierigkeit ist, das, was in Sprache nur als misslungen verstanden werden kann, anders zu erzählen. Ich will also versuchen, die Rose nicht zu beschreiben, sondern euch das Rosenwasser zu destillieren.

Es ist natürlich kein Zufall, dass ich mit einem Gedicht begonnen habe, weil eigentlich nur Gedichte solche Erfahrungen mitteilbar machen, und erst recht keiner, dass es ein Gedicht Hugo Balls ist. Denn der spielt in dieser Geschichte ja eine große Rolle. Damals, vor mehr als 30 Jahren, also im Frühjahr 1984, hätte ich noch gesagt, unsere Begegnung ist ein wichtiger Aspekt in meinem Denk- und Arbeitsprozess rund um Ball. Heute weiß ich natürlich, dass der ganze Ball und mit ihm die ganze Arbeit an der Dissertation und ihr Scheitern nur ein winziger Teil und Nebensaspekt einer sehr viel umfassenderen Sache gewesen ist. So verändert die Zeit die Perspektiven, indem sie wie durch eine permanente Zellerneuerung unser denkendes und fühlendes Gegenwartsich von seinen Vergangenheitsinkarnationen entfernt, bis nach einer ungewissen Zeit der Austausch vollkommen und der Kontakt abgerissen ist und wir nur noch befremdet oder nostalgisch oder erleichtert, aber völlig freud- und schmerzlos Erinnerungsbilder anblicken, von denen sich unser fühlendes und denkendes Fleisch völlig gelöst hat. Triumphe und Niederlagen sind unwichtig geworden und langweilig. Körperliche und seelische Schmerzen sind einem anderen widerfahren, den es nicht mehr gibt. Früherer Ehrgeiz und ehemalige Ziele, erreicht oder nicht, sind gleichgültig. Freude und Leid sind Statistiken. Was also bleibt in diesen permanenten Reinkarnationen? Nichts von dem, was du gedacht hast, sehr wenig von dem, was du gelebt hast. Was bleibt, wenn auch nicht in dir, sind die Taten, die du begangen hast, und ihre Unterlassungen. Die sind wie mit einer Messerklinge, nicht in deine, aber in die Haut der Welt geritzt, und wenn sie aufhört zu bluten, bleiben zum Beweis die Narben. Was in uns bleibt, in einer tieferen Schicht als der der Häute, die wir regelmäßig ablegen, das sind die Momente des aufschreckenden Wachwerdens, die Epiphanien, die göttlichen Peitschenschläge, die uns die Augen öffnen, durch die das Licht fällt.

Unsere Begegnung damals war solch ein Moment des Erwachens, in dem zwei Menschen aufeinanderzu gerichtet stehen und sich ineinander spiegeln, aber in dem Spiegel leuchtet mehr auf als nur der andere.

Ihr denkt vielleicht oder dachtet lange, ich müsse verzweifelt gewesen sein, weil das Ganze nicht in ein bürgerliches Glück mit Ehe und Familie mündete, nicht ausgelebt wurde, und natürlich war ich es, weil auch ich keine andere Reaktion, keine andere Erwartung im Gepäck hatte als ebendiese. Verzweifelter als verzweifelt. Aber die Lehre, die zu lernen ich mehr als 20 Jahre brauchte, war, dass solch eine Erwartung, legitim und menschlich, wie sie ist, eine solche Erfahrung nicht auslotet. Denn du erfährst, erlebst, durchlebst in einem paradigmatischen Moment schon alle Potentialitäten. Du besitzt die Essenz eines ganzen ausgerollten Lebens in der Nussschale eines Lichtaugenblicks. Die Verzweiflung, die Trauer, die Leere hinterher, gewiss, das ist menschlich, weil wir Menschen eben nur menschlich auf so ein Augen- und Herzenaufreißen reagieren können, sprich mit unserer Gewohnheit, alles auswalzen zu müssen und das dann Leben zu nennen.

Aber ich will euch ja eben nicht von Verzweiflung erzählen, die ist längst transzendiert, sondern von Glück, oder besser von Gnade, denn so sollte man das Glück wohl nennen, wenn es höhere und tiefere Dinge betrifft als Lotteriegewinne.

Also, es war 1984. Ich hatte das Studium beendet und das erste Staatsexamen hinter mir. Nun befasste ich mich zum einen mit dem Projekt der Doktorarbeit, war aber noch nicht bis zum entscheidenden Punkt gekommen.

Ich bemühe mich ja, wie ihr wisst, das Leben nicht als Stationenfahrt zu sehen, bei der man wichtige Sehenswürdigkeiten abhakt, sondern zu jeder Zeit über die Totalität des Erlebten und Gefühlten zu verfügen, über Zeitgrenzen hinweg. Also auch über die Heimat. Heimat und Sprache hatten mich irgendwann zu Hugo Ball und Dada gebracht. Und da fand ich meine Lebenssuche gespiegelt, nämlich wie politische Utopie und Spiritualität zu verbinden wären. Es fehlte das missing link, aber das sollte bald kommen. Ja und zugleich hatte ich mein Referendariat begonnen als Lehrer für Deutsch als Fremdsprache. In einer Schule in Offenbach. Und dort in meiner Nachmittagsklasse habe ich sie das erste Mal gesehen. Maryam.

Was mir gleich auffiel, war die Farbe. Es war die dunkle Jahreszeit, und alle hatten schwarze und braune und grüne Sachen an, Parkas, Anoraks, aber sie trug einen leuchtend roten Pullover und eine ebenso rote Mütze. Und ihre Augen sprühten Licht. Sie vibrierte geradezu vor Leben. Und dann hatte sie eine Art Gitarrenkoffer dabei, das fiel mir auf, weil auch ich immer meine Gitarre mitnahm, um den Unterricht ein wenig aufzulockern.

Also, sie saß in meiner Klasse wie eine Sonne unter lauter Monden, aber es waren die beiden Gitarrenkoffer, die mir Mut gemacht haben, sie nach dem Unterricht anzusprechen. Ihr Deutsch war noch sehr gebrochen. Und sie war misstrauisch und ängstlich, hatte keine Ahnung, was jemand von ihr wollen könnte, der mit ihr redete. Sie wusste nicht, wie sie mich und meine Einladung zum Kaffee einzuschätzen hatte, kannte die hiesigen Codes einfach noch nicht. Ihre Augen haben mein Gesicht abgetastet wie ein Scanner. Und sie stand quasi auf Zehenspitzen da, um jederzeit die Flucht ergreifen zu können. Alle Sinnesorgane in den Wind gedreht. Ich hatte so jemanden noch nie getroffen. Aber ich weiß noch dieses Gefühl von Wärme, das mich damals durchdrungen hat und in dem schon alles steckte: Liebe, Freundschaft, Neugier, Mitgefühl. Alles, aber kein Besitzanspruch, das dürft ihr mir glauben. Es war so, als beobachte man ein Reh oder eine Gämse oder Gazelle in freier Wildbahn – da kommen dir, wenn du kein Jäger bist und ans Schießen denkst, alle möglichen schönen Bilder und Gedanken, aber nicht der, dieses Tier jetzt an die Leine legen und bei dir zu Hause im Garten festbinden zu wollen. Ihr wisst ja, dass ich es im Allgemeinen nicht so mit dem Besitz habe.

Beim Kaffee, den sie schließlich akzeptierte unter der Bedingung, ihn selbst zu bezahlen, frage ich sie nach dem Inhalt des Kastens, und sie erzählt mir, dass sie Musikerin sei, also eigentlich vor allem Sängerin, aber seit der Revolution in Iran nicht mehr studieren, nicht mehr singen, nicht mehr auftreten durfte. Sie hatte sich gegen den Widerstand ihrer Eltern entschlossen, das Land zu verlassen und ihr Studium in Deutschland weiterzuführen. Sie war mit einem Touristenvisum gekommen, und sie fiel damals unter den Iranererlass, das heißt, sie musste alle drei Monate ihre Aufenthaltsbewilligung erneuern lassen. Jedenfalls war sie hier in Frankfurt gelandet, oder besser in Offenbach. Ich glaube, sie war auch ausgebildete Grundschullehrerin, aber natürlich konnte sie hier nicht arbeiten, hatte auch gerade erst eine Wohnung oder ein Zimmer gefunden und konnte sich noch kaum orientieren. Ich hatte einen Bekannten an der Jugendmusikschule, dass es sowas gibt, wusste sie noch nicht, aber es war immerhin ein Anfang, um mit dem Singen nicht aus der Übung zu kommen. Die nehmen dort junge Menschen bis 25, und sie war ja noch jung genug …

Ich weiß nicht mehr, ob es an diesem Tag war oder an einem der nächsten, ich hatte jedenfalls die Gitarre ausgepackt, es muss nach dem Unterricht gewesen sein, und zupfte irgendetwas, und da begann sie zu singen, nichts Persisches, sondern ob ihr's glaubt oder nicht *Where have all the flowers gone?*, und ihre Stimme ging mir durch Mark und Bein. Ich weiß nicht, was ich erwartet hatte, aber es war eine voll ausgebildete Stimme, stark und zart zugleich, ein tiefer Alt, ein wenig kehlig, aber rein und hell und strahlend in den oberen Tönen, ich bekam auf der Stelle eine Gänsehaut. Und ich sah, dass sie in diesen ein, zwei Minuten bei sich war, nicht mehr unsicher irgendwo in der Fremde, sondern in einem sicheren Zelt, das sie an jedem Ort der Welt aufbauen und abbauen konnte, um sich hineinzuflüchten.

Ich hab' ein bisschen zweite Stimme mitgesummt, und da lächelte sie mich an, und das Eis war gebrochen. Ich glaube, ab dem Moment hatte sie Vertrauen zu mir gefasst.

Zuneigung? Kinder, ihr wisst, ich bin für sowas blind. Später natürlich, als die Liebe uns dann überwältigt hat, das habe ich schon bemerkt, aber bei ihr war es am Anfang, glaube ich, erst mal eine Entscheidung, mir zu vertrauen. Und mir war klar, dass ein solches fragiles Vertrauen nicht missbraucht und nicht verschreckt werden darf. Deshalb begann es mit der Musik. Das Instrument, das sie dabeihatte, war eine Tar, und ich ließ sie mir zeigen und erklären.

Ein Musikinstrument und Hände, die es kundig berühren, Finger, die es greifen, fassen, streicheln, drehen, die mit ihm umzugehen wissen wie mit einem klugen, geliebten Tier, das sind ungeheuer schöne, intensive Gesten, und die Tar ist ein sinnliches Instrument mit einem ganz eigenen Klang, ein wenig Banjo, ein wenig Sitar – ich glaube, während sie es erklärte und spielte und ich ihre Finger beobachtete, da begann für mich schon die Liebe. Also die Liebe zu diesen Fingern … der Rest folgte dann …

Wie heißt es, bei Huchel, glaube ich: ›Es ist deine Stunde, Mann auf Chios. Sie naht über Felsen und legt dir Feuer ans Herz. Hinab den Pfad, wo an der Distel das Ziegenhaar weht. Siebensaitig tönt die Kithara.‹

Aber zugleich kam mir auch eine Erkenntnis: Ich war ihr Schuldner.

Sie sang, als ich Gitarre spielte, ganz selbstverständlich diesen Pete-Seeger-Song, oder später auch Sachen von Cohen oder George Harrison. So selbstverständlich, dass es mir gar nicht auffiel. Erst als sie ebenso kenntnisreich ihre Tar handhabte, wurde es mir klar. Wusste ich etwas von der Tar? Wusste ich etwas von der klassischen persischen Musik? Wusste ich etwas von Hafis, dessen Gedichte sie sang? Kannte ich irgendetwas von dem vieltausendjährigen kulturellen Boden, auf dem sie stand, aus dem sie herauswuchs? Hatte ich auch nur einmal einen Gedanken daran verschwendet, es könne einen solchen eigenständigen kulturellen Boden überhaupt geben? Es könnten Menschen wie Maryam außer dieser westlichen Identität, die zu erstreben und besitzen zu wollen wir ja für ein Naturgesetz halten, auch noch eine ganz eigene, unabhängige haben? Die Antwort lautet natürlich: Nein. Wir sind so daran gewöhnt, dass unsere kulturelle Basis die universelle ist, dass wir das Kind mit dem Bade ausschütten und davon ausgehen, dass alle Fremden, die hierherkommen, um ein unmenschliches politisches System zu fliehen, auch automatisch ihren kulturellen, religiösen und Traditionsboden vergessen. Weil wir ganz unbewusst auch davon ausgehen, dass in Gesellschaften, die politisch barbarisch sind, die Kultur und die Religion und die Tradition auch barbarisch sein müssen und dass man diese Identität erleichtert abschüttelt, wenn man hierherkommt, so wie ein Hund sich das nasse Fell ausschüttelt, bevor er ins Haus geht.

Aber Maryam machte mir deutlich, dass sie zwei Identitäten hat, die auf sie gekommene westliche und ihre ursprüngliche, wogegen ich nur eine hatte und bis dahin auch noch geglaubt hatte, es sei die einzige.

Verstehen wir uns recht: Ich habe mir deswegen jetzt keine

tiefen Vorwürfe gemacht, es ist mir nur aufgefallen, und dann habe ich dankbar zugehört und mich dankbar belehren lassen. Umso mehr, als alles, was sie mir erzählte von ihrem Leben und ihrem Land, ja genau das missing link meiner ins Stocken geratenen wissenschaftlichen Bemühungen darstellte.

Auch von iranischer Geschichte und von Schiismus und schiitischer Mystik hatte ich natürlich keine Ahnung, war höchstens vielleicht dank Balls Wüstenmystikern fähig, mich diesem Kosmos öffnen zu können. Weißt du, erklärte sie mir irgendwann ein wenig betreten, wir Iraner empfinden ein wenig Verachtung für die Araber. Zum einen wegen unserer langen, großen Geschichte und Kultur und dann, weil wir Schiiten sind. Das war natürlich alles Neuland für mich, die Unterschiede zwischen Sunniten und Schiiten, und dass es nur bei denen, wie bei uns, einen Mittler zwischen den Menschen und dem göttlichen Wort gibt. Für die Sunniten, meinte sie, ist alles gesagt, alles ist wörtlich zu nehmen, es gibt keine Fortentwicklung. Bei uns dagegen ist das Tor des Ijtihad offen, bis sich der 12. Imam offenbart. Ja ja, ich habe genauso dumm geguckt! Das bedeutet die Möglichkeit, die Schrift nach wie vor zu interpretieren. Dieser 12. Imam ist eine ganz ähnliche Erlöserfigur wie unser Christus. Und auch bei ihm gibt es diese Wartezeit, die unglücklicherweise immer noch andauert, bis zu seiner Wiederkunft.

Aber dass das alles so ist, all diese merkwürdigen Parallelen, das, meinte sie, erkläre sich daraus, dass der Schiismus im Grunde eine Mischung aus Islam und Zoroastrismus sei, der alten persischen Religion, die alle späteren Buchreligionen geprägt habe. Das war zumindest ihre Sicht der Dinge als Perserin. So etwas Ähnliches wie das Jüngste Gericht und die Auferstehung der Toten steht auch schon bei den Zoroastriern. Und als wolle sie mich ein bisschen aufziehen – ich wusste nicht, wie ernst sie es meinte, sagte sie dann: Auch das Konzept eines von einer Jungfrau geborenen Messias ist altiranisch. Die Juden haben es unter Kyros, der sie befreite, von ihm übernommen, und aus Iran hat die Idee eines Retters der Welt dann ausgestrahlt bis zu den Christen. Und auch die Mystik der Schiiten ist ganz nah bei der urchristlichen Wüstenmystik, mit der ich mich beschäftigte. Neuplatonische Ideen, gnostische Ideen, das waberte damals alles durch diese Gegend und wurde in beiden Religionen produktiv. Ja, und da gingen mir irgendwann die Augen auf, oder besser gesagt: Die Synapsen verknüpften sich. Die Sufis als die Kabbalisten des Islam. Die Suche nach der Unio Mystica, nach dem Einswerden mit dem Licht, dem Ursprung, der Essenz, dem Universum. Und da hatte ich mit einem Mal, aus unseren Plaudereien beim Kaffee heraus, den Schlüssel zu meiner Arbeit. Die strukturelle Verbindung zwischen Balls Styliten und der Sufimystik von Suhrawardi und anderen. Aber von der Dissertation erzähle ich euch nachher.

Wie soll man das nennen, was sich da zwischen uns entwickelte im Laufe dieses Jahres? Sie war ja arm wie eine Kirchenmaus, hockte da in ihrer Butze in Offenbach, ich hatte, wie du weißt, für die Referendariatszeit mein Zimmerchen bei euch in der WG in der Merianstraße – eine Freundschaft war es gewiss, weil wir einander vertrauten und erzählten, es war auch eine Arbeits- und Lernbeziehung auf Gegenseitigkeit, wir musizierten gemeinsam. Wir haben damals angefangen, Straßenmusik zu machen im Sommer, zwischen Hauptwache und Römer. Allerdings musste Maryam englische Sachen singen, persische Musik hätte sich damals in einer deutschen Fußgängerzone noch niemand angehört. Zu fremd für unsere Ohren, zu exotisch, und dann hatte Iran zu der Zeit ja auch ein denkbar schlechtes Image. Terroristenmusik … seither haben wir doch ein ganz schönes Stück Weg zurückgelegt …

Ich habe meine Stunden gegeben und währenddessen an der Diss gearbeitet, von ihr gelernt, sie von mir, es war eine offene Beziehung im schönsten Sinne. Intime Berührungen oder Worte und Sexualität und damit jegliche Anspruchs- oder Erwartungshaltung waren ausgeklammert, ich weiß gar nicht, das war kein Thema, stand auch nie ungesagt im Raum, wir empfanden das beide, glaube ich, als Freiheit von einer Fessel.

Wir hielten uns beim Gehen an den Händen, das war unser einziger körperlicher Kontakt, und ob ihr's glaubt oder nicht:

Für mich hatte das alles von einer physischen Vereinigung. Mehr hätte ich wahrscheinlich gar nicht ertragen.

So lebten wir, wie es in Pounds chinesischem Gedicht steht, als ›two small people, without dislike or suspicion‹.

Unsere Generation war ja, wenn man zurückblickt und mit heute vergleicht, die Generation der Zuversicht. So groß die Besorgnis um den Weltzustand sein mochte, vor der eigenen Zukunft hatten wir doch keine Angst. Sich für einen Job zuzurichten und Karriere zu machen war doch viel weniger wichtig als die Frage, wie es mit uns gemeint sei, wie wir unsere Persönlichkeit herausbilden und vollenden könnten in einer nützlichen Tätigkeit, die die Welt verändern und verbessern hilft und den unabgegoltenen Potentialen der Geschichte zu ihrem Recht verhilft. Wobei, machen wir uns nichts vor. Der historische Augenblick der offenen Tür war zu diesem Zeitpunkt, Mitte der Achtziger, eigentlich schon wieder vorüber, und eine ganz neue, gegensätzliche Dynamik trat damals ihren Siegeszug an. Bloß eben nicht für jemanden wie mich.

Maryam dagegen war eine Pionierin ganz eigener Art, eine orientalische Frau im westlichen Exil, die sich ihren Platz erobern musste, was schwierig genug war, und dieser Platz, der war für sie nur und ausschließlich in der Musik.

Das große Thema dieser Monate für sie war der Versuch, als Studentin an der Musikhochschule angenommen zu werden, und schließlich die Aufnahmeprüfung, die sie im Februar mit Glanz und Gloria bestand. Und nun war sie ganz offiziell eine Studentin.

Ja, und dann kam diese Reise, die alles veränderte.

Es war Anfang März, kalt und Sauwetter, dieser nicht endende Schmuddelwinter, und ich hatte ohnehin schon länger vorgehabt, auf den Spuren Balls ins Tessin, in die Gegend von Lugano zu fahren, wo er seine letzten Jahre verbracht und sein *Byzantinisches Christentum* geschrieben hatte. Außerdem war ich seit zwei Jahren nicht mehr weg gewesen vor lauter Studieren und Arbeiten, kurz: Der Gedanke, über die Alpen hin dem Frühling entgegenzufahren, elektrisierte mich. Dann die Überraschung: Als ich Maryam davon erzählte, sagt sie mir: Oh, da komme ich mit! Und fügte hinzu: Wenn du möchtest.

Es war ein überwältigendes Zeichen unserer Freundschaft und natürlich vor allem auch ein wunderbares Zeichen dafür, wie weit sie gekommen war, wie weit sie sich schon befreit hatte von ihrer Unsicherheit und Fremdheit hier. Ja, sagte sie, ich bin überhaupt noch nie aus Frankfurt rausgekommen, seit ich hier bin, ich freue mich wahnsinnig darauf.

Ich nahm die Gitarre mit und sie eine Daf, ihr persisches Tamburin, weil wir hofften, so unsere Reisekasse ein wenig aufbessern zu können, und dann sind wir einfach losgetrampt.

Es war schwierig zu zweit und mit dem sperrigen Gitarrenkoffer, und wir kamen nur bis kurz vor Stuttgart, bis Vaihingen an der Enz, genauer gesagt. Da strandeten wir, und das war so trostlos, dass wir beschlossen, am nächsten Morgen von Stuttgart aus den Zug zu nehmen.

Und ab dem Augenblick, als wir in diesem typischen damaligen Zugabteilmuff aus Heizungsluft und kaltem Rauch saßen und das Schwellengetrommel und Türengeklapper begann, da glitten wir in eine andere Dimension.

Wie soll ich das begreiflich machen? Denn von außen gesehen war es ja eine ganz normale Bahnfahrt. Aber für uns war alles anders und verwandelt und einmalig.

Versteht ihr, die Empfindung war nicht: Wir machen eine Reise. Wir fühlten vielmehr: Dies ist *die* Reise. Die Essenz einer Reise. Die einzige Reise. Auch der Blick hinaus aus dem Fenster in die graubraungrüne erstarrte Landschaft, wir dachten nicht, das ist der Gäu und dies sind Alb und Schwarzwald, nein, auch die Landschaft war aufgeladen mit Bedeutung, war die archetypische Landschaft und durch die Fenster von ungeheurer Präsenz. Und unsere Blicke waren schärfer und liebevoller zugleich, wir tranken die Aussicht wie einen Wein. Jeder Blick eine Umarmung, jeder Naturmoment ein Paradigma. Die ganze Welt öffnete sich uns und wurde transparent. Es war, als wären wir, in unserem stickigen Zugabteil sitzend, zugleich aus Platons Höhle hinaus in die Wirklichkeit getreten.

Wir hatten keinen Fotoapparat mit auf dieser Reise, und nie hätte ich einen weniger gebraucht, denn anstatt auf einen Filmstreifen haben sich die Bilder direkt in mein Bewusstsein gebrannt. Ich hätte danach im Grunde nie wieder verreisen brauchen, nie wieder bahnfahren, nie wieder das Tessin sehen oder sonst eine Sehnsuchtslandschaft, nie wieder jemanden küssen oder lieben – alles, was noch jemals passieren konnte, war in diesem Tag und dieser Reise beschlossen und aufgehoben und geborgen.

Und das sind keine nachträglichen Rationalisierungen. Wir spürten und durchlebten das beide schweigend und staunend im Augenblick selbst. Es war Gegenwart und zugleich ein Transzendieren der Zeit, höchst merkwürdig und so schön wie beunruhigend.

Es war taghelle Mystik, kein Trancezustand, sondern ein Wachsein, ein Erwachtsein, wie wir das beide nie vorher und vermutlich auch nie nachher erlebt haben. Ruzbehan drückt das ganz ähnlich aus wie Meister Eckhart, auch wenn das natürlich nachträgliche Versuche der Erklärung und Einordnung sind, ganz weitab von unserer Verzauberung damals: ›Der Blick, durch den ich Gott erkenne, ist kein anderer als der Blick, durch den Gott mich erkennt.‹

Wie gesagt, damals im D-Zug war da nur das Bewusstsein, dass alles mehr bedeutet, mehr ist als es selbst.

Wir haben gar nicht besonders viel geredet, glaube ich, wir waren wie Durstige, die mit den Augen trinken, wie Hungernde, die ihre Nahrung durch die Ohren einnehmen, wie Gefangene, deren Kerkerwände plötzlich durchlässig geworden sind. Diese Welt von Alb, Bodenseeebene, Schweiz, Hochgebirge und schließlicher Ahnung von Süden war nicht nur ebendieser Kartenausschnitt an einem Märztag des Jahres 1985, sie war für uns, hinter ihrer Zeit- und Raumgestalt, Schöpfung.

Noch die banalsten Dinge bleiben unvergesslich, weil ich sie damals eben nicht als beiläufig wahrgenommen habe, sondern als Urbilder. Zum Beispiel saß da von Stuttgart bis Zürich ein bärtiger, italienisch wirkender und freundlich aussehender Mann in unserem Abteil, der kein einziges Mal den Mund öffnete. Mal las er, mal blickte er aus dem Fenster, mal ruhte er, dann wieder lächelte er, aber er sprach nicht. Dafür stieg in Horb ein schwäbisches Ehepaar zu, das seine reservierten Fensterplätze beanspruchte. Der Mann, mit Kassenbrille und einer Himmelfahrtsnase, die ihn jünger wirken ließ als er war, ein wenig wie ein Siebeng'scheitle, begann sofort, einen Stoß Blätter voller mathematischer Formeln mit einem Rotstift zu korrigieren. Die Frau legte ihre hässlichen, in braunen Nylons steckenden Füße auf die Bank neben ihrem Mann und vertiefte sich in die *Zeit*. Eigentlich habe ich die beiden damals nicht wirklich beachtet, aber ich glaube, ich würde sie noch heute wiedererkennen als das archetypische Ehepaar.

Als sie schon im ›Modernen Leben‹ angekommen war, entspann sich ein Streit zwischen den beiden, allerdings ein merkwürdig kraftloser, um die Frage, ob ein gewisser Josef zur Feier ihres Geburtstags eingeladen werden sollte oder nicht. Es war wie gesagt kein lautstarker Disput, aber die beiden wurden mit jedem Wort und Widerwort immer eingeschnappter, schnippischer und verbitterter.

Schließlich nahm die Frau die Beine von der Sitzfläche und sagte scharf: »Jetz' isch Schluss! Erschtens isch des mein Geburtstag, und da lad' i die Gäscht' ein, und zweitens lass i mir von dir net mehr dauernd dazwischafunka!« Das saß und beendete ihr Gespräch, und beide waren sehr erbittert, und er raschelte mit seinen Mathearbeiten und sie mit ihrer *Zeit*.

Die Einfahrt in den Zürcher Hauptbahnhof, vorüber an einem alten Hotelpalast mit großen Leuchtreklamen auf dem Dach für eine Bank und Toblerone, verstärkte den Eindruck von Grenzübertritt, und die zersiedelte Idyllenlandschaft danach vom Zuger See bis an die Alpen, alles in Regen und Nebel, verfestigte unser Gefühl, auf unserem Weg zu irgendeinem vor uns liegenden Paradies zunächst noch feindliches und abweisendes Terrain durchqueren zu müssen. Durch die Niederungen mit ihren Zufahrtsstraßen, Lagerhallen, Zementwerken, Schrotthalden, Kläranlagen, dann bei Altdorf ging der Regen in Schnee über, während sich der Zug hinaufwand zum Gotthard ins Granitene, und die Szenerie wurde dramatischer: ›Kennst du den Berg und seinen Wolkensteg? Das Maultier sucht im Nebel seinen Weg. In Höhlen wohnt der Drachen alte Brut, es stürzt der Fels und über ihn die Flut.‹ Und dann verschluckte uns der Tunnel.

In meiner Erinnerung ist immer Frühling und strahlender Sonnenschein in dem Moment, wo der Zug in Airolo aus dem Tunnel kommt, aber so war es gar nicht. Zwar schneite es nicht mehr, aber überall an den Hängen dieses durchurbanisierten Tals schimmerte es schmutzig weiß, über unseren Köpfen wurde die neue Autobahn durch die Luft gebaut, aber es war immer noch neblig. Allerdings hellte sich der Nebel immer mehr auf, je tiefer wir ins Tal schnitten, und bei Biasca konnte man die Sonne dahinter schon ahnen wie hinter einer Milchglasscheibe.

Das zunehmende Licht schien auch die Laune unseres schwäbischen Paars zu heben, es sei denn, es war dieses Gefühl, das wir alle hatten, eine Grenze überschritten zu haben und uns dem Süden zu nähern. Sie war mit der *Zeit* durch und gestattete ihrem Mann unvermittelt, Josef einzuladen. ›Wenn er sowieso da isch, soll er halt auch kommen.‹ Es war wie der Gnadenerlass eines reitenden Boten. Und dann bot sie uns ganz unvermittelt und mit einem Lächeln von ihren belegten Broten an, Bierschinken und Salami, und von ihren hartgekochten Eiern, deren Duft das Abteil erfüllte, als sie die Tupperdose öffnete. Er erzählte, sie wollten nach Cadenabbia am Comer See, und fragten uns nach unserem Reiseziel. ›Wollet Sie bis nach Mailand?‹ erkundigte sich die Frau mit einem Blick auf das südländische Gesicht Maryams.

Immer heller leuchtete die Sonne durch den Nebel, und dann hielten wir in Bellinzona an, und neben den Gleisen blühte leuchtend gelb eine Mimose, und da sagte Maryam: ›Lass uns hier aussteigen und der Sonne entgegenfahren.‹

Und wir sprangen auf und verabschiedeten uns von den verdutzten Schwaben und dem stumm lächelnden Italiener und sprangen hinaus auf den Bahnsteig.

Maryam voraus, als würde sie einer Stimme folgen. Ein Bähnchen nach Locarno wartete auf dem Nebengleis, wir stiegen ein, und jetzt war es vollends klar, dass wir nicht mehr einem Reiseplan folgten, sondern einer unhörbaren Stimme oder einfach Maryams Gespür für die Sonne.

Wenn wir längst nicht mehr sind, die Welt wird sein. Einst waren wir noch nicht, und es hat nichts ausgemacht. Wenn wir einst nicht mehr sind, es wird an uns nicht mangeln.

Das war so etwa mein Gefühl, als wir durch den leuchtenden, schimmernden, funkelnden Nebel durch das immer breiter sich öffnende Tal zuckelten. Dann war da der See, still ruhend, grau, bleiern, und dann Locarno, tausend Silbertröpfchen auf den dunkelgrünen Hängen. Das Bild verdichtete sich zu einer gewöhnlichen Vorstadt aus Schuppen und Gemüsegärtchen und verrostenden Autos und weitete sich dann plötzlich zum Panorama eines patiniert-mondänen Seebades mit weißen Villen und ockerfarbenen Palazzi in palmenbestandenen Parks und blühenden Mimosen und Mandelbäumen.

Vorsaison, die Segelboote dümpelten mit nackten Masten im stillen Wasser des Yachthafens, der Zug rumpelte dicht an alten Fassaden vorüber und fuhr in den Bahnhof ein.

Es war warm und laut und windig, Menschen in Anzügen und Kostümen, einige in Bergwandererkluft, verließen den Bahnhof oder strömten auf die Bahnsteige. Draußen hupten Autos, klingelte die Tram. Wir fühlten uns so unglaublich frei wie zwei Vögelchen, die der Schlinge des Vogelstellers entronnen sind und, ihr Glück nicht fassend, von Baum zu Baum flattern.

Wo das Herz Erfüllung findet, ist ein Dorn, teurer als tausend Datteln. Wenn wir in der Gasse des Freundes uns niederlegen, deckt uns die Milchstraße mit ihrem Glanz. Wenn wir uns in den Locken des Freundes bergen, sind wir würdig des jüngsten Gerichts. Wenn sein Widerschein erstrahlt, werden Berge und Erde zu Brokat. Wenn wir vom Wind seinen Namen fragen –

Aber genug zitiert, es ist nur so: Je näher ich dem Ziel dieser Reise komme, desto mehr verweigert sich mir meine Sprache, und desto mehr brauche ich die Hilfe der Dichter.

Wir gingen unter Palmen an der Promenade entlang, sie mit

ihrem schwarzen Haar und dem roten wattierten Mantel, ich in meinem Parka, den ich geöffnet hatte, weil es warm wurde, sie trug den Rucksack, ich hatte die Gitarre über der Schulter.

Wir hielten den Daumen raus, und ein Italiener in einer Giulia Super hielt an, ein Rennfahrer, wie sich herausstellte, der mit zwei kurzen Huptönen die Kurven der engen Uferstraße schnitt, und zwischen Villen am Berg und dem unter uns liegenden See rasten wir in Richtung Italien und durch Ascona, wo die Wintertouristen zusammenzuckten, wenn er runterschaltete und wieder hoch beschleunigte. Ich bin ja ein ängstlicher Mensch, aber auf dieser Fahrt war ich unsterblich und der Italiener ein Engel, unter dessen Fittichen wir die Jakobsleiter hinaufflogen.

Einer, der nichts fordert und den keiner entbehrt: Sprich von einem Glücklichen, ihm gehört eine heitere Welt.

In Brissago ließ er uns heil und erhitzt raus, und sogleich nahm uns eine Schweizerin in einem gemütlicheren Ford Fiesta mit über die Grenze und nach Italien, über Cannobio und Cannero bis in ein Dörfchen namens Oggebbio. Und dort, in einem kleinen Hain oder Park am Ufer, mit steinernen Bänken unter einer Pergola, riss endlich der Himmel auf, und die Abendsonne entzündete See und Berge.

Gegenüber war ein kleiner Krämerladen, wir waren hungrig und kauften Brot, Wurst und Wein, aßen alles auf der Bank und blinzelten in den Goldstaub und das Gefunkel über dem See. Maryam zog die Schuhe aus und stellte sich ins Wasser, aber es war noch eiskalt, und ich rieb sie mit meinem Pullover wieder warm.

›Komm noch weiter‹, sagte sie irgendwann, und ein Mann in einem dreirädrigen Piaggio-Lieferwagen nahm uns mit. Wir hockten eingeklemmt aufeinander, mein linker Arm, der sonst nirgends hinpasste, auf der Schulter des Fahrers, der tief über das flache Lenkrad gebeugt war und den Zweitakter mit Zwischengas in die engen Kurven schleuderte. Zwischen meinen Füßen konnte ich durch ein Rostloch die Straße sehen. Maryam begann zu singen, und er klopfte den Takt auf dem Schaltknüppel mit. Es dämmerte schon, als er vor einer Kaimauer anhielt und uns verabschiedete. Wir waren irgendwo auf halber Höhe des Lago Maggiore, in Intra, von dem ich nur wusste, dass Frederick Henry hier einst in einer anderen Winternacht vorübergerudert war auf dem Weg in die Schweiz, wohin er mit seiner schwangeren Freundin vor dem Krieg desertierte.

Und dann, auf die Kaimauer gelehnt, in der rasch aufsteigenden Nacht, eine Vision, ein Rausch wie in dem Lied ›Lass mein Schiff vom Stapel hinab in die Fluten des Weinstroms! Seelen von Alt' und Jung wecke mit lautem Geschrey. Wirf mich Schenk' ins Schiff des Weines, es saget das Sprichwort: Tue Gutes und wirfs dann in die Fluten hinab.‹ Weiß und leuchtend im dunklen Wein des Sees erschien ein Boot, eine Fähre, eine Autofähre, drehte bei, das Wasser brodelte, als sie stampfend und mit Grollen und Beben zwischen den Holzbohlen am Kai festmachte.

Unsere Fähre. Wir sahen uns an und waren schon auf dem Weg an Bord.

Die halbstündig verkehrende Autofähre zwischen Intra und Laveno für andere, für uns aber die Barke, die zur Toteninsel gestakt wird, die Fähre über den Styx, die Prachtdschunke, das geblähte Segel umschwebt von rosig und golden schimmernden Putten, die die erwartungsvoll-bangen Paare zur Insel Kythera übersetzt, zur Insel der Wonnen, ins Paradies. Wie hätten wir da zögern sollen!

Unsere Schuhe hallten auf den eisernen Bodenplatten wieder, wir kletterten zum Aussichtsdeck hinauf und stellten uns in den Wind, den Blick hinüber aufs ferne Ufer gerichtet. Das Meer des Herzens geht in tausend Wogen. Ich sah empor und sah in allen Räumen eines; Hinab ins Meer, und sah in allen Wellenschäumen eines. Ich sah ins Herz, es war ein Meer, ein Raum der Welten, Voll tausend Träum'; ich sah in allen Träumen eines.

Du bist das Erste, Letzte, Äußre, Innre, Ganze; Es strahlt dein Licht in allen Farbensäumen eines. Du schaust von Ostens Grenze bis zur Grenz' im Westen, Dir blüht das Laub an allen grünen Bäumen eines.

Nehmen wir das Schiff der Lieder, denn auf dem Meer kann ich kein andres Boot, das Herzen führet, sehen.

Unsere Herzen jedenfalls waren an die Hand genommen, und als wir drüben am jenseitigen Ufer anlangten, führte diese Hand uns die Gassen des Städtchens entlang, hinauf, hinauf über den Hafen, bis zu einer mächtigen verschlossenen Kirche, auf deren Vorplatz wir uns über die Balustrade beugten und in die immense Nacht und ihre fernen Lichter blickten, und da, in diesem Augenblick, an diesem Ort, offenbarte sich uns die Schöpfung als Abglanz des Schöpfers, und wir verstanden: Alles war gut. Und wir verstanden einander jeder als Spiegel des andern und beide als Spiegel des Schöpfers. Und wir waren wach und durften einen Blick in die Wahrheit werfen und sahen in einer gewaltigen, lautlosen, furchterregenden Erschütterung ihre Schönheit und unsere Bestimmung.

Es war ein Schlag auf Augen und Ohren und Lippen, schmerzhaft und befreiend wie ein kalter, harter Duschstrahl, und wir mussten nacheinander greifen und uns aneinander festhalten, um nicht zu Boden geworfen zu werden – das Ganze dauerte einen Wimpernschlag und war schon wieder vorüber.

Noch vor der Existenz der Welten ist das göttliche Wesen selbst die Liebe, der Liebende und der Geliebte --

Ach, Maryam!«

»Ja, entschuldigt bitte, dass ich ohne anzuklopfen in eure Männerrunde reinplatze, ihr wirkt ja mächtig konzentriert. Ich wollte euch nur sagen, wir Frauen gehen jetzt los. Martha ist nicht so schnell mit ihrer Hüfte, und wir gehen die flache Route mit dem Wägelchen. Ihr müsst dann die Instrumente nehmen, o.k.?«

»Und die Jungen?«

»Sind schon vorausgegangen, um unter sich zu sein. Wir treffen uns alle am Willemerbrunnen. Trödelt nicht so lange.«

»Jetzt wäre es schön, deine Version der Geschichte zu hören, die Hermann uns gerade erzählt.«

»Die trage ich hier (und sie hält sich die rechte Hand aufs Herz). Meine Version wäre allerdings wahrscheinlich weniger philosophisch und metaphysisch als die seine. Das entsprechende Zitat habe ich auch: ›Meine Seele bist du, und ich bin die deine. Zwei Seelen sind wir und sind doch nur eine.‹ Bis nachher.«

»Ja, und ich bin auch fertig mit dieser Geschichte. Was sonst noch passiert während der Reise und wie wir schließlich auch noch zu Ball und wieder nach Hause kamen, habe ich vergessen. Ach ja, und natürlich habe ich diesen Ruf, haben wir beide diesen Ruf damals gewissermaßen missverstanden, entschuldigtermaßen, ich meine: wie oft erlebt man sowas schon mal, wenn überhaupt, und haben gedacht, das heißt jetzt gemeinsames Leben und Heirat. Was so das Höchste ist, was der liebende Mensch in seiner Einfalt sich erstmal denken kann.

Naja, ihr wisst, es hat hinterher nochmal ein halbes Leben gedauert, die Zeichen anders zu deuten …

Die Spiritualität des Widerstands

Wir waren nicht lange zurück, da begann die bittere Zeit. Ich muss nachdenken, um im Nachhinein die Liebe von der Arbeit zu trennen, denn damals war das alles eine einzige wuchernde Geschwulst, deren Schmerz mich in den Wahnsinn getrieben hat, so dass ich lange nur gehofft habe, es alles zu vergessen.

Irgendwann konnte ich wohl auch nicht mehr recht unterscheiden – ging's mir um die wissenschaftliche Herleitung einer befreiten Gesellschaft durch den Weg der Spiritualität oder ging's mir um eine wissenschaftliche Rechtfertigung meiner Liebe zu Maryam, oder wollte ich Maryam mit dieser Arbeit beweisen, dass wir sozusagen wissenschaftlich fundiert zueinander gehören? Oder wollte ich die Liebe als wissenschaftlichen Beweis dafür anführen, dass die Befreiung von gesellschaftlichen Totalitarismen nur über den mystischen Pfad funktioniert?

Es fing damit an, dass Maryams Mutter schwer erkrankte, die Eltern waren frisch geschieden, es gab noch einen minderjährigen Bruder, und Maryam entschloss sich – nein, es war kein

Entschluss, es war eine vollkommene Selbstverständlichkeit –, nach Hause zu gehen und sich um sie zu kümmern.

Nein, im Grunde fing es schon davor an, als wir nämlich, kaum zurück aus Italien, heiraten wollten, aber Maryam natürlich nach iranischem Recht heiraten musste, also einen Moslem, und obwohl sie volljährig war, nur mit dem schriftlichen Einverständnis des Vaters. Aber noch bevor ich mir überlegen konnte, ob ich um einer Heirat willen konvertieren sollte, kam die kategorische Ablehnung des Vaters – so kategorisch, dass das für Maryam erledigt war –, warum das so war, muss sie selbst erzählen. Auch warum sie bei aller Enttäuschung mit einer Faser ihres Selbst auch erleichtert darüber gewesen sein mag.

Und dann kurze Zeit darauf die Krankheit. Ich konnte es nicht verstehen, nicht nachvollziehen, dass in diesem Moment nichts eine Rolle spielte, nicht unsere Liebe, nicht die Tatsache, dass sie dabei war, sich alle ihre Träume zu erfüllen. Binnen zweier Tage gab sie es alles auf und flog nach Hause. Ich komme wieder, sagte sie, es wird nicht so lange dauern, ich muss das tun, versteh es bitte, ich melde mich regelmäßig.

Ich war natürlich am Boden zerstört, andererseits stürzte ich mich mit doppelter Kraft in die Arbeit an der Dissertation, die ja schon lange begonnen war, aber im Jahr mit ihr eben eine ganz neue Richtung genommen hatte.

›Es gibt einen bevorzugten Weg zum Erleben der Gottesoffenbarung – die Liebe zu einem Schönheitswesen.‹ Aber das ist Suhrawardis Definition meiner damaligen Situation, und bei dem in Aleppo war ich zu diesem Zeitpunkt noch nicht.

Denn begonnen hatte diese Arbeit ja ganz woanders und schon lange bevor ich mein Schönheitswesen kennenlernte. Begonnen hat sie – erinnert euch, wir befinden uns in den frühen Achtzigern, Natodoppelbeschluss, Kalter Krieg, Ausnahmezustand in Polen und so weiter. Auf der anderen Seite Reagonomics und Thatchers Zerschlagung der Bergarbeitergewerkschaft. Der Kommunismus endgültig und blutig und menschenmordend und verspießert und ummauert gescheitert, aber die giftige Geldwirtschaft auch nicht dazu angetan, das Leben zu erfüllen.

Da war mir irgendwann mein alter Pfälzer Landsmann Hugo Ball über den Weg gelaufen.

Ein Hansdampf in allen Gassen, ein Irrlichternder, der es bei nichts lange aushält, der auch nichts wirklich de profundis durchdenkt, das heißt: durchdenkt vielleicht schon, aber keiner Sache so viel Zeit und Mühe opfert, um sie wissenschaftlich festzunageln, und ein Wissenschaftler wollte ich damals ja noch sein oder werden.

Also Ball. Entwickelt sich vom nicht angenommenen Kriegsfreiwilligen 1914 zum verzweifelten Gegner des blutigen und sinnlosen Schlachtens, kombiniert Anarchie und Kabarett und erfindet Dada. Lässt es nach einem halben Jahr wieder sein, schreibt seine Kritik der deutschen Intelligenz, ein böses und leider auch wirres Pamphlet, in dem er im Grunde eine Linie von Luther zu Ludendorff zieht, via Hegel – der Protestantismus als das Geschwür, das Deutschland zum Außenseiter und Ausgestoßenen unter den Nationen macht. Inspirierend momenteweise, aber eben auch ein typischer Ausfluss deutschen Selbsthasses und metaphysischer Überhöhung Deutschlands. Danach wendet er sich wieder dem Katholizismus zu, aus dem er stammt, und schreibt dann mit seinen byzantinischen Wüstenheiligen – ja was eigentlich? Im Grunde eine Theologie des Widerstands gegen die Moderne. Oder anders gesagt: Er schlägt die Pflöcke zu einer ›Spiritualität des Widerstands‹ ein.

Und da hatte ich mein Thema: Gesellschaftsveränderung durch individuelle Umkehr. Individuelle Umkehr durch Religiosität. Widerstand gegen den religiösen Totalitarismus durch Mystik. Mystische Erfahrung und Gotteserkenntnis durch die Liebe zu einem Schönheitswesen und mystische Einheit als revolutionäre Praxis.

Ja, ihr schüttelt den Kopf, und das hat natürlich auch mein Doktorvater getan. Ball! Ein Bohemien, der seine Geliebte anschaffen schickte, um das tägliche Brot zu bezahlen, als Gegenstand einer philosophischen Dissertation? Gewagt, gewagt, mein Lieber! Kommen Sie mal in sechs Monaten wieder mit einer stringenten Gliederung! Und einer Quellenliste!

Ja, an dem Punkt etwa war ich, als ich Maryam begegnete und sie mir den *Bitteren Wein* von Hafis vorsang. Ich weiß nicht, wie es euch geht, aber ich glaube fest an Koinzidenzen im Leben, die keine sind, sondern Zeichen, an den Instinkt des Lebens, die unterschiedlichsten, unerwartetsten Dinge zum rechten Zeitpunkt zusammenzuführen. Und als sie anfing, mir vom Sufismus zu erzählen – nein, als sie die Gedichte der Sufis sang, als ich begann, die poetischen und gedanklichen Schönheiten zu umreißen, die es hier gab, als ich erfuhr, dass auch die Sufis beständig in der Gefahr lebten und leben, verketzert zu werden, und wie ihre mystische Praxis die Orthodoxie provozierte und nasführte, da klingelte es irgendwann.

Ein Hafis, der willentlich Verhaltensweisen an den Tag legte, die öffentliche Missbilligung nach sich zogen, nur um die Reinheit des inneren Antlitzes zu verbergen, das war ganz dicht an meinen christlichen Mystikern, die auch gegen die Definitionsmacht von Rom und Byzanz rebellierten, die Gott ohne die Vermittlung der Hierarchie schauten. Ich hatte den Eindruck, dass sowohl die christlichen als auch die moslemischen Mystiker, alles wüstengeborene Platoniker, bei ihrer Gottsuche einen Gottessohn eigentlich nicht recht gebrauchen konnten – aber ich schweife ab. Jedenfalls war die strukturelle Nähe und Parallelität augenfällig. In der mystischen Praxis der Lebensveränderung fallen die Grenzen zwischen den Offenbarungen, also die Längsgrenzen, und richten sich stattdessen die Quergrenzen auf: Mystiker gegen Orthodoxe. Liebende gegen Hierarchien. Befreiung gegen Knechtung. Darüber also wollte ich forschen, zugegeben eine etwas andere Richtung als ursprünglich geplant, aber ein Lebensthema, doch als ich dann die Augen aufschlug, war Maryam fort.

Und das war, als wolltest du das Sonnensystem analysieren, und während du dich auf Pluto konzentrierst, verschwindet die Sonne.

Und sie verschwand für mich ja tatsächlich und ließ mich in jahrelanger Schwärze und Kälte und Blindheit – aber dazu später.

Die Arbeit begann mit dem Versuch eines Beweises – oder besser, da es Beweise auf diesem Feld nicht gibt –, einer Herleitung dieser strukturellen Nähe. Ich musste ja herausfinden, ob dieser Instinkt, Balls christliche Wüstenmystiker und die islamischen Mystiker zusammenzubringen, auch nicht trog.

Nun gibt es da eine Menge Forschung, wie sich bald herausstellte, und auch eine Menge Widersprüche. Es ist recht klar belegt, dass der Islam, also der Koran, sehr stark von jüdischen und christlichen Quellen inspiriert ist und sie übernimmt. Was ureigen ist und was nicht, darüber besteht aber Dissens, und der ist auch nicht so leicht aufzulösen.

Thor Andreae, ein Bischof und großer Orientalist, hat schon Anfang des 20. Jahrhunderts die Beeinflussung des Korans durch christliche Texte nachgewiesen, zum Beispiel die Verbindungen zwischen Predigten des heiligen Efrem und gewissen Suren. Dieser Efrem war einer von meinen assyrischen, nestorianischen Wüstenmönchen, und es ist auch erwiesen, dass das Mönchtum überhaupt großen Einfluss auf die Araber hatte.

Als jüngster Monotheismus hat sich der Islam natürlich nach dem Molière'schen Motto ›Je prends mon bien où je le trouve‹ bei den älteren bedient. Das Problem, oder ein Problem ist, dass die islamische Wissenschaft sehr ungern zugibt, irgendetwas Islamisches könne durch irgendetwas Nichtislamisches beeinflusst worden sein. Im Übrigen gestehen auch die post-Said'schen europäischen Orientalisten dem Entstehen des Korans mehr Autonomie zu als eigentlich möglich ist. Wahrscheinlich zum Teil aus Angst, einer kolonialistischen Lesart beschuldigt zu werden, nach dem Motto: Seht ihr, sie trauen den Arabern nichts zu! – und zum anderen Teil aus ganz menschlicher Angst, und daran wird sich, fürchte ich, auch nichts ändern, solange es Moslems gibt, die auf Textkritik nicht mit Textkritik reagieren, sondern mit Verdammung und Mord.

In der jüngsten Zeit, also 25 Jahre nach meiner Beschäftigung mit dem Thema, gab es sogar Veröffentlichungen, die den ganzen Koran als sprachliches Missverständnis dargestellt haben, als eine Art Digest aus jüdischer und christlicher Bibel zur Benutzung durch die Araber. Gab natürlich einen Sturm der Entrüstung und Ablehnung in den Islamwissenschaften, auch den deutschen. Wobei dazu zweierlei zu sagen ist: Die Beeinflussung ist nicht von der Hand zu weisen, denn damals gab es an Hochkulturen in der Region einmal die sassanidisch-zoroastrische der Perser und dann das byzantinische und zum andern das assyrisch-nestorianische Christentum. Von einer arabischen Hochkultur kann im 6. Jahrhundert keine Rede sein. Andererseits: Der Islam hat ja bekanntlich seinen Weg gemacht und ist aus der Welt nicht mehr wegzudenken, warum sollten seine Anfänge denn nicht eine ebensolche kulturell-religiöse Melange sein wie die der anderen Monotheismen. Wenn mir also einer sagt, assyrische Christen haben den Islam erfunden, dann antworte ich ihm, Kyros der Große hat das Judentum erfunden. Das sind sterile Spekulationen.

Also jedenfalls war die strukturelle Herleitung geleistet, jetzt musste ich mich um den mystischen Aspekt bemühen.

Den gab es in den ersten 150 Jahren des Islam noch nicht, jedenfalls nicht in der Ausprägung, die wir heute als Sufismus kennen. Askese, das schon. Nun muss man ja sagen: Mystik, das heißt die innige gegenseitige Anschauung von Schöpfer und Geschöpf, die Offenbarung des Schöpfers in seiner Schöpfung, die Suche nach dem ewigen Augenblick des Erwachens und der Pfad dorthin durch Askese, durch Weltabkehr und Befreiung von den allzumenschlichen Abhängigkeiten – das sind humane Konstanten, die es überall gibt und immer gegeben hat. Was mich interessierte, war ja aber diese besondere Ausprägung. Am Anfang also im Islam wie im frühen Christentum stattdessen Frömmigkeit aus Angst vor dem Gericht. Als Reaktion Weltflucht und Askese. Aber das ist noch keine Mystik, und vor allem ist es gefährlich. Denn wie soll sich eine Religion ausbreiten, wenn all ihre Adepten vor lauter Heulen und Zähneklappern nicht mehr leben und arbeiten und sich fortpflanzen und Geld verdienen wollen? Die Christen haben das gelöst, indem sie ihre Extremisten zu Mönchen machten, was dem Rest erlaubte, die Religion maßvoll zu praktizieren. Aus ähnlichen

Überlegungen haben die Moslems dann irgendwann ihre Wolle tragenden Eremiten und Ekstatiker akzeptiert. Es steht sogar in irgendeinem Hadithen-Text der Hinweis, auch Jesus habe Wolle getragen.

In beiden Religionen kommt es aber irgendwann zur mystischen Wasserscheide: Gottesfurcht schlägt in Gottesliebe um. Die Angst vor dem Gericht wird ersetzt oder übertönt vom Schauen der Ewigkeit. Spätestens an diesem Punkt war der Islam auch autonom geworden, denn jede mystische Manifestation, jede Hymne, jedes Gedicht bezieht sich explizit auf den Koran. Mohammed als idealer Mensch erscheint als der Mittler zwischen dem liebenden Gott und dem liebenden Menschen.

Ich habe immer gefunden – und das sage ich euch als alter Messdiener –, dass der Islam in dieser Hinsicht einen logischen Vorteil für den Mystiker hat, denn auf der einen Seite steht das Geschöpf, und im Spiegel steht der unfassbare, nur in seinen Schöpfungen erkennbare Schöpfer. Wogegen mich im Christentum immer eine ganze Dreifaltigkeit anblickt, und mir scheint, das hat in der christlichen Mystik bis in die Neuzeit auch immer mal wieder zu dem einen oder anderen Problem geführt: Vereinige ich mich mit Gott und schaue ihn – oder ist es Jesus? Oder sind es beide? Unsere syrischen Wüstennestorianer hatten es da noch einfacher, sie konnten diese Schwierigkeiten auf die Menschennatur Jesu zurückführen.

Was den Sufi anbelangt, so ist er weder ein Sünder noch ein Kranker noch ein Frustrierter. Er empfindet kein Bedürfnis nach Rechtfertigung. Er ist ein Fremdling, ein Exilant, der sich danach sehnt heimzukehren. Heim zu sich selbst.

Das durch den Propheten offenbarte religiöse Gesetz öffnet ihm den inneren Pfad, der zur spirituellen Wahrheit führt – einer Wahrheit, die, persönlich durchlebt und realisiert, aus dem Sufi einen freien Menschen macht. Sein mystisches Bekenntnis steht nicht im Widerspruch zur Offenbarung des Propheten, sondern ist deren Vollendung, weil es ihre innere Wahrheit ist.

Worin sich alle einig sind, das ist, dass die Abstraktion des Monotheismus nur durch die erlebte Erfahrung der Theophanie überwunden werden kann. Und das war ja gewissermaßen auch das, was uns ganz ohne Einübung und Askese dort in Italien geschenkt worden war für einen Moment.

Und damit war ich auch bei Suhrawardi angekommen und bei meinem zweiten großen Diskussionspunkt, nämlich bei der Frage nach dem Befreiungs- und Widerstandspotential der Mystik in beiden Religionen. Denn das, ihr erinnert euch, war ja meine Ball'sche Prämisse gewesen.

Aber wenn ich Suhrawardi sage, muss ich auch Aleppo sagen. Und das ist heute, wie ihr wisst, doppelt bitter.

Jedenfalls, Maryam war weg bei ihrer Mutter, und ich hatte das Gefühl, ich muss zu den Quellen reisen. Das war eine meiner beiden Reisen an die Orte meiner Arbeit, die zweite gehört dann schon zu meiner Zeit in der Wüste.

Ich hatte an der Schule, an der ich mein Referendariat ableistete, den Hausmeister kennengelernt, Herrn Yacoub. Er war mir aufgefallen, weil die Kinder ihn so liebten, was ja beim Hausmeister einer Schule nicht selbstverständlich ist. Er war aber der freundlichste und herzlichste Mensch, der sich denken lässt, und er begegnete den Kindern immer auf Augenhöhe.

So kamen wir ins Gespräch, und ich erfuhr, er war ein assyrischer Christ aus Aleppo, sehr aktiv in der Frankfurter assyrischen Gemeinde, aber mit großer Verwandtschaft in Aleppo. Und die wollte er demnächst besuchen. Und ich wollte sehen, wo Suhrawardi seine Theosophie entwickelt hatte, deretwegen ich ihn ja nach meiner Beschäftigung mit der Lichtmystik bei Balls Dionysius Areopagita dank Maryams entdeckt hatte, und wo er schließlich als 38-Jähriger vom Sohn Sultan Saladins gefangengenommen und hingerichtet worden war, weswegen er auch den Beinamen Al-Maqtul, der Getötete, trägt.

Und Herr Yacoub schlug vor, gemeinsam nach Aleppo zu reisen, wo die Christen dank Assad noch recht ungestört leben konnten. Immerhin waren sie dort seit 2000 Jahren …

Welch eine Reise!

Ihr müsst bedenken, ich hatte damals noch nichts Älteres gesehen als den Dom zu Speyer.

Und jetzt Aleppo. 4000 Jahren ununterbrochene Kultur! 4000 Jahre menschliche Ansiedlung mit Kult und Liebe, Kommerz und Gastfreundschaft. Ohne Unterbrechung. Es war – unbeschreiblich – es war die Fleischwerdung all der göttlichen Worte, mit denen ich seit Jahren umging. Die Glocke der Zeit selbst läutete dort in ihrem tiefen Basston, die uralten Sprachen murmelten wie ein zugemauertes Bächlein unter den heutigen, in der ununterbrochenen Tradition der Gastlichkeit reichten Ketten von freundlichen Händen mir über die Jahrhunderte, die Jahrtausende hinweg die Speisen und segneten sie. Und einen guten Kilometer nordwestlich der Zitadelle stand die unscheinbare Moschee, die über Suhrawardis Grab gelegt worden war wie ein Schutzmantel.

Heute ist ganz Aleppo ein Grab, aber eines ohne Schutzmantel. Herr Yacoub ist nie wieder dorthin zurückgekommen, seine Familie ist in alle Winde zerstreut oder getötet von moslemischen Fanatikern, Kinder wie Frauen, die Häuser sind dem Erdboden gleichgemacht, 2000 Jahre christlichen Lebens, 2000 Jahre Erinnerung, in Steinen geborgen, sind dort ausgelöscht. Das gehört zu den schlimmsten Dingen, die Menschen Menschen antun, sie aus ihrer Heimat zu vertreiben und sie damit für ihr ganzes Leben zu Fremden auf dieser Erde zu machen, für die es kein Zurück und kein nach Hause mehr geben wird, denn je länger du fort bist, desto fremder wirst du, desto fremder wird das einstige Zuhause, und irgendwann ist es soweit, dass du ein Heimatloser geworden bist.

Und deshalb und weil ich trotz allem auch Dialektiker bleibe, erzähle ich euch jetzt, auch wenn es nicht hierhergehört, was Herr Yacoub mir kürzlich anvertraute. De profundis, ohne Hass, aber aus tiefer Besorgnis heraus:

Hermann, hat er mir gesagt, denken Sie an mich: In einem halben Jahrhundert wird es in Europa eine muslimische Mehrheit geben. Die Hälfte der Frauen wird einen Hidschab tragen. Was bei uns orientalischen Christen heute so gut wie abgeschlossen ist, hat vor 1300 Jahren begonnen. Im 7. Jahrhundert hat der Genozid an den Christen angefangen, damals im Dunkeln, heute im Scheinwerferlicht der Medien. Die Agenda des Islam ist die gleiche geblieben, nämlich die Ungläubigen aus dem Mittleren Osten zu vertreiben und überall, wo er herrscht, zur Konversion zu zwingen. Das wird auch in den nächsten Jahren so weitergehen. Und wenn die Fanatiker Syrien von Assad befreit haben, wird dort kein Christ mehr überleben können. Die Kirchen hierzulande sind so naiv. Glauben sie wirklich, dass die Millionen moslemischer Migranten sich hier anpassen und mit ihnen in Frieden zusammenleben wollen als eine Religion unter anderen? Nein, es ist der langfristige Plan der Golfstaaten, auch Europa zu islamisieren, deshalb nehmen sie auch selbst keine Flüchtlinge auf. Der Islam akzeptiert keine Demokratie, er will die Scharia durchsetzen. Und so werden wir Eurabien bekommen. Die Anzahl der kinderreichen Muslime wächst exponentiell, sie fordern lautstark ihre Rechte ein, beschweren sich lautstark, wenn sie sich zu kurz gekommen fühlen, machen denen, die ohnehin schon ein schlechtes Gewissen haben, ein noch schlechteres, und sobald sie in der Mehrheit sind, werden sie mit der Verfolgung anfangen. Was heute im Nahen Osten geschieht, wird auch in Europa passieren.

Ich traue den Muslimen nicht mehr, und am allerwenigsten den saudischen Wahabiten, die aggressiv in Europa missionieren, und den Türken, die hier in Deutschland die Moscheen kontrollieren und steuern. Ich bin ein alter Mann, der nichts verloren hat außer seiner Heimat, wo sein Grabstein stehen könnte, aber für die Freiheit eurer Kinder werdet ihr kämpfen müssen.

Das hat er mir gesagt, und es macht mir Angst. Ich kann es auch nicht glauben, dass er recht hat, und sage mir dann: Schließlich ist er nur ein Hausmeister, was weiß er schon, wofür ich mich dann wieder schäme. Aber ich musste daran denken, weil ich mich an ein Wort erinnere, das damals in meiner Dissertation auftauchte.

Das Wort *Gottesstaat*.

Natürlich war es anders gemeint als das, was die Islamisten propagieren. Ich hatte es hergeleitet aus meinen Überlegungen zur mystischen Praxis, zur Gottesliebe als einer Triebkraft für das Leben in Gemeinschaft im Gegensatz zu den materialistischen Staatsideen. Der Versuch einer Herleitung gesellschaftlicher Autorität aus dem in der Askese und der Barmherzigkeit gefundenen Bezug auf Gott. Tja, ehrlich gesagt war es, fürchte ich, vom Prinzip her dann doch gar nicht so weit entfernt vom Horror der Taliban oder des IS. *Meinen* tut man es ja immer anders.

Vielleicht ganz gut, dass der Text nicht mehr existiert.

Aber lasst mich die Geschichte dieses unter einem fatalen Stern stehenden Projekts noch fertig erzählen.

Maryam war weg, und es wucherte aus. Es wurden 500, es wurden 600 Seiten. Immer noch mehr herzuleiten, vorauszusetzen, zu erklären. Der entscheidende Punkt war ja, mystische Praxis und Widerstand gegen die jeweilige Orthodoxie, also Gottesliebe und menschliche Gesellschaft, humane Gesellschaft, historisch-kritisch zu beglaubigen. Das Ketzertum der Mystiker und Sufis. Ihr revolutionäres Potential.

Der, sagen wir mal: rebellische Teil der Mystik, bei den Christen wie bei den Moslems, besteht ja zunächst in dem Anspruch einer unmittelbaren Erfahrung der göttlichen Realität, eines Einswerdens mit Gott durch hingebende Liebe und visionäre Schau. Das führt dazu, dass der Mystiker derart von Liebe besessen ist, dass er sich selbst und Gott darüber vergessen muss und von nichts mehr weiß als dieser Liebe. Daraus ergeben sich notwendigerweise Konflikte wie bei Al-Halladsch, der als Ketzer hingerichtet wurde, weil er in seinem mystischen Einheitszustand ganz selbstverständlich sagte: »Ich bin die Wahrheit.« Oder wie bei Meister Eckhart, der das Glück hatte, nicht verbrannt zu werden, obwohl er sagte: »Gott und ich, wir sind eins.«

Jedenfalls ist der konsequente Mystiker per Definition seiner Predigerkaste ein Dorn im Auge. Herrschaft, auch religiöse Herrschaft, beruht auf ihrer allseits akzeptierten Macht der Vermittlung. Und wer die verweigert oder nicht braucht, reißt eine Bresche in die Legitimität dieser Herrschaft. Und dann schlägt das Reich der Orthodoxie zurück: ›Ibn Sina wollte Gott ohne meine Vermittlung erreichen, und so verhüllte ich ihn mit meiner Hand, und er fiel ins Feuer‹, soll der Prophet einem von Avicennas Gegnern im Traum mitgeteilt haben.

Denn die Mystiker mit ihrer Praxis von Askese und Entweltlichung rufen immer – auf ihre Weise vollkommen in Einklang mit den heiligen Texten – zu einer Lebensform auf, die jeder Verwendbarkeit widersteht und damit den Zorn und den Eifer der Orthodoxie hervorruft, die als Macht nur überlebt, wenn sie die Menschen zu jeglichem ihrer Zwecke verwenden kann.

Seht euch Hafis' Hymnen auf den Wein und die Liebe an. Es herrscht ein ewiger Steit der Gelehrten darüber, ob man sie ›materialistisch‹ interpretieren dürfe oder nicht. Für mich sind sie symbolisch *und* sie sind real. Die Liebe zum Schönheitswesen ist die Liebe zu Gott, aber sie ist auch sie selbst. Und wäre sie das nicht, könnte sie auch jenes nicht sein. Der Weinrausch ist das rauschhafte Aufgehen in Gottes Schöpfung, aber er ist auch er selbst. Und wer den Wein nicht als Wein genießt, genießt auch sonst nichts von ihr.

»Liebe und tue, was du willst.« Das ist das revolutionäre Potential, das ich versucht habe herauszuarbeiten, der schon bei Dionysius propagierte Verzicht auf die Gewalt. All das sind Wege aus dem Gefängnis der Herrschaft. Möglichkeiten zur revolutionären Veränderung der Welt durch den Rückzug aus ihr.

Aber wie auch immer der Widerstand aussieht, in all seinen Formen steckt ein Nein zur Welt, wie sie jetzt ist, zum Menschen, wie er jetzt ist, steckt das Bemühen um Eindämmung dessen, was Nietzsche den vermeintlich jeder Natur anhaftenden Willen zur Macht genannt hat.

›Verschmelzen mit der Liebe Angesicht und ganz von Liebe trunken sein‹, heißt es bei Jan van Ruysbroeck, und bei Hafis:
›Das Herz ist deiner Liebe Königszelt
Das Auge dir zum Spiegel aufgestellt.
Der Bürde deiner Gnaden beuget sich
Dies Haupt, das sich nicht beugt vor aller Welt.‹

Das Weltverändernde, Gesellschaftsverändernde daran muss man sich nicht vorstellen wie eine materialistische Revolution mit Bastillesturm, Schießereien, Mord und standrechtlichen Hinrichtungen der bisherigen Eliten, mit Massenfolterungen und Zugang für die Revolutionäre zu den Fleischtöpfen der alten Herrschaft, sondern eher so wie die Häutung einer Schlange.

Die Revolution geschieht im Inneren der Körper und Herzen, und danach bleibt eine leere abgestreifte Haut am Wegrand zurück – die tote Haut der Herrschaft.

Ja, und so waren sie dann entstanden, die 650 Seiten mit dem Titel:

Die Spiritualität des Widerstands
Ausbrüche aus dem Gefängnis der Herrschaft
Hugo Balls Byzantinisches Christentum und
der schiitische Sufismus

Ich gab das Konvolut bei meinem Doktorvater ab, und nach einiger Zeit kam der Doppelschlag.

Mein Doktorvater schrieb mir: »Sie müssen sich entscheiden, ob Sie ein Student der Philosophie sind oder eine verrückte Mischung aus Savonarola und Bakunin. Mir 650 Seiten wirrer revolutionärer Mystik auf der Basis des Rappelkopfes Ball als eine wissenschaftliche Arbeit vorzulegen, ist eine Zumutung sondersgleichen. Ich schlage das nicht zur Annahme vor.«

Und am selben Tag oder kurz darauf ein Brief Maryams, in dem stand: ›Ich soll heiraten.‹ Oder: ›Ich muss heiraten.‹ Ich gestehe, ich war zu erschüttert, den ganzen Brief zu lesen. Die eine Niederlage potenzierte die andere. Gemeinsam zerstörten sie mich. Ich achtete nicht darauf, was sonst noch in dem Brief gestanden haben mochte. Sie war fort, sie würde ihre Mutter bis zum Tode pflegen müssen, sie würde sich um ihren Bruder kümmern müssen. Sie würde heiraten müssen.

Es gab eine Erschütterung. Eine lautlose. Ganz still. Aber gewaltig. Ein Beben, und die Erde riss auf und verschlang mich. Und spie mich wieder aus. Und alles zerbrach und fiel in sich zusammen. Liebe. Arbeit. Zukunft. Vergangenheit. Glaube. Zuversicht. Sinn. Jegliche Freude, jeglicher Wille, mich und mein

Leben zu erhalten und zu leben, floss aus mir raus, als wäre ich angeschossen worden und würde da liegen und ausbluten. Und es tat mir nicht einmal leid um das Blut. Eine Lähmung des Gefühls. Die Seele war taub wie eine Hand oder ein Fuß mit toten Nerven.

Was habe ich getan? Denn man tut ja immer etwas. Man liegt ja nur symbolisch da und blutet aus. Beschämenderweise tut man stattdessen irgendwas.

Ich habe mir eine Schubkarre geborgt und einen Kanister Benzin gekauft und habe das ganze Papier, die einzige Abschrift und alle Notizen und Bücher da reingepackt und sie in den Stadtwald gekarrt und dort ein Freudenfeuer angezündet. Und obendrauf auf der Dissertation Maryams Brief.

Ja, und während der Qualm in den Himmel stieg, fiel mir plötzlich auf, dass ich soeben unfreiwillig in die Lage geraten war, die ich seit Jahren analysiert und beschrieben hatte: die einer absoluten Entweltlichung.

Hinausgeschleudert aus dem Karussell des Lebens, die geliebte Frau verloren, die akademische Karriere verloren, fort aller weltliche Ballast, fort aller Ehrgeiz und alles Interesse an mir. Fort alles, was mich abhalten und ablenken konnte vom Essentiellen, vom Nichts.

Ich war frei. Frei wie ein Obdachloser, frei wie ein Todeskandidat in seiner Zelle. Der einzig verbliebene Besitz war das Elendshäutchen der Erinnerung an unseren mystischen Augenblick der Himmelsöffnung in Laveno. Und auch dessen Realität wurde dünner und durchsichtiger, je weiter er zurücklag und je weniger Glück aus ihm gefolgt war. War da überhaupt etwas geschehen, oder war es alles nur Einbildung gewesen?

Um das herauszufinden und um den Schrei meiner Verzweiflung nicht zu verschlucken und von seiner Gewalt zerrissen zu werden, blieb nur die Flucht. Und so saß ich einen Tag nach meinem Autodafé vom Stadtwald im Flugzeug. Aber das gehört dann schon definitiv ins Kapitel

In der Wüste

Mein Name war aus dem Buch der Welt herausgerissen, ich gehörte nicht mehr zu den Lebendigen und noch nicht zu den Gestorbenen. Ein Stein war auf mein Herz gefallen, und ich glich einem ausgebrannten Talglicht oder einem abgestürzten Vogel, der seinen Gefährten verloren hat und hilflos im Staube flattert.

Ich fuhr auf den Sinai, um selbst den Weg zu beschreiten, den ich beschrieben hatte. Den Weg der Reue, der Einsamkeit und der Armut mit dem Ziel von Erkenntnis und Liebe. Aber das Verrückte war: Ich kam ja von der Liebe! Was sollte ich Gottes Namenhundert lernen, wenn in keinem mehr ein Name für sie mitklingen und mitschwingen konnte? Wie soll man sich auf den steinigen Pfad der Vollendung begeben, wenn man aus der Vollendung kommt, aus dem Paradies von Milch und Honig und hinausgewiesen wurde in die Wüste und ins Geröll der Welt ohne Liebe? Wollte ich denn ein Sufi werden? Oder als ein heimatloser, liebeloser Landstreicher ins Vergessen tauchen?

Jedenfalls war mir eines ganz seltsam klar, obwohl das Katharinenkloster auf dem Sinai mein Ziel war: Ich will kein Mönch werden und kein Sufi und auch kein Zen-Adept. Ich will keinen Exerzitienmeister und keinen Scheich und keine Schule. Ich bin nicht auf dem Pfad nach oben. Ich bin zerbrochen. Und dieses Zerbrochensein wollte ich hinnehmen und nicht darauf aufbauen. Heute ist es ja Mode: In jedem Scheitern steckt der Keim zu einer Selbstoptimierung, und du kannst besiegt werden, aber nicht vernichtet. Oh doch, du kannst auch vernichtet werden, und mein Los war nun eben, ein Vernichteter zu sein und nicht etwa ein Geläuterter. Ein Vernichteter, ohne damit hausieren zu gehen.

Warum aber das Katharinenkloster? Weil es in der wüstesten Wüste liegt, wo alles seinen Anfang nahm. Es wurde an der Stelle erbaut, wo Moses den brennenden Dornbusch sah, dort sah der Johannes Klimakos aus meiner Diss seine Himmelsleiter, angeblich weilte auch der junge Mohammed hier bei den Mönchen, verbürgt ist in jedem Fall, dass das Kloster, als die Araber den Sinai überfielen und eroberten, einen Schutzbrief von seiner Hand erbat und bekam.

Dort also kam ich an. Es sieht aus wie ein Fort im Monument Valley oder wie Fort Alamo. Eine Gottesburg. Zunächst als Besucher und Gast, der sich Bibel und Koran aus der Bibliothek ausborgte und draußen vor den Mauern unter den Zypressen, wo ein wenig Schatten war, passagenweise begann auswendig zu lernen.

Als ich kein Geld mehr hatte, ließ man mich für die Unterkunft arbeiten, ich machte die Besuchertoiletten sauber. Es war genau die rechte Tätigkeit für einen Menschen, dessen Horizont nicht mehr über eine Kachel und ein Urinal hinausreichte. Kontinente auf der abgesplitterten Emaille, deren Isthmen ich bereiste.

Ich lebte wie der Straßenkehrer Beppo aus *Momo:* ein Besenstrich, ein Atemzug, ein Schritt. Kniend auf dem Boden mit Lappen und Eimer, so verbrachte ich, so verging mir die Zeit. Eine Fliese, ein Stück Zeit, eine Sure. Es war die Wüste. Das grelle Licht, das vom schwarzen Loch deiner Gedanken geschluckt wird. Die peitschenschwingende Sonne als tyrannischer Herrscher, unter dessen Schlägen du dich windest. Fluchtversuche ins ewige Seelendunkel, versiegelte Lippen. Der Bleimantel der Langeweile, die zur Verzweiflung wird, die wiederum zu Langeweile zerrieselt. Die Wüste lässt Körper und Seele ebenso erodieren und zerbröseln und versanden wie Berge und Felsen. Von allem, was einmal Leidenschaft war, bleibt nur das sonnengebleichte Skelett, darüber der Wind den Sand weht. Farbiger Sand. Beige, ocker, grau, hellblau, ein feines Pulver, in Millionen Jahren vom Wind gesiebt. Und harter Sand, scharf wie Glassplitter, rötlich und rotschwarz wie Feuerkäfer.

Nein, auf dem Pfad der Erleuchtung war ich nicht, aber vielleicht tat ich die ersten Schritte, um ein neptischer Mensch zu werden. Nepsis ist ein Wort, das mir dort begegnete, ein Adjektiv und zugleich die Befehlsform eines Verbs: Seid nüchtern und wacht.

Das unbarmherzige Licht brannte mich aus, brannte die Schlacken von Schmerz, Trauer, Eigensinn aus der Seele und dem Körper. Ich habe unter diesem Licht so lange gelitten, bis ich es lieben konnte. Dann konnte ich wieder gehen. Die Frage war nur: Wie bleibe ich in der Wüste, wenn ich die Wüste verlasse?

Ich muss ein wenig nachdenken, um zu rekonstruieren, wann ich wo war und was getan habe.

Die Zeit hatte mich damals ans Ufer gespült, so dass ich nicht mehr in ihrem Fluss weitertrieb und vorwärtskam. Manches schien ewig zu dauern, anderes kaum einen Moment.

Zurück in Deutschland, traf ich eine alte Bekannte wieder, Evelyne, eine Töpferin, die sich in der Bretagne verliebt hatte und dort in einem kleinen Dorf im Finisterre lebte, in der Nähe von Concarneau und Gauguins Pont Aven, und zwar mit einem Musiker aus der Gegend. Sie war in Deutschland, um im Westerwald einen Brennofen zu kaufen und dann mit ihrem Geschirr die bretonischen Wochenmärkte abzufahren. Allerdings hatten die beiden zwei Hunde, und wenn auch sie jetzt noch unterwegs sein würde, brauchten sie jemanden, der einhütete und mit den Tieren spazierenging.

Also fuhr ich mit ihr nach Ransbach-Baumbach, den Ofen kaufen, und dann in dem schwerst beladenen Renault-4-Kastenwagen zurück nach Frankreich durch eine nächtlich verschneite, weiße, surreale Normandie. Dann lebte ich mit den Hunden, aber das dauerte nicht lange, nicht einmal bis zum Frühling, denn Evelyne und der Musiker trennten sich, und sie kehrte nach Deutschland zurück und er mit den Hunden zu seiner Mutter.

Unterdessen hatte ich in Concarneau einen anderen Deutschen kennengelernt, Karl, der mir von einer Landkommune in der Provence erzählte, wo er gelebt hatte. So kam ich dann aufs Hochplateau von Revest-du-Bion, eine karge und alte Landschaft, nicht unähnlich den Weidegründen in Palästina oder Syrien. Hirten und ihre Tiere lebten dort seit Jahrtausenden, aber in den dreißiger Jahren war auf dem Contadour versucht worden, eine andere, neue, unbürgerliche und friedliche Lebensform zu finden, in den Siebzigern waren die Städter den Bauern zu Hilfe gekommen, um die Installierung von atomaren Raketenabschussrampen im Plateau zu verhindern. Einige waren dort geblieben, so auch meine Gastgeber, die einen Bauernhof führten, für den ich die Schafe hütete. Gewiss mehrere Jahre lang, ich trug keine Uhr mehr und blickte auf keinen Kalender. Ich zog über die Hügel mit meinen 20 Ziegen und paar hundert Schafen und einem Hund. Es roch nach Lavendel im Frühling und nach Thymian im glühenden Sommer. Die klugen Ziegen suchten meine Nähe, und ich kannte sie bald alle beim Namen und genoss es, wenn sie um mich herumstanden, an meinem Pullover knabberten und mir ihren süßen, duftenden Pflanzenfresseratem ins Gesicht hauchten.

Bei den Schafen brauchte ich länger, um sie zu unterscheiden. Im ersten Sommer studierte ich ihre kollektive Bewegung, nicht unähnlich der eines Fischschwarms, wo auch immer jeder versucht, zum eigenen Schutz ins Zentrum zu gelangen, so dass eine permanente Verdichtung der Mitte geschieht, die die ganze Gruppe zugleich voranbewegt.

Der Nachthimmel war unendlich, und wenn ich im Sommer draußen schlief, den Hund und die Ziegen dicht bei mir, dann glitt ich wie ein Fisch hinein in die immense Sternenreuse. Und die Schafherde war wie eine lebendige, atmende Decke um mich gebreitet. Das Herz und die Gedanken schwiegen, nur der Sternendom drehte sich langsam, das war die Zeit.

Ich hatte mir eine Flöte geschnitzt und blies einfache Melodien. Den Tieren gefiel es, und einmal gesellte sich in der Dämmerung auch ein fremder großer grauer Hund zu uns, den ich noch nie gesehen hatte. Er kam näher, um der Melodie der Flöte zu lauschen, sah mich aus seinen gelben Augen aufmerksam an und legte sich dann ganz zutraulich vor mir ins Gras. Er erinnerte mich ein wenig an Rex. Am nächsten Morgen war er fort, aber er kam noch mehrmals, wenn ich abends Flöte spielte, und verbrachte dann die Nacht bei den Tieren und mir.

Und danach? Ich war des Zusammenlebens mit Menschen so

entwöhnt, dass ich weiterhin mit Tieren leben wollte. Da hörte ich, es war schon nach der Wende, und ich war wieder zurück in Deutschland, von einem Gnadenhof in der Nähe von Bad Hersfeld im alten Zonenrandgebiet, und stellte mich dort als Pfleger vor.

Ja, und da war ich in gewisser Hinsicht wieder in meiner Kindheit und bei Rex und meinem Vater angekommen: ›Au au au‹ und ›Ei ei ei‹ – das erwies sich in den meisten Fällen als völlig zureichende Sprach- und Lautäußerung. Gesten der Zärtlichkeit waren wichtiger als Reden.

Es war eine schöne und friedvolle und traurige Zeit: gestrandet.

Ein Leben mit dem Tod, und man rudert und rudert. Und als guter Fährmann fand ich auch wieder zur Musik. Erst leise summend, dann pfeifend, dann singend und schließlich auch wieder dabei auf der Gitarre zupfend. ›Au au au‹ und ›Ei ei ei‹.

Und am Faden der Musik wurde ich auch zurück zu Menschen gezogen. Ich traf einen Studienfreund wieder, der eine ethnografische Arbeit über ein Dorf in Nepal geschrieben hatte und der mich einlud, ihn dorthin zu begleiten.

So kam ich nach Bala. Die Gegend des Himalaya dort ist eine der Landschaften, von denen ich bei der ersten Begegnung das Gefühl hatte, sie schon immer gekannt zu haben. Absolut fremd und urvertraut.

Wir flogen von Kathmandu aus in einer kleinen Maschine zu einem der abgelegenen Flugplätze in den Bergen: Tumlingtar. Von dort wanderten wir das Tal des Arun hoch und bogen dann links in ein Seitental ein. Dort musste man von einem kleinen Marktflecken aus erneut in die Höhe steigen. Und hoch oben auf einem Hügel, nach Südwesten ausgerichtet, liegt Bala.

An dem Tag, als wir ankamen, wurde das Gästehaus des Dorfes geweiht. Man opferte einen Widder und vier Hühner, und zum Essen fand sich nach und nach das ganze Dorf ein. Am Abend saßen wir dann rings um die Feuerstelle im Haus, es wurde voller und voller und enger und enger, und dann begannen die Männer der Dorfs, eine Geschichte aus ihrem Urmythos zu vergegenwärtigen in Gesang und Tanz, die Geschichte von Somnima und Paruhang. Sozusagen die erste Liebesgeschichte.

Somnima, die Schöne, die Tochter des Windes, wächst heran und sucht sich einen Mann. Der Cipurke-Vogel ist der Vermittler, er soll Paruhang aus dem Himmel holen. Aber Paruhang, wiewohl göttlich, ist hässlich, und Somnima weigert sich, ihn zum Mann zu nehmen. Da schickt er eine Dürre über die Welt, und als alles zur Wüste geworden ist und Somnima verdurstet, trinkt sie schließlich seinen Samen, schlurft ihn vom Piralublatt. Und kommt dreimal nieder und gebärt die ganze Welt: zuerst die dornigen Schlingpflanzen, dann die Vögel und das Wild, dann Tiger, Bär und Affe. Und zuletzt den ersten Menschen.

Alles wurde nacheinander aufgezählt, besungen und im Tanz in Szene gesetzt. Es war die Geschichte dieser Menschen, es war die Geschichte ihrer Identität. Die Pflanzen, die Tiere, alle gehörten zu ihren Ahnen, ihren Vorfahren. Und in dieser Geschichte, die sich vom Anfang, vom Ursprung her entfaltet, haben die Leute des Dorfes ihren ganz bestimmten Ort und wissen, wer sie sind. In diesem Dorf, in dieser Landschaft, Welt und Zeit. Es ist ein Strom, den man hinabfährt, den man aber auch hinauffahren kann.

Fragtet ihr jemanden aus dem Dorf, wer er ist, er verfiele nicht in abgründige Reflexionen, sondern erzählte die Geschichte der Welt von Anfang an, von Somnima und Paruhang an, und er zeigte darin seinen Ort, den Ort seines Dorfs und seinen Platz in der Geschichte.

Dort in Bala läuft der Mythos nicht neben den Realien her, der Ökonomie, der Verwaltung und der Politik. Er durchdringt und trägt das Ganze des Dorflebens. Es gibt nichts, was nicht vom Mythos her bestimmt wäre. Er ist alldurchdringend. Die Erzähler und die Zuhörer, alle, die ihr Leben von diesen Geschichten her verstehen, haben Anteil an den Urgeschehnissen, Urgestalten, Urorten. Die Genealogie hält die Verbindung aufrecht. Die Toten gehen hinüber in die Welt der Ahnen, greifen ins Leben ein und gehören, helfend oder störend, zur Gemeinschaft dazu.

Natürlich lässt die Kraft nach. Fast nur noch die Alten kennen die mythologische Geschichte auswendig. Die Jungen gehen nach Kathmandu oder ins Ausland, verwestlichen und vergessen. Ja, wir Westler tragen den Rost des Vergessens dorthin.

Aber ich war wie die Alten, mir war der Ort Heimat, und ich blieb eine Weile. Wie lange? Ich weiß es nicht mehr. Monate? Jahre? Vielleicht hätte ich es geschafft, dort langsam in der Natur zu verschwinden, aber genau wie zuvor, genau wie in meiner Zeit mit den Tieren, dachte ich an sie, die Einzige, und sang den Himmel an, und mit dem Denken an sie blieb auch der Schmerz mein Begleiter und verhinderte, dass ich mir und der Welt endgültig entkommen konnte.

Und danach? Und danach?

Irgendwann, wieder in Deutschland, erfahre ich von meiner Schwester, dass mein Vater gestürzt ist und mit einem Knöchelbruch verwirrt im Krankenhaus liegt. Er wird nicht wieder zurück in sein Haus können, sagt sie mir, er ist zu dement, und es wird Monate dauern, bis er wieder gehen kann, wenn überhaupt. Wir müssen ihm ein Heim finden. Ich mache das, wenn du möchtest.

Ich komme erstmal, sage ich ihr, ich hatte ihn ja Jahre nicht gesehen.

Es war natürlich ein Schock. Wie soll ich es ausdrücken? Er war so harmlos geworden. Mein Vater war immer jemand gewesen, der von seinem exakten Gedächtnis gelebt hatte, ein Mensch, der kraft seines Erinnerungsvermögens sein ganzes Leben permanent präsent hatte, der alles verglich und richtete, und daraus kam seine Verbitterung, die er mit dem Alhohol zu dämpfen suchte, aus dem dann wiederum seine Gewaltausbrüche kamen. In gewisser Hinsicht war er mir so lieber gewesen, klar und böse, als in diesem Zustand zunehmender, grüblerischer Gleichmut oder Apathie. Die Erinnerungen lösten sich auf, oder sie hörten einfach auf, etwas zu bedeuten, und als wir dann wieder zu Hause waren – ich hatte ja beschlossen, ihn zu Hause zu pflegen und nicht in ein Heim zu geben, meine Schwester zuckte die Achseln, tu, was du nicht lassen kannst, *ich* mache es nicht – als wir also wieder in dem Häuschen saßen, wo wir aufgewachsen waren, da war nur ich es noch, für den jedes Stück Einrichtung zum Bersten voll war mit Erinnerung, Bedeutung und Rätsel.

Er konnte nicht mehr gehen, saß im Rollstuhl, aber es war bei ihm ohnehin nicht die rastlose Form von Demenz, wo undeutliche Ängste dich treiben und peitschen wie ein böser Kutscher seine Mähre, und du wirr und verzweifelt von einem Punkt zum andern läufst. Nein, es war eigentlich ein stilles und friedliches Leben.

Manchmal, zum Glück nur selten, überkam es mich, ihn mit seinen Fehlern zu konfrontieren und ihm irgendwas vorzuwerfen, und ich fragte ihn, ob er sich noch erinnere, wie er mich geprügelt hatte und wie ich es mit meinem ›Au au au‹ erreichte, dass er von mir abließ und zu sich kam.

Da fängt er, neben mir im Rollstuhl sitzend, an zu lachen, und dann knufft er mich auf den Oberarm und legt danach die Hand auf mein Handgelenk.

Die Möblierung hatte sich seit mehr als einem halben Jahrhundert nicht geändert, und ich, der ich ein anderer geworden war, konnte nun stundenlang die Dinge anstarren, die mich als Kind beschäftigt oder verwirrt hatten, und versuchen – ja was? herauszubekommen. Was mich verwirrt hatte oder wie ich in den Zustand und den Blick von damals zurückfinden könnte?

Zwei Dinge vor allem waren es: das einzige Bild, das seit jeher im Wohnzimmer überm Sofa hing, ein gerahmter Druck nach Franz Marc mit drei roten Pferden in einer blaugrünen Hügellandschaft und der große Wohnzimmerteppich, ein Orientimitat von allerdings guter Wollqualität, dessen Muster und Strukturen zu betrachten und sich in sie zu versenken, für mich als Fünfjährigen so eine Art verfrühter LSD-Trip gewesen war.

An dem Bild scheiterte ich. Ich konnte nicht mehr zurück hinter mein Wissen von Marc, dem Blauen Reiter, dem Expressionismus und dem Ersten Weltkrieg. Ich wusste noch ungefähr, was mich befremdet hatte – das Falsche. Die rote Farbe, die abstrahierten Körperformen, die Aufsicht auf den Hals des hinte-

ren Pferdes, die seinen Kopf perspektivisch verbirgt ... Aber ich
fand dieses Gefühl von fasziniertter Ablehnung nicht wieder, das
rein körperlich und emotional gewesen war.

Bei dem Teppich kam ich weiter. Ich hatte als Kind die umlau-
fende Borte als Rennstrecke für meine Matchbox- und Siku-Au-
tos benutzt, eine Art Indianapolis mit eckigen Kurven, und war
stundenlang, unter dem Tisch auf dem Teppich herumrutschend,
damit beschäftigt gewesen, die Autos dicht hintereinander im
Pulk jeweils ein Stückchen vorwärtszuschieben. Ich brummte
dabei vor mich hin, das Motorengeräusch nachmachend, ohne
bis zu den letzten Zentimetern der Zielgeraden bewusst zu wissen, welchen Wagen ich als Ersten die karierte Flagge würde
passieren lassen. Oder wusste ich es von Anfang an und versuchte mir das ganze Rennen hindurch vorzumachen, eine Entscheidung sei noch nicht gefallen?

Die Borte also, gut, die hatte eine nachvollziehbare Form und
konnte praktisch genutzt werden. Auch die Farben verstand und
mochte ich: die Rottöne, das noble Blau, das leuchtende Grün,
das Schwarz dazwischen. Aber die Figuren und Ornamente waren eine Sprache, die ich nicht zu entziffern vermochte. Sie stellten nichts Konkretes dar, keine Füllhörner und Pflanzen und Tiere,
aber es waren auch keine geometrischen Formen – davon abgesehen, dass ich damals für die ohnehin noch keinen Namen gehabt hätte. Es war der reine psychedelische Ansturm, und wenn
ich zu lange auf diese Chiffren starrte, fingen sie an sich zu bewegen und ineinanderzuwabern, bis mir körperlich übel wurde.

Immerhin konnte ich diesen Teppich jetzt, neben meinem Vater im Dämmerlicht sitzend, entspannt anschauen und die vertraute Fremdheit vertraut und fremd zugleich sein lassen.

Außer ihn zu füttern, zu waschen und zu betten hatte ich
nicht viel zu tun. Einmal in der Woche half mir dabei ein junger
Zivi, und der war es dann auch, der mir gezeigt hat, wie man einen Blog macht.

Ja, und so habe ich dann angefangen, jede Woche ein anonymes Gedicht ins Netz zu stellen, nein eigentlich waren es keine
Gedichte, eher Lieder ohne Noten, oder genauer: Songs.«

»Und so habe ich dich endlich wiedergefunden, Hermann! Die Ulrike von der Arbeit hat mir eines deiner Lieder gezeigt, weil sie ihr so gut gefallen haben, pass auf, ich habe das auswendig gelernt, an dem ich dich dann sofort wiedererkannt habe. Das ist mein Hermann! habe ich mir gesagt. Das kann nur mein Hermann sein.

Wer bin ich? Ein Bettler. Ich singe für dich,
Geliebte so fern, wo erhörst du mich?
Von den Ketten des Weltlaufs bin ich befreit,
Und mein Schmerz ist auch meine Seligkeit.

Ein Ertrinkender bin ich und trinke mit Wonne,
Ein Blinder und doch der Vertraute der Sonne.
Meine Seele bist du, und ich bin die deine.
Zwei Seelen sind wir und sind doch nur eine.

Ich habe den Esser in mir gegessen.
Ich segne das Zeitliche in dir.
Ich habe als Sklave die Welt besessen.
Du besitzt all das, was bleibt von mir.«

»Ja, was war das für eine Freude, als wir uns dann wiedergesehen haben, Bernhard! Und du mich aus der Wüste zurückgeholt hast und mir geholfen, wieder als Lehrer zu arbeiten. Ja, und welches Glück dann, als du mir die Möglichkeit eröffnet hast, jene beiden Knaben – oder besser gesagt: jungen Männer, kennen- und lieben zu lernen.«

Dadjjal Nameh

دجال نامه

Buch Daddschal

———

Wißt ihr denn, auf wen die Teufel lauern,
In der Wüste, zwischen Fels und Mauern?
Und, wie sie den Augenblick erpassen,
Nach der Hölle sie entführend fassen?
Lügner sind es und der Bösewicht.

———

GOETHE

Einen habe ich verloren

Einen habe ich verloren. Mindestens einen. Also einen, von dem ich es sicher weiß. Mounir. Der zweitälteste von vieren. 26. Das heißt, wäre er heute. Eine marokkanische Familie. Insgesamt waren es vier Brüder. Und eine kleine Schwester. Die Eltern Hartz-IV-Empfänger, leben vom Kindergeld. Der Vater ist eigentlich, wenn du ihn so siehst, ein sympathischer, freundlicher Mann, kann auch Deutsch. Aber er hat die Kinder geprügelt. Und wie. Also die Söhne, nicht die Tochter. Ich habe ihm mehrmals mit der Polizei gedroht. Das Jugendamt war häufig da. Die Mutter sprach kein Wort Deutsch.

Der älteste Bruder, Larbi, 29 Jahre alt, hat bis zu seinem 14. Lebensjahr in Marokko gelebt, bevor sie ihn rüberholten, Mounir auch die ersten Jahre.

Larbi hat kaum Deutsch gesprochen, hat sein Deutsch hier auf der Straße gelernt. Entsprechend war es. Also schriftlich gar nichts. Nie eine Schule von innen gesehen. Ein guter Fußballer übrigens, aber permanent gewaltbereit. Sobald ihm irgendetwas nicht gepasst hat, hat er mit Schlägen gedroht oder sofort losgeprügelt. Das ist echt anders als wir das von früher kennen. Da muss nicht erst mit Worten eine Hemmschwelle überwunden werden, bevor zugeschlagen wird. Und die alte Regel, dass es aufhört, wenn einer am Boden liegt, das simple menschliche Gefühl, dass dann Schluss sein muss, die gilt bei so jemandem auch nicht mehr. Und wehrt sich einer, dann kommt das Messer raus. Das ist das Neue, das andere, und natürlich auch das Unerträgliche. Und keinerlei Einsicht in eigenes Fehlverhalten bei dem, der hat nur sein eigenes Recht akzeptiert. Ich musste ganz oft ein Spiel abbrechen, damit er sich entschuldigt, hat er aber nie getan, sondern ist stattdessen einfach abgehauen.

Niederschwellige Angebote, so heißt das, so ist das im Katalog des Jugend- und Sozialamts vorgegeben, also bieten wir da Verschiedenes an, darüber hab ich die Jungs kennengelernt. Ein Zettel oder Mund-zu-Mund-Propaganda, freitags, 14 Uhr, Kicken auf dem Bolzplatz. Bei schlechtem Wetter und im Winter in der Halle. Teilnahme absolut freiwillig. Da sind die Jungs dann irgendwann aufgetaucht.

Der Vater war ein absolutistischer Herrscher, er hat über seine Söhne verfügt. Die Kinder waren sein Eigentum. Die beiden älteren hat er, wie gesagt, nachgeholt, um das Kindergeld zu kriegen. Wie das läuft, da wusste er Bescheid. Kleiner Kerl. Äußerlich überhaupt nicht beeindruckend.

Larbi wurde, als er schon hier lebte, vom Vater in Marokko mit einer marokkanischen Frau verheiratet. Die haben sie dann hierhergebracht. Larbi hat das Gleiche getan wie sein Vater, nämlich seine Frau grün und blau geprügelt. Irgendwann ist er dann wegen Erpressung und Körperverletzung drei Jahre in den Knast gewandert. Seither ist er abgetaucht in die kriminelle Szene. Ab und zu läuft man sich über den Weg und gibt sich die Hand.

Das war mit Abstand der dümmste der vier Brüder.

Marouan, der dritte, war viel intelligenter. Auch Fußballspieler, genauso gewalttätig wie Larbi. Im Spiel hat er sofort gespürt, wo die Schwächen eines Gegenspielers lagen und versucht, ihn psychisch zu erniedrigen und fertigzumachen. »Was war das denn für 'n Muschipass?« Wenn's aber dann mal gegen ihn ging, tickte er aus: »Du hast mich berührt, du hast Foul gespielt, ich hau dir in die Fresse, du Judensau!«

Er ist aus mehreren Vereinsmannschaften rausgeflogen, weil er völlig unfähig war, sich in Gruppen einzugliedern.

Den Hauptschulabschluss hat er mit Ach und Krach geschafft.

Aber er wollte ja Berufsfußballer werden. Mit 18 steht er plötzlich da und ein Typ neben ihm. Mit Stoppelbart und Gelfrisur und Lederkrawatte. »Mein Manager«, sagt er. Halbseiden bis dorthinaus. Ich hab das keine Sekunde ernst genommen, aber er hat dann ein halbes Jahr in der Landesliga bei Großkrotzenburg gespielt. Er war wirklich ein guter Fußballer, schnell und mit Augenmaß. Aber keinerlei soziale Intelligenz, keine Fähigkeit zur Einordnung, keine Teamfähigkeit. So ein Typ kann dir ganze Mannschaften kaputtmachen. Ich hab ihn dann natürlich nur noch selten gesehen, auf der Straße, zum Bolzen oder zu unseren anderen Sportaktivitäten kam er da schon lange nicht mehr.

Ich weiß aber, dass er dann in Griesheim gespielt hat, dann bei Bayern Alzenau in der Regionalliga, mit denen ist er abgestiegen, dann ist er zu Wehen Wiesbaden gewechselt. Da hat er tatsächlich angefangen, Geld zu verdienen und konnte die Familie unterstützen.

Er trinkt keinen Alkohol, lebt sportlich, seinen Körper hat er im Griff, Frauen stellt er nach und verachtet sie. Völlig areligiös, aber deutsche Frauen sind natürlich Huren.

In Wiesbaden hat er sich letztlich nicht durchgesetzt und ist jetzt zum Halleschen FC gewechselt. Stand heute beträgt sein Marktwert immerhin 100 000 Euro.

(TK schüttelt den Kopf.)

Bilal, der jüngste Bruder, ist der intelligenteste der vier. Ein undurchschaubarer Typ. Auch bei ihm ist die Gewalt latent immer präsent gewesen. Zum Beispiel hatte er Gewaltanfälle gegen kleine Kinder. Kneift sie ins Gesicht, bis sie weinen. Fußballerisch war er der schlechteste der vier, aber ein guter Torwart, gute Reflexe.

Mit 15, 16 hat er angefangen, neben der Schule Geld zu verdienen. Als Spülhilfe im Café Extrablatt, an den Job ist er über Bekannte gekommen. Er war hübsch, er war freundlich, und er ist bis zum Kellner aufgestiegen. Er war auch auf dem Gymnasium, aber dann hatte er sein Coming-out.

»Wenn du schwul wirst«, hat Larbi später mal gesagt, »dann ist das die größte Sünde und die größte Schande für die Familie. So einen Bruder kannst du dann auch vom Hochhaus runterwerfen, der ist ohnehin schon tot.«

Danach hat er für die Brüder nicht mehr existiert. Die Familie hat ihn verstoßen. Keiner hat je wieder seinen Namen erwähnt.

Wenn ich einem von den Jungs in Bornheim über den Weg gelaufen bin und nach ihm gefragt habe, haben sie sehr kurz angebunden reagiert: »Weiß nix von ihm.« Das war alles.

Er ist danach völlig von der Bildfläche verschwunden. Andererseits hat ihn das Schwulsein davor bewahrt, völlig in der Familie aufzugehen.

Ich hatte sowas schon länger geahnt. Beim gemeinsamen Schwimmbadbesuch ist er immer lange in der Dusche geblieben, hat die Typen gemustert und dann angewidert zu mir gesagt: »Du, der guckt mich so an, ich glaube, der will was von mir.«

»Kann ich nicht sehen, aber vielleicht willst du ja was von ihm.«

Darauf folgte dann ein Fluch auf Arabisch und irgendeine obszöne Bemerkung. Er hatte keine Sprache dafür, seine latenten Gefühle irgendwie zu thematisieren, und wenn ich mehr gesagt hätte, wäre er vermutlich auch handgreiflich geworden. Der Konflikt war zu heftig, der da in ihm getobt hat. Wenigstens habe ich, glaube ich, ein bisschen den absoluten Horror von der Sache weggenommen für ihn, indem ich ganz selbstverständlich darüber gesprochen habe. Vielleicht hat's ihm das leichter gemacht.

Er war ja das erste Kind, das in Deutschland geboren wurde. Die beiden älteren haben keinen deutschen Pass.

Die Tochter heißt Zuheyra. Sie geht auf die Grundschule.

In der ersten Klasse hat sie einen der Schwimmkurse mitgemacht, die wir anbieten. War ein lebendiges Mädchen, hatte immer eine Menge Spaß im Schwimmbad. Das Seepferdchen hat sie damals beim ersten Mal ganz knapp nicht geschafft, Wasser war einfach noch ein zu fremdes Element für sie. Sie war ein bisschen enttäuscht, aber ich habe ihr Mut gemacht, beim nächsten Mal schaffst du das. Habe dann die Eltern angeschrieben, ob sie einen zweiten Schwimmkurs machen kann, bei dem sie das Seepferdchen dann bestimmt schaffen wird.

Bekam einen Zettel zurück, nein, sie darf nicht mehr mitgehen. Frag ich am nächsten Tag die Brüder. Die haben Zuheyra immer ›die Prinzessin‹ genannt. »Nein, die Eltern wollen nicht, dass die Prinzessin das macht.« Bin ich also zu den Eltern. Es war eine ziemlich kleine Wohnung. Und sie hatten regelmäßig Klagen am Hals wegen Mietrückständen. Bis dann der Fußballersohn jeden Monat einen Teil seines Gehaltes zu Hause ablieferte. Danach entspannte sich die Situation. Klingle da also, werde eingelassen und frage, warum Zuheyra denn plötzlich nicht mehr zum Schwimmen soll.

»Wir wollen das nicht mehr«, sagt der Vater, und plötzlich sehe ich hinten im Zimmer das Mädchen sitzen, und es trägt ein Kopftuch.

»Warum willst du denn nicht mehr?« frage ich sie ganz direkt. »Du hast doch immer so viel Spaß gehabt.«

»Nein, wenn meine Eltern das nicht wünschen, dann will ich das auch nicht mehr.«

Mit niedergeschlagenen Augen. Völlig unter der Kontrolle der Eltern. Und bei der Gelegenheit wurde mir dann auch langsam klar, dass der Vater, der nie irgendetwas mit dem Islam hatte, sich plötzlich zum Islam bekannte. Vielleicht, weil ihm die Religion die Autorität, die Legitimation und den Segen dafür gibt, seine Kinder zu beherrschen.

Und apropos: Seit einiger Zeit bieten immer mehr türkische Moscheevereine auch Kinder- und Jugendarbeit an hier in Frankfurt. Vereine, die ihr Geld aus der Türkei kriegen, also ist es klar, wo da die Solidaritäten und die Loyalitäten liegen. Die machen aber keine Jugendarbeit wie wir, die machen Koranschule. Und mir hängt es langsam zum Halse raus, wenn, was vor 15 Jahren noch nicht vorstellbar war, die Neunjährigen mich in der Mittagspause umringen und loskrähen: »Ist das auch halal? Ist das auch halal? Ist da auch kein Schweinefleisch mit dabei?« Irgendwo da hört die Integration auf und die Unterwanderung beginnt.

Tja, Mounir also ... Dabei war er der anhänglichste der Brüder, und ganz gewiss der am wenigsten gewalttätige. Er hat zwar mitgeprügelt, aber er wollte nicht immer prügeln, es ging nicht von ihm aus. Feiner Unterschied. Und anders als seine Brüder war er fähig und willens, sich in Gruppen zu integrieren. Ich hatte zur selben Zeit auch noch die Jungs einer afghanischen Familie beim Sport. Das war wirklich eine gläubige Familie. Die ganzen 15 Jahre, die ich sie kannte. Die gingen in die Moschee, praktizierten Barmherzigkeit, also gaben Almosen, obwohl sie's ja selbst nicht dicke hatten. Die haben mir mal über die marokkanische Familie gesagt, über die Brüder: »Das sind keine Moslems. Die haben keine Ahnung. Das sind Terroristen.«

Während sich die marokkanischen Brüder immer über diese Familie und ihren Glauben lustig gemacht haben. Naja, langer Rede kurzer Sinn: die Söhne der afghanischen Familie, von denen ist einer Bauingenieur geworden, arbeitet für eine Baufirma, der zweite hat ein eigenes Unternehmen, so ein Facility-Management-Ding, und der jüngste, der Fachabitur gemacht hat, fängt jetzt eine Schiedsrichterkarriere an und wird vielleicht sogar in der Bundesliga landen.

Es muss so etwa vor fünf Jahren begonnen haben, so 2010, 2011. Und selbst wir, die wir ja nun täglich mit den Kindern und Jugendlichen arbeiten und auch ihre Familien sehen, haben es nur halb mitbekommen, weil niemand offen geredet hat. Da hat eine Verschiebung angefangen in der muslimischen Gesellschaft. Da hat es angefangen mit dem permanenten Scheitern und dem Nicht-Verstehen und Nicht-Akzeptieren hiesiger Werte. Also sie wollten alle Geld, aber haben nie akzeptiert, dafür zu arbeiten. Haben nie gelernt, diszipliniert zu sein, Disziplin zu halten. Sei es bei der Ausbildung oder in der Schule. Und dann war da plötzlich auch der Salafismus, tauchten die Hassprediger in den Moscheen auf. Ich kriegte das nur über Bande mit: Bisher hatte Mounir immer freitags Fußball gespielt mit uns, sommers auf dem Platz, im Winter in der Halle. Von einem auf den anderen Tag sagt er mir: »Es geht nicht mehr, freitags habe ich keine Zeit, da gehe ich in die Moschee.«

Wir sind ja flexibel. Wir spielen auch mittwochs. Kommt er also mittwochs zum Kicken, es sind 14 Jungs in der Halle. Um zehn nach fünf ist Schluss, und da fangen sie an zu beten, mitten in der Halle. Das habe ich ihnen verboten, ein öffentliches Gebäude, für den Sport, für alle, da wird nicht gebetet. Hat er akzeptiert. Ab da sind sie um zehn nach fünf runter in den Heizungskeller zum Beten. Und so gab es ganz viele kleine Gruppen, die plötzlich in jeder sozialen Einrichtung, in jedem öffentlichen Gebäude beten wollten. Ich hab' versucht, ihnen klarzumachen, warum das nicht geht.

Eskaliert ist die Situation zum ersten Mal 2013. Nicht bei uns, in einer anderen Einrichtung. Aber auch ein Verein für Jugend- und Sozialarbeit. Da hat eine Gruppe von vier Männern nachmittags eine Pädagogin bedroht. »Du Schlampe, du Hure«, das Übliche, aber dann haben sie sie geschubst und ihr Prügel angedroht. Jemand hat die Polizei gerufen, da waren sie natürlich wieder weg, Ergebnis vom Ganzen war, dass die Stadt den Laden geschlossen hat.

Ja und das war auch das neue salafistische Umfeld von Mounir. Mit einem Mal hatte er Sehnsucht nach autoritären Strukturen. Ich hab' versucht mich mit ihm zu unterhalten, und er bewunderte jetzt Gewaltstrafen gegen den Körper. Hände abhacken, Kopf abhacken, davon konnte er regelrecht schwärmen. Moral und Strafe. Konsequenzen. Wir haben richtig lange Diskussionen gehabt. Gewaltmonopol des Staates, kategorischer Imperativ, Menschenrechte, Gewaltenteilung.

»Euer System taugt nichts«, hat er mir gesagt, »denn es ist menschengemacht. Es kommt nicht von Gott.« Und ich hatte, wir hatten natürlich alle irgendwie gedacht, es sei auch seins. Jetzt frag' ich mich, ist es das jemals gewesen? Und seit wann nicht mehr? Fand er das System schon immer schlecht und hat nur plötzlich eine Alternative gesehen, oder ist da einfach ein hohler Kopf indoktriniert worden? »Eure Konsumwelt taugt nichts. Wir lehnen dieses materialistische, auf Ausbeutung und Krieg basierende System zutiefst ab.« Wobei, konsumiert hat er sehr wohl.

»Und es ist interessant und zutiefst erschreckend«, sagt Hermann, »dass wir, hättest du uns vor 40 Jahren gefragt, das Gleiche hätten sagen können.«

Jedenfalls, fährt TK fort, ist er dann immer öfter verschwunden, nicht mehr zu den Angeboten gekommen, irgendwann wieder aufgetaucht. »Habe immer so Kopfweh, dann gehe ich in die Moschee, höre dem Hodscha zu, dann geht's mir besser.«

Ich bin dann mal mit ihm in seine Moschee gegangen. Werktags um ein Uhr mittags. 300 Leute, 300 junge Männer, und das Erste, was ich denke, ist: Warum arbeitet hier keiner?

Irgendwann war er dann verschwunden und blieb verschwunden. Es wurde rumgemunkelt, und über drei Ecken erfuhr ich dann, er sei nach Syrien gegangen und habe sich bei einem Selbstmordattentat in die Luft gesprengt. Aber wie genau das passiert ist, was genau da gelaufen ist, keine Ahnung ...

Die Sirenen

Vielleicht war es so, klang es so in den Youtube-Filmen und begann es so auf den Facebook-Seiten, die die Brüder ihm posteten: Komm, Hidschra machen! Vielleicht begann es mit der Einladung, aus dem Land der Ungläubigen ins Kalifat zu wallfahrten und als Rechtgläubiger zu leben und zu sterben im reinen Osten. Vielleicht begann es mit der Sehnsucht nach der Hegire, fort von den Komplikationen der Realität.

Vielleicht las Mounir den Post vom Weg, den Allah uns gewährte, geschrieben von einer jungen Schwester, die ihm vorangegangen war: »Aus der Ferne erblickten wir ein auf uns zukommendes Licht, es war nur einige Minuten nach dem der Fahrer telefonierte. Hoffnungsvoll erwarteten wir das es Brüder sind welche uns abholen und wir die Gesegnete Erde Allahs betreten. Wir waren endlich da, endlich im Dawlatul Islamiyya. Wir haben es geschafft alhamdulillah. Ein Gefühl der Freiheit kam auf, vielleicht denkt man ich übertreibe jetzt aber es war tatsächlich so. Es war ein Gefühl sehr ähnlich wie als ich den Islam annahm. Es ist ziemlich schwer zu beschreiben. Einige kennen vielleicht das Gefühl der Bedrücktheit, es kommt einem vor als ob schwere Steine auf der Brust liegen. Und wie wundervoll es sich anfühlt wen die Steine von einem abfallen. So war dies mein Freies Aufatmen, nachdem abwerfen der Lasten. Auch meine Kinder waren ergriffen: Allahu Akbar Tränen der Dankbarkeit flossen. Sie sahen zum ersten Mal Mujahedin ausgerüstet und auf einmal waren sie hellwach. ›Ummi, Ummi, da ist ein Mujahid, Ummi guck mal er hat eine Waffe.‹ Sagten meine Jungs voller Freude.«

Ja, gerade an dieser Seite las er sich jeden Tag fest, an den Botschaften der Schwester, die ihm wie eine Huri von der Pforte des Paradieses zuwinkte. Auch andere, Männer und Frauen, konnten nicht genug hören.

Ach, Schwester, seufzte eine Leserin, wie köstlich und wie aufregend ist deine Geschichte!

Was ist das schon, lautete der Repost, gegen das, was ich euch morgen erzähle, wenn ich bis dahin noch lebe und verschont geblieben bin.

Und am nächsten Tag ging es weiter:

»Das Land des Islam ist mein Vaterland / die Söhne des Islam sind meine Brüder // Der Gott der Schöpfung befiehlt mir / gerecht zu sein und gute Taten zu verüben // Meine Treue ist meinem Glauben gemäß / und den Weisungen des Koran // Nie werde ich fanatisch Partei ergreifen / für Qahtan und Adnan // Mein Bruder in Indien, du bist mein Bruder / und auch der im Balkan // Auch im Ahwaz und Aqsa / den arabischen Ländern, Tschetschenien // Wenn Palästina aufschreit / und Afghanistan ruft // Und der Kosovo unterdrückt wird / und Assam und die Pathanen // betrachtet mein Herz sie voller Leidenschaft / ersehnt demütig Beistand // Ich mache keinen Unterschied zwischen ihnen / dies hat mich mein Glaube gelehrt // Wir sind alle ein Körper / der sich nach froher Rechtleitung richtet // Er hält die Schmerzenstränen zurück / und wischt sein rotes Blut ab // Keine Rasse trennt uns / in verschiedene Sprachen und Farben // Das Buch Gottes vereint uns / mit Gottesfurcht im Glauben // um alle Hoffnungen auf Zersplitterung der Gemeinschaft / und auf Feindschaft davonzujagen! // Wir werden immer Brüder bleiben / trotz der Söldner des Teufels!«

Es gab Hinrichtungsbilder und Videos zu sehen, auf denen

die Söldner des Teufels ihre gerechte Strafe empfingen. Wie bei ›Hatred‹ oder ›Postal‹. Aber wie sollte er reagieren, wenn Assad, der Ungläubige, täglich Fassbomben auf die Bevölkerung warf und die westliche Welt zusammen mit den Zionisten untätig und händereibend zusah und Krieg gegen den Islam führte?

Alle aus Europa Ausgewanderten, alle, die Hidschra machten, konnten helfen. In Blogs und Broschüren las er detaillierte Anweisungen, wie man am besten ins Kalifat gelangte und was man für die Hidschra mitnehmen musste. Und dort, im befreiten Gebiet, erwarteten den Rechtgläubigen – so zeigten es die Videos – voll bestückte Gemüse- und Obstmärkte, Geschäfte und strahlende, die schwarzen Flaggen schwingende Kinder.

Bevor es so weit sein konnte, las Mounir die frohe Botschaft von Ahlam al-Nasr, ›diesen bescheidenen Beitrag zum Aufbau des rechtgeleiteten Kalifats, dieses Geschenk einer Muslimin aus der Umma, die in den Gotteskriegern die ersehnte Hoffnung auf die Wiederherstellung der verlorenen Herrlichkeit und der langersehnten islamischen Stärke sah‹.

»Nein, ich gebe mich nicht zufrieden mit einem Leben in Erbärmlichkeit / Lasst die Drückeberger und die Verwirrten dort, wo sie sind // Denn ich bin eine Frau, der die Liebe nicht gefällt / Die Zufriedenheit meines Herrn, o Gefährten, ist mein Ziel! // Nein! Sagt nicht: Wir brauchen keinen Dschihad. Denn / es gibt kein gutes Leben, ohne dass wir unser Blut opfern // Was ist ein Leben des Viehs unter der Rute / wenn die Wölfe, o mein Gefährte, mit uns spielen? // Was ist ein Leben der ständigen Unterdrückung? / Wie können die Edlen die schlimmen Aggressionen gutheißen? // Es gibt kein Leben außer im Dschihad und seiner Macht / Der Dschihad ist unser Leben und unser Heil // Er ist das, was die Söldner des Feindes fürchten / Er ist das, was das Glück im Diesseits vorzeichnet!«

Ein Satz einer der Frauen beeindruckte ihn besonders und er las ihn immer wieder:

»Wenn wir keine Schwestern mit dem richtigen Verständnis vom Islam hätten, die bereit sind, alle ihre Bedürfnisse zu opfern und ihr Leben im Westen aufzugeben, um die Hidschra zu machen und Gott zu gefallen – wer sollte denn dann die nächste Generation Löwen aufziehen?«

Mounir, der Löwe. Seine Kinder, die nächste Generation Löwen.

»Ich bin ein Kind dieses Volkes / und opfere mich der Religion in meinem Herzen // Ich liebe die Wahrheit und will nichts / außer ihr; dies ist mein Weg // Als ich den Feind sah / und unendlich viele Ermordete // wurde ich zum Mujahid, zum Helden / entschlossen und voller Ernst // Doch die Welt tadelte mich / weil ich noch ein Kind bin! // O wehe dir, unterdrückerische Welt! / Unmöglich kann sie die Lösung sehen // Ja, ich bin noch jung; wie oft / träumte ich von einem Leben in Wohlstand // Aber als mich die Banden / holen wollten, um Verbrechen zu begehen, // und Frevel im Diesseits wütete / wie der Teufel, // und alle Menschen niedermetzelte / und alles Gute im Vaterland zerstörte // da opferte ich mich aus Großmut / um die Herrlichkeit des Islam aufzubauen // Ich kämpfe im Dschihad ohne Unterlass / um sein höchstes Geschenk zu beschützen // Es stimmt, ich bin noch ein kleines / Kind, das noch nicht lange gelebt hat // Aber meine Freude wurde mir geraubt / und fand keine Stütze // Und keinen Beistand / und ebenso wenig meine zarte Kindheit // Wie soll ich nach dem Verlust von Freude und Kindheit leben?! / Sie sind Gold! Sie sind Silber! // Sie sind mein Eigentum und meine Träume / sie sind mir wie ein Schatz // Ich werde teuer Rache nehmen / an den Feinden, und siegen // Das Regime des Bösen habe ich im Sinn / mit den Waisen und Kindern // Daher bin ich gegangen, um ein Leben / des Dschihad der Helden zu leben // Also wundert euch nicht, denn ich / kämpfe wie die Freien // Und diskutiert nicht über / Schmerzen und Gefahren // Ja ich bin noch jung, aber / ich werde auf mein Ziel zugehen // Ich bekämpfe all meine Feinde / und besinge ein Leben in Gerechtigkeit // Dein Tadel bringt mich zum Lachen / denn du hast noch keine Unterdrückung gesehen!«

Dort im Kalifat warteten Frauen auf die Löwen. Eine erzählte in ihrem Blog, dass es zum Mittagessen Spiegeleier, Kirikäse und Brot gegeben habe. Sie postete Kochrezepte und Bilder ihres Mittagessens. In einem weiteren Post teilte sie den Lesern das Rezept eines einfachen Bohnengerichts zum Nachkochen mit, das sie von ihren ›Ansary Nachbarn‹ bekommen hatte. »So Fummelarbeiten wie das Abtrennen der Bohnenenden gehen mit vielen Helfer Händen rucky zucky Alhamdulillah.« Sie postete Bilder von Sandstürmen, berichtete von Elektrizitäts- und Wasserausfällen und schilderte gefährliche Episoden bei der Einreise, als alle Frauen erst einmal von den Männern getrennt wurden und einige Zeit im Frauenhaus verbringen mussten. »Stinkende Plumpsklos gab's da, auf die die Kinder nicht gehen wollten. Aber es ist ja nur eine Zwischenstation, Härten und Entbehrungen des unwichtigen Diesseits, eine winzige Prüfung Gottes. Je mehr man diesen europäischen Bequemlichkeiten und Freuden abschwört, desto näher ist man bei Gott. Und Kinderzeugung und -erziehung ist im Kalifat sogar wichtiger als der Dschihad der Löwen, die den Staat aufbauen und bereit sind, sich für ihn zu opfern; einen Staat, in dem man ein gottesfürchtiges Leben in Frieden, Sicherheit und Gerechtigkeit führen kann, in der Liebe zum Dschihad und zum Tod und zum Paradies. Dafür verließen wir unsere Häuser und schickten wir unsere Männer für den Sieg in den Tod, dafür tragen wir die bitteren Verluste, welche dieser Weg mit sich bringt.«

Und Mounir las:

»In der heutigen Zeit herrscht Irrtum / in jedem Kopf, die Mondsichel ist untergegangen // Das Richtige ist gebeugt, Verbrüderung ist tot / Trauer herrscht, das Schöne ist verschwunden // Ich las das Buch des Gottes, des Wissenden / und betrachtete seine Verse in Freude // Es zeichnet den Weg vor und verbreitet Gutes / das das Diesseits mit großer Sicherheit erfüllt // Es sagt zu uns: Los! Wohlan! / Der Wahrheit entgegen! / Dann werdet ihr in Frieden und Gerechtigkeit leben // Dieser Dschihad wird das Unrecht zum Schweigen bringen / die Unschuldigen erretten und die Schmach ausmerzen // Und so erhob ich mich, ich will den großartigen Dschihad / um die schreckliche Unterdrückung zu besiegen // Ich lebe, wie der Herr es von uns wollte / ehrenwert und edel, energisch und nobel // Doch es kam zu mir ein elender Knecht / und ein Volk, dessen Angst nie versiegt // Es will ein verächtliches erbärmliches Leben / ohne Mühen; seine Entschlossenheit ist abgestumpft // Sie sagen: Wofür der beharrliche Dschihad? / Mit so viel Gefahren, die in ihm lauern? // Wofür die Feindschaft für die Leute des Feindes / sie sind ein Verbrechervolk ohne Reue // Dein Dschihad wird alles nur noch verschlimmern / und das Zusammenleben der Menschen auch! // Du musst einfach alles vergessen! / So wirst du zum weisen Diener! // Da sagte ich: Ich will den edlen Dschihad / um das brutale verbrecherische Unrecht auszumerzen // Wie lange es auch dauern mag / sie werden auf Feuer stoßen und auf schreckliche Verluste // Es ist unmöglich, dass mein Dschihad ein Irrweg ist / denn unsere Feinde sind es, die mit dem Übel angefangen haben // Sie begannen mit unterdrückerischer Feindseligkeit / aber ihr wart feige und hattet Angst vor dem Antreten zum Kampf // Mein Dschihad wird sie von der Korruption abhalten / wird ihre feindlichen Aktivitäten im Land verhindern // Und dies ist der Weg, meiner Religion zum Sieg zu verhelfen / und mein Land vor jeder Feindseligkeit zu beschützen!«

Wenn er dort eine rechtgläubige Frau gefunden hätte und Kinder mit ihr gezeugt, dann würde er auch sterben können, denn den Frauen der Märtyrer ging es gut im Kalifat. Es gab ein Forum, wo die Witwen der Krieger sich für die Hilfe der Brüder und Schwestern bedankten:
»Vor seinem Martyrium hatte mein Mann dafür gesorgt, einen Vormund über mich zu bestimmen, und wunderbarerweise haben Brüder eine Woche vor seinem Tod Geld geschickt, mit dem ich jetzt alle seine Schulden begleichen konnte. Mein Mann hat mich nicht stranden lassen, sondern mir ein paar Schwestern vorgestellt, die sich jetzt um mich kümmern können und außerdem einige Tage vor seinem Tod mit mir zusammen eine Hebamme aufgesucht, wo er geduldig jedes einzelne Detail der bevorstehenden Geburt übersetzte. Ohne ihn wäre das nicht möglich gewesen, denn niemand, den ich kenne, spricht hier sowohl Arabisch als auch Englisch fließend. Die schimmlige kleine

Wohnung, in der wir zuerst hausen mussten, war weit entfernt von Geschäften und hatte kein Internet. Umso dankbarer bin ich nun, dass Allah, in dessen Namen die Brüder die Wohnungen der Feinde an die Einwanderer verteilen, uns geholfen hat und wir eine Woche vor dem Martyrium meines Mannes eine Wohnung bereitgestellt bekamen, die komplett mietfrei ist, geräumig, weniger schimmlig, nahe an Geschäften, einem Krankenhaus und Apotheken und auch Internetverbindung hat, damit ich in diesen wertvollen Momenten mit meiner Familie in Kontakt bleiben kann. Das sind nur ein paar der Gefallen von meinem Herrn, die ich nicht verleugnen kann. Ich ermutige euch Muslime, die Hidschra zu machen und eure Plichten gegenüber Allah zu erfüllen. Er wird alles für euch richten!«

Schmunzelnd las Mounir, wie Umm Layth in ihrem *Tagebuch einer Auswanderin* ihren Schwestern eindringlich erklärte, sie sollten bloß nicht denken, die Hidschra machen zu können und unverheiratet zu bleiben. Auch die Witwen von ›Märtyrern‹ sollen nach Ende ihrer ›Wartezeit‹ baldmöglich wieder verheiratet werden.

»Schwestern, wenn ihr mit einem Mujahid verheiratet seid, dann respektiert ihn und tut nichts, was ihn unzufrieden machen könnte. Ihr müsst wissen, dass ihn das Leben an der Front psychologisch berührt und ihm manchmal auch leichten Stress bereiten kann. Das Blut, das er sieht, die Körperteile, über die er auf dem Schlachtfeld läuft, die Freunde, die er verliert und der gestörte Schlaf von ihm – all das reicht aus, um jedermann zu brechen. Dein Ehemann hat das Jenseits der Welt vorgezogen, hält aber noch immer an der Ehe fest, weil das etwas ist, ohne das kein Mann leben kann. Eine Frau ist von Natur aus jemand, der liebt und umsorgt, was jeder Mann braucht, insbesondere aber ein Mujahid. Ein Mujahid braucht jemanden, mit dem er sein Leben teilen kann. Er braucht jemanden, mit dem er Komfort und Freude hat, wenn er von der Front frei hat.

Also klagt bei seinem Heimaturlaub von der Front keinesfalls über einen geringeren Lebensstandard als zu Hause, unzureichende Versorgung mit Waren oder belästigt ihn gar mit Reparaturarbeiten im Haus. Stattdessen macht euch hübsch für ihn, sprecht mit netter Stimme zu ihm und kocht ihm in dieser Zeit stets gutes Essen. Denkt auch daran, ihm während des Fronturlaubs die Wäsche zu waschen und ihm ›Friede und Trost‹ zu spenden.

Aber glaube nicht, Schwester, dass deine Ehe ein romantisches Märchen ist und das Leben nicht schwer wird, wenn du die Frau eines Märtyrers oder Mutter eines Waisen wirst. Wie alle anderen Schwierigkeiten nimm Eheprobleme als Gottes Prüfung der Ernsthaftigkeit hin: Du hast gesagt, deine Hidschra war für Gott, den Erhabenen, und nicht um deinen Ehemann zu begleiten oder zu heiraten. So ist dies vielleicht ein Test, um das zu beweisen.

Aber auch auf euch wartet der Lohn:

Komm, ach Islam, zerschlage ihre Intrigen / denn du, Islam, bist unsere Sicherheit! // Deine Höhe ist die standhafte Kühnheit / mit dem Dschihad der Wahrheit, auf dem unsere Flagge weht! // Ich möchte im Schutz des Höchsten leben / Ich möchte den Dschihad und ich kümmere mich nicht um Beinamen // Unterwerfung habe ich abgelehnt, und Schande ebenso! Was ich am meisten ersehne / ist das Streben nach dem Paradies und der Seligkeit // Dort sind der Prophet, seine Gefährten und seine Frauen / Dort sind reife Früchte, die weit herabhängen // Dort ist unvorstellbare Glückseligkeit / O Elend dessen, der uns verrät // Die Welt des Feindes ist ein Trugbild der lächerlichen Einbildung / Die Glückseligkeit meines Herrn dauert immerdar für den, der ihm nahe kommt // Wir sind die freien Frauen, wir werden nicht vom rechten Pfad abweichen / Wir werden unseren Eifer für den Dschihad hochhalten! // Wir blicken ungeduldig zum Paradies der Unsterblichkeit / Ach wie sehr fließt die Sehnsucht danach in uns über! // Dort erlangen wir Glück und seliges Leben / Das Licht unserer Schönheit übertrifft die Paradiesjungfrauen // Ich will den Dschihad, das ist der Weg zu meinem Paradies / ich will den Dschihad, er ist das Leben und die Glückseligkeit.«

Mounir sah, dass es möglich sein würde, bereits im Diesseits

Glückseligkeit zu spüren, ein Leben in Würde, Wahrheit, Freiheit, Reinheit, und Gerechtigkeit zu führen.

»Das Gesetz unseres Herrn ist das Licht / Mit ihm steigen wir zu den Sternen auf // Mit ihm leben wir ohne Schmach / ein Leben in Sicherheit und Frieden // Unser Staat beruht auf / dem Islam, dem Siegel der Religionen // Obwohl er den Dschihad gegen die Feinde führt / leitet er die Leute politisch // Wie sehr hegt und pflegt er seine Herde / mit Erbarmen und Sanftmut // Er macht das mit Sorgfalt / und erlangt daher keinen Tadel // Du siehst ihn – wenn Böses herrscht / wird er es entschlossen bekämpfen // Er gibt den Leuten Mitgefühl / und schenkt ihnen viel Wissen // Er gibt ihnen das Leben großzügig / Sie beklagen sich nicht über Sorgen // Wenn einer von ihnen ihn braucht / wie freigiebig kümmert er sich dann! // Die durstige notleidende Erde / sehnt sich nach Wolken // Das Leben der Menschen verläuft in Gerechtigkeit / weit weg von den Verletzungen der Unterdrückung // Sicherheit umhüllt ihr Leben / und gibt ihnen Friedfertigkeit // Kein Unglauben führt sie in die Irre / sie befürchten keine Verbrechen // Die Rechtleitung durch den Islam wird sie retten / das Heer der Wahrheit, wie sehr wird es uns beschützen! // Ein Leben, ach wie sorgenfrei! / als wäre es ein Traum! // Ein Leben, nach dem ich mich schon lange sehne / und worüber schon viel gedichtet wurde! // Der Glanz des Islam hat es vorgezeichnet / Welch schöner Entwurf! // Unser Staat hat dieses Leben verwirklicht / Es ist keine Einbildung, Freund! // Was ist reiner als Religion! / Was höher als Herrschaft?!«

Und so ermutigt und gestärkt, ging Mounir Hidschra machen.

Eine Merkwürdigkeit

Ob es einem Atheisten, einem Agnostiker oder selbst einem Christen wohl möglich ist, zu verstehen, was ich bin und wonach ich strebe? Und mehr noch, ist es einem anderen angesichts meines Verhältnisses zu Gott und zu den Menschen wohl möglich zu sagen: Ich bin anderer Meinung, aber ich akzeptiere ihn?

Baudelaire hat gesagt, dass der intelligenteste Kniff des Teufels darin besteht, uns weiszumachen, er existiere nicht. Mein Eindruck ist, sein Meisterwerk besteht darin, die ganze Welt davon überzeugt zu haben, dass der Islam eine monströse Religion ist.

Der Prophet Mohammed hat gesagt: Im Anfang ist der Islam als eine Merkwürdigkeit erschienen, und er wird auch wieder zu einer Merkwürdigkeit werden.

Wenn ich durch die Straßen gehe und das Gemurmel angesichts meines Bartes höre, dann komme ich mir vor wie die Henker früherer Zeiten – abgesehen von ihrer Nützlichkeit –, denen man auch nicht über den Weg laufen konnte, ohne dass es einem kalt den Rücken herunterlief. Diese bösen Blicke und abfälligen Kommentare begleiten mich jeden Tag wie ein durchgebrochenes Magengeschwür.

Ich heiße X, und ich bin ein Salafi, der im deutschen Schulsystem groß geworden ist.

Zunächst einmal, was heißt es, Salafi zu sein? Eigentlich müsste es genügen zu sagen, ich sei ein Moslem, aber im Islam schießen die Sekten ins Kraut, und für alle die, die den Koran und die prophetischen Traditionen wahrheitsgemäß leben wollen, ist es notwendig geworden, sich von anderen Strömungen mit unehrlichen Zielen oder Praktiken zu unterscheiden.

Salafi zu sein heißt also, Moslem zu sein wie zur Zeit des Propheten. Da er – Ehre und Friede sei ihm – uns gelehrt hat, dass nur die gerettet werden, die in seine Fußstapfen treten, halten wir uns ausschließlich an den Koran, die Worte des Boten Gottes, seiner Kameraden und der nächsten beiden darauffolgenden Generationen. Die der *Salaf,* der Vorgänger. Es geht darum, so dicht wie möglich an den Quellen zu bleiben, um nicht vom Wege zu geraten.

Ganz ähnlich wie die ultraorthodoxen Juden könnten wir uns auch statt Salafis orthodoxe Moslems nennen, denn auch wir möchten ganz unserer Religiosität leben, im Herzen, in unseren Worten und Taten, unserer Ernährung, Kleidung, kurz in unserem ganzen Verhalten gegenüber der Welt. Bei uns gibt es keinen Unterschied zwischen Privatleben und öffentlichem Leben – wo Gott nicht ist, da ist der Teufel.

Ich weiß, dass hierzulande jedes öffentliche Ausleben von Religiosität zur Peinlichkeit geworden ist. Auch der Katholizismus ist seit dem Zweiten Vatikanischen Konzil seiner Substanz entleert. Es bleiben nur noch Weihnachtskrippe, Tannenbaum, bunte Kugeln und Osterhasen.

Die wenigen Male, die ich Nonnen getroffen habe, empfand ich sofort eine tiefe Sympathie: Ihre Kleidung, ihr Verhältnis zu Gott, ihre Abwendung von der Welt, all das erinnert an wahre Moslems. So kommt es leider, dass die einzigen Leute, die uns verstehen könnten, hinter Klostermauern leben und keine Stimme in den Medien haben. Anderswo ist es anders: Im größten aller demokratischen Staaten können, wie ich bemerke, die Amish und die Mormonen ihrem Glauben leben, ohne ständig stigmatisiert zu werden.

Ihr werdet mir antworten: Die bringen auch keine Unschuldigen in Konzertsälen und auf der Straße um. Das ist wohl wahr, aber ich habe es ja bereits gesagt: Ich bin Salafi und kein takfirischer Charidschit. Noch einmal, es ist wichtig, sich zu unterscheiden, vor allem von solchen Mördern. Das Problem ist nur, auch sie nennen sich Salafisten. Man muss sie also anders nennen, damit keine Verwechslungsgefahr besteht. Der Prophet hat diese Abweichler ›Höllenhunde‹ genannt.

Dieses Übel ist in der Geschichte der Moslems nichts Neues. Der vierte Kalif, Ali, hat sie bereits bekämpft, diese blutrünstige Bande, die sich mehr nach Massakern sehnt als nach dem Glauben und die einer soliden Argumentation nur die Exkommunizierung entgegenzusetzen hat.

Dies vorausgesetzt, sind meine Meinungen dennoch nuancierter als ein Facebook-Like, und deshalb vergesse ich auch nicht – denn ich will gerecht sein, ohne das nicht zu Rechtfertigende zu rechtfertigen –, dass im Irak und in Syrien die sunnitische Bevölkerung unter den schiitischen Milizen zu leiden hat, die Häuser zerstören und Menschen vergewaltigen und töten, ohne dass jemand, abgesehen von jenen Höllenhunden, ihnen hilft.

Ich fand diese Kämpfer mutig, solange sie gegen Assad und seine Handlanger zu Felde zogen, wenigstens zu Beginn des syrischen Aufstandes, als man noch nicht recht wusste, wer gegen wen kämpft. Dann wurde der Horror aller Welt sichtbar. Auch im Islam, meine Brüder, rechtfertigt das Ziel nicht die Mittel. Es war von blutiger Lächerlichkeit, als wären die französischen Banlieues nach Syrien ausgewandert. Ich habe sie gesehen, wie sie sich in den Videos spreizten wie die Gangsta-Rapper, die MP über der Schulter, mit religiösen Gesängen statt mit Beats im Hintergrund, und die Unschuldigen verbrannten und köpften.

Wisst ihr was? Für diese Verblendeten bin ich, der ich an den einen Gott glaube, bete, faste, Bart und Djellabah trage, genauso des Todes, als wäre ich ein alkoholisierter Satanist, denn ich glaube, dass jeder Moslem der Regierung gehorchen muss, egal wie ungerecht sie ist, und sie glauben, dass es nur einen einzigen moslemischen Befehlshaber auf Erden gibt, ihren Kalifen.

Denn in Wahrheit sind wir die Jedis, und sie sind die Sith, die feindlichen Brüder. Unsere Macht ist ein gesunder Glaube, die ihre dagegen ein kranker und mörderischer Wahn, der sich nur aus Emotionen speist und gewiss nicht aus Lektüre und Meditation.

Aber ich bin nicht naiv. Auch wenn ich den takfirischen Terrorismus verurteile, macht mich das meinen Landsleuten nicht sympathischer. Es ist die Religion an sich, die provoziert. Jeder Proselytismus nervt, egal ob er von einem Moslem kommt oder einem Zeugen Jehovas.

Dieser Salafi also, dieser orthodoxe Moslem, der ich bin, ist in der staatlichen deutschen Schule erzogen worden. Und die hat mich auch gelehrt, den Unterschied zu machen zwischen einem Islam, der aus bunten Legenden besteht, und dem authentischen, dem des Propheten und seiner Kameraden, und der nur ein Ziel kennt, das Paradies.

Ja doch, ich glaube, nach dem Tod gibt es nur zwei Möglichkeiten. Und daran glaube ich felsenfest, es ist ein absoluter

Glaube, der mein Leben bestimmt. Und glaubt mir, wenn man die Beschreibungen der Hölle und des Paradieses liest, dann wird man sehr motiviert, das eine zu vermeiden und das andere zu gewinnen. Und dafür fünfmal pro Tag zu beten, einen Monat lang zu fasten, den Armen zu spenden, scheint ein sehr geringer Preis.

Es war ziemlich leicht, herauszufinden, dass der Islam, den die Großeltern im *Bled,* also ihrem Kaff, praktizieren, nicht so ganz ernst zu nehmen ist. Ich habe mich meiner Religion mit 20 zugewandt, davor bin ich in einer Familie groß geworden, in der man Alkohol trank, aber nur halal aß, in der man nicht betete, aber den Ramadan strikt beherzigte, in der man sich um Hilfe an die Heiligen wandte und zugleich Gott als den Größten anbetete. Mit einem Wort: ein sympathischer und folkloristischer Islam, der im Ramadan vor Honigkuchen aus allen Nähten platzt und in dem Legenden und Märchen, Polytheismus und die Worte des Propheten munter durcheinandergehen.

Aber dieser Islam, den die ungebildeten Großeltern und Eltern aus dem heimischen Bled importiert haben, löste sich im Lichte der ersten Werke, die ich mir beschafft habe, rasch auf. Vor allem des allerersten und wichtigsten, des Korans selbst, der ein Schock für mich war.

Der Name Moses kam öfter darin vor als Mohammed, die Drohungen und die Versprechen waren alternativlos.

Damals hatte ich ständig einen Joint im Mund, Tag und Nacht hörte ich Musik, keine Nacht war ich nüchtern, und meine einzige Religion war der Atheismus. Gefastet hatte ich noch nie, nicht einmal, um meiner Mutter eine Freude zu machen, die Bildung, die ich an der Schule und der Uni aufgesogen hatte, machte, dass ich mich allen Religionen auf eine überhebliche Weise überlegen fühlte.

Als ich dann begann, mich für die Religion meiner Vorfahren zu interessieren, merkte ich schnell, dass die Hände Fatimas und die Namen aller Heiligen, die tagaus, tagein angerufen wurden, mehr mit Polytheismus als mit dem Islam zu tun hatten. Auch ohne Bart und Djellabah fing ich also an, meine fünf Gebete am

Tag zu verrichten, wandte mein Gesicht nach Mekka und den Mädchen den Rücken zu. Ebenso den Drogen. Ich galt bald als ein gemäßigter, moderner Moslem, allen Extremen abhold.

Die Ironie bei der Sache war, dass meine Eltern meine Praktiken bald als religiöse Erneuerungen empfanden, wo sie in Wirklichkeit doch schon im Koran stehen. Und so fielen sie denn auch aus allen Wolken, sie, die mangels Kenntnissen des klassischen Arabisch nur ein paar kurze Suren des Korans kannten und glaubten, ihre Religion zu beherrschen, als ich ihnen erklären musste, dass der Gedanke, auf dem Grab von Sidi Abd as-Salam einen Hammel zu schlachten, um die Fruchtbarkeit zu vergrößern, ein Beispiel von Polytheismus war und sehr weit entfernt von der Religion Mohammeds.

Mein Vater sagte zu mir: »Das ist ein Islam, den man dir in Deutschland beigebracht hat. Das ist nicht der wahre Islam.«

Und so lebte ich also als braver Moslem, hörte Musik, weil ich das für erlaubt hielt, rauchte ab und zu eine Kippe und unterhielt mich in Kneipen mit unbegleiteten Musliminnen. Vor den Bärtigen, denen ich ab und zu über den Weg lief, hielt ich mich instinktiv zurück. Ich spürte, dass ihre Praxis der Religion die meine bloßstellte. Ohne es mir einzugestehen, wusste ich, dass sie auf dem richtigen Weg waren, aber dieser Weg schien mir kaum gangbar.

Aber dann nahm ich irgendwann an einer Veranstaltung teil, die von zwei Wissenschaftlern aus Saudi-Arabien gegeben wurde. Da hörte ich das erste Mal von der Salafiya. Kurz gesagt erklärten sie, dass man sich ausschließlich an den Koran zu halten habe, an die authentifizierten Aussagen Mohammeds und seiner Kameraden.

Ja was wäre denn auch normaler für einen Moslem, werdet ihr sagen. Und genau das war das Problem. So logisch, dass es kein Philosophieprofessor hätte bestreiten können, dass es kein ehrlicher Moslem jemals hätte in Frage stellen dürfen. Und doch kämpfen viele von ihnen mit aller Kraft dagegen.

Unter anderem lernte ich bei dieser Konferenz, dass es verboten ist, Musik zu hören, und das brach mir das Herz. Ein solcher Befehl, der konnte doch nur von Extremisten kommen! Aber als ich dann nachforschte, stellte ich rasch fest, dass diese Ansicht von vielen islamischen Wissenschaftlern geteilt und in vielen prophetischen Quellen bestätigt wird. Dasselbe galt für den Bart, der außer dem Schnurrbart nicht gestutzt wird. Völlig klare Beweise. Nur jemand sehr Unehrliches könnte diese Quellen in Zweifel ziehen.

Da war er also, der kritische Moment, der Augenblick des inneren Kampfes zwischen meinen Leidenschaften und meinem Glauben. Die erste Runde hatte ich bereits gewonnen, die schwierigste, die darin bestand zu erkennen, dass nur Gott würdig ist, angebetet zu werden, und dass Mohammed sein Prophet ist. Natürlich auch, dass man beten muss, fasten, nach Mekka pilgern und seine Almosen geben.

In der zweiten Runde ging es um die Perfektion des Glaubens. In ihr trennte ich mich von der deutschen Gesellschaft. Ich hörte auf, mit Frauen zu flirten, grüßte sie nur noch mit einem Kopfnicken, ich begann, auf die Gefahr hin, in den Augen der Unwissenden lächerlich zu wirken, weite Hosen zu tragen, die über dem Knöchel endeten, und ich hörte auf zu rauchen.

»Aber das ist doch Pillepalle, das sind doch Kleinigkeiten!« riefen einige meiner Bekannten. Aber diese Kleinigkeiten, meine Brüder, waren dem Propheten wichtig. Was wäre die Frucht des Glaubens ohne ihre Schale?

Das Paradies hat mehrere Ebenen, und so verstärkte ich meine Barmherzigkeit, um in das Glücksgefühl eintauchen zu können, das sich nur in vollkommener und ehrlicher Anbetung einstellt. So hoffte ich mit der Hilfe Gottes die höchsten Stufen Edens zu erklimmen. Mir war klar, dass man, um Gott zu gefallen, manchmal den Menschen missfallen muss. Und was sind schon einige Jahre Mühe und Plage gegen eine ganze Ewigkeit der Freude?

Aber das Ganze hörte nicht beim Bart, der Musik oder der Kleidung auf. Es war eine Rückkehr zum reinen Monotheismus, zu den Taten und Worten des Propheten und ohne Heiligen oder Guru, der diese ursprüngliche Botschaft deformiert hätte. Im Grunde also etwas sehr Vernünftiges, zumindest für einen Moslem. Mir wurde klar, dass Wissenschaftler wie Ibn Taymiyya oder Mohammed Ibn Abd al-Wahhab eben keine neuartige, rigorose Doktrin verkündet hatten, sondern nichts anderes lehrten, als den Koran und die prophetische Tradition zu respektieren.

Mir wurde klar, dass diese vermeintliche Strenge, die jeder mit dem Wahhabismus gleichsetzt, in Wirklichkeit die Strenge des Islams ist, so wie unser Prophet ihn uns gelehrt hat, und streng nur auf die wirkt, deren Glaube schwach ist. Schon klar, dass in einer Welt, in der die Seelen in Vergnügungen und Zerstreuungen ertrinken, in der sie keine Zeit mehr finden, zu sich zu kommen, nicht einmal auf dem Klo, dass es einer solchen Welt fanatisch vorkommen muss, wenn man fünfmal am Tag betet und einen ganzen Monat fastet. Und wenn man dann auch noch einen schwarzen Umhang und einen Bart trägt …

Dabei hatte ich keineswegs das Gefühl, ein Extremist zu sein. Ich war weit entfernt von der Askese, wie sie die Alten praktiziert hatten. Wenn ich die bösen Blicke auf der Straße sah, sagte ich mir, dass einer Nacktschnecke eben auch eine Schnecke mit Haus als ein ungeheuer stabiles Wesen vorkommen muss.

Ich bin auch nicht von heute auf morgen zum gläubigen Moslem geworden. Ich hatte so meine Probleme mit den ästhetischen Aspekten des Barts beim Mann, und auch die Musik liebte ich zu sehr, um sie von einem Tag auf den anderen aufzugeben. Dass das eine Pflicht ist und das andere verboten, habe ich aber sofort anerkannt. Denn ich hatte verstanden, dass die Salafiya eine Sache der Logik ist, des klaren Denkens, und dass andere Tendenzen, wie zum Beispiel der Sufismus, wo man sich einem Meister unterzuordnen hat und wo mystische Trance wichtiger erscheint als die Säulen des Islam, weit weg sind von der Ur-Religion, so wie sie der Prophet und seine Kameraden praktizierten.

All das dank dem logischen Denken, das mir meine Lehrer beigebracht haben, das mir unsere Gymnasien beigebracht haben, wofür ich ihnen auch herzlich danke, ganz im Ernst.

Es gibt noch so eine Legende, die gewisse Politiker aufgebracht haben, nämlich dass wir den Westen und seine Kultur hassen. Darf ich leise lächeln? Man bräuchte wirklich ein reines und unschuldiges Herz, um nur die Irrwege und nicht die Werte des Westens zu verachten. Als wären die Freiheit, die dem Beduinen sein Ein und Alles ist, die Gleichheit, die man in den Reihen der Gläubigen in der Moschee findet, und die Brüderlichkeit der Umma Fremdwörter für den Moslem.

Das heißt also, wir deutschen oder hessischen Wahhabiten, die ab und zu unter der Dusche ein funkiges Lied summen und deren Kenntnis der Kinoproduktion und der Fußballergebnisse zu unserer tiefsten Beschämung oft sehr viel größer ist als unsere Kenntnis des Islam – wie sollten wir die Kraft haben, das zu hassen, worin wir aufgewachsen sind? Wir versuchen nur einfach, die Sünden nicht zu begehen, die Alkohol, Tabak, Drogen und Musik für uns darstellen, so wie man auch versuchen würde, auf der Straße einer Exfreundin aus dem Weg zu gehen, die einen betrogen und um die man Schmerzen gelitten hat.

Der Hass ist anspruchsvoll, er braucht einen ganz anderen Treibstoff als Pornografie, Alkohol oder Frankfurter Würstchen – alles drei übrigens Waren, die man sich heute auch in islamischen Ländern leicht besorgen kann, und die auch dort bestenfalls anwidern oder aber die Menschen kaltlassen, aber jedenfalls keinen Hass hervorrufen.

Zwar wünsche ich jedermann das Glück, sprich den Islam, aber ich rede nur mit denen, die mir zuhören wollen. Wenn von Religion die Rede ist, halte ich mich zurück und rege mich auch nicht auf, sofern meine Gegner es ehrlich meinen. Ich glaube, den Islam muss man sich verdienen, man hält ihn anderen nicht hin, so wie ein Bettler seine offene Hand hinhält.

Soll glauben, wer will, und falsch glauben, wer will, obwohl ich schon sagen muss, dass mir – da die Hölle eine Realität ist – mancher hartnäckige Atheist leidtut. Mag er noch so großzügig, sanftmütig und wohlmeinend sein, es fehlt ihm doch das Entscheidende: der Glaube an den einen Gott.

Marokkanern gegenüber, selbst wenn es meine Mutter oder andre Verwandte sind, verhalte ich mich genauso, wenn sie den

Islam so betrachten wie die Sterne – als etwas, das sehr weit weg ist, und wenn sie ihn so befolgen wie die Verkehrsregeln – ungefähr: Wenn du deine Religion praktizierst, umso besser für dich, wenn nicht, umso schlimmer.

Wenn du Aufklärung suchst, wenn du Antworten suchst, bin ich da. Ich sagte es bereits, der Hass ist anspruchsvoll, ich habe nicht genug Energie für ihn. Deshalb werde ich dich nicht anspucken, du falscher Bruder, der dem Islam zuerst den Rücken gekehrt hat und dann mit mehr Wut auf ihm herumtrampelt als ein Ungläubiger und sein Verschwinden wünscht – nur um sich trotz all seiner Mühen von den Hiesigen als dreckiger Araber bezeichnen zu lassen.

Das Einzige, was ich will, ist, auf meine orthodoxe Art leben zu dürfen. Das ist möglich, ohne die Gesetze zu brechen, obwohl mein wahres Ziel natürlich ist, Deutschland zu verlassen und im Reich des Islams zu leben. Dabei mag ich auch dieses Land gerne. Ich liebe mein graues Dietzenbach, es ist mir mehr wert als das Bankenviertel einem Investmentbanker. Aber integriert bin ich nur ökonomisch, was für das Großkapital ja auch das wichtigste ist.

Dennoch bin ich kein Beduine, der sich in die Stadt verirrt hat, ich spreche deutsch, ich träume auf Deutsch, ich kenne die Regeln und die dreckigen Witze. Wer weiß, mit einem großen Führer wie Hitler wäre ich vielleicht sogar für dieses Land in den Krieg gezogen. Ich grüße meine Bäckerin, unterstütze die Eintracht, trage alten Frauen ihren Einkaufskorb, esse Handkäs – und vor allem will ich niemanden umbringen. Allein schon damit habe ich das Gefühl, mehr für den sozialen Zusammenhalt in diesem Land zu tun als so mancher Hausbesitzer, der Grün wählt, aber keine Araber in seinen Wohnungen will.

Fürchtet also nichts: Bevor ich eines Tages in meine wahre Heimat ziehe, bleibe ich brav in meinem Dietzenbach, wo nicht jeder bei meinem Anblick zusammenzuckt. Es gibt doch auch orthodoxe Juden in dieser Stadt, die niemanden stören.

Ich suche weder nach Sympathie noch nach Mitleid, ich will nur mein Recht, so zu leben wie ich muss. Und dir, deutsche

Schule, sei Dank, mir einen Sinn für Logik und analytisches Denken beigebracht zu haben, der mir erlaubt hat, den Obskurantismus des Islams der Legenden zu demaskieren und mich zum wahren Licht geführt hat: dem Islam der Ursprünge, dem Wahhabismus.

Hermann:
Das richtige Leben im falschen

Was mir missfällt oder unheimlich ist, jedenfalls nicht geheuer, das ist, dass wir mit unserem Abscheu vor den Unmenschlichkeiten, die Muslime im Namen des Islams begehen, gedrängt und gezwungen werden, einem Lager beizutreten, das sich als die Grundalternative erklärt und dessen Paragrafen wir allesamt, jeden einzelnen, mitunterschreiben müssen, weil keiner einzeln zu haben ist, nur das Gesamtpaket.

Wir unterschreiben also, wenn wir gegen den Terror, gegen die Archaik, gegen die Unmenschlichkeit sind, im Lager der Freiheit. Das Lager der Freiheit, der Demokratie, der Menschenrechte und der Toleranz ist aber zugleich eine Unterabteilung, eine mit anderen Abteilungen konkurrierende Kostenstelle, ein Ressort der Holding Globaler Kapitalismus.

Unterbrecht mich, wenn ich einen Denkfehler mache oder etwas auslasse, aber ich sehe nicht, dass wir irgendwo auf der Welt bei der freiheitlichen Demokratie unterschreiben können, ohne uns zugleich beim globalisierten Kapitalismus eingeschrieben zu haben.

Es ist ein Axiom, dass die Freiheiten und Menschenrechte nur in Demokratien zu haben sind, in denen zugleich der freie Markt am besten gedeiht, und dass der freie Markt früher oder später die Demokratisierung vorantreibt, um zu sich selbst kommen zu können.

Jedenfalls gibt es keine Demokratie, die nicht zugleich ein kapitalistisches Land wäre.

Und der Kapitalismus schien uns ja in unserer Jugend der Feind zu sein, das Akkumulationsprinzip, die Verelendungstheorie, die Kriege, die er zu seiner Machterhaltung führen muss, Börnes Wort von der giftigen Geldwirtschaft. Und wir haben herumexperimentiert mit anderen Lebensformen auf der Suche eben gerade nach Reservaten der Freiheit, die uns, wie wir glaubten, der Kapitalismus verbaute und verbot.

Machen wir uns nichts vor, wir waren im Irrtum, auch wenn ein latentes Unbehagen an den Verhältnissen nie verschwunden ist. Der gedankliche Irrtum war, den Kapitalismus wie eine Verschwörung zu betrachten, die von wenigen Menschen gemacht und gesteuert würde, wogegen wir heute wissen, er ist deswegen so erfolgreich, weil wir ihn alle wollen und alle an ihm mitarbeiten. Er scheint eine anthropologische Konstante zu sein.

Ohnehin sollten wir statt vom Kapitalismus vom Markt sprechen, denn ein globaler Flohmarkt ist es ja, wo wir alle etwas kaufen und etwas verkaufen wollen. Mit mehr oder minder Erfolg, zugegeben. Aber uns alle treibt die mimetische Begierde, das, was die Amerikaner »Keeping up with the Joneses« nennen. Wobei die positivsten Erinnerungen, die ehemalige DDR-Bürger zu berichten haben, immer diejenigen sind, dass man sich den Stress der Akkumulation von Wohlstand erspart hat – was ja dann vielleicht auch der Grund für das Ende der DDR gewesen ist.

Aber wir wissen doch selbst von der Kehrseite der Durchkapitalisierung aller Lebensbereiche oder sagen wir, wir kennen die Kehrseiten des Lebens in unserer freiheitlichen Demokratie: die Vereinzelung der Menschen, die Abschiebung der Alten, die soziale Schere, die sich immer weiter öffnet, der Absturz der Armen, die innere Leere des Hedonismus, die Ersatzbefriedigungen, die geistige Öde, der Zynismus – andererseits, denn wir wollen ehrlich sein: Die Statistik sagt uns das Gegenteil. Wir werden älter als unsere Väter und Großväter, wir bleiben länger gesund und fit, die ärztliche Versorgung ist ungleich besser, die Arbeit lang nicht mehr so anstrengend und stupide. Wir können Länder und Menschen kennenlernen in einem Maßstab, der noch vor 50 Jahren völlig utopisch schien. Das Gleiche gilt im Weltmaßstab: Es gibt weniger Hungersnöte, es sterben weniger Menschen an Seuchen, es entwickelt sich langsam ein Mittelstand in der dritten Welt, die Kinderarbeit wird weniger, die Bildung überall größer. Die Statistik sagt uns, dass der Kapitalismus, pardon: der Markt, die Welt permanent verbessert.

Und es gibt Erhebungen, die beweisen, warum das System des Marktes keinen von uns kaltlässt: Die Ökonomie betreibt ja nicht nur Wohlstands-, sondern auch Glücksforschung. Und die zeigt, dass das Glücksempfinden der Menschen mit steigendem Einkommen steigt. Zwar steigt die Kurve des zunehmenden Glücks viel flacher an als die des zunehmenden Einkommens, aber ohne dabei eine Sättigungsgrenze zu erreichen.

Gehen wir einmal davon aus, dass unsere Vorstellungen von Glück denen der Statistiker ähneln, dann heißt es also, dass noch in dem, was uns widrig erscheint, ein Glücksgewinn liegt: Meine zahnärztliche Versorgung ist ungleich schmerzloser als noch in meiner Kindheit, da unterschreibe ich. Meine dementen Eltern kann ich in kompetente Hände weggeben, da wird es schon schwieriger: Eine Erleichterung zweifelsohne, aber der Zugewinn an Glück durch die Abwälzung von Verantwortung ist ein zweischneidiges Schwert. Und wie steht es mit den Kollateralschäden der permanenten und totalen Kommunikation des digitalen Zeitalters? Jeder Anruf, jede Nachricht, jede Message, die mir zeigt, dass sich jemand für mich interessiert und dass ich auf dem Laufenden bin, schüttet Endorphine aus, nach denen ich irgendwann süchtig bin. Es leiden darunter die Konzentrations- und Kontemplationsfähigkeit, die Andacht und das Staunen und die wirkliche Kommunikation, die Kommunion zwischen Menschen, die zur selben Zeit im selben Raum sind. Aber wie, wenn du statt mit langweiligen Menschen im selben Raum zu sitzen, mit deinen Kindern in Neuseeland kommunizieren kannst?

Ach, ich weiß es nicht.

Ich weiß nur, dass wir, wenn wir uns fürs Lager der Freiheit entschieden haben, nicht nur ins Lager des Markts gerückt sind, sondern auch uns auf Gedeih und Verderb mit den USA solidarisieren, die in beiden Lagern den Ton angeben. Und da wehre ich mich. Alles was ich weiß vom Leben der Menschen in den USA lässt mich aufschreien: So nicht! So will ich nicht leben, das sind nicht meine Ideale vom Leben unter Menschen. Und was die Politik der USA betrifft, so hat sie im letzten halben Jahrhundert mehr Schaden als Nutzen angerichtet, aus einer apokalyptischen Mischung von hegemonialer Kälte und zynischer Ahnungslosigkeit heraus. Nein! Diese Solidarität, dieses Wegschauen, Gutheißen, Bewundern und Fressen, was mir vorgesetzt wird, habe ich nicht gekauft!

Denn so weit ist die Brutalität und Unmenschlichkeit und die Profitgier der USA, die den Nahen Osten endgültig aus dem Gleichgewicht gebracht haben und mit den schlimmsten Terroristen der Region paktieren, nicht entfernt vom Terror der Islamisten, zumindest nicht im Ergebnis. Mit der Verteidigung der Freiheit hat es jedenfalls nichts zu tun. Und beide Seiten nutzen den Markt und die Mittel der Moderne – einmal für ein Projekt der absoluten Diesseitigkeit, einmal für ein Projekt der absoluten Jenseitigkeit. Und beide gehen in ihrem Verabsolutierungswahn über Leichen.

Und genau wenn ich an diesem Punkt meiner Überlegungen bin, liebe Freunde, dann durchfährt mich ein fürchterlicher Schrecken! Ein doppelter Schrecken. Denn ich stelle fest, dass mein Unbehagen an den Amerikanern und ihrer Politik und an den Auswüchsen des Kapitalismus gar nicht so weit entfernt ist von dem Hass, den die Islamisten gegen alles empfinden, was sie als gottlos, dekadent, westlich und ungläubig empfinden. Wenn wir die Hohlheit, Leere und Verlogenheit des American Way of Life kritisieren, dann haben wir schon eine Art verrückter Wahlverwandtschaft zu ihnen.

Ja, ich ertappe mich dabei, den Antiamerikanismus der Linken, der ja immer auch Antisemitismus gewesen ist, und in dem wir früher die sogenannten Befreiungsbewegungen unterstützt haben, nachzubeten und nachzuäffen mit ganz ähnlichen Argumenten wie die islamischen Fanatiker: dem Fehlen von Moral, dem gottlosen Materialismus etc. pp. Aber das ist noch nicht alles: Nicht nur ertappe ich mich dabei, das geistige Geschäft des IS zu betreiben, ich merke, dass ich auch auf dem alten deutschen Trip bin, der schnurstracks und in tiefster Logik zu den Nazis geführt hat: der Wunsch nach Gemeinschaft, nach Auflösung der Klassengegensätze, nach Einfachheit, der moralische Dünkel und vor allem die Utopie von einem dritten, nationalen Weg zwischen amerikanisch-jüdisch-kapitalistischer Plutokratie hier und Bolschewismus da.

Wo also treibt mich so ein wenig Adorno'sches Unbehagen hin? Zu Allianzen, die ich verabscheue! In eine vollkommen unhaltbare Position.

Wenn das Ganze aber kein Kampf von Markt gegen Religion ist und kein Kampf von Moderne gegen Archaik, sondern vielleicht ein demografischer Kampf, ein Kampf junger Barbaren gegen satte, dekadente Reiche, und wenn der Kampf Freiheit gegen Unterdrückung ein Kampf ist, dessen Fronten mir nicht klar sind, was bleibt dann?

Was bleibt jemandem wie mir, der ohnmächtig ist? Was bleibt jemandem, der für keine der Seiten die Faust erhebt und »Tötet sie!« schreien will?

Muss denn das ganze Leben und muss denn die ganze Menschheit politisiert werden? Ich werde mich bis zum Tode dagegen wehren, mich selber politisieren zu lassen. Es müssen doch auch Leute da sein, die unbewaffnet sind und die man totschlagen kann.

Diesem Bestand der Menschheit gehöre ich an und gebe darum denjenigen, die mich auf ihre Seite des Grabens ziehen wollen, nie zu, dass die Poesie und das Denken weniger wichtig und nötig sein könnten als das Parteiwesen und Kriegführen.

Es kann nicht unsere Aufgabe sein, uns zu überlegen, ob das, was wir tun, der historisch richtige Weg ist oder uns zur zukünftigen Avantgarde eines gangbaren Wegs macht. Wir müssen uns damit begnügen zu tun, was wir für notwendig und richtig erachten. Ich muss dann immer an das Wort von der kleinsten Schar denken, der man sich zugesellen soll, um im Stillen sein

Liebeswerk nach eigenem Willen zu schaffen und damit zukünftigen edlen Seelen vorzufühlen.

Denn die alles entscheidende Frage ist, ob der Satz stimmt, dass es kein richtiges Leben im falschen gibt. Ist er wahr, dann bleibt uns nur Zynismus oder Terror. Ich glaube aber, er ist falsch. Er ist gefährlich und verderblich falsch. In Wirklichkeit gibt es unzählige Arten des richtigen Lebens im falschen. Ja, ich glaube sogar, dass alles, was unser Leben lebenswert und sinnvoll macht, eine solche Demonstration von richtigem Leben im falschen ist. Jede kleine Geste, einem Behinderten den Arm zu reichen, um die Straße zu überqueren, beim Spazierengehen einen Feldblumenstrauß zu pflücken, eine mühselige Stunde mit dem dementen Vater zu verbringen, einem Menschen zuzuhören, ohne mit eigenen Erfahrungen zu kontern, gemeinsam ein Essen zu kochen, einem geliebten Menschen absichtslos über die Wange zu streicheln. Aber auch zur Arbeit zu gehen, weil man eine Familie zu ernähren hat, eine Wohnung sauberzumachen, um sich gegen den Sog der Gleichgültigkeit zu stemmen, dem Zwiegesang von Amseln in der Abenddämmerung zuzuhören, einen Freund zum Geburtstag zu besuchen, obwohl es Zeit und Geld kostet, in einem Buch zu versinken, mit Kindern Fußball zu spielen und sie zum Training zu begleiten, der Geliebten einen Eiterpickel im Nacken ausdrücken – versteht ihr, was ich meine. Es ändert nichts an den großen Zusammenhängen und ändert doch alles.

Fünf Grabsteine

Georges Wolinski

Am Morgen des 7. Januar 2015 verlässt Georges Wolinski mit den Worten »Schatz, ich gehe zu *Charlie*« seine Wohnung. Es ist der Erscheinungstag der neuen Ausgabe, für halb elf ist eine Redaktionskonferenz anberaumt.

Man hat hinterher gelesen, Wolinski hätte von düsteren Vorahnungen gesprochen, aber die wenigsten unter uns – und er wohl auch nicht – verfügen über seherische Kräfte, und so ist das latente Unwohlsein, das sich einerseits aus der unversöhnlichen antireligiösen Härte Charbs speist, andererseits aus den Drohungen aus muslimischen Kreisen, eher latent geblieben, und er hat sich konkret auf einen halben Tag im Kreise alter und guter Freunde gefreut, von denen einen sachliche Meinungs- und Gesinnungsunterschiede nicht trennen können.

Wolinski, ein 80-Jähriger mit weißgrauem Haarkranz, sieht aus wie die Inkarnation französischer Bonhomie, jemand, der gerne im Kreis von Freunden isst und trinkt, sich den Kopf heiß diskutiert und viel lacht. Jemand, dem die Pointe am Ende des Satzes wichtiger ist, als seine Meinung rübergebracht zu haben, dem das perlende Gespräch wichtiger ist als recht zu behalten. Ein Fanatiker, der Robespierre einer Überzeugung, so wie Charb, ist er nicht. Seine Cartoons, die gar nicht in erster Linie *Charlie* populär gemacht hat, sondern vor allem der *Obs* und *Match,* wo er seit Jahrzehnten die ›mœurs‹, die Sitten der Gegenwart, durch den Kakao zieht, sind die eines französischen Libertins. Nirgendwo sonst gibt es so viele appetitliche, aber dabei selbstbestimmte, weibliche Hintern und Brüste. Das Klischee von den Franzosen als rhetorisch beschlagene kopulierende Genießer bedient und verschaukelt er gleichermaßen. Dass jemals eine seiner Zeichnungen Hass hervorgerufen hat, ist undenkbar. Im Übrigen ist der vermeintliche Libertin seit 44 Jahren mit Maryse verheiratet.

Georges Wolinski ist ein Juif Pied-noir, ein sephardischer Jude aus Nordafrika, am 28. Juni 1934 in Tunis geboren, wo sein Vater, polnischer Herkunft, Kunstschmied war. Die Mutter stammt aus Italien. Die sephardischen Juden Frankreichs sind berühmt für ihre ›tchatche‹, ein unübersetzbares Wort, das den Primat von eben diesem im Leben bedeutet: der Sprache. Es sind Meister der komisch-selbstironischen Erzählung, der Übertreibung, der Anekdote, des Spottes und Witzes, der lang erlernten Kunst, sich das Leben in Worten dramatischer und tröstlicher zu schwindeln, als es ist. Wer hören will, was ›la tchatche‹ in

Vollendung ist, muss den Roman *Mangeclous* von Albert Cohen lesen.

Kein Franzose, der von jenseits des Mittelmeers gekommen ist, hört jemals auf, sich nach der Sonne zu sehnen und zu reden. Ich kann mir vorstellen, dass auch Wolinski, wie so viele jüdische Pieds-noirs, eine lebenslange leise Verachtung empfunden hat für das Unartikulierte, für Menschen, die ihre Händel nicht in Worten ausfechten, sondern, weil sie keine Sprache haben, keinen Geist, keinen Witz und keine Selbstironie, mit körperlicher Aggression reagieren. Eine leise Verachtung und eine latente Angst, eine Art Grauen, wie wir es gegenüber Menschen empfinden, deren Handlungen und Reaktionen uns vollkommen fremd und unverständlich sind.

Und dieses Grauen muss dann plötzlich ins Unermessliche gestiegen sein, als gegen zwanzig nach elf zuerst die Schüsse aus dem Büro nebenan ertönen und dann plötzlich die beiden Araber, die Kalaschnikows im Anschlag und ›Allahu Akhbar‹ kreischend, in den Konferenzraum stürmen, nach Charb fragen, ihn ermorden und dann jeden Einzelnen, einen nach dem andern, erschießen.

Was bleibt da zu denken, wenn das Adrenalin den Kopf überflutet, wenn keine Hoffnung mehr ist? In diesen drei, vier Sekunden der Panik, der Todesangst, der Wut?

Maryse Wolinski hat gesagt, sie glaube, ihr Mann sei nicht durch die beiden Schüsse in die Brust gestorben, sondern habe schon vorher aus Schreck und Furcht einen Herzinfarkt erlitten. Aber so schnell stirbt man nicht an einem Infarkt, dass man nicht noch spürt, wie einem der Leib zerrissen wird, dass man nicht noch Zeit hätte, um entsetzliche Schmerzen und abgrundtiefe Verzweiflung zu empfinden.

So starb dieser freundliche, lebenszugewandte Achtzigjährige im Kreis seiner alten, ebenso dahingemetzelten Freunde.

Ein Kommentar aus der Umma zu diesem unmenschlichen Verbrechen im Namen ihres barmherzigen Gottes kam vom Führer der Hisbollah, Hassan Nasrallah: Er verurteilte solche terroristischen Akte, die dem Ruf des Islams schadeten.

Yohan Cohen

Es ist Freitag, der 9. Januar 2015, Vorabend des Sabbat, daher ist der koschere Supermarkt an der Porte de Vincennes, direkt hinter dem Périphérique am Eingang nach St. Mandé, gut besucht. Kurz nach acht hat er geöffnet, und Yohan Cohen hat seinen neuen Chef Patrice gefragt, ob er einen Kaffee wolle.

Yohan ist 20 Jahre alt, auf einem Foto trägt er einen Lederblouson, eine umgedrehte Basecap und einen akkurat gestutzten Bart, der von den Koteletten in einen breiten Backenbart übergeht, am Kinn tief ausgeschnitten ist, und etwas schütter über der Oberlippe steht. Er hat ein volles Gesicht und lächelt sanft.

Patrice, der Geschäftsführer, erzählt, dass gegen halb eins, eins, der Laden am vollsten war, von über 20 Kunden besucht. Er füllte gerade das Chips-Regal auf.

Yohans Eltern, Eric und Yael Cohen, 44 Jahre alt, stammen ursprünglich aus Algerien. Er hat auch noch eine jüngere Schwester, Maja, 16 Jahre alt, und es ist zu lesen, dass er neben seinem Betriebswirtschaftsstudium in diesem jüdischen Supermarkt jobbte, um seine Freundin Sharon heiraten zu können.

Wie genau der Horror begann, darüber gibt es unterschiedliche Informationen. Patrice berichtet, er habe eine Explosion gehört, während er gerade dahockte, um das Regal einzuräumen, und zunächst an eine Autobombe gedacht, bevor er dann, den Blick wendend, sah, wie Yohan zu Boden fiel.

Seine Kollegin Zarie erzählt, sie habe an der Kasse ein Ehepaar mit einem Kleinkind abgefertigt, als auf Yohan geschossen worden sei. Noch hat sie den Schützen nicht gesehen, aber sie bezeugt, dass Yohan am Boden in einer Blutlache lag, entsetzlich litt, stöhnte, und niemand ihm helfen konnte. Er habe eine Kugel in die Wange bekommen, die ihm das halbe Gesicht wegriss.

Yohans Cousine schreibt, er habe versucht, dem Terroristen in den Arm zu fallen, um das kleine Kind der Kunden an der Kasse zu retten, und sei dabei angeschossen worden.

Man muss sich das Chaos aus Schüssen, Schreien, Gerenne vorzustellen versuchen, um zu verstehen, dass eine klare Rekonstruktion kaum möglich ist.

Coulibaly, der Mörder, hat den Supermarkt in Kampfausrüstung betreten, mit mehreren Gewehren, Pistolen, und eine Kamera um den Hals tragend, mit der er seine Metzelei aufnehmen und in die sozialen Medien stellen wollte.

Offenbar hat Yohan im Moment, da auf ihn geschossen wurde, warnend den Namen Patrices gerufen, seines Chefs, der beschreibt, wie er dann plötzlich das Gesicht des Mörders sah: »Ich habe den Tod in seinen Augen gesehen. Sie waren leer, eiskalt. Ich wusste, ich bin tot. Da bin ich losgelaufen.«

Auch Yohan muss einen Sekundenbruchteil in diese toten Augen des Mörders geblickt haben, bevor der Schuss ihm das Gesicht zerriss und er vermutlich nichts mehr sehen konnte.

Aber so schnell ist er nicht gestorben. Da muss, zwischen den blutigen Schlieren seiner rasenden Schmerzen und dem Bewusstsein seines zerrissenen Mundes, seines zerfetzten Kiefers, noch Wahrnehmung gewesen sein. Vielleicht sogar noch Hoffnung, obwohl ihm bewusst gewesen sein muss, dass er jetzt gerade stirbt und es keine Hoffnung mehr gibt, keine aufs Leben, keine aufs Wiedersehn mit den geliebten Menschen und Freunden, keine aufs Aufstehen und Hinaus-in-die-Sonne-Treten.

Das Letzte, was er gesehen hat, war dieses Gesicht. Nein, nicht das Gesicht einer Bestie, Tiere blicken nicht so, Tiere handeln nicht so. Das tut nur der Mensch. Hört Yohan noch etwas? Hört er das eitle und idiotische Bramarbasieren des Mörders, das blöde Geschwätz über seine Mission und über die Juden und den Islam? Die Mischung aus Selbstmitleid und Aggressivität? Hoffentlich ist ihm das erspart geblieben.

Hört er seine Kollegen noch? Bekommt er mit, wie der Lagerist Lasanna Bathily eine Reihe Kunden die Wendeltreppe runter zur Kühlkammer geleitet, wodurch er sie rettet? Bekommt er das Flehen seiner Kollegin Zarie mit?

Oder ist da nur Schmerz, Schmerz und Verzweiflung und das Gefühl zunehmender Schwäche, das Bewusstsein davon, wie das Leben aus dir rinnt, bis es dann leiser und dunkler wird und der Herzschlag zu stottern beginnt und aussetzt?

Ein aufrechter, ein anständiger Junge sei er gewesen, heißt es auf der Trauerfeier. Der Freund, den sich ein jeder wünsche, sagt ein untröstlicher Freund.

Die Trauerfeier findet nicht in Sarcelles statt, sondern in Jerusalem. Nie wieder werden sie Glück empfinden, sagen die Eltern.

Patrice, der Überlebende, der sich Vorwürfe macht, geflohen zu sein und zu leben, spielt wie viele andere mit dem Gedanken, Frankreich zu verlassen. »Ich werde nach Eretz Israel gehen. Das ist das einzige Land, in dem die Juden nicht so tun müssen, als wüssten sie nicht, dass die Muslime ihnen nach dem Leben trachten.«

Nicht alle Muslime, nicht Lassana Bathily, der Soninké aus Samba Dramané in Mali, der an diesem Mordtag zum Lebensretter wurde.

Krystle Campbell

Die Amerikaner kennen keine falsche Pietät gegenüber den möglichen Empfindungen eines Mörders. Deshalb wurde der Überlebende der zwei Attentäter des Bostoner Marathonlaufs vom 15. April 2013, allerdings auch alle anderen Anwesenden des Strafprozesses, Richter, Anwälte, Schöffen und die Angehörigen, in allen Details mit dem Sterben von Krystle Campbell konfrontiert, der 29-jährigen Restaurantangestellten, die von der explodierenden Bombe auf der Boylston Street nahe dem Copley Square getötet wurde.

Dr. Jennifer Hammers, die Krystle Campbell autopsiert hatte, erklärte, das Opfer sei am Blutverlust durch die Schrapnell- und Splitterwunden am Oberkörper und den Beinen gestorben.

Ihr Hinterkopf wies verkohlte Brandwunden auf.

Eine Metallkugel aus einem Kugellager steckte in ihrem Ohr.

Ihre Zunge war zerquetscht, weil der Explosionsdruck sie gegen die Zähne gedrückt hatte.

Die Rückseite ihres rechten Oberarms war verbrannt.

Sie hatte Verbrennungen dritten Grades auf dem Rücken.

Die meisten Verletzungen trug sie auf der Rückseite ihres rechten Arms und an der unteren Hälfte der Beine davon.

Eines der Schrapnelle hatte das Fleisch auf einer Länge von 25 cm aufgerissen.

Ihr linker Fuß war gebrochen. Ihr linker Oberschenkel war gebrochen. Auf einem Foto ist der beschuhte Fuß in umgekehrter Richtung unter dem Oberschenkel zu sehen, als sei er völlig abgerissen worden. Die Augen der Toten stehen weit offen.

»Sind solche Verletzungen schmerzhaft?« fragte der Richter.

»Sehr schmerzhaft«, antwortete Dr. Hammers.

Bombensplitter hatten sich unter ihre Haut gefräst, steckten auch überall in der Kleidung.

Der Tod trat durch den Blutverlust in den Beinen ein, wo mehrere Venen durchtrennt waren.

»Wie lang hat sie gebraucht, um zu sterben?« fragte der Richter.

»Zwischen einigen Sekunden und etwa einer Minute«, antwortete die Ärztin.

Der Richter verlangte präzise Angaben, und Dr. Hammers schätzte, dass es angesichts der Beinverletzungen circa eine Minute gedauert haben könne.

Eine Minute.

In dieser Minute kroch ein anderes Opfer der Bombe, Krystles Freundin Karen Rand McWatters, der später ein Bein amputiert werden musste, auf sie zu.

»Ich näherte mich ihr so nah ich konnte. Es herrschte solches Chaos und solches Geschrei. Irgendwie war ich nahe an ihrem Kopf und unsere Gesichter berührten sich. Ich traute mich nicht, ihre Verletzungen anzusehen. Sie sagte sehr langsam, dass ihre Beine schmerzten, und ich hielt ihre Hand. Kurz darauf wurde die Hand schlaff.«

Krystle Campbell blutete aus wie ein geschächtetes Tier.

Sie hatte in ihrem blauen T-Shirt am Straßenrand inmitten einer dichtgedrängten Menschenmenge gestanden und die Läufer angefeuert, noch lange nachdem die Sieger schon längst im Ziel waren, ein mittelgroßes Mädchen mit lockigem Haar und Stupsnase, eine harte Arbeiterin, wie Nick Mimios, der Leiter von Jimmys Steak House bezeugte. Eine beliebte Freundin, die 17-mal zur Brautjungfer gebeten wurde, lauter hilflose verzweifelte Nachruf-Argumente, so als könne das Argumentieren mit ihren Meriten das Schicksal im Nachhinein zur Vernunft bringen. Als ginge es um Gründe, Verdienste, Logik bei einem Massaker mit einem mit Metallschrott gefüllten, zur Bombe umgebauten Schnellkochtopf.

Am Tag seines Todesurteils sagte der Überlebende der beiden Mörder: »Ich bitte Gott um Gnade für mich, meinen Bruder und meine Familie.« Dann fuhr er fort, ohne die Angehörigen der Opfer dabei anzusehen: »Es tut mir leid um die Leben, die ich genommen habe, für das Leid, das ich Ihnen zugefügt habe, für den Schaden, den ich angerichtet habe. Irreparablen Schaden. Gott sagt im Koran, dass keiner Menschenseele mehr auferlegt wird, als sie tragen kann, und Sie haben eben gesagt, wie unerträglich und wie schrecklich das war, was ich Ihnen angetan habe.«

Ein anonymes weibliches Opfer

Die Mörder haben ihre Namen verwirkt, aber nicht die Opfer. Gott der Herr, heißt es, hat sie gezählt, dass ihm auch nicht eines fehlet an der ganzen großen Zahl.

Die übergroße Mehrheit der Anschläge und Morde im Namen Gottes findet unter den an diesen Gott Glaubenden selbst statt, in Libyen, Syrien, im Irak, in Pakistan, Afghanistan, Nigeria, und anders als wenn ein Attentat im Westen stattfindet, hören wir meist nur die Anzahl oder ungefähre Anzahl der Opfer, manchmal noch das Geschlecht, aber keine Namen und keine Geschichte. Dabei heißt es im Lied: »Gott im Himmel hat an allen seine Lust, sein Wohlgefallen, kennt auch dich und hat dich lieb.«

Es gibt also, möchte man eines anonymen weiblichen Opfers gedenken, eine entmutigende, verzweifelt machende Auswahl. Mag Gott im Himmel sie auch alle kennen und lieben, die Menschen scheren sich nicht um sie, und die Mörder mähen sie nieder wie Grashalme.

Ist sie also elf Jahre alt und bei einem Massaker des IS in Deir ez-Zor ermordet worden, getötet von Bombensplittern oder einer MP-Garbe, und hieß sie vielleicht Iman und hatte gerade auf dem Weg zur Musikschule die Hängebrücke über den Euphrat überquert? (Die Tasche mit den blutigen Noten wurde entsorgt.)

Oder ist sie 14 Jahre alt und starb in der Nähe von Peschawar, als ein Selbstmordattentäter ein mit Sprengstoff beladenes Motorrad in eine Straßenkontrollstation lenkte, zwischen Handwerker-Baracken, Läden, Obststände und flache Zementhäuser. Sie hieß vielleicht Aliyah und ging gerade über die Straße, um für ihre kleine Schwester einen der gelben Kanarienvögel zu kaufen, die dort drüben in Käfigen nebeneinander unter der Markise baumelten. Dann sah sie den Lichtblitz, der sie verbrannte und verhinderte, dass sie ein halbes Jahr später die Schule beendete.

Oder ist sie nur drei Jahre alt geworden, ein Mädchen, das zu lächeln scheint auf dem Foto, das auf die Stirnseite ihres Sargs geklebt ist, umrankt von einem Kranz gelber Rosen und einem Strauß fuchsiafarbener Rosen auf dem Deckel. Offenbar ist das Bild von dem kleinen Mädchen mit den schwarzen Locken im Krankenhaus aufgenommen, wo es gestorben ist, denn Arme und Oberkörper sind verbunden, und aus den Verbänden ragen Schläuche.

Drei Sargträger sind zu sehen auf dem Bild, zwei ältere Männer, einer verzweifelt, einer dumpf brütend, sowie ein junger Mann mit leerem Blick. Angesichts des Unerklärlichen.

Das tote Mädchen ist nicht vollständig anonym, es hieß Fatima Samir und gehörte zu dem Dutzend Opfer eines Senfgasgranatenangriffes des IS vom Dorf Bashir auf das benachbarte Dorf Taza in der Nähe von Kirkuk. Fatima wurde ins Krankenhaus gebracht, starb dort aber infolge des eingeatmeten Gases an Atem- und Nierenversagen.

Ob sie noch Hoffnung hatte, wieder zu ihrer Familie zurückzukommen, oder ob sie sich die Seele aus dem kleinen Leib hustete?

Sonst weiß man nichts über die drei Jahre, die dieses vergossene Glas voll Leben ausgemacht haben.

Oder sie ist 10 Jahre alt geworden oder fünf oder sieben oder 15. Und sie ist mit ihren Eltern gerade aus dem Auto ausgestiegen, auf dem Parkplatz des großen Gulshan-e-Iqbal-Parks in Lahore in Nordpakistan, oder hat auf dem neben dem Parkplatz liegenden Spielplatz auf der Schaukel gesessen oder ist im Klettergerüst umhergeklettert. Wahrscheinlich war es ein dunkelhaariges Mädchen mit großen, leuchtenden Augen. Vielleicht verließ es auch gerade den Park, um nach Hause zu gehen. Es gibt viele Möglichkeiten, wenn eine von den Taliban gezündete Bombe 72 Menschen in den Tod reißt, darunter 29 Kinder.

Der Polizeibericht listet auf, dass in den Bombenfragmenten unter anderem zerfetzte Kugellager gefunden worden seien. Das Attentat fand an einem Ostersonntag statt, den viele christliche Familien im Park verbringen, nach Aussage des Sprechers der Taliban-Splittergruppe Jamat-ul-Ahrar richtete sich die Splitterbombe hauptsächlich gegen christliche Männer. Die meisten Opfer, sagt der Polizeibericht, seien muslimische Frauen und Kinder gewesen, die im Tod, aber auch im Leben, ganz genauso aussehen wie christliche Frauen und Kinder.

Der pakistanische Premier versprach, den Terror zu vernichten. Aber wie hieß unser anonymes ermordetes Mädchen? Sagen wir, es hieß Maryam, das lässt offen, ob sie die ersten und einzigen zwölf Jahre ihres Lebens bis zu diesem letzten Tag im Park Ostern oder Id al-Fitr, Weihnachten oder Id al-Adha gefeiert hat.

Xulhaz Mannan

Gegen fünf Uhr nachmittags meldete sich ein Kurier mit einem Päckchen für Xulhaz Mannan beim Doorman des Apartmenthauses. Persönliche Unterschrift notwendig.

Der Adressat ist ein schlanker, schmächtiger und gutaussehender, sehr indisch wirkender Mann von 39. Ein Foto zeigt ihn, der im Brotberuf für eine amerikanische Hilfsorganisation arbeitet, in grauer Hose, weißem Hemd und blauer Krawatte, wie ein bulliger US-Funktionär ihm vor einem Schild mit dem amerikanischen Wappen die Hand auf die Schulter legt. Es sieht ein wenig gönnerhaft aus, aber das mag täuschen. Beide lächeln für die Kameras.

Auf einem anderen Foto trägt er die Haare verstrubbelt, es scheint windig zu sein, im Hintergrund sieht man Palmen. Er trägt ein T-Shirt und deutet ein scheues Lächeln an.

Auf einem dritten Foto sieht man von ihm nur blutverschmierte Fußsohlen. Über den Rest des Körpers, der auf einer Metallbahre aus dem Leichenschauhaus gerollt wird, ist ein weißes Laken gebreitet.

Xulhaz kommt aus dem gehobenen Bürgertum Bangladeshs. Seine Mutter arbeitete im Erziehungsministerium, sein älterer Bruder war Vizepräsident der Börse von Dhaka. Seine ältere Schwester ist Pharmazeutin und lebt in den USA. Sein Vater hatte 1971 für die Unabhängigkeit gekämpft.

Xulhaz absolvierte ein erfolgreiches Studium in Politik- und Sozialwissenschaften, arbeitete unter anderem als Protokollchef in der amerikanischen Botschaft und reiste und fotografierte gern.

Als am 25. April der Doorman an seiner Wohnungstür klingelte, um den Kurier anzumelden, befand Xulhaz sich in Gesellschaft seines Freundes Mahbub Rabbi Tonoy. Der Twitter-Account von Tonoy existiert noch. Dort stellt er sich folgendermaßen vor: »Ich bin ein Theaterkünstler und Schauspiellehrer für Kinder und Jugendliche. Ich mag Schauspielern, soziale Arbeit, Musik, Spaß, Reisen, Bücher, Filme, Verliebtsein.«

Sobald die Tür sich öffnete, stürmten vier oder fünf weitere Männer hinter dem vermeintlichen Kurier in die Wohnung, schlugen den Doorman mit ihren Macheten nieder und zerhackten dann Xulhaz Mannan und Mahbub Rabbi Tonoy mit den Messern.

Es muss ein entsetzliches Blutbad gewesen sein. Schwingt man eine Machete, senkt die Schneide sich von oben diagonal in den Hals und in die Brust, vermutlich in die schützend erhobenen Arme. Der nächste Hieb trifft ins Gesicht.

Dazu schrien die Männer ›Allahu Akbar‹. Ohrenzeugen berichten, sie hätten auch noch mehrere Schüsse auf die zerstückelten, bereits toten oder sterbenden Männer abgegeben.

Wie lange braucht so ein Doppelmord mit Macheten? Vermutlich weniger als drei Minuten. Vielleicht auch ein wenig länger.

Xulhaz war gewarnt gewesen. Aber was heißt das? Man wird vor so einem Mord ja nicht gewarnt, indem ein erster Mann mit der Machete kommt und einem die Hand abschlägt, damit man einen Vorgeschmack bekommt. Es bleibt abstrakt. Er hatte Todesdrohungen erhalten, nachdem er, der Gründer der einzigen Schwulen- und Lesbenzeitschrift Bangladeshs, *Roopbaan,* und ein Advokat und Verteidiger der sexuellen und Bürgerrechte, eine Schwulenparade organisieren wollte. Auch der Premierminister hatte ihn offen kritisiert (und damit womöglich zum Abschuss freigegeben), denn in Bangladesh steht Homosexualität unter Strafe und muss klandestin gelebt werden. Sein Name befand sich auch auf einer Todesliste mit zahlreichen Professoren, Journalisten und Bloggern, die die Islamisten geduldig und ungehindert abarbeiten. Im selben Monat waren vor ihm bereits drei andere Männer ermordet worden. Im Namen Gottes wollen die Attentäter Atheisten, Akademiker, Journalisten, Christen, Hindus sowie Schiiten, Sufis, Ahmadis töten, dazu natürlich auch all die offen Homosexuellen wie Xulhaz und seinen Freund sowie jeden, der für Menschenrechte und Demokratie, für Gleichberechtigung und Liberalität eintritt. Und natürlich Ausländer.

Die Hälfte der Homosexuellen in Bangladesh lebt mit der permanenten Furcht, denunziert und ans Licht der Öffentlichkeit gezerrt, damit kriminalisiert und überdies zu einem potentiellen Opfer der Fanatiker zu werden. Xulhaz war ein Leuchtturm der Hoffnung für sie.

Wie schrieb George Harrison vor 45 Jahren:

Bangladesh, Bangladesh!
Where so many people are dying fast.
And it sure looks like a mess.
I've never seen such distress.

Kadmos: die Zurücknahme

Ich habe gefunden. Es soll nicht sein. Das Heilige und Schöne und Wahre, die Verkündigung des Liebenden und Barmherzigen, des Allerbarmers, des Ewigen und Einzigen, die die Menschen missbrauchen zu Hass und Verfolgung, zu Mord und Verstümmelung, zu Unterdrückung und Gewalt. Sie wird zurückgenommen. Ich will sie zurücknehmen. Zwar habe ich den Glauben an einen Gott und ein Paradies und ein Gericht im Jenseits verloren, als ich zum Sozialisten wurde und die Zuckererbsen für uns Menschen schon hier wollte, wofür ich gebüßt habe mit der Strafe des klaren Blicks im Bürgerkrieg, im Gefängnis der Israelis, im Gefängnis der Syrer und vor den Gewehrmündungen der Hisbollah. Aber ich erinnere mich noch gut an die Liebe und die Schönheit Gottes aus meiner Kindheit.

Doch wie beantworten wir die Liebe Gottes zu seinen Geschöpfen, die uns frei und ohne Schuld geboren sein lässt? Indem wir die Freiheit unterdrücken und an unserem Nächsten schuldig werden und die Verzweiflung und den Kummer Gottes auf uns herabbeschwören, der klagend ausruft: Ich habe es nicht gewollt! Was habt ihr aus der Liebe gemacht, die ich euch geschenkt habe?

Wir haben sie hinter einem Tor eingesperrt, das seit 900 Jahren verrammelt und vernagelt ist, dem Tor des Ijtihad, und unser freies Denken haben wir mit eingesperrt, so dass es dort verrottet und zerfallen ist. Wo ist der neue Mudschtahid, der kein Hassprediger, Schlächter, Reichtümer anhäufender Heuchler und frauenverachtender Graubart wäre? Und dort hinter dem geschlossenen Tor lagert aasig stinkend und noch immer gültig, was die Schafiiten und Hanafiten damals festgelegt haben: Krieg als heiliger Akt, gewaltsame Bekehrung oder Vernichtung als Vollstreckung göttlichen Willens. Was schrieb Ibn Khaldun in seiner *Muqaddimah:* Der heilige Krieg sei eine religiöse Pflicht. Jedermann müsse zum rechten Glauben gebracht werden, wenn nicht freiwillig, dann mit Gewalt. Und was hat die Hanbali-Schule, was hat Ibn Taymiya gefordert zu Zeiten Karls des Großen? Dass alle Muslime alle bekämpfen müssen, die der Alleinherrschaft dieser einen Religion im Weg stehen. Alleinherrschaft einer Religion und Gott als der Zerstörer seiner Feinde! Wer außer uns und den Juden nimmt dergleichen heute noch ernst? Und die Türhüter vor diesem Tor, hinter dem Hass, Despotismus und Fanatismus deponiert sind, weigern sich, uns einzulassen. Oder würde es sich einfach öffnen, wenn wir an ihnen vorübergingen und es berührten? Es ist nur für uns da.

Wir haben diese Religion mit unserer Krankheit angesteckt. Nun liegt sie da und agonisiert, und hinter dem Tor des Ijtihad sind keine Atemzüge mehr zu hören. Der Türhüter sagt: Man darf und man kann eine Religion nicht reformieren. Wer sie reformiert, trennt sich von ihr.

Fanatische und nekrophile alte und junge Männer, die der Freiheit nicht gewachsen sind, die Angst haben vor den Komplexitäten und Widersprüchen des Lebens und vor den Frauen, die sie unterdrücken und peinigen müssen, Ehre und Schande der Frauen, der Familien, der Clans, so dass schon den Kindern die Gehirne gewaschen werden müssen. Tod, Tod, immer nur Tod, Tod als Hoffnung, Tod als Strafe, Tod als Richtschnur aus Angst vor dem Sonnenaufgang. Und die Toten, die eigenen und die anderen. Tod und Hass, Hass auf den Geist, das Nachdenken, den Fortschritt, die Weiter- und Höherentwicklung. Stillstand. Verwesung. Angst vor der Musik. Angst vor dem freien Wort. Angst vor allem vor der Liebe und dem Gelächter. Steril ist sie geworden, die Religion, bringt kein Denken hervor, keine Kunst, keine Wissenschaft, keine Visionen für die Welt. Und die strahlende Größe Bagdads ist mehr als 1000 Jahre vorüber, die Offenheit von Al-Andalus seit mehr als 500. Seither nur Wiederholungen des Immergleichen. Und welche Gleichgültigkeit angesichts der Schreie des gequälten Menschen, welcher Mangel an Barmherzigkeit und Hilfsbereitschaft! *Unsere* Verwandten, *unsere* Märtyrer, *unsere* Toten, und was ist mit den anderen? Achselzucken. Welche erhabene Gleichgültigkeit und zynische Kälte angesichts der zerstörten Leben in unserer Welt, in unserer Welt des Islam. Und dabei eure Empfindlichkeit, ihr Männer des Glaubens, euer Dünkel, eure Ehrpusseligkeit, eure Larmoyanz. Verschwörungstheorien und Paranoia. Eure Minderwertigkeitskomplexe und euer penetrantes Aufmerken und Beschweren, wenn ihr euch in der Welt mal wieder zu kurz gekommen fühlt.

Ja, es ist eine Religion in der Krise, eine Religion der Krise, des permanenten Selbsthasses geworden, und ich schäme mich in Grund und Boden, jedesmal wenn ein ›Allahu Akbar‹ ertönt, weil ein Mensch getötet wurde, ein Gottesgeschöpf. Ich bin ein Schiit aus Bint Dschubail und, wie ich seit 1990 weiß, ein Libanese. Es ist zwar peinlich zu sagen, aber wenn der Libanon das einzig freie Land der arabischen Region ist, dann weil er kein islamisches Land ist. Dabei war mein Vater ein örtlicher Sheikh und Lehrer, der in seiner Jugend noch die traditionelle Kleidung getragen hat, bevor seine ganze Welt mit ungeheurer Schnelligkeit ihre Lebensweise, ihre Kleidung, ihre Architektur und ihre Möbel aufgegeben hat, um sich zu verwestlichen. Wir haben den Westen empfangen im Bewusstsein, dass unser zivilisatorisches und kulturelles Wachstum bereits seit Jahrhunderten zum Stillstand gekommen war, wir besaßen nicht die Kraft zur Verteidigung und zu echtem Widerstand. Und die Religion, die man uns nicht aus dem Herzen reißen konnte, sie nährt sich vom Groll und vom Hass und von den Minderwertigkeitsgefühlen gegenüber dem Westen, gegenüber dem Westen in uns selbst. Der Kampf der Kulturen, den Huntington und Bin Laden Seite an Seite propagierten, tobt in uns selbst. Der Kampf der Kulturen wird in unserer Haut geführt und in unserer Seele. Wir sind Westler, die den Westen in uns selbst hassen, weil wir ihm nichts gegenüberzustellen haben, weil er unsere einzige Referenz ist.

Beirut ist das Paris des Orients, also weniger als das echte Paris, und Machfus ist der Balzac des Orients, also weniger als der echte Balzac. Nur die Religion ist nicht aus dem Westen, sie kommt von hier, archaisch wie alles, was von hier kommt. Aber so machen wir uns zu Parias, zu Popanzen, zu weltweit scheel angesehenen Missgeburten.

Mein Vater, der Sheikh, fragte mich, als er mich kleinen Jungen einmal weinen sah, was ich denn hätte. Und ich sagte: Ich möchte so gern einmal ein Schinkenbrot essen. Da nahm er mich bei der Hand und ging Schinken kaufen und machte mir ein Brot, und es schmeckte köstlich. Und mein Vater, der Sheikh, sagte: Kein Gesetz ist so wichtig, dass ein Kind deshalb weinen soll. Er wusste, dass die Liebe das einzige Gesetz ist, das von Gott kommt, alle anderen Gesetze kommen von den Menschen. Er wusste auch, dass es Gott nicht zornig macht, wenn man ein weinendes Kind mit einem Schinkenbrot tröstet. Und als ich ihm Jahre später gestand, dass ich eine Jüdin liebte, eine Israelitin, und deswegen Ärger hatte und sie und mich in Gefahr brachte, da sagte er: Liebe! Liebe, und dann tu, was du willst! Und er fügte hinzu: Aber tu es vorsichtshalber in Paris.

Um deinetwillen, Vater, der in seinem Glauben Liebe und Freiheit gefunden hat, nehme ich alles andere zurück, all den Zwang und den Hass hartherziger Männer als du einer warst, und die längst dafür gesorgt haben, dass ich mich von Gott, so es ihn gibt, abgewendet habe und dass er sich abwendet von solchen Jüngern und herzlosen Schriftgelehrten, sich abwendet mit Grauen, denn er will nicht zu einem Grauen und Abscheu werden der Menschheit. Ich habe das nicht gewollt, sagt Gott, der um jede geschändete Frau weint, um jedes zerrissene Kind, um jeden totgeprügelten Mann. Ich will es nicht. Ich nehme es zurück. Ich ziehe mich zurück, bevor mein Name schuldig werde am Krieg in meinem Namen und mit dem Blut Unschuldiger getränkt ist.

Seine Welt ging verloren. Wir haben sie ihm gestohlen, indem wir ihm das Wort, aus dem alles kommt, im Munde umgedreht haben. Nun soll Schweigen sein. Schweigen und Klage über das im höchsten Namen vergossene Blut.

Ehre und Schande

Aber das vergossene Blut der Frauen und Kinder, das Misstrauen und der Hass gegen die Frauen sind älter als die monotheistischen Religionen, älter als der Islam und das Christentum, älter und universeller und doch ganz gegenwärtig. Es ist nicht Gott, es ist immer der Hass der Männer, ist immer die Angst der Männer, ist immer schon die Furcht der Männer gewesen, die Kontrolle zu verlieren, und das habe ich letztens erst so richtig verstanden beim Blick in ein ikonisches, in ein geliebtes und bewundertes Männergesicht.

Ihr werdet lachen zunächst, denn es war mein Lieblingswestern, ach was: mein Lieblingsfilm, der mir die Augen geöffnet hat, John Fords *The Searchers*.

Bitte lasst mir das Vergnügen, euch, die ihr ihn schon kennt, und euch, die ihn nicht kennen, noch einmal zu erzählen, was da eigentlich zu sehen und zu hören ist.

Am besten beginne ich mit John Waynes Gesichtsausdruck, der den ganzen Film über so expressiv ist wie John Fords Monument Valley, wo der Film gedreht wurde.

Stellt euch ein Gewitter vor, das Wetterleuchten der Blitze, das sich in Licht- und Schattenschrift auf die ernste Wand der blutroten Sandsteintürme projiziert, dann habt ihr eine Vorstellung davon, was auf diesem Gesicht geschieht. Stellt euch die Blitze vor und die Erosion des Steins. Sehnsucht, Vergeblichkeit, Wissen, Leid, Schmerz, Hass, Verachtung, Raserei, Brutalität, Irrsinn – wie in allen großen Filmen von Ford und Wayne der Schmerz und der Selbsthass des erfahrenen Mannes, der weiß, dass er, um die Ordnung wiederherzustellen, selbst geopfert werden muss, seine Seele verlieren, zum Humus einer zukünftigen, besseren Welt werden muss, die mit seinen gescheiterten Hoffnungen und Träumen gedüngt wird.

Es ist das Gesicht des Rächers, der weiß, dass Rache heroisch ist, aber barbarisch, ein ewiger Kreislauf, in dem sich die Todfeinde immer mehr angleichen, bis sie ununterscheidbar geworden sind, ein Kreislauf, den die Menschheit überwinden muss, um sich weiter- und höher zu entwickeln. Der weiß, dass es die Frauen sind, die ihn überwinden müssen, und dass die Männer das andere Ufer nicht erreichen werden.

Es ist das Gesicht von Moses, als er das Gelobte Land endlich sieht und weiß, dass er den Eintritt verwirkt hat. Es ist das Gesicht des Odysseus, als er nach 20 Jahren heimkommt und am Entscheidenden zweifelt, am Einzigen, das seine Heldentaten rechtfertigt: an seiner Frau.

Der erste Blick auf dieses Gesicht steht ganz am Anfang des Films. Ethan Edwards kommt erst mehrere Jahre nach dem Ende des Bürgerkriegs, in dem er für die Rebellen gekämpft hat, nach Hause. Im Gegensatz zu Odysseus weiß er bereits beim Eintreffen, dass dieses Zuhause für ihn keine Heimat sein kann. Denn die Frau, die er liebt und die ihn liebt, ist mit seinem Bruder verheiratet. Er sieht von draußen, wie sich die Schlafzimmertür hinter den beiden schließt. Aus seinem Blick bitterer Vergeblichkeit geht nicht klar hervor, ob er sich in diesem Augenblick wünscht, er wäre auf dem Schlachtfeld geblieben, oder ob er seinem Bruder oder womöglich sogar beiden, auch der Frau, die er liebt und die mit einem anderen schläft, den Tod wünscht und sich dafür verachtet.

Den zweiten Blick in sein Gesicht werfen wir kurz darauf, als die Gruppe der Texas Ranger, der Ethan sich angeschlossen hat, weit draußen auf dem Land feststellt, dass der Angriff der Nawyecki-Comanchen auf das Vieh der Nachbarn eine Finte gewesen ist, um die Männer von dem eigentlichen Überfall abzulenken. Sekunden vor allen anderen weiß Ethan Bescheid. Oder spürt das Verhängnis. Dann fällt es den Übrigen voller Entsetzen auf: Entweder wollen die Comanchen die Jorgenson-Farm oder die Edwards-Farm angreifen. Ein Blick auf John Waynes Gesicht, in dem eingraviert steht, dass immer schon alles verloren ist, belehrt uns: Es ist die Farm seines Bruders. Es ist zu spät. Er wird die geliebte Frau nicht wiedersehen. Alle übrigen Eventualitäten malen sich in seinen Zügen aus.

Deswegen hat er im Gegensatz zu allen anderen, die kehrtmachen und in gestrecktem Galopp zurückstürmen, auch keine Eile. Er weiß, dass jetzt das Geschäft der Rache beginnt. Und das ist ein langfristiges Unternehmen, für das man einen langen Atem braucht.

In einem Interview zu dem Film sagte Wayne in drastischer Kürze: »The Indians fucked his wife. He knew what he had to do.«

Das dritte Bild seines Gesichts zeigt blanken Hass und Abscheu und eine Verachtung, wie sie eigentlich kein Mensch gegenüber einem anderen empfinden sollte.

Nach mehrjähriger Suche haben Ethan und der ihn begleitende Martin Pawley seine Nichte, die kleine Debbie, gefunden, die einzige Überlebende des Massakers, die die Indianer entführt hatten und die so klein nun nicht mehr ist. Bei der Begegnung mit Chief Scar geben Ethan und Martin sich als Händler aus. (Eine Szene, in der der ganze Schwachsinn des deutschen Titels aufscheint, *Der Schwarze Falke,* womit der Comanchenhäuptling gemeint ist: Ethan sieht die Narbe auf dem Gesicht des Häuptlings und sagt: »Man sieht, wo du deinen Namen her hast.« – Weit und breit kein schwarzer Raubvogel zu sehen … Interessanter ist diese erste direkte Konfrontation zwischen den beiden Todfeinden auf einer anderen Ebene: Scar zeigt seine erbeuteten Skalps und erklärt, die Weißen haben seine Söhne getötet und für jeden dieser Söhne nehme er viele Skalps als Tribute. Ethan hat sich im Laufe des Films als ähnlich blutrünstig und rachsüchtig wie Scar erwiesen, und nun stehen sich die beiden im Wortsinne auf Augenhöhe gegenüber. Denn auch der Schauspieler, den John Ford für die Rolle des Scar castete, ist größer als eins neunzig. Vor allem aber: Er ist kein Indianer. Er heißt Henry Brandon und wurde 1912 als Heinrich von Kleinbach in Berlin geboren, um dann als Kind mit seinen Eltern in die USA zu emigrieren. Er hatte eine sehr respektable Karriere in B-Movies und scheint, wie es bei Wikipedia heißt, relativ offen eine homosexuelle Partnerschaft gelebt zu haben. John Ford muss sich über manche Details seiner Schauspielerwahl ins Fäustchen gelacht haben – entscheidend aber ist der Kniff, den vermeintlichen Rassenantagonismus als Täuschung und Selbsttäuschung zu entlarven, der zwei Männer erliegen, die fast wie Zwillinge daherkommen.)

Jedenfalls ist es Debbie, die die Stange präsentiert, an der die Skalps hängen. Ethan erkennt das Haar von Martins Jahre zuvor ebenfalls ermordeter Mutter, woraus sich schließen lässt, dass er sie sehr genau gekannt haben muss, womöglich sogar intim, und daher vielleicht selbst Martins Vater ist, auch wenn er jegliche Verwandtschaftsbeziehungen zwischen ihm und dem jungen Mann stets und in beleidigendem Ton leugnet, wahrscheinlich weil Martin »one eigth Cherokee« ist. »Don't call me uncle. I ain't your uncle.« Oder als er ihn später als Erben einsetzt: »... no kin of blood ...«

Debbie, die die beiden ebenso erkannt hat wie sie sie, schleicht sich danach aus dem Lager und bittet die Searchers, die Indianer nicht anzugreifen: »They are my people.«

In diesem Moment bildet sich der Ausdruck von Hass und Abscheu und Angewidertsein auf Waynes Zügen, der den Satz ausschließlich als Eingeständnis sexueller Beziehungen zwischen dem Mädchen und Scar versteht, es ist der Moment, in dem die Schande, die er verhindern wollte, manifest ist. Er zieht die Waffe, um Debbie zu erschießen – nein: abzuknallen wäre hier richtiger, was von Martin verhindert wird, der seinen Körper schützend von das Mädchen stellt.

Der Grund für Ethans Ausbruch und Verwandlung – schließlich sucht er das Mädchen seit sieben Jahren, um es nach Hause zu bringen – ist genau dieses Gefühl von Schande, die sie nicht nur über die Familie gebracht hat, sondern über das gesamte Existenzsystem, für das er steht. Eine Schande, die nur mit dem Tod zu sühnen ist. In Texas um 1870 herum, wo der Film spielt, ebenso wie in Hollywood, wo er 1955 gedreht wurde.

Eine Schlüsselfigur dieses Systems ist der Reverend Captain Samuel Jackson Clayton (gespielt von Ward Bond, der zur Stock Company des erzliberalen John Ford gehörte, obwohl er ein notorischer Reaktionär und McCarthy-Unterstützer war, und der auch in einem weiteren Ford-Film, nämlich *The Quiet Man,* einen Priester darstellt, der sich in weltliche Belange einmischt, dort aber eher als entfernter Cousin des Don Camillo). Clayton repräsentiert in Personalunion die geistliche und weltliche Macht dort im Grenzgebiet, er wechselt zwischen seiner Rolle als Texas Ranger und als Pfarrer hin und her, wie es gerade passt, und steht damit in einer theokratischen Tradition, die sich vom Römischen Reich, wo Magistrate auch Priester waren und umgekehrt, über das antike und moderne islamische Kalifat bis eben in die Vereinigten Staaten erstreckt. Dass so etwas nur mit einer gehörigen Portion Heuchelei zu machen ist, verdeutlicht Claytons erster Dialog mit Ethan. Er will ihn für den Suchtrupp der Ranger einschwören, aber Ethan weigert sich, einen Eid auf die Union zu leisten. »Ich habe *einen* Eid geleistet, auf die Konföderierten Staaten.« Und ein Treuebekenntnis im Leben reicht. »Du übrigens auch«, fügt Ethan hinzu und desavouiert den Reverend-Captain damit als Opportunisten, der sein Mäntelchen nach dem Wind hängt. Anders, so der Subtext der Szene, gibt es aber auch keinen gesellschaftlichen Fortschritt.

In derselben kurzen Szene ganz zu Beginn des Films, als der Reverend Captain Clayton ins Haus der Edwards gestürmt kommt, fragt er die kleine Debbie am Tisch in einem Nebensatz, ob sie bereits getauft sei, was sie verneint. Es ist also ein ungetauftes Kind, das ›in die Fänge der Wilden‹ gerät, und der Stachel, der Ethans jahrelange Suche anspornt und seine Unrast erklärt, ist die vergehende Zeit bis zu dem absehbaren Moment, wo sie ›ready to mate‹ sein wird, geschlechtsreif, und damit in den Augen Ethans, aber auch in denen der sonst so sanften Laurie Jorgenson, endgültig verloren und, wie aus ihrem Ausbruch hervorgeht, ›lebensunwertes Leben‹.

Ethan hat die eine Frau verloren, immerhin nicht ›unehrenhaft‹, da sie nach der Vergewaltigung getötet wurde, was ›nur‹ nach Rache an ihrem Mörder verlangt. Aber die lebendige, von einem Indianer besessene Debbie ist kein Opfer, sondern eine Bedrohung.

Eine sexuelle Bedrohung, die die Identität der ganzen Siedler-Community in Frage stellt.

Ebenso wie Odysseus Penelope wiederfinden muss, bevor sie nachgibt und untreu wird, zur Klytämnestra wird und Schande über das ganze Haus bringt, muss Debbie wiedergefunden werden, bevor sie sich mit dem Indianer paart (und die nackte Panik bei dem Gedanken, sie könne das womöglich freiwillig tun) – und andernfalls umgebracht werden, so wie Orest Klytämnestra umbrachte, so wie Odysseus zweifelsohne eine gefallene Penelope umgebracht hätte.

Die patriarchalische Kultur der Griechen hängt, nicht anders als 2000 Jahre später die puritanische Kultur der weißen amerikanischen Siedler oder wie alle ländlichen Clankulturen im weiteren Mittelmeerraum, an legitimer Vaterschaft und Nachkommenschaft. Daher muss die Sexualität der Frauen, die immer eine latente Bedrohung der Vorherrschaft der Männer darstellt, kontrolliert werden. Die weibliche Reinheit muss gewährleistet sein.

Ehre und Schande sind seit der Antike die grundlegenden Parameter für die Aufrechterhaltung der patriarchalischen Ordnungen. Wobei es bei den Siedlern im amerikanischen Westen genau wie bei den Griechen vor Troja einen erheblichen Unterschied ausmacht, wer was tut. Ehre und Schande sind nämlich keineswegs in Stein gemeißelt, ihre Anwendung hängt davon ab, ob ›wir‹ etwas tun oder ›die anderen‹. Es gibt nämlich immer uns und die anderen. Für die zivilisierten Griechen waren alle anderen Barbaren, die Indianer und die Schwarzen stellten für die Weißen das Andere dar, die Ungläubigen für die fanatischen Moslems. Wenn einer von uns eine Indianerin/Schwarze/Ungläubige schwängert, setzt er seinen Samen als Faustpfand in die feindliche Kultur, aber wenn einer von denen eine von uns schwängert, vergewaltigt er sie und bedroht damit die Identität und Reinheit unserer Kultur.

Ehre und Schande machen sich fest an der Sexualität, aber nur der der Frauen. Ihre Keuschheit ist es, die über die Ehre des Mannes und der Familie entscheidet.

Keine Odyssee als Heldensage, wenn Penelope untreu ist. Odysseus würde zum tragikomischen Hanswurst. Agamemnon ist nicht der Held eines Epos, sondern ein trauriger Hahnrei, bei dem die Tragödie der Familie ihren Anfang nimmt.

Ethan fühlt sich daher genau wie Odysseus im Recht, wenn er das Benehmen der Frauen kontrolliert und richtet, denn die Reinheit der Frauen ist in seiner Welt ein Tauschwert, ja die letztgültige Währung.

Es ist die Sexualangst aller Männer, die diesen verzweifelten Hass und die Verzerrungen der Wut in Ethans Gesicht gräbt, schneidet und ätzt. Und es ist natürlich ein Geniestreich John Fords, diesen hilflos-ängstlichen rasenden brutalen Mann mit John Wayne, der Ikone überamerikanischer Männlichkeit, besetzt zu haben.

Mater certa, pater incertus est – weil das ein so unerträglicher Gedanke ist, muss die Keuschheit der Frauen bewacht werden. Ein Kuckucksei in der Unversehrtheit der väterlichen Erbfolge ist eine Katastrophe.

Rache ist heroisch, aus ihr werden Epen geformt – aber sie ist barbarisch, eine Männersache. John Ford macht denn auch nie einen Hehl daraus, dass Zivilisiertheit nicht die starke Seite der harten Männer in *The Searchers* ist. Sie sind alle quasi Analphabeten, Martin Pawley schafft es in sieben Jahren gerade einmal, einen einzigen Brief an seine Verlobte zu schicken, in dem er ihren Namen auch noch falsch buchstabiert. Das Lesen müssen die Frauen besorgen, und Jorgenson weist auch stolz darauf hin, dass seine Frau früher Lehrerin gewesen sei – im zivilisierten Osten vermutlich, in einer größeren Stadt. Denn nur Bildung und städtische Strukturen, in denen sich die Frauen von der Kontrolle der Männer befreien, können den tödlichen Kreislauf von Ehre, Schande und Rache beenden.

Eine einzige Figur im Film steht außerhalb dieser Logik. Es ist Mose Harper, der Shakespeare'sche Narr, der in keinem großen John-Ford-Film fehlen darf. Eine Art heiliger Idiot unklaren Alters, nicht eindeutiger Rasse und seltsam geschlechtslos, sind ihm Fragen von Ehre und Rache völlig fremd. Vor einem Indianerangriff dankt er Gott »für das, was du uns bescheret hast«, und sein einziger weltlicher Ehrgeiz geht auf einen Schaukelstuhl. Aber jedesmal, wenn Ethans Suche an einen toten Punkt gelangt, ist es Mose Harper, der die entscheidenden Hinweise liefert. Er ist die einzige Person des Films, die im geistig-religiösen Sinne gerettet ist, von allem Anfang an. Aber sein Weg, auch das macht Ford klar, ist für andere nicht gangbar und kein allgemeingültiger Ausweg.

Dass es in diesem Film also dennoch Ethan Edwards/John Wayne ist, der den Kreislauf von Ehre, Schande und Rache durchbricht, ist ein Wunder, das fast über den Glauben geht. Nun ist Ethan auch anders als alle anderen. Er kann perfekt lesen und schreiben, er versteht und benutzt auch komplizierte Wörter wie »bequeath« in seinem Testament, in dem er seine Habe Martin vermacht, der dann beim Lesen dieses Begriffs scheitert und nachfragen muss. Er spricht fließend Comanche und Spanisch. Wahrscheinlich weiß er von allem Anfang an, dass er Rückzugsgefechte für andere führt, die er im Grunde verachtet, denn er selbst ist schon zu Beginn des Films aus der Ordnung von Ehre und Schande gefallen: Seine eigene Blutlinie weiterzugeben ist unmöglich, er versöhnt paradoxerweise die Antagonismen, indem er Debbie, ›soiled‹ wie sie ist, also sowohl vergewaltigt wie in die native Heimat eingeerdet, wieder integriert, als auch durch seine Adoption Martins, des Achtelcherokees. Er selbst ist ein Untoter wie der Fliegende Holländer, verdammt, in Ewigkeit zwischen den Winden zu wandern wie der tote Comanche, dem er (in Kenntnis der indianischen Mythologie) die Augen ausgeschossen hat. Für ihn gibt es, und er weiß das von Anfang an, nicht einmal die Atempause, das temporäre Happy End des Odysseus.

Und deswegen beugt er sich, die panisch flüchtende Debbie verfolgend, vom Pferd, und anstatt sie niederzustechen (wie die Kavallerie das mit den indianischen Frauen und Kindern tut im Film), hebt er sie in den Sattel und bringt sie nach Hause. Let's go home, aber es wird nur ihr Zuhause sein (wenn überhaupt, siehe Laurie Jorgenson), denn ihr Vater kann der, der sie töten wollte, nicht sein, auch ihr Liebhaber nicht.

So ist der Kreislauf durchbrochen von Ehre und Schande, der

urvordenkliche, und der Film verabschiedet sich in eine zweifelhafte Zukunft. Denn abgesehen von Ethan, der wie sein Todfeind und Bruder Scar keine Zukunft mehr hat, sind es immer noch die Männer, die, um ihre Ehre zu garantieren, die Schande der Frauen ahnden, ob im Griechenland Homers, im Mittelmeerraum seither, im Wilden Westen oder bei den Archaischen unter den Muslimen. Die, anders als wir glauben, keine Exklusivität auf das Prinzip haben, auch kein Urheberrecht auf Ehre und Schande, ihr heiliges Buch weiß davon nichts, das mörderische Rad hat sich vor ihm und vor jedem Monotheismus gedreht (auch wenn die Vertreter der Religionen gerne mitgedreht haben), und dreht sich weiter, solange Männer die Keuschheit der Frauen hüten, um ihre Urängste vor deren Sexualität zu zähmen, solange das verkrüppelte Y-Chromosom mit Blutvergießen und Gewalt die Herrschaft behauptet.

Leyla Nameh

ليلا نامه

Buch Leilah

———————

Fühlst du nicht an meinen Liedern
Dass ich Eins und doppelt bin?

———————

GOETHE

Die Musik der Anfänge

Schwester, mit welchem Bild möchtest du deine Geschichte beginnen?

Es ist gut, dass ein Schatten mich bittet, von mir zu sprechen, der Schatten einer Frau, der Schatten einer Sängerin. Nur ein solcher Spiegel kann mir die Zunge lösen, denn du weißt, ein Riss geht mitten durch mich hindurch und auch durch meinen Mund, und nur die Hälfte der Zuhörer kann die Hälfte meiner Worte verstehen, und nur die andere Hälfte die andere Hälfte, und manches gar niemand. Es gab oder gibt nur einen, der beiden halben Menschen lauschte, die ich bin, und es gibt nur eine Sprache, die diese beiden Hälften zusammenbringt, und das ist die Musik.

Und deshalb ist das frühe Bild, mit dem ich die Geschichte beginne, natürlich ein Bild der Musik.

Ein Bild vollkommenen Glücks aus der Zeit vor jedem Riss, auch wenn es, wie du gleich hören wirst, ein prophetischer Augenblick war.

Es ist Sommer, ein warmer Sommerabend, der nach Rosen duftet und Levkojen aus dem Garten, und ich liege mit Großmutter auf dem Dach, um dort zu schlafen. Ich bin vielleicht sieben oder acht Jahre alt, ich liege in ihrem Schoß auf dem Holzbett, auf das Ali die Matratze und die leichten Decken gelegt hat, und wir haben das Radio bei uns, und aus dem Radio kommt eine Musik, wie ich sie noch nie gehört habe.

Ich spitze die Ohren dort im unendlich bergenden Schoß meiner Großmutter und höre eine Klavierbegleitung in raschen, sonnenfunkelnden Kaskaden zu Tal plätschern und dann eine Frauenstimme, wie ich noch nie eine Frauen- oder überhaupt eine Stimme gehört habe, eine unbekannte Sprache klar und hart artikulierend, sich dabei aber in ganz fremden Harmonien hinaufschwingend in die Sonne wie eine trillernde Lerche, und wieder hinab in einen Nebel, wie er manchmal an Januartagen vom Berg herunterkommt.

Mit einem Wort, ich höre zum ersten Mal Schubert.

Es war, wie mir meine Mutter erklärte, die dann auch hochkam aufs Dach, die Wiederholung eines Konzerts, das zehn Jahre zuvor im Spiegelsaal des Kaiserpalasts stattgefunden hatte, ein Festkonzert für den Schah und die Kaiserin, und die Sängerin war eine berühmte Mezzosopranistin aus Deutschland, Hanna Ludwig, die damals unter anderem die Suleika-Lieder sang, die Schubert vertont hatte.

Davon wusste ich nichts, ahnte auch noch nicht, dass mein späterer Lehrer und Meister selbst in Ankara den Vorlesungen von Hanna Ludwig gelauscht hatte, ich summte nur mit, betört von dieser Stimme – unser Haus war ja ein musikalisches Haus, und auch der Musikunterricht an der Farhad-Schule war intensiv, ich sang gerne, aber an diesem Abend, mit dieser Stimme, die in den Nachthimmel über uns, über dem großen Garten, hinaufklang, öffnete sich mir, glaube ich, eine erste Ahnung davon, was ich mit meinem Mund, meinem Zwerchfell, meiner Lunge, meinem Leben tun wollte.

Es war im Übrigen nicht das Westlich-Fremde an der Musik, was mich anzog, sondern diese befreite Stimme. Es war ein wenig so wie bei schlüpfenden Vögeln, die, ihre Eltern imitierend, den ersten Flug wagen, die ausprobieren, ob die Luft sie trägt. Und sie trägt tatsächlich, aber es ist harte Arbeit.

Ja, meine Lust zu singen war wie die Lust oder der Instinkt einer geschlüpften Meise zu fliegen. Und die Musik, die ich überall hörte, war die Luft, die mich trug. Wenn ich es recht bedenke, ist es nicht nur Lust: Die Meise, die *nicht* fliegt, ist dem Tod geweiht.

Dabei fällt mir ein, dass diese Schubert-Lieder nicht das einzige Beispiel westlicher Musik waren, das mir in meiner Kindheit begegnete. Meine Eltern hörten in der Zeit ihrer Verliebtheit sehr oft populäre iranische Musik, die damals auch richtig jazzig war, und da gab es ein Lied, das auf dem Plattenspieler oft gespielt wurde und zu dem die beiden auch gerne tanzten, denn es fährt in die Beine, du wirst es gleich hören. Es heißt: *Djomebasar* – der Freitagsmarkt. Der Text erzählt von einem Mädchen und einem Jungen, die dort jeden Freitag hingehen in der Hoffnung, sich zu begegnen. Aber wenn sie einander dann sehen, sind sie zu schüchtern, miteinander zu reden. »Immer wenn ich dich ansehe, bekommst du rote Wangen, und ich laufe davon.« »Immer wenn ich dich treffe, verweilt mein Blick auf deinen Lippen, und mein Mund bleibt geschlossen.«

Ein richtiger kitschiger Schlagertext, aber die Musik macht einfach gute Laune. Hör zu:

Das klingt ja wie ein Walzer! Oder eher noch wie ein Ländler! Ja, man bekommt sofort Lust, quer durch den Saal zu tanzen. Aber es hört sich überhaupt nicht orientalisch an!

Ja, das liegt daran, dass es das auch nicht wirklich ist. Der Komponist war sehr populär in den fünfziger und sechziger Jahren, aber er hatte einen komischen Namen: Tiroli Jan. Ja, du lachst, das war schon klar, dass das ein Pseudonym war, aber wen hat es gestört beim Tanzen? Ich glaube, meine Eltern habe ich das letzte Mal dazu tanzen sehen auf einem Fest in unserem Haus kurz nach der Geburt meines kleinen Bruders, der ja fast neun Jahre jünger ist als ich.

Hermann hat kürzlich recherchiert und mir die völlig verrückte Geschichte dieses Liedes erzählt. Es ist der Titelsong eines deutschen Heimatfilms gewesen, *Wenn am Sonntagabend die Dorfmusik spielt,* er hat ihn mir auf Youtube gezeigt, einer dieser merkwürdigen Heimatfilme aus den fünfziger Jahren, die alle in Bayern oder in diesem Falle im Schwarzwald spielen, damit man die zerbombten Städte nicht sieht, und wo die jungen Männer und Frauen alle so schick amerikanisch aussehen, dass du dir beim besten Willen nicht vorstellen kannst, was für Uniformen sie keine zehn Jahre vorher getragen haben – aber ich schweife ab. Dort im Vorspann siehst du jedenfalls, dass der

Komponist des Liedes Mart Fryberg heißt. Wohlgemerkt dieselbe Melodie wie *Djomebasar*. Dieses Dorfmusik-Lied ist aber keineswegs für diesen Film geschrieben worden. Es gibt nämlich bereits eine Schallplatte mit einer Aufnahme vom Jahreswechsel 32/33, aufgenommen vom Paul-Godwin-Tanzorchester. Auch auf dieser Platte ist ein Fryberg als Komponist verzeichnet. Dieser Paul Godwin hieß allerdings in Wirklichkeit Pinchas Goldfein und musste, nachdem er sein Studium der klassischen Musik in Berlin mit Tanzmusik finanziert hatte und dabei sehr erfolgreich wurde und einer der besten Swing-Bigband-Leader in der späten Weimarer Republik, emigrieren. Er hat den Krieg dann mit viel Glück in den Niederlanden überlebt.

Und als er das rausgekriegt hatte, hat Hermann weitergeforscht und entdeckt, dass auch Mart Fryberg in Wirklichkeit anders hieß, nämlich Martin Friedeberg, und in Posen geboren wurde. Und auch er ist dann als Jude vor den Nazis geflohen und hat als Schlagerkomponist und Arrangeur in New York gearbeitet, wo er 1952 starb.

Das heißt, unser Tiroli Jan, wer immer er war, hat nicht deutsche Heimatfilmmusik arrangiert, sondern den verswingten Walzer eines jüdischen Komponisten und eines jüdischen Bandleaders.

Solche Dinge haben natürlich erst von heute aus gesehen ihre Bedeutung. Damals, als ich ein Kind war, waren es nur eben verschiedene Ausdrücke von Musik, und es war die Musik an sich, die mir Spaß machte. Und ich sang – oder besser: trällerte – und versuchte mich an Mundharmonika, Akkordeon, Violine und Tar, an allem, woran man zupfen konnte und an allem, worauf man klopfen und schlagen konnte; es standen ja alle möglichen Instrumente herum in dem großen Haus, das mein Vater hatte bauen lassen. Zuvor hatten wir im Haus meiner Großmutter gelebt, im Parterre. Das große Haus war eine Villa im Norden der Stadt, wo unsere Nachbarn zur Rechten eine amerikanische, die zur Linken eine deutsche Familie waren, die man beide im Sommer durch die Hecke beim Nacktbaden im Pool beobachten konnte, was damals niemanden störte. Alle Nachbarn hatten

Pools und badeten nackt, nur wir nicht, weil mein Vater einen klassischen persischen Garten mit einem Springbrunnen wollte.

Ich sang auf dem Dach, im Garten, in der Schule, aber es war tatsächlich in der Schule, dass meine Freude an der Musik in Bahnen gelenkt wurde. Es war eine ganz außergewöhnliche Schule, eine der wenigen gemischten Grundschulen Teherans, weit von zu Hause fort, am Meydan Baharestan hinter dem alten Parlament, ein historischer Ort. Natürlich eine teure Privatschule, mein Vater fuhr mich morgens auf dem Weg zur Arbeit hin und holte mich nachmittags wieder ab; wir fuhren mehr als eine Stunde, die Stadt war schon damals verstopft.

Es war ein zweistöckiges altes Backsteingebäude mit einem riesigen Schulhof, hinter dem der Kindergarten lag. Die Mensa war im Keller, wo es kühler war, dort ließen wir mittags unser mitgebrachtes Essen aufwärmen.

Aber das Besondere an der Schule war die Direktorin, eine Frau mit einer deutschen Mutter, die an der Sorbonne studiert hatte und ungeheuren Wert auf musikalische und literarische Bildung legte. Englisch hatten wir ab der 1. Klasse. Diese Frau ermutigte mich, die Tar zu lernen, und machte mich zur Solosängerin im Schulchor, sie tat unglaublich viel für die Schüler, verlangte aber auch viel. Sie hat meinen Eltern auch empfohlen, mich danach auf das Hadaf-Gyymnasium zu schicken, eine private Mädchenschule, wo, sagte sie, meine Talente gefördert würden.

Das waren glückliche und schöne Jahre. Die dauerten, bis ich 17 war und meine Eltern sich trennten. Aber es waren volle, erfüllte, arbeitsame Jahre, die in der Erinnerung nur so vorüberflogen. Tagsüber Schule, Physikexperimente, Chemielabor, Englischpauken, die Werke der Klassiker, auch der europäischen, nachmittags Basketballtraining, am Wochenende Turniere gegen andere Schulen und die Literaturwettbewerbe. Wir mussten Gedichte auswendig lernen und vortragen, was mir später beim Radif sehr geholfen hat, denn ich kannte die Poeten und ihre Rhythmen und Tonlagen schon, als ich dann anfing, Gesang zu studieren. Einmal habe ich gewonnen und eine ledergebundene

Ausgabe von Saadi als Preis bekommen. Was aus der wohl geworden sein mag?

Die Hausaufgabenlast war riesig, und an die gemütlichen Frühstücke mit gebuttertem und gezuckertem Sangak wie in der Mensa der Farhad-Schule war nicht mehr zu denken.

Da das Gymnasium in der Shah-Avenue lag und von Töchtern begüterter Familien aus der ganzen Stadt besucht wurde, hat man sich nach Schulschluss am Nachmittag kaum noch gesehen – dafür wohnten wir alle zu weit auseinander.

Die Abende und die Wochenenden gehörten der Villa und der Familie und den Freundinnen aus der Nachbarschaft. Unter der Woche kochte meine Mutter für uns, wenn wir nach Hause kamen, aber am Wochenende war das Haus voll. Tanten, Onkels, die Großmutter, solange sie noch lebte, Cousins, Cousinen, es wurde für 30 und mehr Personen gekocht, es war feierlich und laut und trubelig, und unsere Haushaltshilfen breiteten im großen Salon riesige Tücher auf dem Boden aus, stellten Teller darauf, und dann hockte die ganze Gemeinschaft da und speiste und lachte und schimpfte und diskutierte. Über die Arbeit, englische Filme, Musik, Familienklatsch. Nur bei Politik waren wir vorsichtig, es gab in dem Clan ein, zwei merkwürdige Leute, von denen gemunkelt wurde, sie seien bei der Savak, aber ich glaube nicht, dass jemand ein Familienmitglied verpfiffen hätte.

Was das betrifft, war es nicht so viel anders als heute: Es gab zwei Leben, das private und das öffentliche, wobei damals, wenn du die Finger von Politik gelassen hast, mehr private Freiheit herrschte, allerdings eine Freiheit, die vielen auch zu weit ging; meine Großmutter beispielsweise beklagte die westliche Sittenlosigkeit, mit der der Schah das Volk vergiftete, und weigerte sich, unseren Garten zu betreten, um die nackten Nachbarn nicht sehen zu müssen. Auch mir ging in typischer jugendlicher Schizophrenie einiges gegen den Strich: Zwar hörte ich auf meinem Teppaz-Plattenspieler Rock, hörte Dylan und die Beatles und die Hitparade und trank später auch Alkohol, aber es gab Grenzen. Frauen als Konsumartikel in der Werbung, der Verkauf des weiblichen Körpers und seiner Intimität, damit konnte ich mich auch später in Deutschland nie anfreunden und habe es zutiefst verachtet. Und vielleicht war das aufkeimende Interesse an klassischer persischer Musik auch eine unbewusste Reaktion auf den westlichen Druck. Zu der Zeit wurde ja auch *Markaz* gegründet, das Zentrum für persische Kunstmusik, wo ich später selbst öfter war.

Ich habe zwar auch viel klassische europäische Musik gehört und mich später auch ab und zu an Liedern versucht, ich konnte, was mir in Deutschland beim Überleben geholfen hat, auch Joan Baez singen oder *Help me make it through the night*, aber als Klang und Praxis hat mich die persische ungleich mehr fasziniert. Wobei: es gibt ja – ich weiß gar nicht, ob mir das mit 15, 16 aufgefallen ist – zumindest eine Analogie zwischen unserer Musik und der Rockmusik der großen Zeiten Ende der Sechziger, Anfang der Siebziger: die Untrennbarkeit von Text und Musik, der Versuch, Lyrik zu vertonen, wenn man an Dylan oder Leonard Cohen oder George Harrison denkt – wie sehr da eines vom andern abhängt und sich aufeinander bezieht. Wobei das in der westlichen Popmusik natürlich nur ganz wenige hinbekommen haben.

Und abends sind wir dann alle – also wir vier – hinauf aufs Dach und haben dort die heißen Nächte verbracht – mein Vater immer unter einem Moskitonetz. Das waren die idyllischsten und intimsten Stunden, bevor einer nach dem andern in den Schlaf glitt. Wir ließen leise plaudernd den Tag Revue passieren, mein kleiner Bruder kroch zu mir, ich sang ihm und den Eltern etwas vor, manchmal vorher gab es noch Postverkehr mit den Freundinnen auf den Nachbardächern; man warf sich Briefchen zu, Backfischbriefchen, oder traf, während der Jasminduft aus dem Garten in der Dämmerung in den Abendhimmel aufstieg, Verabredungen fürs Wochenende; der Junge oder das Mädchen, die wir hatten, brachte noch Tee und Früchte nach oben auf einem Tablett, bevor sie sich dann zurückzogen.

Mein Gott, es waren ja selbst noch Kinder, manche jünger als ich, wenn sie zu uns kamen, manche erst 12 oder 13. Die arme Landbevölkerung schickte ihre Kinder in die Stadt, damit sie in wohlhabenden Haushalten arbeiteten, dafür bekam sie Geld. Die Familien wohlgemerkt, nicht die Jugendlichen. Die Mädchen halfen im Haushalt oder als Kindermädchen, die Jungen gingen einkaufen und arbeiteten im Garten. Immerhin sorgte mein Vater bei allen, die wir hatten, dafür, dass sie auf der Abendschule Lesen und Schreiben lernten, während sie bei uns waren – mit 18 gingen sie dann ja und suchten sich Arbeit –, das hat meine Scham im Nachhinein etwas gemindert. Damals natürlich war es eine Selbstverständlichkeit, über die wir Kinder keinen Augenblick lang nachgedacht haben.

Ja, und diese Periode endete dann, als ich 17 war und zwei Dinge geschahen, die alles veränderten. Meine Eltern trennten sich, will sagen, mein Vater hatte sich auf seiner Arbeitsstelle in eine andere Frau verliebt und zog aus, und ich wurde sozusagen entdeckt.

Es war ein Musikabend an der Schule – dachte ich –, in Wirklichkeit war es ein landesweites Musikfest, für das unsere Schule nur Gastgeber war, ich durfte vorsingen, und hinterher stellte mich die Direktorin einem Mann vor, den sie eingeladen hatte und der mich nun sehen und sprechen wollte.

Er war ein großer und berühmter Musiker und Lehrer und Theaterregisseur, ein Ostad, und er bot mir an, seine Schülerin zu werden.

Die Musik der Befreiung

Das war außergewöhnlich für jemanden, der die Schule noch nicht beendet hat, und meine Eltern akzeptierten es nur unter der Bedingung, dass ich auch etwas Seriöses – nein, das sagten sie nicht, vielmehr etwas Bodenständiges und Sicheres arbeiten würde, und da bot sich eine Laufbahn als Grundschullehrerin an, die konnte ich mit wenigen Monaten Zusatzausbildung antreten, sobald ich meinen Abschluss hatte.

Ich weiß gar nicht mehr, wie ich im letzten Schuljahr die Doppelbelastung ausgehalten habe, wahrscheinlich nur, weil ich es nie als Belastung empfand. Wenn man enthusiastisch ist und die Leidenschaft einen treibt, wird man ja fähig, ungeheure Dinge zu tun. Jedenfalls fühlte ich mich nicht belastet, sondern bereichert. Und die Tatsache, nun plötzlich Schülerin eines Ostad zu sein, muss mich, ohne dass es mir auffiel, erwachsen gemacht haben, insofern als ich mich von zu Hause abzunabeln begann. Anders als mein Bruder, der die volle Schmerzenslast der Trennung meiner Eltern zu tragen hatte, bekam ich emotional gar nicht so viel mit davon. Ich war viel zu sehr auf anderes konzentriert. Und wovon ich gar nichts spürte, das war, dass dies die letzten anderthalb Jahre vor der Revolution waren.

Da mein Vater nicht mehr zu Hause wohnte, fuhr ich jetzt morgens früh mit Freundinnen aus demselben Viertel per Bus und Taxi zur Schule, wir quatschten und flirteten an den Bushaltestellen mit fremden Jungen, und auf dem Rückweg trafen wir uns dann in den Cafés an der Valiasr-Straße – also damals noch Pahlavistraße – im Chatanooga oder im Riviera, rauchten, tranken Wodka Lime, hörten Musik und politisierten herum. Ich war plötzlich ganz frei, es war rauschhaft. Aber allzu oft konnte ich das nicht machen, denn dreimal pro Woche hatte ich mich jetzt nach der Schule bei meinem Ostad einzufinden.

Seine Privatschule lag im Vergnügungsviertel in einem Hinterzimmer des Theaters, an dem er auch inszenierte, ich war früher nie alleine in der Gegend gewesen. Es war für eine an strikte Lehrpläne gewohnte Gymnasiastin ein Kulturschock. Man betrat den Raum, der voll war von Schülern, und der Meister erklärte oder erklärte eben auch nicht, wenn er nicht gut drauf war. Dann ging man wieder nach Hause.

Oder wenn *du* nicht gut drauf warst, nicht geübt hast, nicht gut gelernt hast, schickte er dich mit einer Handbewegung nach Hause: Komm übermorgen wieder. Es gab keinen Zwang und keine Pflicht, nur Freiwilligkeit und das Verhältnis zum Ostad, und so etwas musst du erst einmal lernen.

Aber was es da zu lernen gab, davon hatte ich mir zuvor keinen Begriff gemacht. Die traditionelle persische Kunstmusik, das ist kein Studienfach, das du in zwei oder vier oder sechs Jahren ausgeschöpft hättest und beherrschen würdest. Es ist vielmehr eine Sache lebenslangen Lernens und Probierens – eine Lektion in Demut.

Zum Glück sah der Meister, dass ich Talent zum Singen hatte, und gab mir ab und an private Stunden. Denn in seiner Klasse war es schwierig zu lernen. Es saßen so viele Leute darin, und weiß Gott nicht alle konnten etwas. Viele waren auch hoffnungslose Fälle, was es für die Fleißigeren und Begabteren nicht einfacher machte voranzukommen. Irgendwann platzte mir der Kragen, und ich sagte ihm in jugendlicher Unverschämtheit: »Meister, warum trennen Sie in Ihrer Klasse nicht die Musiker von den anderen? Sobald ein Student um Erlaubnis bittet, gestatten Sie ihm, in Ihrer Klasse zu sitzen, obwohl er keine Ahnung von Musik hat und auch nicht singen kann.«

Worauf er mich anlächelt und antwortet: »Fräulein Maryam, wenn sie es nicht schaffen, gute Sänger zu werden, dann lernen sie hier doch, gute Zuhörer zu werden. Und die brauchen wir auch.«

Wobei ich selbst anfangs überzeugt war, dass der Radif ein Berg sei, den ich nie würde besteigen können: sieben Modi oder Tonarten und für jeden von ihnen Hunderte von Gusheh, also festgelegte Melodiefiguren, die man alle auswendig lernen musste. Alle. Und das war erst der Anfang. Und es ging Schritt für Schritt. Der Ostad sang vor, wir sangen nach. Er sang noch einmal vor, wir sangen noch einmal nach.

Vielleicht hatte er Mitleid mit mir, weil ich jünger war als die anderen, oder er war besorgt, ob ich der doppelten Belastung standhalten würde, und er hätte es schade gefunden, mich zu verlieren, weil mir die Aufgabe zu groß erschien – wobei, da hätte er keine Sorgen haben müssen: Ich glühte, und je mehr ich zu tun hatte, desto mehr war ich fähig zu tun.

Jedenfalls nahm er mich eines Abends beiseite, da war ich schon einige Monate lang seine Schülerin, und sagte zu mir: »Maryam, du musst dir den Radif vorstellen wie einen großen Palast. Der Palast unserer persischen Musik. Er ist hoch, er hat sieben Stockwerke, das sind die Dastgah. Apropos, weißt du, woher das Wort kommt? Dast – die Hand und Gah – der Ankunftsort. Man legt nämlich die Hand auf sein Instrument, um die Tonart zu bestimmen.

Also sieben Stockwerke und auf jedem Stockwerk eine unabsehbare Flucht von Zimmern. Hunderte Zimmer in jeder Etage. Und nun glaubst du, deine Aufgabe sei es, diesen Palast Stockwerk für Stockwerk kennenzulernen, Zimmer für Zimmer, wie ein Dienstbote, wie eine Putzfrau. Bis du dich zurechtfindest, bis du jeden Raum auswendig kennst. Bis du dich blind in diesem Palast bewegen kannst. Aber das ist nur die halbe Wahrheit. Und es wäre eine trübe Wahrheit. In Wirklichkeit nämlich kommst du nicht wie ein Dienstbote in diesen Palast, sondern wie ein Baumeister. Es ist nämlich nie derselbe Palast. Gewiss, er steht fest an seinem Ort, denn er ist ein persischer Palast, und er steht fest in der Zeit, denn seit über zweihundert Jahren strukturiert er unsere Musik, auch wenn in einigen Zimmern Melodien zu finden sind, die 8000 Jahre alt sind. Aber ansonsten ist er jedesmal, wenn du ihn betrittst, ganz neu und ganz leer. Du bist es, die jedesmal, wenn du ihn betrittst, diesen Palast neu erbaut mit deiner Stimme, deinen Improvisationen, deiner Musik. Darum geht es, Maryam: Mache diesen Palast zu deinem Palast!«

Und er hatte nur allzu recht. Aber vorerst war ich, wie er das ausdrückte, noch im Putzfrauenmodus, und ans Neuerbauen war noch nicht zu denken. Bevor ich meine Kreativität an Improvisation ausprobieren konnte, musste ich all die Gusheh auswendig lernen, musste ich in die Geheimnisse der Dastgah eintauchen, denn welcher Text zu welchem Modus passt, ist nicht nur eine Frage des Temperaments des Sängers oder des Inhalts und Rhythmus des Gedichts, sondern auch von ganz anderen Dingen abhängig. Der Palast, um in seinem Bild zu bleiben, ist nämlich eine Art Spukschloss, dessen Etagen und Zimmer sich beständig verändern: einmal groß und prachtvoll, einmal winzige Kammern. Einmal strahlt alles hell, dann ist es düster und verschattet. Der Morgen fordert einen anderen Modus als die Nacht. Singst du für einen einzelnen Menschen, wählst du einen anderen Dastgah, als wenn du vor hundert singst, genauer gesagt wählt er sich selbst. Und ist das entschieden, hast du dir noch keinen Gedanken über die Gusheh gemacht, sozusagen die löchrige melodische Hängebrücke über dem Abgrund des Textes, bei der du die leeren Stellen, die fehlenden Bretter, selbst füllen musst. Aber der Gebieter ist immer der Text, das Gedicht. Ihm dienst du, und seinen Rhythmus und die Melodie, in der es gesungen werden will, musst du ihm abhorchen, bis es sie preisgibt.

Unterdessen hatte ich die Schule abgeschlossen und begonnen, als Lehrerin in einer Grundschule zu arbeiten. Mein Vater hatte unsere Villa verkauft, und wir lebten, meine Mutter, mein Bruder und ich, in einer sehr viel bescheideneren Wohnung, die auch ihm gehörte, aber zuvor vermietet gewesen war, was mir ganz gleichgültig war, ich sah nur, sie liegt zentraler, ich bin schneller in der Schule, in der ich arbeite, ich komme schneller zum Theater.

Zum Glück war die Trennung ohne Hass und Feindschaft vonstattengegangen. Zum Glück deshalb, weil wir auf die finanzielle Unterstützung meines Vaters angewiesen waren, die er uns auch ohne weiteres zukommen ließ. Meine Mutter hätte uns nicht ernähren können, auch nicht zusammen mit meinem Gehalt. Sie war eine kluge und schöne Frau, aber sie hatte nie eine richtige Schulbildung gehabt. Sie durfte als Kind nur die Koranschule besuchen, während ihre Brüder in die richtige Schule gingen und danach auch studierten. Sie hatte als Schneiderin gearbeitet, als mein Vater, der ja über zehn Jahre älter war als sie, sich in sie verliebte. Und danach hatte sie das Haus geführt und uns großgezogen.

Das war die Lage, als die Revolution begann. Und das war zunächst einmal ein Freiheitsrausch, wir waren ja alle so naiv und blind. »Der Teufel ist weg, der Engel ist da!« jubelten sie in den Straßen, und es ist wahr, in den ersten Monaten träumten wir große Träume – ich muss mich erinnern, was das eigentlich für Träume waren. Denn unterschiedliche Leute träumten zur selben Zeit ganz unterschiedliche Träume, und von heute aus gesehen ist es kaum mehr nachzuvollziehen, dass man glauben konnte, sie ließen sich alle unter dem Wort Befreiung subsumieren. Oder war es die gleiche Befreiung, wenn man sich darüber freute, dass die Savak weg war *und* dass die gottlose Modernisierung und seelenlose sklavische Verwestlichung um jeden Preis aufhören würde? War es die gleiche Befreiung, vom Joch der USA erlöst zu sein *und* vom Joch des geschichtslosen Materialismus? Wir jungen Leute, worauf hofften wir? Auf irgendeine Form von freiem, national-souveränem Sozialismus? Ich weiß nur, dass wir die islamischen Reden im Fernsehen nicht ernst nahmen, uns teilweise totlachten. Wir hielten die Mullahs entweder für nützliche Idioten oder für Verbündete, die wieder ins Glied zurücktreten würden, nachdem sie mitgeholfen hatten, das Regime hinwegzufegen. Ich kannte niemanden, der Khomeinis historisch-theologische Winkelzüge ernst genommen hat. Das Tor des Ijtihad und er als der Imam. Es gab damals auch durchaus noch andere Theologen, die ihm das Recht abstritten, in die aktive Politik einzugreifen.

Am Anfang wie gesagt nur Offenheit. Plötzlich konntest du in den Buchhandlungen rund um die Universität Bücher sehen, die jahrzehntelang verboten gewesen waren. Die ganze internationale linke Literatur seit Marx. Nicht, dass ich mir das *Kapital* gekauft hätte. Aber es war wundervoll, dass es da lag.

Und die ersten Zeichen an der Wand waren so harmlos, dass ich sie nicht ernst nahm. Wie jener Achtjährige in meiner Klasse, der eines Tages mit verblüffender Frechheit sagte: »Nein, Fräulein, wir schreiben kein Diktat. Wir haben eine Revolution gemacht!« Oder dass die Lehrerinnen, die schon immer Kopftuch getragen hatten, plötzlich beliebter waren als die in Jeans. Alle Kinder wollten zu ihnen, und es gab auch Eltern, die in dieser Richtung bei der Schulleitung intervenierten.

Aber dann passierten zwei Sachen, die mich wachrüttelten aus meinem Jugenddämmer und die zarte Blase aus Musik und Zukunftsgläubigkeit platzen ließen, in der ich lebte.

Ich war zu einer privilegierten Schülerin meines Ostad geworden in diesen zwei Jahren, der ja ein Theaterfanatiker war, und mittlerweile assistierte ich ihm auch als eine Art Dramaturgin bei seinen musikalischen Inszenierungen, was mir beim Lernen der Feinheiten des Dialogs zwischen Instrument und Stimme zugutekam. »Mach dir Bilder«, sagte er mir immer wieder, wenn ich dasaß und überlegte, wie welches Gedicht adäquat zu vertonen sein könnte. »Deklamiere die Rhythmen, bewege dich dazu, lass die Essenz der Worte vor deinem inneren Auge zum Film werden, dann ergibt sich der passende Dastgah von selbst.« Er war der Meinung, dass ein Sänger ins Theater gehörte, und ich half ihm, Dialogpassagen für seine Aufführungen auszuarbeiten. Es waren Musikalische Tableaus, wie sie Vaziri einst ins iranische Theater eingeführt hatte. In einem namens *Die Tyrannei des Himmels,* in dem ich auch sang, arbeitete er mit europäischem Kontrapunkt, mit neuen Instrumenten wie Sopran-, Alt- und Basstar, und mein Gesang verwob sich mit dem des männlichen Sängers wie bei einem europäischen Opernduett.

Und das war wohl zu viel. Jedenfalls, einige Tage nach der Aufführung von *Die Tyrannei des Himmels,* die ein großer Erfolg gewesen war, meine Eltern und mein Bruder saßen auch im Publikum, komme ich zum Unterricht ins Theater und sehe nur eine kokelnde schwarze Ruine und verrußte Balken, und davor steht mit hängenden Schultern in einer entgeisterten Gruppe von Schülern mein Ostad – aus dem feurigen Tar-Spieler und begeisternden Lehrer war mit einem Schlag ein alter Mann geworden. Er sieht mich mit einem etwas verzerrten Lächeln an und sagt: »Ich gehe fort aus diesem Land.«

Die Revolutionsgarden hatten das ganze Theater einfach abgefackelt.

Und ungefähr zur gleichen Zeit oder kurz danach bin ich auf dem Nachhauseweg, als ich von einer Patrouille zweier junger Männer angehalten werde, zwei Revolutionsgardisten, direkt neben dem Riviera, das jetzt vernagelt war. Ich trug ein weißes ärmelloses Leinenkleid, und der eine von ihnen packt mich am Arm und schubst mich herum und fragt, wo mein Kopftuch sei, und warum ich halbnackt wie eine Hure herumlaufe, und droht mir Prügel an. Und als er schon die Faust hebt und ich mein Gesicht instinktiv mit den Armen schützen will, sehe ich dazwischen, wie plötzlich auf dem Gesicht des anderen etwas passiert, und da erkenne ich ihn auch wieder, im selben Moment wie er mich. Es war einer der Jungs vom Land, die bei uns gearbeitet hatten. Und er redet auf den anderen ein, nimmt seinen Arm von mir weg, scheucht ihn ein wenig fort, und dann sagt er zu mir, mit einem heiligen Ernst: »Schwester Maryam! Zu deinem eigenen Besten. So kannst du nicht mehr herumlaufen. Zieh dich an wie eine gottesfürchtige Frau. Für heute ist es gut, aber du wirst in größte Schwierigkeiten kommen, wenn du wieder so erwischt wirst.« Und bei alledem sah er halb an mir vorbei, um meine nackten Arme nicht sehen zu müssen, und halb zu Boden, um meine nackten Beine genießen zu können.

Erst als sie weg waren, überkam mich das große Zittern, und ich weiß noch, dass der einzige Gedanke, den ich dachte, der war, dass der Junge, der mich gerettet hatte, mich doch zugleich auch erniedrigen wollte mit seiner Anrede ›Schwester‹, die natürlich völlig ungehörig gewesen wäre, als er noch bei uns arbeitete.

Ich suchte mir zuallererst einen neuen Lehrer, ich hatte ja am Markaz und bei meinem Meister viele Musiker kennengelernt, und einer, ein berühmter Sänger und Spezialist des Avaz, des improvisierten Koloraturgesangs der persischen Kunstmusik sozusagen, nahm mich unter seine Fittiche. Mein erster Ostad war ein Tar-Virtuose und Komponist gewesen, aber selbst kein Sänger, und ich hatte das Bedürfnis, meine Gesangstechnik noch weiter zu entwickeln und zu verbessern.

In Wirklichkeit hatte bereits jene fatale Spirale begonnen, abwärts, ein Mahlstrom, in den das ganze Land gesogen wurde, eine Entwicklung, die mir Schritt für Schritt, immer rascher, das Leben als Sängerin und als Frau in meiner Heimat unmöglich machte. Aber es ist erstaunlich, wie lange man Tatsachen nicht wahrhaben will, wie lange man sie von sich wegzuschieben bereit und in der Lage ist, wie lange man lieber blind sein will als dem Unabwendbaren, zutiefst Bitteren ins Auge zu sehen. Ich war fast vier Jahre dazu bereit, bevor ich nicht mehr konnte.

In den ersten Monaten wurden Männer und Frauen noch gemeinsam unterrichtet, und ich kam in meinem Kopftuch und mit langen Ärmeln und langen Kleidern zu meinem neuen Ostad, und er erläuterte mir, wie die persönliche Rhythmik der Dichter die Phrasierung des Gesangs bedingt: »Schau dir Rumi an: Ram-badabam-badabam-badam, das klingt doch völlig anders als Hafis!« Und draußen patrouillierten die Garden, und es gab Demonstrationszüge von Frauen, die massenweise verhaftet wurden. Ich schämte mich, nicht dabei zu sein und war zugleich erleichtert, denn im Gefängnis hätte ich nicht weiterlernen können. Dann kam der Ukas, im Unterricht nur noch islamische Hymnen zu singen und den Gesang nicht mehr durch Instrumente begleiten zu lassen. Der Meister versuchte das zu unterlaufen, indem er uns eine schreckliche, an der holprigen Metrik dieser Texte orientierte Melodie vorsang. Und zu Hause hatten wir Angst, der Krieg gegen den Irak könne noch so lange dauern, dass auch mein kleiner Bruder irgendwann zu den Soldaten müsste, sobald er die Schule beendet hätte. Dann wurde die Trennung von Frauen und Männern in der Schule verfügt, und mein Ostad brachte mir bei, wie man aus dem Reichtum der Gusheh neues Material destilliert. »Der Sänger muss in der Musik verschwinden, sich auflösen«, erklärte er. »Und nie stehenbleiben bei einem Effekt, nie stolz darauf sein, nie darauf herumreiten. Weiter! Als Sängerin musst du immer im Präsens bleiben wie ein Sufi. Nach einer Idee muss die nächste kommen.«

Als Sängerin! Wir spielten uns etwas vor in unserer Blase. Die Zukunft der Kunstmusik. Die Zukunft einer Sängerin! Denn dann kam das Verbot für Frauen, zu singen. Nicht im öffentlichen Raum. Nicht vor Männern. Nicht in einer Schule. Der Gesang der Frauen lenkt die Männer ab und verführt sie zu sündigen Gedanken. Nur zu ihrem Ehemann und in seinem Haus darf eine Frau singen.

»Meister, verführt mein Gesang Sie zu sündigen Gedanken?« fragte ich empört, und er grinste und strich sich durch den Schnurrbart, so dass wir beide lachen mussten. Aber das Lachen blieb uns bald im Halse stecken.

Und die Universitäten filterten neue Studenten nach ihren religiösen Kenntnissen und Überzeugungen. Und auf der Straße fahndeten die Patrouillen nach Linken, hielten die Menschen an, fragten sie, ob sie auch beteten, prüften ihre Kenntnisse von Mohammeds Leben (die sie sich selbst erst hatten vorsagen lassen müssen) und des Korans. Und wer nicht aus einer Sure rezitieren konnte, wurde zur Überprüfung der Personalien mitgenommen.

Und dann wurde die ganze Schule geschlossen, und der Meister gab einigen seiner Schüler weiter Unterricht in seiner Privatwohnung. Wo ich ganz leise singen musste, um die Nachbarn nicht aufmerksam zu machen. Ausgebildete Sängerinnen gaben in ihren Wohnungen Privatkonzerte für Frauen. Das war alles, was uns geblieben war.

Irgendeines Morgens wachte ich auf, und während ich mir all die Umhänge und schweren Kleider überzog, wurde mir auf einmal klar, dass alles, wofür ich gelebt hatte, unmöglich geworden war. Es war wie auf dem Amt, wenn ein Totenschein unterzeichnet wird, ein roter Strich quer durch meinen Namen, meine Existenz gezogen worden.

Und da ging ich zur deutschen Botschaft und beantragte ein Touristenvisum. Ich sagte meinen Eltern nichts, ich fragte nicht. Erst als ich es hatte, stellte ich, beide einzeln, vor vollendete Tatsachen. Und dann, eines Januarmorgens 1984, stieg ich in ein Flugzeug nach Frankfurt. Frankfurt, weil ein ehemaliger Geschäftsfreund meines Vaters mir dort würde ein Dach über dem Kopf vermitteln können.

Ich war nicht verzweifelt. Ich war leer, wie anästhesiert. Eine lokale Betäubung der Haut, wie für einen leichten Eingriff. Ich stach mir mit einer Nadel in den Handrücken und spürte nichts. Die Tränen meiner Mutter, die Verbote und Drohungen und das Geschrei meines Vaters, die fragenden Augen meines Bruders – nichts vermochte mich zurückzuhalten. Ich hatte keine Erwartungen, keine Hoffnungen. Nur Angst. Zum ersten Mal in meinem Leben unglaubliche Angst. Ich hoffte nur, wenn ich dort wäre, in der Fremde, in der Freiheit, in der Kälte, und würde den

Mund wieder öffnen, um zu singen, würde ich diese Angst aus mir hinaussingen können.

Aber ich konnte den Mund nicht öffnen. Das ist meine Erinnerung an die Anfänge in Deutschland. Ich war verstummt. Ich war so alleine, wie ich nie geglaubt hatte, dass man allein sein könnte. Es war dunkel und kalt, ich klammerte mich an den Koffer mit der Tar, ich verstand nichts, kein Wort, sah nur Blicke auf mir und Blicke, die an mir vorbei- oder durch mich hindurchgingen, und ich konnte nicht sprechen, nicht singen, nicht einmal schreien. Ich war stumm.

Der frühere Bekannte meines Vaters hatte mir ein Dachzimmer gefunden in Offenbach, in einem schäbigen Haus, das wie ein Riff im brausenden Verkehr stand. Es war im sechsten Stock, 11 Quadratmeter groß, mit einer Kochnische und einem Klo und einem Kohleofen. Ich musste mit einem kleinen schwarzen Eimer in den Keller hinunter, um die Kohlen zu holen, aber meistens bekam ich den Ofen nicht in Gang, und es war so kalt, dass ich in Pullover und dicken Socken zu Bett ging. Ich war verloren. Ich hatte zu Hause nie gekocht, nie Wäsche gewaschen, ich wusste nichts. Ich hockte in dem düsteren Zimmer und zupfte auf der Tar herum, aber ich versuchte nicht zu singen. Wenn ich zum Waschsalon ging, hatte ich panische Angst, ich würde nicht in die Wohnung zurückfinden. Ich stand an der Bushaltestelle und versuchte, die Fahrpläne zu entziffern, aber es war reine Kalligrafie. Ich verstand nichts. Der einzige Weg, den ich kannte, war der zum Supermarkt und zurück. Wochenlang ging ich keinen anderen. Ich sah mir immer wieder den Fahrplan an der Bushaltestelle gegenüber dem Supermarkt an und dachte, wenn ich den einmal lesen kann, dann bin ich angekommen.

Der erste Akt der Befreiung war, als ich mich in dieser Stadt, in der die Farben fehlten, traute, die Straße, wo der Waschsalon lag, ein Stück weiter hinunterzugehen und dort ein Secondhand-Geschäft für Kleidung entdeckte. Dort habe ich mir für 13 Mark ein türkisfarbenes T-Shirt gekauft. Das war der erste Farbfleck meines Lebens in Deutschland. Ich habe es noch. Aber es spannt heute.

Als ich auf diesen tastenden Erkundungsgängen das erste Mal an einem Beate-Uhse-Laden vorbeikam, war ich zutiefst empört und schockiert und angeekelt. Auf der einen Seite hatte ich bemerkt, dass hier überall Frauen alleine lebten und zurechtkamen, und ich sagte mir, das kannst du auch, aber auf der anderen Seite dann überall diese Bilder. Hieß das, dass eine alleinstehende Frau automatisch eine Hure war oder eine werden musste oder zu einer gemacht wurde?

Ich weiß nicht, was aus mir geworden wäre, hätte ich mich dann nicht aus schierer Not für einen Deutschkurs eingeschrieben und wäre dort Hermann begegnet.

Das änderte alles. Da begann mein zweites Leben. Obwohl ich weiß, wie ungeheuer misstrauisch ich war, als er mich ansprach. Misstrauisch ihm und allen Männern gegenüber und zugleich unsicher und beschämt, was mich selbst betraf. Ich hatte mit dem Übergang ins andere Land auch meine gesamte weibliche Identität und mein Selbstgefühl verloren. Ich fand mich hässlich, dumm und peinlich und fürchtete mich dennoch vor männlicher sexueller Aggression. Es war dann die Musik, die mich langsam Vertrauen schöpfen ließ und mir half, meine Stummheit zu überwinden. Er redete nicht auf mich ein, er fragte mich nicht aus, er packte seine Gitarre aus und sprach mich mit ihr an, und ich konnte ihm mit meiner Musik antworten und zeigen, dass ich nicht völlig schwachsinnig war.

Ich glaube, es war Hermanns Demut, die mich für ihn gewann. Ich meine damit gar nicht die Demut im Leben, sondern die Demut in der Musik. Das merkst du als Musiker. Sobald er anfing, auf seiner Gitarre zu spielen. Er war das, was mir mein Meister als das zu erstrebende Ideal beschrieben hatte. Also nicht technisch, er war kein Virtuose, sondern vom Geist her. Hätte er eine Ausbildung in iranischer Musik gehabt, er hätte gespielt wie ein Sufi: im Präsens. Die Musik ist durch ihn hindurchgegangen und aus ihm geströmt, denn da war kein Ego, das sie blockierte oder gegen sie ankämpfte.

Dank ihm fand ich meine Stimme wieder, und wenn man eine Stimme hat, wird auch alles andere leichter.

Vertrauen war das Wertvollste, was er mir schenkte, sein Vertrauen in mich, meines in ihn, aus dem dann ein Anfang von Selbstvertrauen wuchs, und plötzlich konnte ich mich wieder erinnern, warum ich meine Heimat verlassen hatte und hierhergekommen war. Wegen der Freiheit. Um frei zu sein, als Musikerin und als Frau. Und die Freiheit der Musikerin war die erste, die ich spürte. Mit der als Frau dauerte es länger und war viel schwieriger. Vielleicht wäre es ohne Hermanns Demut auch nie dazu gekommen. Hätte er mir irgendwelche Avancen gemacht, hätte er mich berührt, hätte er mich sexuell – wie soll ich sagen? gefordert? –, wäre ich wahrscheinlich nie zu einer wirklichen Frau geworden.

Das will erklärt sein, aber wie soll man das jemandem hier erklären? Ich will es versuchen: Erst die Fremde und die Konfrontation mit all dem Fremden um mich herum machte mir bewusst, dass ich eine persische Frau war, keine europäische. Eine Frau mit einem anderen Verhältnis zu sich selbst und ihrem Körper – nicht innerhalb meiner Haut! – Gott, ist das schwer auszudrücken! –, sondern mein Körper in Bezug auf meine Umwelt, auf andere, auf Frauen und natürlich vor allem auf Männer. Gewiss sagte ich mir und hatte mir auch schon beim Flirten an der Bushaltestelle in Teheran und im Café Riviera gesagt, dass ich nach Freiheit strebte, und das war – theoretisch – auch Freiheit des Gefühls und der Sinnlichkeit, zugleich aber war es – in mir drin, nicht nur als gesellschaftliche Konvention – völlig undenkbar, ein Horror, ein Abscheu, etwa nicht als Jungfrau in die Ehe zu treten. Hinzu kam, dass ich meiner selbst unsicher war, weil ich in der Fremde so fremd aussah. Bin ich ein Freak? Bin ich schön? Liebe ich mich selbst? Die existentielle Unsicherheit wurde auch zur Unsicherheit des Fleisches. Als ich dann ein knappes Jahr nach meiner Ankunft aus dem entsetzlich kalten Zimmer in Offenbach aus- und in ein Zimmer in einem Studentenwohnheim einzog, wurde es noch schlimmer: Die Studenten hatten alle Türen vor Bädern und Toiletten ausgehängt, weil sie das als bürgerliche Repression auffassten. Die jungen Frauen hatten zur gleichen Zeit mehrere sexuelle Verhältnisse und idealisierten das als ›offene Beziehungen‹, aber das heulende Elend, wenn eine dieser Beziehungen dann auseinanderging – »Er hat mich betrogen!« –, sprach dem ganzen Konzept Hohn. Manchmal sehnte ich mich zu meinem kalten Kohleofen in den sechsten Stock zurück.

Aber ich entwickelte mich, und die Situation entwickelte sich, und ich hatte Hermann, meinen musikalischen Bruder und Freund, der mir meine Stimme wiedergeschenkt hatte und nie in mich drang und etwas forcierte – wenn ich das so sage: Ich weiß gar nicht, ob er damals schon in mich verliebt war. Wir haben darüber nie gesprochen.

Aber dank seiner Hilfe begann ich mich zurechtzufinden und zu leben, ich bekam über verschlungene Kanäle auch ein wenig Geld von zu Hause, und dann wurde ich tatsächlich an der Musikhochschule angenommen, und an dem Tag war ich angekommen in Europa; die Eierschale brach, und ich schlüpfte.

Ich war so stolz und so verblüfft von mir selbst, und als Hermann dann kurz darauf erzählte, er habe vor, eine Reise nach Italien zu machen, sagte ich ihm, bevor ich noch nachdenken konnte, dass ich mitwollte. Es war so herausgekommen, und erst danach bemerkte ich, dass ich keine Angst davor hatte, dass ich mich dazu fähig fühlte, dass ich gelernt hatte, mich zurechtzufinden und zu orientieren. Selbst ohne ihn hätte ich den Weg zurück zu meiner Universität wiedergefunden. Aber mit ihm war es natürlich ungleich schöner.

Ja, diese Reise, das waren in vielerlei Hinsicht die schönsten Tage meines Lebens. Zum ersten Mal hatte ich das Gefühl, hinterher denken zu können: Jetzt sind wir wieder zu Hause. Ich hörte die ganze Zeit Musik in meinem Kopf, sie wurde schöner und klarer und einfacher von Stunde zu Stunde und Tag zu Tag, und ich notierte die ganze Zeit in meinem Kopf mit, um sie nicht zu vergessen und eines Tages vielleicht einen Abglanz davon singen zu können.

Wahrscheinlich war diese Musik der Klang des Verliebtseins, den ich plötzlich hören konnte, weil ich mich nicht mehr dagegen wehren musste, und sie erreichte ihren Höhepunkt, ihr sufisches Präsens, eines Abends, als wir mit einem Boot oder einem Schiff über einen See gefahren waren, auf gut Glück, und dann irgendwo in der einbrechenden Nacht standen, hoch über dem See und uns zu gleicher Zeit umarmten.

Da schmolz etwas in mir. Ein Metall, das in mir gewesen war, zerschmolz und verflüssigte sich.

So etwas zu sagen, ist mir heute noch peinlich, und damals in jenem Moment war es mir gar nicht klar, aber ich erlebte, als wir einander dort in die Arme nahmen und bevor wir uns noch küssten, den ersten Orgasmus meines Lebens.

Und am nächsten oder übernächsten Tag standen wir am Grab des Mannes, das Hermanns Reiseziel gewesen war, eines Poeten, der ihm viel bedeutete und über den er arbeitete, und er war gerührt und glücklich und verdrückte glaube ich ein paar Tränen – und ich, ich freute mich so für ihn, ich freute mich so unbändig für ihn, es war das erste Mal in meinem Leben, dass ich mich bewusst über das Glück eines anderen Menschen mehr freute als über irgendeines, das mir selbst widerfahren konnte.

Als wir wieder zurück waren und unsere Heirat planten, kehrten allerdings auch wieder meine Komplexe und Ängste zurück. Nicht nur all das, was ich ihm zumutete, wenn er eine orientalische, eine muslimische, eine iranische Frau heiraten wollte, die nicht einfach so aufs Standesamt gehen konnte – vor allem war ich mir meiner selbst nicht sicher. Was, wenn er dich irgendwann so sieht, wie du wirklich bist, entblößt von all dem Zauber exotischer Fremdheit? Was, wenn er meinen Körper verabscheut, was, wenn ich im Alter fett und hässlich werde? Was, wenn ich nicht in der Lage bin, ihm Kinder zu schenken? Was, wenn er mich dann enttäuscht verlässt? Bin ich dieser umfassenden Liebe, die er mir schenkt, überhaupt würdig? Halte ich diesem Anspruch stand, oder schrecke ich vor ihm zurück? Ich komme aus einer Scheidungsfamilie, vielleicht steckt das ja auch in mir? Was, wenn wir Kinder bekommen und uns dann trennen, und meine Kinder wachsen ohne Vater auf? So viele Möglichkeiten, dass alles in Unglück, in Schande endet.

Ja, ich war plötzlich kleinmütig und unsicher, und das Veto

meines Vaters, das mich eigentlich nicht hätte kümmern brauchen, wäre ich tatsächlich schon im Westen angekommen gewesen, war mir ein nicht unwillkommener Aufschub. Gewiss wollte ich mit Hermann leben, aber diesen Entschluss im fremden Land, in dem ich erst wenig mehr als ein Jahr lebte, umzusetzen, durchzuziehen, ganz alleine – ganz ohne die Hilfe und den Rat der Familie, gegen ihren Willen – nun, die Entscheidung wurde mir dann ja abgenommen …

Aber da war er schon, der Riss durch mich hindurch. Hermann war geduldig und alles, aber im Grunde seiner Seele verstand er vielleicht doch nicht, warum all das mir solche Angst und Sorge machte und warum ich, die sich doch befreit hatte von den Einschränkungen und Bedrängnissen der Heimat, doch nach wie vor so abhängig war von ihr.

Ich weiß gar nicht mehr genau, wann. Noch Ende 85 oder Anfang 86 kam die Nachricht von meinem Vater, man habe bei meiner Mutter Krebs festgestellt, und sie müsse operiert werden.

Es brauchte keine Entscheidung, keine Überlegung, kein Nachdenken. Niemand hat es verstanden. Niemand konnte es verstehen. Auch Hermann nicht. Hermann hat es akzeptiert – was blieb ihm auch anderes übrig –, aber verstanden hat er es nicht. Ein Iraner hätte mich verstanden, aber damals hatte ich noch keine iranischen Freunde in Deutschland. Dass ich alles aufgeben konnte, was ich erreicht hatte, was ich mir erarbeitet und geschaffen hatte, die Aufenthaltsgenehmigung, den Studienplatz, das freie Musikmachen und Singen. Dass ich die Liebe und die Zukunft mit dem geliebten Mann aufs Spiel setzte. Dass ich freiwillig zurückging in das kriegszerstörte Land, in dem ich nur verkleidet aus dem Haus gehen konnte, in dem mir mein Beruf verboten war, in dem ich in Wohnungen und Häusern gefangen säße wie eine Ratte in der Falle. Dass ich – und das war glaube ich das Entscheidende: dass ich mich dem ganzen westlichen Prinzip des Strebens nach individueller Erfüllung versagte, des Rechts auf individuelles Glück – das ging in niemandes Kopf. Dass es Gesetze und Verpflichtungen gibt, die bindender sind. Man hat es in sich, oder man hat es nicht in sich.

Ich habe es auch nie bereut. Allein das ist schon eine falsche Frage, eine Frage außerhalb meines Gedankens- und Lebenskosmos gewesen. Bereust du geboren zu sein? Bereust du zu sterben? Bereust du, das Kind einer Mutter und eines Vaters zu sein? Unsinnige Fragen. Auch glaubte und hoffte ich natürlich und sagte das auch zu Hermann, dass ich in wenigen Wochen oder Monaten wieder da sein würde.

Aber wenn nicht ... Wenn nicht, dachte ich, würde eben alles verloren sein außer Hermann.

Und ich flog zurück nach Teheran.

Die Musik der Klage

Die Stadt war nicht wiederzuerkennen, aber ich nahm mir auch nicht viel Zeit, sie zu erkunden. Nach all den Terror- und Kriegsjahren herrschte ein Klima der Ärmlichkeit, Trostlosigkeit, Angst und Beklemmung. Fragte ich in den ersten Tagen und Wochen nach Freunden und Bekannten und Verwandten, hörte ich immer nur dieselbe Litanei: gefallen, im Knast verschwunden (das wurde immer nur durch eine Kopfbewegung in Richtung Norden, also in Richtung des Evin-Viertels, geäußert), emigriert.

Immerhin funktionierten die Krankenhäuser noch so einwandfrei wie zuvor. Mein Vater war aus Isfahan gekommen, wo er mittlerweile mit seiner neuen Frau lebte. Mein Bruder war ein Mann geworden, zumindest äußerlich. Meine Mutter sah auf den ersten Blick unverändert aus. Erst auf den zweiten entdeckte ich etwas Hageres, Müdes, Verängstigtes an ihr. Immerhin konnte ich mich in der Wohnung nützlich machen. Das hatte ich in Deutschland gelernt. Ein Leben als Hausfrau ohne Dienstboten.

Meine Mutter war damals 48. Bei einer Routineuntersuchung war ein Knoten in der Brust festgestellt worden. Als ich zu Hause ankam, stand der Behandlungsplan bereits fest. Operation, Amputation, danach Bestrahlung. Genauere Prognose in circa drei Monaten. Der Arzt, den ich noch kannte, ein Freund der Familie, ein gutaussehender Enddreißiger mit einer florierenden Praxis, gab sich vorsichtig optimistisch.

Ich schrieb Hermann und richtete mich auf mehrere Monate ein. Als meine Mutter nach der Operation wieder zu Hause war, verfiel sie, wie es nach solchen Eingriffen offenbar häufig passiert, in eine Depression. Das war natürlich – sagte auch der Arzt – nicht gut für die Heilungschancen, vor allem aber wurde bald klar, dass etwas mit meinem Bruder geschehen musste. Er war 17, hatte noch ein Jahr Schule vor sich, hatte Angst, irgendwann in den Krieg zu müssen, meine Mutter war nicht in der Lage, sich so um ihn zu kümmern wie zuvor, und von mir ließ er sich nichts sagen. Ich traf mich mit meinem Vater und sprach mit ihm über die Sache, und er willigte schließlich ein, Farhad zu sich nach Isfahan zu nehmen, damit er in Ruhe und unter väterlicher Autorität die Schule beenden konnte, und ihn danach, wenn möglich, zum Studieren nach Europa oder Kanada zu schicken, falls der Krieg immer noch andauern sollte.

Ich hatte meine Tar gar nicht erst mitgenommen, und in der Wohnung meiner Mutter lagen, anders als in unserem Haus, auch keine Musikinstrumente mehr herum. Dennoch sang ich ihr an den Abenden ab und zu etwas vor, um ihre Stimmung zu heben, und benutzte irgendetwas als Percussion- und Rhythmusinstrument, manchmal einen Topfdeckel und einen Kochlöffel.

Ab und zu, wenn mir die Decke auf den Kopf fiel, besuchte ich eines der Hauskonzerte für Frauen, die ehemalige Kolleginnen von mir gaben. Ein-, zweimal lud ich den Arzt ein, nach einer Visite zum Essen zu bleiben, und kochte etwas für uns vier.

Meine Mutter vertrug die Bestrahlungen schlecht, es ging auf und ab mit ihr, und nach drei Monaten war nicht daran zu denken, sie im Stich zu lassen. Umso weniger, als wir nur noch zu zweit waren, mein Vater hatte Farhad zu sich geholt, was nicht ohne sehr heftige Streits abgegangen war.

Ich fühlte mich auch nicht gut. Ich hing zwischen zwei Welten und gehörte zu keiner richtig. Außerdem hatte ich permanent Angst um meine Mutter, interpretierte jede Geste, jeden Gesichtsausdruck, jeden Seufzer von ihr in Hinblick auf ihren Gesundheitszustand. Und dann bemerkte ich irgendwann, dass meine Eltern mich nicht nur und ausschließlich der Krankheit meiner Mutter wegen nach Hause gebeten hatten.

Es fiel mir wie Schuppen von den Augen bei einem Gespräch mit meinem Vater in seinem Büro. Er war schon immer ein schlechter Lügner und Schauspieler gewesen. Er kam ganz beiläufig darauf zu sprechen, dass er natürlich habe verbieten und verhindern müssen, dass ich, während ich mich dort im Ausland befand, den Irrtum beginge etc. – den verständlichen Irrtum, fuhr er fort, schließlich sei ich in dem Alter, wo es Zeit werde zu heiraten und eine Familie zu gründen, aber doch zu Hause und nicht im Ausland mit einem Ausländer. Prinzipiell stehe er der Idee ja sehr positiv gegenüber, mache sich sogar seine eigenen Gedanken darüber – und dann schnappte die Falle zu: Und es sei natürlich auch für meine Mutter eine Hoffnung, eine Genesungshoffnung, eine Zukunftshoffnung, deren Erfüllung bestimmt viel dazu beitragen würde, dass sie ihre Krankheit überwand und so weiter.

Erst ein paar Tage später, zu Hause, verstand ich, dass sie alle im Einvernehmen waren und bereits über die Sache gesprochen und sie eingefädelt hatten. Meine Mutter wollte dauernd wissen, worüber ich so mit meinem Vater gesprochen hätte, und der Arzt sah bei seinen Besuchen immer so erwartungsvoll und fragend zwischen uns hin und her.

Und dann, einige Tage später, nach einer Visite, fasste er sich ein Herz und hielt um meine Hand an. Ich war völlig auf dem falschen Fuß erwischt und schockiert und sagte ihm geradeheraus Nein, auf keinen Fall, ich liebe einen anderen, ich glaube, ich habe sogar gesagt: »Ich bin einem anderen versprochen.«

Er reagierte völlig anders als erwartet, nämlich sehr ruhig und freundlich. Er verstehe, dass er mich überfallen habe, dass ich Zeit bräuchte, aber er liebe mich ehrlich, und es störe ihn nicht, dass ich noch glaube, mein Herz gehörte einem andern. Aber dann sagte er doch – und das traf mich in seiner Unverschämtheit völlig unvorbereitet: »Du hast aber doch nicht mit ihm geschlafen, oder?« Und ich, als müsse ich mich rechtfertigen: »Nein, aber –« Und da lächelte er mich an, mit so einem als Freundlichkeit und Verständnis getarnten Gewinnerlächeln, und verabschiedete sich, und meine Mutter hatte natürlich alles mitangehört und kam aus ihrem Zimmer, ich hatte schon zu weinen begonnen, und sie weinte mit mir. Aber ich weinte aus Verzweiflung, weil ich mich fühlte wie ein in die Falle gegangenes Tier und weil ich Angst hatte, es werde über meine ohnehin geschwächten Kräfte gehen, mich dagegen zu wehren, denn seit ich wieder hier war, hatte sich so etwas Resignatives, so ein Mehltau über mich gelegt, und eine müde Stimme in meinem Innern flüsterte mir zu: Gib nach, lass andere entscheiden.

Am nächsten Tag schrieb ich Hermann in einer Aufwallung von Empörung und Kampfgeist: Meine Eltern wollen mich verheiraten. Sie haben alles geplant. Aber ich werde mich mit allen Kräften dagegen wehren. Ich weiß nicht, was ich sonst noch schrieb, weiß auch nicht mehr, ob der Brief eher hoffnungsvoll oder verzweifelt klang. Aber ich hörte danach nichts mehr von Hermann, er muss ihn anders verstanden oder interpretiert haben, als ich ihn meinte.

Aber mir half der Gedanke an ihn, den Kampf um meine Freiheit aufzunehmen.

Das Erste, was ich tat, war, mich wieder um eine Arbeit zu bemühen. Zwar unterstützte uns mein Vater, aber in der damaligen Situation mit dem sich vergrößernden familiären Druck musste ich eigenes Geld verdienen. Es war ein echtes Opfer, denn die Schule war nicht mehr, was sie gewesen war. Der Unterricht musste unter Einhaltung strengster islamischer Prinzipien stattfinden, überall saßen die Spitzel der Pasdaran, ich litt unter der Kleiderordnung und dem Verdummungslehrplan, und der kleine Frechdachs, der zu Anfang der Revolution gemeint hatte, nun müssten keine Diktate mehr geschrieben werden, hatte sich als wahrer Prophet erwiesen. Es war ein Spießrutenlauf, sobald ich das Haus verließ, und zu Hause litt ich unter den subtilen Erpressungsstrategien meiner Mutter, die ihre Genesung von meiner Heirat abhängig machte. Der Arzt, obwohl er immerhin nie übergriffig wurde, machte mittlerweile auch ganz konkrete finanzielle Hilfsangebote und wollte sich mit meinem mantra-haft wiederholten Nein einfach nicht abfinden.

Er war auch quasi jeden zweiten Tag im Haus, denn nach einem bösen Streit mit meiner Mutter, in dem ich sie anschrie, dass ich mich niemals gegen meinen Willen verheiraten würde, und für den ich mir heute noch Vorwürfe mache, erlitt sie einen Schwächeanfall.

Nach einem Jahr Auf und Ab, als ich schon glaubte, das Schlimmste sei überstanden, kam sie zur Nachuntersuchung wieder ins Krankenhaus, und es wurden Metastasen festgestellt. Ich glaube, danach brach ihr Lebenswille zusammen, jedenfalls begann der körperliche Verfall. Nach vier Monaten, in denen sie das Haus nicht mehr verließ, wurde sie bettlägerig. Erst zu die-sem Zeitpunkt ließ der Arzt von mir ab und gab es auf wie ein Jäger, dessen Beute bei Anbruch der Nacht in einem Dickicht verschwunden ist. Ich pflegte sie noch weitere drei Monate zu Hause. Dann musste sie zurück ins Krankenhaus, wo man un-glücklicherweise entschied, sie nochmal zu operieren, was ganz sinnlos war. Ich konnte es nicht verhindern. Mein Vater und mein Bruder kamen aus Isfahan, um sich zu verabschieden, so-lange sie noch bei Bewusstsein war. Danach war es ein Hin und Her zwischen Morphiumschlaf und kurzen verwirrten Wachzu-ständen. Anfang Dezember, als ich eines Morgens bei ihr eintrat, saß ihr der Tod im Gesicht. Über Nacht gekommen. Dann dau-erte es noch eine Woche. Am 15. Dezember 1987 ist sie gestor-ben. Am 20. wurde sie begraben. Danach wollte ich nur noch raus aus dem Land.

Mein Plan war, noch ein halbes Jahr zu arbeiten, um genü-gend Geld für einen Flug über die Türkei zu haben. Ich wollte, soweit es ging, unabhängig von meinem Vater bleiben. Doch dann entwickelten die Dinge sich ganz anders, ich musste mei-nen Stolz runterschlucken, und ich habe ihm Abbitte zu leisten, denn als es darauf ankam, war er verlässlich für mich da.

Es muss im April oder Mai gewesen sein. Ich kam morgens

zum Dienst in der Schule, als mich ein junger Mann anhielt, ein Pasdaran, mit Beschimpfungen überschüttete, ich verstand gar nicht, was er wollte, bis er mir eine schallende Ohrfeige versetzte, die mich aufweckte wie ein Eimer Eiswasser über den Kopf. Ich hatte – seiner Ansicht nach – gegen irgendeine Kleidungsvorschrift verstoßen. Er schleppte mich ins Sekretariat, meine Personalien wurden aufgenommen – niemand diskutierte mit ihm, fragte ihn etwas oder stellte ihn zur Rede, es herrschte damals ein solches Klima von Terror und Angst. Und dann sagte er mir, dass ich eine Vorladung zu einer Anhörung bekommen würde.

Ich saß abends zu Hause und zitterte vor Angst. Unfähig zu denken, unfähig mich zu beherrschen, unfähig irgendetwas zu tun außer meinen Vater anzurufen. Der war am nächsten Morgen da, hörte sich alles an, verstand und handelte.

Dabei fiel mir auf, dass wir uns seit der Revolution nie über Politik unterhalten hatten. Er hatte seinen Posten in einer Regierungsbehörde für Stadtplanung behalten nach dem Umsturz, aber ich wusste bis dahin gar nicht, wie er in seinem Innern zu all dem stand.

Er machte mir deutlich, was mir eigentlich auch selbst klar war, was ich aber in meinem Schockzustand und in meiner körperlichen Angst vor Haft und womöglich Folter nicht fassen und schon gar nicht planen konnte.

Ich meldete mich krank, wir fuhren zu ihm nach Isfahan, ich sah meinen Bruder wieder und lernte die neue Frau meines Vaters kennen. Er organisierte eine Flucht über die Grenze zur Türkei in der Provinz Aserbaidschan. Ich musste nach Khoy, von dort würde ich über die Grenze gebracht werden. Da ich meinen Pass noch hatte, würde ich in der Türkei problemlos nach Istanbul kommen. Dort musste ich mir Papiere besorgen, mit denen eine Einreise nach Deutschland möglich war.

Die Vorbereitungen dauerten einige Wochen, während derer ich sozusagen in seinem Haus untertauchte.

Es war ein sehr tränenreicher Abschied. Wir sagten nichts von Wiedersehen, wir sahen uns an und ahnten oder fürchteten beide, dass es kein Wiedersehn geben würde. Und so ist es dann ja auch gekommen. Aber ich bewahre das gefasste Gesicht dieses großen, grauhaarigen 60-Jährigen im Gedächtnis, und was immer ich ihm vorzuwerfen hatte oder er mir, war abgegolten.

Ich fuhr mit einer kurdischen Familie, die in Khoy Verwandte besuchte, mit im Auto, als Kurdin verkleidet, um die Kontrollen vor der alten Schmugglermetropole in die Irre zu führen. Der Vater war ein Mitarbeiter meines Vaters und ihm offenbar verpflichtet. Die Straßensperre vor dem Eingang zur Stadt, wo Gendarmen, Pasdaran und Kurden mit MPs Wagen und Insassen durchsuchten, passierten wir ungehindert.

Ich reiste nur mit einem Rucksack, in meinen Strümpfen trug ich meine ganze Barschaft mit mir, 4000 Dollar für die Eventualitäten der Flucht. Die Fluchthelfer hatte mein Vater bezahlt, er hatte mir nicht gesagt wie viel, aber die Preise für den gesamten Weg lagen damals bei um die 20 000 Dollar.

In einer Frauenteestube in Khoy nahm ich Kontakt auf – man müsste über diese Stadt eine eigene Geschichte erzählen, es ging dort zu wie in *Ali Baba und die 40 Räuber* – und die Gruppe, die über die Grenze geschmuggelt werden sollte, hatte sich nach Einbruch der Nacht im Hof einer Autowerkstatt und Schrottverwertung am Stadtrand zu treffen. Im Mondschein sah das urweltlich und beängstigend aus: die zackigen Skulpturen der aufeinandergetürmten Wracks wie sprungbereite Saurier und Monster. Wir waren knapp 20, die dort nach und nach eintrafen, alleinreisende Frauen wie mich gab es noch zwei, es waren Familien dabei mit Kindern, einzelne Männer, darunter auch zwei Alte, die von dem Schleuser abschätzig von Kopf bis Fuß gemustert wurden und von denen wir einen unterwegs auch auf dramatische Weise verlieren sollten.

Es war eine merkwürdige Mischung aus Todesfurcht und Abenteuer, wobei der stille Kurde, der für uns verantwortlich war, etwas Beruhigendes ausstrahlte, er machte den Eindruck, als wechsele er schon seit Jahrzehnten bei Tag und Nacht, Wind und Wetter über die Grenze wie ein Hirsch, der jeden Tritt in seinem Revier blind kennt. Ich hatte Glück, ich war jung und gesund und steckte die körperlichen Strapazen problemlos weg, jedenfalls hatte ich während der ganzen Flucht nie mehr eine solch bodenlose, panische, lähmende Angst wie an dem Tag zu Hause nach der Ohrfeige des Revolutionsgardisten. Dabei gab es genug Grund zur Furcht: Würden die schweigsamen, sich abwechselnden Männer – immer wieder verschwand einer wie ein Schatten, nachdem ein Neuer mit Ortskenntnis ganz unbemerkt zu uns gestoßen war –, würden sie uns irgendwo sitzenlassen, nachdem sie alle ihr Geld kassiert hatten und wir in ihrer Hand waren? Würden sie uns den Grenzern ausliefern, um doppelt einzunehmen? Würden sie die Frauen als Freiwild ansehen und einen Zusatzlohn von uns fordern?

Wir gingen über einsame Pässe, begleitet von drei Maultieren, die schwer bepackt waren mit Schmuggelware. Die kleinen Kinder durften auf ihrem Rücken sitzen. Reden war verboten, was besonders für die Kinder und die älteren Frauen schwer war. Der Führer sprach keinen Ton, machte sich nur mit sparsamen Gesten verständlich. Wir gingen die ganze Nacht, vor Tagesanbruch rasteten wir in einem Stall zwischen den Tieren. Feldflaschen machten die Runde, und wir bekamen Fladenbrot zu essen. Im Tal hinter der nächsten Kuppe sollte die von beiden Seiten bewachte Grenze verlaufen. Bei Einbruch der nächsten Nacht, in der kein Mond zu sehen war, stolperten wir vielleicht zwei Kilometer aufwärts der erleuchteten Grenzstation ins Tal hinunter, krochen einzeln über eine freie, tagsüber einsehbare, ebene Fläche, durch die in unregelmäßigen Abständen Grenzer patrouillierten, und gegenüber wieder bergan durch Hohlwege, die von unten nicht mehr einsehbar waren. Aber hinter den kahlen, runden Bergen, die wir hinanstiegen, waren schneebedeckte Gipfel zu sehen.

Eine alte Frau hielt es nicht mehr aus und sprach den Führer an: »Sind wir draußen? Sind wir über die Grenze? Sind wir in Sicherheit? Haben wir es geschafft?« Aber er legte nur den Finger an die Lippen. Ich blickte mich um und sah zurück ins Tal und auf die Bergrücken, die uns von Khoy trennten. Ich wusste auch nicht, ob wir die Grenze schon überschritten hatten, aber ich sagte mir bewusst: Das ist der letzte Blick auf die Heimat, bevor sie in Dunkelheit und Nacht verschwindet.

Wir waren neun Tage und Nächte unterwegs bis Tatvan. Ob es nun noch Iran war oder schon Türkei, es war eine atemberaubend schöne Landschaft, weit, wild und frei und karg, und ab und zu sah man hoch oben im klaren Himmel einen Jet mit Kondensstreifen wie einen ironischen Kommentar, dass es auch andere Möglichkeiten gab, Distanzen zu überwinden. Ich hatte Glück mit meiner dicken, kurdischen Wollkleidung, denn die Nächte dort oben in halboffenen Ställen waren eiskalt.

Am sechsten Abend erlitt einer der alten Männer einen Schwächeanfall. Unser neuer Führer trieb uns emotionslos zur Eile an, wir mussten das nächste Nachtquartier erreichen. Wir waren auf einer Art Ziegensteig, die Maultiere hatten bei der letzten Rast einen anderen Weg genommen, wir mussten alle zu Fuß gehen, auch die Kinder, und der Alte brach zusammen. Lasst mich, lasst mich, sagte er und setzte sich an den Wegesrand. Aber zwei junge Männer nahmen ihn abwechselnd Huckepack, stundenlang, bis es zu steil wurde und das Gehen auf dem Gerölluntergrund extrem schwierig, und sie auch zurückblieben und ihn schließlich absetzen mussten. Es war er oder sie. Er bestand darauf, dass sie weitergingen. Sie heulten beide. Ich weiß nicht, was aus dem Alten geworden ist.

Von Tatvan nach Istanbul reiste ich problemlos, dank des gültigen Passes durfte ich mich ja drei Monate lang legal im Land bewegen. Das hat mir bestimmt einiges, vielleicht sogar das Schlimmste erspart. Flüchtige Iranerinnen ohne Papiere waren Freiwild für die türkischen Behörden.

In Istanbul begab ich mich wie verabredet ins Aksaray-Viertel, in dem es von Iranern wimmelte, und mietete mich in einer billigen Pension ein. Es war ein gefährliches Viertel für eine Frau, und außer zu den Treffen mit dem Passfälscher und für den Geldtransfer blieb ich tagelang in meinem stickigen Zimmer sitzen und memorierte im Kopf Radifstrukturen, Gushes und Dastgah.

Es konnte immer noch alles schiefgehen. Ich sprach mit Iranern, die seit einem halben Jahr und länger in Istanbul festsaßen. Es war ein Warten auf gut Glück, in völliger Abhängigkeit von der Ehrlichkeit Fremder. Inschallah. Das habe ich damals gelernt: Vertrauen in Fremde, denn Misstrauen gegen alles und jeden hätte mich in dieser Lage wahnsinnig gemacht und vielleicht auch erst recht zum Opfer von Betrügern.

Aber ich hatte Glück. Das Geld kam tatsächlich an, wurde mir abzüglich einer irrsinnigen Kommission tatsächlich ausgezahlt, und der Pass war ein Original, keine Fälschung, der wirkliche provisorische deutsche Pass einer anerkannten iranischen Asylantin, weiß der Himmel, wie er hier in Istanbul gelandet war. Nur mein Foto musste eingepasst und gestempelt werden.

Irgendwann saß ich im Flugzeug, irgendwann kam ich in Frankfurt an, es war November. Aus drei Monaten waren drei Jahre geworden. Ich ging schnurstracks zu Hermanns alter Wohnung. Aber er war nicht da.

Bernhard war der Erste, den ich fragte, und er schloss mich in die Arme, aber wo Hermann war, wusste selbst er nicht. Niemand wusste es. Aber Bernhard und Udo, ein weiterer Freund Hermanns aus der Kinderzeit, nahmen mich unter ihre Fittiche. Bernhard besorgte mir ein WG-Zimmer. Udo, der eine Anwaltskanzlei hatte, erstritt mir meinen Asylantenstatus und meine Aufenthaltserlaubnis. Kostenlos. Bis ich die dann bekam, lebte ich ja nur geduldet, konnte nicht reisen, nicht arbeiten, nicht studieren. Ohne die Freunde wäre ich verloren gewesen.

Aber dass Hermann spurlos verschwunden war, damit konnte ich mich nicht abfinden. Ich fragte in der Schule nach, in der wir uns kennengelernt hatten, ich klapperte die Liste all seiner Bekannten ab, an die ich mich oder Bernhard, der das selbst alles schon versucht hatte, sich erinnern konnte. Ich kramte in meinen Erinnerungen an seine Erzählungen über Kindheit und Jugend. So stand ich dann eines Tages an der Pforte des Karmels in seinem Heimatdorf und traf auch tatsächlich die alte Nonne, die er so geliebt und von der er so viel gesprochen hatte. Sie erinnerte sich an ihn, aber gehört hatte auch sie nichts von ihm.

Wir zündeten eine Kerze für ihn an und beteten für ihn, aber danach musste ich unverrichteter Dinge wieder zurück. Es blieb mir nichts übrig als das Inakzeptable zu akzeptieren: Ich musste alleine leben und alleine zurechtkommen. Mein Leben selbst gestalten oder aufgeben. War ich nicht deswegen nach Deutschland gekommen, um mein Leben gestalten zu können, wie ich es wollte?

Und mein Leben war, Musik zu machen, es war das Einzige, was ich konnte, das Einzige, was ich wollte. Und das Einzige, womit ich in Deutschland hoffen konnte, Geld zu verdienen. Ich wusste, ich hatte zwei Vorteile: Ich konnte Deutsch, und ich war eine Frau.

Hier in Europa entwickeln die Frauen aus Ländern wie dem unseren sich anders und schneller als die Männer. Wir sind offener, fleißiger, schlauer. Wir lernen schneller und williger. Anders als die männlichen Exiliraner – und mittlerweile gab es viele davon, die meisten politische Flüchtlinge, die den verlorenen Chancen zu Hause nachtrauerten und sich innerlich nicht von Iran losreißen und ankommen konnten – zog mich nichts zurück. Die Musik war nur hier frei. Und was es nicht gab an Musiken! Es gab Folk und Jazz und europäische klassische Musik. Es gab die Anfänge von World- und Crossovermusik. Es gab Volkslieder, alte und neue, romantische und politische. Es gab die afrikanische Musik, es gab die Musica Sacra. Ich wollte Musik machen und singen, egal was. Ich wollte raus aus meinem Zimmer und in Gesellschaft kommen. In einer Demokratie war das erlaubt. Es lag nur an mir.

Es fing klein an. Ich machte alles, was ich kriegen konnte. Ich gab privat Gesangsunterricht für höhere Töchter. Ich trat in Krankenvertretung als Sängerin für eine feministische Punkband auf. Ich sang im Kirchenchor. Ich begleitete einen iranischen Tar-Spieler, den ich kennenlernte. Ich spielte Gitarre auf der Straße und in der U-Bahn. Über die Freunde kam ich in die Jazz- und Folkclubs und lernte die ersten professionellen Musiker kennen. Aber ich sang auch zu Ostern deutsche Volkslieder im Seniorenheim.

Das erste Solokonzert, das ich in einer kleinen Musikkneipe gab, begleitet von einem Gitarristen und einem Akkordeonisten, und für das ich 50 Mark bekam, beendete ich, obwohl ich bis dahin nur englische Lieder gesungen hatte, mit einem deutschen Lied.

Und von da an beendete ich jeden Auftritt immer mit diesem Lied. Es war ein Ruf nach ihm. Ich hoffte, irgendwie und irgendwann werde er es hören, oder irgendwer würde ihm davon erzählen, und dann würde er dastehen.

Ich sagte: »Dieses letzte Lied ist für Hermann.«

Und dann sang ich es. Ich will hier zur Erinnerung den Text rezitieren:

Ich hab die Nacht geträumet
wohl einen schweren Traum,
es wuchs in meinem Garten
ein Rosmarienbaum.

Ein Kirchhof war der Garten,
ein Blumenbeet das Grab,
und von dem grünen Baume
fiel Kron' und Blüte ab.

Die Blüten tät ich sammeln
in einem gold'nen Krug,
der fiel mir aus den Händen,
dass er in Stücke schlug.

Draus sah ich Perlen rinnen
und Tröpflein rosenrot:
Was mag der Traum bedeuten?
Ach Liebster, bis du tot?

Es dauerte bis 1991, bevor ich unter der wachsenden Community von Exiliranern ein musikalisches Umfeld fand, um wieder persische Musik zu singen. Und ungefähr ab dieser Zeit reichte das Einkommen für das bescheidene Leben einer iranischen, älter werdenden Jungfrau, die zwar sang, feierte und trank, aber danach in ihrer Kammer auf den verlorenen Geliebten wartete wie die Schia auf das Wiederauftauchen des Mahdi.

Und damit muss ich auf den folgenschweren Tag im Herbst 1991 kommen, von dem ich lieber schweigen würde – aber wie denn?

Kommt Gutes aus Gutem, Böses aus Bösem, Richtiges aus Richtigem und Falsches aus Falschem? Oder spielen Intentionen, Anlässe, Pläne und Absichten überhaupt keine Rolle für das, was aus ihnen folgt? Oder anders gefragt: Was währt länger, was prädestiniert die Zukunft mehr: Taten oder innere Überzeugungen? Und in welchem Verhältnis stehen Realien und Träume?

Machen wir es kurz. Es war eine Jamsession mit einem Dutzend Musikern im Jazzkeller, die alle zuvor, einzeln oder in Bands ihren Auftritt gehabt hatten. Danach saßen wir alle im Künstlerzimmer, rauchten, tranken, kifften, eine Kombination, die mir nie gut bekommen ist. Wir unterhielten uns durcheinander, und ich unterhielt mich auch mit diesem einen Gitarristen. Wir unterhielten uns auf Englisch, aber das will nichts über seine Nationalität sagen, die ich ebenso wenig erfahren habe wie seinen Namen. Da die Musiker alle aus unterschiedlichen Ecken kamen, war es leichter, auf Englisch zu reden.

Er wollte mich haben. Das sah ich. Und irgendwann beim Aufbruch nahm ich ihn mit auf mein Zimmer. Denn in dieser Nacht, betrunken und bekifft, konnte ich nicht mehr gegen meinen Körper an, der Hermann wollte.

Im dämmrigen Zimmer – das einzige Licht war das flackernde draußen von der Straße – behauptete meine Einbildungskraft ihre Rechte über das Wirkliche. Der fremde junge Mann war mir sympathisch, körperlich angenehm und gleichgültig genug, und so verwebte sich Abwesendes und Gegenwärtiges merkwürdig genug miteinander.

Ich glaube, er bemerkte in seinem alkoholisierten Zustand kaum, dass ich noch Jungfrau war, und ich schloss die Augen und empfing endlich den Geliebten.

Am nächsten Morgen war er fort, hatte meine Zigaretten mitgehen lassen, mir dafür aber einen Orangensaft ausgepresst, der auf dem Küchentisch stand auf einem Zettel mit einem Smiley.

Acht Wochen später ließ ich mir bestätigen, was ich ohnehin schon wusste: Ich war schwanger.

Es war der Moment endgültigen Abschieds und endgültigen Ankommens. Nicht nur war mir durch den Asylantenstatus der Rückweg nach Iran ohnehin verwehrt, nun war er sogar verriegelt, denn als alleinstehende Mutter eines unehelichen Sohns war ich sowohl in den Augen der Revolution wie in denen meiner Eltern eine gefallene Frau geworden, die Hure ihrer schlimmsten Albträume, die Schande über alle gebracht hätte. Zum andern war ich jetzt hier verwurzelt – in gewisser Weise hörte sogar die Wartezeit auf Hermann auf –, ich weiß nicht, ob das verständlich ist, aber mit Navid war ein Stück von ihm zu mir zurückgekehrt, das mich nicht mehr verlassen würde.

Dafür begannen langsam die Erntejahre meines Lebens.

Mutter eines kleinen Kindes zu sein, brachte meine künstlerische Fantasie und Energie nicht etwa zum Erliegen, sondern schärfte und vertiefte sie. Was mir zugutekam, das war, dass Ulla im selben Jahr wie ich Mutter geworden war, spät und unerwartet. Wir nahmen uns gegenseitig die Kinder ab, wenn die andere arbeitete. Ernst war auch der Hauptgrund, warum Ulla und Bernhard dann Mitte der Neunziger aus Frankfurt wegzogen und sich das Haus in Mühlheim kauften.

Meine Kräfte wuchsen mit den Aufgaben. Meine Kontakte wurden zahlreicher, und zum ersten Mal wurde ich gesucht, angesprochen und gehört. Die Jahre des musikalischen Exils von der Heimat hatten mich innerlich seltsam bereichert – angereichert. Mit Melodien und Rhythmen, die plötzlich an mir wuchsen wie Früchte an einem Baum. Und jetzt, ab Ende der Neunziger und dann noch mehr nach dem 11. September, gab es auch in Deutschland ein Publikum für klassische iranische Musik –

und auch genügend begabte Instrumentalisten, mit denen ich auftreten konnte.

Meine Ostads wären stolz auf mich gewesen. Aber ich ging auch andere Wege, wie man sie eben nur in Europa gehen kann und nicht in der Heimat. Ich sang auch auf Deutsch, ich vermischte und kombinierte Jazz und Tasnif. Ich nahm ein Album mit einem amerikanischen Jazzer auf, den ich gesanglich begleitete. Ich gründete mein erstes eigenes Ensemble. Ich verbrachte unvergessliche Sommerwochen mit dem kleinen Navid in Südwestfrankreich auf dem Festival von Marciac.

Der einzige Missklang in meinem Leben war die enge, laute Wohnung und dass Navid ein Kinderasthma entwickelte, für das die Frankfurter Innenstadtluft Gift war.

Es kam dann wie ein Wunder, dass das alte Häuschen oben an der Stadtmauer frei wurde – Bernhard sagte mir Bescheid, und die beiden bürgten für mich – und ich zog dort ein, als Navid zehn war. Die beiden Jungen wurden als Stadtkinder auf dem Land nun erst recht unzertrennlich, Navid blühte auf, und ich hatte endlich alles, was ich brauchte. Platz, einen Probenraum, in dem wir ungestört singen und spielen konnten, meinen ersten eigenen winzigen Garten seit den Jahren der Villa im Norden Teherans und schließlich sogar ein kleines Achtspur-Tonstudio. Primitiv; aber ausreichend. Beruflich musste ich nicht mehr jeden Tag in Frankfurt sein, um nach Aufträgen und Gigs zu suchen – es war eine paradiesische Zeit, die dauerte, bis die Jungen in die Pubertät kamen.

So schön es vorher gewesen war, so schlimm wurde es dann. Moderne Eltern, die ihr Kind mit Liebe und Freiheit überschüttet haben und es – in meinem Falle – gnadenlos verwöhnt, ihm Werte beigebracht, ein offenes Haus vorgelebt – und dann das: dieses Schweigen, diese Kälte, dieser Rückzug, dieses Misstrauen!

Bei Ernst fing es mit der Heavy-Metal-Musik an, bei Navid mit der Frage nach seinem Vater. Ich hatte das lange vor mir hergeschoben und ihm in seiner Kindheit einen idealisierten, verschollenen Hermann vorgesetzt, was ich natürlich nicht hätte tun sollen und wofür ich jetzt bezahlte. Denn nun musste ich ihm gestehen, dass er das Produkt eines One-Night-Stands war und ich von der Identität seines Erzeugers keinen Schimmer hatte. Und alles, was ich ihm von meinem inneren Erleben und meinen Motiven vorstotterte, klang so dumm und backfischhaft, dass ich mich selbst schämte, ihm gegenüber so kindsköpfig, naiv oder aber im Gegenteil flittchenhaft erscheinen zu müssen.

Mein eigener Vater hätte mich nicht mit größerer Verachtung anblicken können. Er hat danach zwei Wochen kein Wort mit mir gesprochen. Ich war am Boden zerstört, und meine gesamte mütterliche Autorität war verloren.

Wir haben uns gegenseitig zu beruhigen versucht, am coolsten ist Bernard geblieben, der sich ja mit schwierigen Jugendlichen auskannte. Vertrauen, Vertrauen, hat er gesagt. Türen offenhalten. Den Kontakt nicht von dir aus abreißen lassen. »Sie hatten doch 15 Jahre, in denen sie gelernt haben und gesehen. Sie wissen schon, wie es geht, auch wenn sie es momentan anders machen. Wie sollen sie sich denn sonst finden? Und nie Ultimaten!« hat er zu mir und Ulla gesagt. »Besser, sie spinnen zu Hause rum, als dass sie glauben, sie *hätten* kein Zuhause mehr und nachts irgendwo unter den Brücken sitzen.« Aber das war nicht so leicht. Ulla hat auch wie ein Hund gelitten unter dem Schweigen, dem Liebesentzug, der Kälte.

Richtig übel wurde es, als das Kiffen überhandnahm und bei beiden die Schulleistungen nachließen. In der 10. blieben sie beide sitzen, und es kratzte sie nicht. Ich komme abends nach Hause, und die Musik dröhnt so laut, dass sie sich an der Stadtmauer bricht, und ein unbekannter Halbwüchsiger, völlig zugedröhnt, öffnet mir meine Haustür: »Hi, wer bist'n du?« Und dann steige ich über die Schnapsleichen, um in mein Zimmer zu kommen.

Irgendwann hat Ulla bei Ernst eine Tüte mit 120 Gramm Gras entdeckt – das waren Dealermengen, dafür hätte er verhaftet werden können! Ich hab' nicht mehr geschlafen, und wir haben abends lange diskutiert, was wir tun sollen. Die Kinder in eine Therapie zwingen? Familientherapie machen? Ihnen irgendetwas androhen? Sie aus der Schule nehmen und in die Lehre stecken?

De facto bist du ja so einem 16-, 17-Jährigen gegenüber völlig hilflos. Du kannst nichts mehr erzwingen. Navid hat mich angeschrien und beleidigt, und ich habe alles runtergeschluckt. Dann bekamen sie beide einen Blauen Brief. Eine Art Abmahnung wegen Schwänzens. Ich war so außer mir, dass ich ihm gedroht habe, ihn nach Iran zu schicken. Pure Hilflosigkeit.

Eines Abends saßen wir Eltern zusammen, beide Jungs hatten, mittlerweile in der 11., eine Fünf in einer Philosophiearbeit geschrieben. Bernhard liest sich beide Texte durch und schüttelt den Kopf.

»Was ist?« frage ich.

»Die sind beide gar nicht so schlecht«, sagt er. »Gewiss, sie scheren sich nicht ums Thema, die Form ist ein Dreck, die Rechtschreibung erbärmlich, aber da steckt bei beiden was drin ...«

»Und was?« frage ich skeptisch, ganz persische Mutter, die nur schulische Höchstleistungen akzeptiert.

»Ich weiß noch nicht so genau«, meint er. »Ein Schrei vielleicht ..., vielleicht aber auch eine Frage. Ganz bestimmt aber ein Interesse an einer Suche nach Erkenntnis. Ein Ernst. Geist. Sie haben beide Geist!« ruft er und strahlt, als hätte er den Stein der Weisen entdeckt. Ulla und ich haben uns angesehen: Hat er den Verstand verloren oder selbst gekifft?

Aber mehrere Wochen später kommt er abends von der Arbeit aus Frankfurt, hält vor meinem Haus und hupt so lange, bis ich rauskomme, lädt mich ins Auto, und dann unten bei ihnen am Tisch sagt er kryptisch:

»Ich glaube, ich habe eine Lösung gefunden, um die zwei aus ihren Verstrickungen zu befreien. Vielleicht ist es auch nur eine Hoffnung. Aber vielleicht eben doch eine Lösung. Eine Hoffnungslösung.«

Maschregh Nameh

مشرق نامه

Buch des Orients

Komm, denn das Wunschgebäude ist zerbrechlich,
bring Wein herbei, denn des Lebens Fundament
ist auf dem Wind errichtet.

HAFIS

Vormittag

D e r   G e r u c h   d e r Suite war ihm sofort wieder vertraut, sobald er hinter dem jungen, braunlivrierten Hotelboy, der den Trolley schob, den vorderen Raum betrat, die Couchgarnitur aus blauem Velours sah und das Summen der Klimaanlage vernahm.

Der junge Mann rollte den Koffer in das zweite Zimmer, legte ihn auf die Ablage, öffnete die Vorhänge zum Balkon und bedankte sich dann mit einem Kopfnicken für den Geldschein, den der Gast ihm in die Hand drückte.

Es war fast acht Jahre her, dass Dr. Hansjörg Schneider diese Zimmer bewohnt hatte, ja dass sie ihm zu einer Art zweiter Heimat geworden waren, und es war klar, als er die Einladung nach Beirut erhielt, dass er nirgendwo anders logieren würde als im Hotel Mayflower in einer Seitenstraße 50 Meter hinter der Hamra.

Er arbeitete seit sieben Jahren für die AT (Aslam Taslim) Private Equity als Syndikus und war verantwortlich für die juristische Abwicklung der Fonds- und Immobiliengeschäfte, die die saudische Holding in Deutschland tätigte, er war erfolgreich in seiner Arbeit, die sehr gut bezahlt wurde, aber es war das erste Mal, dass sein Arbeitgeber ihn außerhalb Europas zu einer Feierlichkeit einlud.

Er hatte das Laster des Rauchens nicht aufgeben können, es sich aber zur Pflicht gemacht, in von ihm selbst bewohnten Räumen nicht zu rauchen, und nun freute er sich doppelt: auf die Zigarette und auf die in seinen Sinnen immer noch präsente Atmosphäre aus Wärme, Lärm, Abgasen und diesem überwältigenden Gefühl von Lebendigkeit, die ihn draußen auf dem geräumigen Balkon erwarteten. Zwar war das Mayflower, das aus einer anderen Zeit stammte, nicht hoch genug, um über die nachfolgenden Fassaden hinwegsehen zu können, aber dass der Blick nur auf das Gebäude gegenüber und weiter rechts auf das Flachdach eines zweistöckigen Hauses mit seinem Wasserreservoir und seinen Rattenkönigen von Elektrokabeln traf, verursachte keine klaustrophobischen Gefühle, sondern eher so etwas wie Heimeligkeit.

Er war um sieben Uhr morgens gelandet, eine Unzeit, die den merkwürdigen Slots für europäische Fluggesellschaften geschuldet war, und von einem klimatisierten Taxi im Dienste des Hotels abgeholt worden. Die Party oder der Empfang begann erst ab acht Uhr abends, was bedeutete, dass er kaum vor neun dort in der Marina eintreffen musste, die er noch nicht kannte, ebenso wenig wie die vierte Generation von Türmen und Luxushotels an der Corniche und rund um das Hotel Saint Georges.

Das Hotel Saint Georges, wo es alles begonnen hatte.

Nach der Zigarette und der olfaktorischen und akustischen Wiederbegegnung mit der Stadt inspizierte er die Zimmer und das Bad. Alles war sauber, wenn auch nicht ganz neu. Nun, er hätte ein moderneres, luxuriöseres Hotel buchen können, aber das wäre anonymer gewesen. Hier hatte ihn, trotz der frühen Morgenstunde, der junge Eigentümer begrüßt, der extra aus seinem Büro gekommen war, und der schnurrbärtige Rezeptionist erkannte ihn auf Anhieb wieder und sprach ihn an wie damals: »Welcome back, Mr. Hansjörg.«

Gewiss, es war eine sentimentale Geste, hier abzusteigen, wo in gewisser Hinsicht seine Karriere ihren Anfang genommen hatte.

Einen frühen Rückflug für den folgenden Tag hatte er sich von seinem Sekretariat nicht buchen lassen, stattdessen mehrere Standby-Optionen. Er wollte es dem Zufall und dem Schicksal überlassen, ob er wirklich schon am nächsten Tag nach Frankfurt zurückmusste. Es war Freitag, er konnte also ebenso gut auch noch später am Wochenende fliegen.

Er packte den Koffer aus, hängte den Abendanzug auf den Bügel, legte Hemden und Unterwäsche in Schubladen, stellte seine Toilettenartikel im Bad auf und schloss den Akku für die elektrische Zahnbürste an.

Dann überkam ihn Müdigkeit, und er bestellte sich eine Kanne Kaffee und einen Orangensaft aufs Zimmer und legte sich, nachdem er sich bis auf T-Shirt und Unterhose entkleidet hatte, aufs Bett, um ein wenig zu dösen oder zu träumen oder beides.

Am Nachmittag würde er, um frisch zu werden für den Abend, auf zwei Stunden in den Sporting Club unten hinter dem Luna Park fahren. Zwar gab es mittlerweile bestimmt modernere und luxuriösere Anlagen als den alten Zementbau gegenüber dem Bain Militaire und dem Café Raouda, aber er hatte keine Lust, einen neuen Club auszuprobieren, das große Becken und der freundliche Service des schon damals etwas heruntergekommenen Bades passte zu dem nostalgischen Wiedersehen mit seinen beruflichen Anfängen, die ihm vor einigen Wochen auf ganz andere Weise ins Gedächtnis gerufen worden waren, als er nämlich einen ebenso überraschenden wie leise beunruhigenden eingeschriebenen Brief aus den Niederlanden erhalten hatte, mit der Bitte – oder besser gesagt Aufforderung –, am soundsovielten Mai vor dem Den Haager UNO-Tribunal, das sich mit dem libanesischen Präsidentenmord vor so vielen Jahren beschäftigte, als Zeuge auszusagen.

Er war ein junger Jurist mit Prädikatsexamen gewesen, der – auch dank der Fürsprache eines Alten Herrn aus seiner christlichen Studentenverbindung – eine erste Stelle am Kammergericht Berlin angetreten hatte, als er die lebensverändernde Anfrage erhielt: ob er sich vorstellen könne, als Juniorermittler an der von der UNO ins Leben gerufenen Untersuchungskommission zum Attentat gegen den ehemaligen libanesischen Präsidenten teilzunehmen, die vom legendären Oberstaatsanwalt Möller geleitet werden würde, der selbst am Kammergericht tätig war.

Vielleicht war man deshalb auf ihn aufmerksam geworden. Vielleicht auch, weil er fließend Englisch *und* Französisch sprach, die beiden Sprachen, mit denen man dort im Libanon am weitesten kam, sofern man kein Arabisch beherrschte.

In den Tagen vor der Unterredung mit Möller machte er sich schlau, soweit das in der kurzen Zeit möglich war. Der Libanon war eines der korruptesten Länder der Welt, ein permanentes Pulverfass, Teil der antisemitischen Koalition, die den Judenstaat umschloss. Er hatte sich nie näher mit arabischen Ländern befasst, im Jahr seiner Geburt hatten palästinensische Terroristen die heiteren Spiele in München kaputtgemacht, als er fünf war, hatte er im Fernsehen schon vage etwas mitbekommen von der Landshutentführung, jetzt Nine-Eleven; er konnte nicht behaupten, dass die Region und ihre Menschen ihm sonderlich nahestanden oder wichtig waren – eher kamen sie ihm vor wie die Flöhe im Pelz einer demokratischen, rechtsstaatlichen Welt.

Es klopfte, der Kaffee und der frisch gepresste Saft wurden auf einem Silbertablett hereingetragen, und Schneider gab wieder ein Trinkgeld. Es machte Spaß, in diesem Land Trinkgelder zu geben. Mehr als zu Hause.

Möller hatte einen ungeheuren Ruf. Er hatte schon mehrere internationale terroristische Anschläge untersucht und aufgeklärt. »Worum es Kofi Annan geht, außer um die Aufklärung des Mordes«, erklärte er, »ist natürlich auch, die Libanesen und die ganze arabische Welt Rechtsstaatlichkeit zu lehren. Denn schließlich ist die Kommission auch und vor allem deshalb geschaffen worden, um im Mittleren Osten das Vertrauen in ein rechtsstaatliches Verfahren zu stärken und auf diese Weise auch präventiv zu wirken.«

Er sagte sofort zu. Es war die Chance eines Lebens. Nickend nahm er die Mahnungen des Oberstaatsanwalts zur Kenntnis: dass die Mission nicht ganz ungefährlich sei, obwohl sie im Namen der UNO arbeiten und von zahlreichen BKA-Beamten und Personenschützern begleitet würden und auch vor Ort die logistische Unterstützung der amerikanischen und französischen Botschaften genossen.

Die Eltern und seine damalige Freundin hatten natürlich die Hände über dem Kopf zusammengeschlagen und ihn für verrückt erklärt, sich einer solchen Gefahr aussetzen zu wollen. Er dachte mit einem Lächeln daran, dass sie tatsächlich geglaubt hatten, er würde in eine Art Irak oder Afghanistan kommen und müsste sich 24 Stunden am Tag in kugelsicherer Weste und Stahlhelm durch die Straßen bewegen. Er erinnerte sich an die ersten Tage dort, als die verschiedenen Arbeitsgruppen organisiert wurden, an die Aperitifs auf Dachterrassen, die Tafeln voller köstlicher Mezze in wunderschön eingerichteten Restaurants in Achrafieh, die Besprechungen beim Cappucino mit Blick auf den alten Glockenturm im neuerschaffenen, ockerfarben in der Sonne leuchtenden Stadtzentrum und an die Kinder dort auf ihren Skateboards, die rund um den Platz fuhren, während von der einen Seite ein Muezzin rief und von der anderen die Kirchenglocken läuteten.

Er war ein kleines Licht in der Gruppe, er bekam Möller kaum zu Gesicht, dafür öfter die Nummer zwei der UNO-Kommission, den BKA-Mann Schmidt-Lausitz, der schon mehrmals mit dem Oberstaatsanwalt zusammengearbeitet hatte, und für die polizeilichen Ermittlungen und für die Sicherheit der Teilnehmer verantwortlich war, und der ihm ein sehr klares, nüchternes, militärisch-knappes Briefing darüber gab, wie er sich zu verhalten habe. Ein Profi – das war der Eindruck, den er von Schmidt-Lausitz hatte, und in der Obhut eines solchen Mannes fühlte er sich sicher, davon abgesehen, dass Beirut kein Ort war, an dem man sich zu irgendeiner Tages- oder Nachtzeit akut gefährdet gefühlt hätte.

Am stolzesten war er vielleicht darauf, dass die UNO einen deutschen Ermittler, eine hauptsächlich aus deutschen Juristen und Polizisten bestehende Kommission für diese heikle Aufgabe ausgewählt hatte. War das nicht ein schlagender Beweis für den tiefgreifenden Wandel, den das Bild, das die internationale Community sich von Deutschland machte, in den letzten Jahrzehnten erfahren hatte? Ein deutscher Jurist, ein deutscher Staatsanwalt, der im Auftrag der Völkergemeinschaft einen terroristischen Mord aufklären und den Arabern ein Beispiel von Rechtsstaatlichkeit geben würde – und er mittendrin!

Nur seine Beziehung hatte die Zeit, die er im Libanon verbrachte, nicht überlebt. Seine Freundin fand es egoistisch von ihm, auf Monate hinaus wegzugehen anstatt mit ihr in Deutschland etwas aufzubauen, und trennte sich per Mail von ihm im Laufe des Sommers. Er hatte ihre Entscheidung freundlich-verständnisvoll quittiert, und sie waren im Guten auseinandergegangen. Aber sein Leben war mittlerweile so voll, so intensiv, dass er keine zwei Tage über das Ende des Verhältnisses trauerte.

Wie gesagt, er war ein kleines Licht gewesen, ein Juniorermittler in einer Gruppe von über 20 Juristen, aber er war einer von nur dreien, die auch Französisch sprachen, und vielleicht deswegen hatte er in einem der ersten Briefings den Auftrag erhalten, im privaten Umfeld des ermordeten Präsidenten zu ermitteln, Freunde der Familie zu befragen und Zeugenaussagen zu sammeln, die vielleicht Hinweise auf das Komplott geben konnten.

An einem der allerersten Tage war die gesamte Untersuchungskommission unter starkem Polizei- und Personenschutz zu einem Ortstermin an die Stätte des Anschlags gebracht worden. Der Krater, den die Explosion in die Straße gerissen hatte, war bereits wieder zugeschüttet und die Straße ausgebessert, aber die Fassade des Hotel Saint Georges war völlig zerstört, aufgesprengt, rußgeschwärzt, und auch gegenüber waren zwei Hochhäuser bis in die vierte, fünfte Etage hinauf wie gehäutet und verbrannt. Es musste eine gewaltige Explosion gewesen sein, die 22 Menschen, darunter den Präsidenten, in den Tod gerissen hatte.

Hinterher wurden sie alle über den Stand der polizeilichen Untersuchungen informiert. Den größten Teil der Information lieferten die Amerikaner, von denen sehr viele vor Ort waren, Botschaftsmitarbeiter, Gesandte des Außen- und des Verteidigungsministeriums. Libanesen waren nur wenige da, und die mussten sich, wie Schneider fand, wenig Schmeichelhaftes anhören über ihre Tatort- und Spurensicherung, was sie mit unbewegtem Gesicht taten. Der amerikanische Sprecher machte den Delegierten klar, dass die syrische Armee zwar mittlerweile größtenteils abgezogen sei, sich aber noch genügend syrische Agenten, Politiker und Berater im Land befanden, und dass auch die libanesische Politik, Polizei und Armee so sehr mit ihnen verbandelt und von ihnen abhängig sei, dass die Kommission gut daran tue, die Worte der libanesischen Offiziellen auf die Goldwaage zu legen. Ehrlichkeit, ehrliche Aufklärungsbereitschaft, sei nur von den wenigsten zu erwarten. Aber man werde der Kommission mit entsprechenden Personallisten helfen. Dann trat ein weiterer Redner auf, diesmal ein Franzose, der Sondergesandte des französischen Präsidenten, der ein enger persönlicher Freund des Ermordeten gewesen war, Jean Duroc de la Vasselière, ein Karrierediplomat, und Duroc war es auch, aus dessen Händen Schneider schließlich die Liste mit rund 20 Namen aus dem engsten Freundeskreis der Familie erhielt, die er abzuarbeiten hatte.

So kam er auch ins Hotel Mayflower, denn das Hotel Montverde oben in den Bergen, wo die Kommission untergebracht war, lag verkehrstechnisch ungünstig, und einige der Ermittler, denen konkrete Einzelaufgaben zugeteilt worden waren, wurden in verschiedenen Hotels im Zentrum von Beirut untergebracht. So hatte er damals im Frühjahr 2005 zum ersten Mal diese Suite bezogen, der Unterschied zu heute war nur, dass seinerzeit 24 Stunden am Tag ein Bodyguard vor seiner Tür gestanden hatte, der ihn auch auf seinen Fahrten, Treffen, Besuchen begleitete.

Das Mayflower mit seinem etwas staubigen, englischen Kolonialcharme gefiel ihm vom ersten Tag an, vor allem die Bar mit ihren grünen Ledersesseln und den englischen Jagdstichen voller Reiter, Hunde und fliehender Hirsche. Am ersten Abend nach seinem Einzug fand er sich dort mit Schmidt-Lausitz und Duroc wieder. Dieser trank Arrak, der deutsche Kriminalbeamte Bier. Er selbst war Weintrinker, und der Franzose riet ihm zu einem Chateau Kefraya aus der Bekaa-Ebene.

»Vous pouvez me faire confiance. C'est un vin excellent.«

»Können wir auf Englisch weitersprechen?« fragte der Kommissar.

»Gerne auch auf Deutsch«, sagte Duroc und prostete Schmidt-Lausitz zu. Die beiden schienen sich zu kennen.

»Darf ich mal sehen, Ihre Liste?« fragte der BKA-Mann, blickte sie dann gleichmütig an, zog nur einmal die Augenbrauen hoch und sagte »Oh-oh«.

Duroc lächelte und Schneider fragte nach.

Schmidt-Lausitz reichte ihm den Ausdruck zurück und deutete auf einen Namen: »Die ist bekannt.«

Schneider blickte auf die Liste und fragte: »Razane al-Masri meinen Sie? Ist das *die* Razane al-Masri? Die Schauspielerin? Oder Performance-Künstlerin, oder was immer sie ist?«

Der Franzose nickte: »Haben Sie sie schon mal live erlebt?«

Schneider schüttelte den Kopf. »Aber kürzlich war ein Porträt über sie in der *Zeit*. Sie ist wohl schon in Deutschland aufgetreten. Und das ist eine Bekannte der Präsidentenfamilie?«

»Bekannte wär' untertrieben. Sie ist eine Busenfreundin der Witwe. Die beiden haben ihr die Ausbildung finanziert und was weiß ich. Kommen aus dem gleichen Ort. Sie geht dort ein und aus.«

Schneider nickte, und sie tranken, und er hörte zu, wie die beiden anderen sich ihre libanesischen Anekdoten erzählten.

So hatte es angefangen damals.

Er war frei in seiner Arbeitseinteilung, und da er in *L'Orient-le-Jour* gelesen hatte, dass Al-Masri in den nächsten Tagen eine Benefiz-Performance für die Zedernrevolution geben würde, verabredete er mit ihrer Assistentin per Mail einen Gesprächstermin für den darauffolgenden Tag und bestellte über das Sekretariat der Kommission eine Karte für die Aufführung. Von allen potentiellen Zeugen und Informanten interessierte ihn die Schauspielerin am meisten, wofür es zwar keinen professionellen Grund gab, aber für die Reihenfolge seiner Ermittlungen brauchte er sich nicht zu rechtfertigen.

Ein merkwürdiges Gefühl erfüllte ihn, als er in dem Saal saß, in der zweiten Reihe, und auf den Beginn der Performance wartete: Halb fühlte er sich als Detektiv, halb als Voyeur – es sei denn, dass nicht jeder Detektiv ohnehin ein Voyeur ist und jeder zweite Voyeur auch ein Detektiv. Er hatte alles gelesen, was er über die Künstlerin hatte finden können und was in den Dossiers der Franzosen stand: Sie war sein Jahrgang, sie hatte einen Teil ihrer Kindheit und Jugend in Frankreich verbracht, um dem Bürgerkrieg zu entgehen, offenbar schon damals finanziell unterstützt von der saudisch-libanesischen Milliardärsfamilie des späteren Präsidenten, sie hatte danach eine Ausbildung zur Schauspielerin, Sängerin und Tänzerin gemacht, hatte am Théâtre du Soleil erste Erfolge gesammelt und 1995 ihre erste Soloperformance gegeben. Seit einigen Jahren trat sie auch regelmäßig in Europa auf, und 2003 war ihr der *Molière* für die beste Solokünstlerin verliehen worden.

Schneider war mehr als gespannt, und der Gedanke, sie am nächsten Tag persönlich kennenzulernen, nachdem er sie – heimlich sozusagen – bereits gesehen hatte, machte ihm vor Erwartungsfreude feuchte Handflächen, die er mehrmals an den Hosenbeinen abstreifte, bevor sich der Vorhang hob.

Was immer er erwartet hatte – und er gestand sich hinterher ein, dass er irgendetwas Orientalisches erwartet hatte, irgendetwas, das vage so aussehen und klingen würde wie Salomé in einem Hollywoodfilm der Fünfziger – mit dem, was jetzt auf ihn einstürzte, auf ihn niederbrach, hätte er nie gerechnet.

Die Bühne war leer bis zur hinteren Brandmauer, nur drei Gegenstände befanden sich darauf, punktgenau bestrahlt, so dass sie sich wie Skulpturen aus dem Bühnendämmer schälten: Eine zu einer sich brechenden Meereswoge geformte Rolle Stacheldraht (aus einem Palästinenserlager, wie im Begleittext stand), ein grellbunt besprayter Betonkubus, wie sie überall vor öffentlichen Gebäuden standen, um das Durchbrechen eines mit Sprengstoff beladenen Fahrzeugs zu verhindern, sowie ein auf einer schrägen Ebene liegender, überdimensionierter Fußabtreter, dessen Borsten das Wort ›Welcome‹ formten, aber bei näherem Hinsehen waren es keine Borsten, sondern Nägel. All diese Objekte, so stand zu lesen, hatte Al-Masri selbst hergestellt oder bearbeitet.

Dann setzte eine ohrenbetäubende, hämmernde Maschinenmusik ein, die Schneider an das Wenige erinnerte, was er einmal von den ›Einstürzenden Neubauten‹ gehört hatte, bevor er das Radio ausschalten konnte, und dann kam sie auf die Bühne gestürzt – oder getanzt? Es war ein irgendwie choreografiertes Rennen, Springen und Taumeln, eine extrem geschminkte, stämmige, aber zugleich auch tänzerisch leichte Furie oder Hexe, von fast hüftlangem schwarzem Haar umweht wie von lebendigen Schlangen, barfuß in einem schwarzen Gymnastikanzug, darüber einen laubfroschgrünen Lederbolero, und in einer der gestenreich in die Luft greifenden und schnappenden Hände ein wehendes Palästinensertuch, das sie einmal durch die Luft wirbelte wie einen Schleier, sich später schutzsuchend um die Schultern legte, wieder später gebeugt umherschleichend als Kopftuch trug – ihr einziges Requisit.

Sie trug ein Kopfbügelmikrofon, und als die Musik vom Band leiser wurde, begann sie zu singen oder zu sprechen – ein Sprechgesang, ein Rap, auf Arabisch. Ihre Stimme tief, kehlig, raspelnd, mit fast vulgär klingenden Passagen – er verstand ja kein Wort –, aber das Publikum lachte, ging mit, grinste, applaudierte. Sie stand jetzt rappend und scattend vor der Stacheldrahtwelle, bewegte den Oberkörper auf sie zu und von ihr weg, lief dann zu der schrägen Fläche, stellte sich auf das Nagelbrett, und während die Musik verklang und nur noch in unregelmäßigen Abständen elektronische Quietscher oder Schreie ertönten, verlangsamte sich auch ihre Suada zu einem gepressten Flüstern – man sah, dass sie Schmerzen hatte, ihre Zehen krümmten sich – oder gehörte auch das zur Inszenierung?

Und eine packende Inszenierung war es – die Performance drehte sich um das Martyrium der Palästinenser, das offenbar auch noch 15 Jahre nach dem Ende des Bürgerkriegs und mehr als 20 Jahre nach Sabra und Schatila ein die Zuschauer fesselndes und virulentes Thema war, eine kollektive Tragödie, die immer noch wach und präsent gehalten wurde – und instrumentalisiert, konnte er nicht umhin zu denken, denn was er von Al-Masris europäischen Auftritten und Performances gelesen hatte, da war nie von Palästinensern die Rede gewesen. Sie wusste also offenbar recht gut, wem sie was wann und wo zu präsentieren hatte.

Dieser Gedanke brachte ihn kurzfristig in die Gegenwart zurück – zurück zu der Einladung heute Abend, die der Anlass für seine Reise war. Wie würde sie sich geben für einen Auftritt vor den Saudis?

Denn dies war, tausendmal mehr als Höflichkeit, Karrierestreben oder Muße, der Grund dafür, dass er die Einladung des saudischen Prinzen, der auf verwickelte, undurchschaubare und indirekte Weise sein oberster Chef war, angenommen hatte, an dem Fest auf seiner im Hafen von Beirut liegenden Yacht teilzunehmen: der angekündigte Exklusivauftritt Razane al-Masris vor den geladenen Gästen.

Seit 2005 hatte er sie nicht wiedergesehen. Kurz nach dem Israel-Krieg vom Sommer 2006 hatte er den Libanon verlassen, um in Frankfurt seine Arbeit für die AT zu beginnen, und war seither nicht mehr im Land gewesen.

Auch die anderen Protagonisten jenes Jahres hatte er danach nie wiedergesehen. Was natürlich vor allem daran lag, dass er den Staatsdienst quittiert hatte und in die Privatwirtschaft hinübergewechselt war.

Vielleicht war ein Nebengrund für seine Reise aber auch die Vorladung nach Den Haag. Wenn, dann war das allerdings ein irrationaler Antrieb. Der Gedanke, hier am Ort des damaligen Geschehens einige unklare Dinge klarer sehen oder erinnern zu können. Zwar hatte er mit den weitergehenden Ermittlungen im Mordfall des Präsidenten nach 2006 nichts mehr zu tun gehabt, aber er hatte doch mitverfolgt, dass die syrische Verantwortung, die Möller seinerzeit bewiesen und etabliert – und für die er selbst ja entscheidende Beweise geliefert hatte –, von Möllers Nachfolgern nicht weiter verfolgt worden war. Er hatte gelesen, dass die seinerzeit Verhafteten nach vier Jahren ohne Anklage, Prozess und Verurteilung freigekommen waren, dass sie gar ihrerseits Möller verklagt hatten wegen unethischer Verhörmethoden und anderem Unsinn mehr – allerdings nur hier vor einem libanesischen Gericht – und dass das Tribunal in Den Haag seit einigen Jahren eine andere Spur verfolgte, nämlich die der Hisbollah, von der – in Abwesenheit, versteht sich – auch mehrere Mitglieder angeklagt waren, woraufhin Nasrallah mit Filmaufnahmen gekontert hatte, die beweisen sollten, dass die Israelis das Attentat mit einem Drohnenangriff ausgeführt hatten.

Was erwartete nun dort in Den Haag jemanden wie ihn? Er hatte nichts zu erzählen, als was 2005 von Möllers Kommission bewiesen worden war: ein Komplott Syriens und mehrerer hochrangiger, im Solde Syriens stehender Libanesen. Auch die Hisbollah mochte im Solde Syriens stehen, aber er war heute eine Privatperson, die nicht mehr von BKA-Beamten geschützt wurde, und falls jemand von ihm verlangte – ja falls nur der Ruch aufkam –, in seiner Erinnerung eine Verbindung herzustellen zwischen den damaligen Ermittlungen und der Hisbollah, dann befand er sich in akuter Lebensgefahr.

Aber warum überhaupt war die ganze Arbeit der Möller-Kommission im Sande verlaufen? Warum hatte Möller damals eine Verlängerung seines Mandats abgelehnt und war nach Deutschland und zu anderen Missionen zurückgekehrt? Nur wegen der vagen Drohungen terroristischer Splittergruppen?

Lokaltermine sind auch deshalb so unverzichtbar, weil die Wiederbegegnung mit einem Tatort häufig den Stein vor dem verschlossenen Gedächtnis abwälzt.

Er setzte sich auf eine weitere Zigarette auf den Balkon und rief sich wieder jenen Abend vor Augen, an dem er Razane mit ihrer palästinensischen Performance zum ersten Mal gesehen hatte.

Das Publikum hing an ihren Lippen, und auch für ihn, der nichts vom Text verstand, besaß die expressive Kraft ihrer Darstellung oder Persönlichkeit etwas Magnetisches. Man konnte die Augen nicht von ihr wenden. Ob das Ganze einen hohen künstlerischen Wert besaß oder nicht, ob es originell und modern war, eine autonome Schöpfung oder eher ein Digest aus existierenden Techniken und Vorlagen – mit anderen Worten, ob der Auftritt ein Berliner Publikum ebenso beeindruckt hätte wie das Beiruter, konnte er nicht beurteilen. Dafür fehlten ihm die Referenzen und Kriterien. Persönlich fand er die Symbolik ein wenig dick aufgetragen, aber vielleicht war das ja Teil eines neuen Ismus in der Kunst, von dem er nichts wusste.

Was er allerdings wusste, das war, dass der Anblick der Frau für ihn eine ebenso unerwartete wie überwältigende erotische Offenbarung war. In der Nacht masturbierte er, indem er mit geschlossenen Augen den sexuellen Akt zwischen ihm und ihr in allen möglichen, abenteuerlichen und perversen Varianten imaginierte, jedesmal mit ihr als dem aktiven Part.

Dabei war sie alles andere als sein Typ. Seine Freundin, die Rechtsreferendarin, war blond, blass, schlank, stammte aus Niedersachsen und trug gesteppte Barbourjacken und Stiefel. Auch schon vorher hatte er sich immer nur in den hellen und schlanken Typus verliebt. Allerdings war er in diese Al-Masri ja auch nicht verliebt, die mit 45, 50 bestimmt einfach nur noch fett sein würde. Er war, gestand er sich ein, einfach nur unfassbar geil auf sie.

Am späten Vormittag des nächsten Tages saß er in einer Limousine des Fahrdienstes, vorn neben dem libanesischen Chauffeur hatte der Personenschützer Platz genommen, und entdeckte ein ganz anderes Beirut als das, das er bisher gesehen hatte. Direkt aus der Innenstadt stieg die Ausfallstraße in Serpentinen in grüne Vorgebirge hinauf, Wohnblocks ragten auf ebenen Inselchen zwischen Steilwänden und Abgründen in den wolkenlosen Himmel, in weitläufigen Parks lagen exklusive Privatschulen und Universitäten, Shoppingmalls wuchsen an Straßenkreuzungen aus dem Geröll, und je weiter sie hinaufkamen, desto grüner, waldiger, frischer wurde es, tiefe schluchtartige Täler taten sich auf, während die breite Straße in Kurven an den Bergflanken entlangmäanderte. Es war die Gegend, in der die wohlhabenden Beiruter seit jeher ihre Sommerfrischen besaßen, wohin sie sich vor der drückenden, schwülen Hitze der Stadt flüchteten. Die Menge an Kirchen ließ auf ein hauptsächlich christliches Siedlungsgebiet schließen, aber Schneider wusste, dass beispielsweise Al-Masri, zu deren Elternhaus sie unterwegs waren, eine Sunnitin aus Saida war.

Dieses Haus, zu normal dimensioniert, um es ein Anwesen zu nennen, war das erste rechts hinter einer Kurve am Beginn eines Dorfes ziemlich weit oben. Das Grundstück lag an einem steilen Hang, zur Straßenseite war das Gebäude eingeschossig, aber zur Gartenseite, die tief abfiel zu einem V-förmig eingeschnittenen, dunkelgrünen Tal, hatte es drei Stockwerke. Das ebenerdige Geschoss bewohnte Al-Masri, die beiden darunter ihre Eltern.

Die Tür wurde von einer kleinen, schmalen, braunhaarigen Frau geöffnet, die sich als die Assistentin der Künstlerin vorstellte und Schneider durch einen langen Flur in einen Wohnraum führte, wo ein großer Flügel stand, hinter dem die Tür zu einer Terrasse mit Loggia geöffnet war. Sie bot ihm einen Sessel an, fragte, was er trinken wolle und bat ihn um ein paar Minuten Geduld.

Ein Auftritt, dachte Schneider, na gut. Und um sich dagegen zu wappnen, zog er den Krawattenknoten fest und holte das Notebook und das Aufnahmegerät aus seiner Aktentasche.

Sie kam dann aber ganz lässig im langen Hauskleid mit bestickter Knopfleiste und Adiletten an den Füßen, das Haar offen, stark betonte schwarze Brauen, dunkler Lidschatten, aber ansonsten dezent geschminkt, lächelnd und mit ausgestreckter Hand, die er ergriff. Sie ließ sich schwungvoll in den Sessel gegenüber fallen und fragte, während die Assistentin ihr einen Mokka brachte, wie sie ihm helfen könne.

Schneider ordnete seine Fragelisten, blickte dann aber auf und sagte: »Ich habe Sie gestern abend im Theater erlebt. Es war beeindruckend.«

»Hat es Ihnen gefallen? Das freut mich. Ja, das palästinensische Martyrium liegt mir sehr am Herzen.«

Sie steckte sich eine Zigarette an und blickte konzentriert dem Rauch hinterher.

»Möchten Sie unser Gespräch lieber auf Englisch oder auf Französisch führen?« fragte er. »Was fällt Ihnen leichter?«

Sie lächelte. »Es geht beides. Aber französisch ist heiterer.«

»Auch bei solch einem ernsten Thema?«

»Gerade bei solch einem ernsten Thema.«

»Wie haben Sie das Attentat denn verkraftet? Der Präsident war ja, soweit ich weiß, ein enger Freund?«

»Ja.« Sie lächelte wieder, aber aus ernsten Augen. »Ein zweiter Vater. Wissen Sie, hier im Libanon leben wir mit diesen Dingen. Krieg. Mord. Tod. Die Realität ist für uns wie Treibsand. Wir kalkulieren die Möglichkeit eines Todes zur Unzeit im Leben ein. Deshalb folgen wir hier dem Motto ›Carpe diem‹. Er auch. Er hat genau das getan, was er tun wollte, obwohl er wusste, in welche Gefahr ihn das bringt. Und er hat das Leben jeden Tag genossen. Er hat keine Sekunde verschenkt. Das macht es nicht weniger traurig. Aber es ist ein Trost. Er hat die Zeit, die ihm gegeben war, genutzt. Das sollten wir alle so halten.«

»Sie haben gehört, was meine Aufgabe ist. Ich werde Ihnen eine Menge Fragen stellen müssen, über Ihre Treffen, über die gesellschaftliche Seite seines Privatlebens, soweit Sie daran Anteil genommen haben. Über Freunde, Bekannte, Mitarbeiter, Besucher, über alle Leute mit einem Wort, die irgendwie präsent waren, die Sie wahrgenommen haben. Eine mühsame Arbeit, aber vielleicht ja auch in Ihrem Interesse, denn sie dient der Aufklärung.«

Sie runzelte die Stirn. »Vielleicht können wir das ein wenig einkreisen, sonst muss ich Ihnen, fürchte ich, mein ganzes Leben erzählen. Ich kenne die Familie des Präsidenten, seit ich ein Kind bin.«

Er lächelte ihr zu. »Ich würde nichts lieber hören als Ihre ganze Lebensgeschichte. Aber Sie haben natürlich recht. Entschuldigen Sie …«

Er zögerte. Er musste seine Augen, die sie ganz genau beobachtete, zügeln wie scheue Pferde, damit sie nicht permanent an ihrem Körper hinauf- und hinuntergaloppierten. – »Konzentrieren wir uns auf das letzte Jahr.«

Diese erste Unterredung wurde, wie Schneider nicht anders erwartet hatte, eine ziemlich konfuse, chaotische Bestandsaufnahme. Al-Masri kam vom einen zum andern, mischte Beschreibungen und Anekdoten und Erinnerungen, und während das Aufnahmegerät lief und er Anmerkungen in sein Notebook tippte und nachfragte, geriet er bei aller Konzentration in den Bann dieser Frau und ihrer Stimme, die mal burschikos bis zum Ordinären klang, dann wieder divenhaft schnippisch und gurrend. Außerdem aß, trank und rauchte sie fast schon hemmungslos undiszipliniert, lachte immer wieder über irgendetwas und – er war sich nicht sicher, aber es kam ihm so vor: flirtete mit ihm.

Zurück im Hotel, verbrachte er einen Arbeitstag damit, ihre Aussagen zu ordnen und die erwähnten Personen zu rastern: nach Beruf, Nationalität und Religionszugehörigkeit, nach der Häufigkeit ihrer Erwähnung, nach ihren finanziellen Verhältnissen und ihrem privaten Umfeld. Natürlich taten sich dabei ungleich mehr Fragen auf als es Antworten gab, es war noch keinerlei Schema oder Ordnung zu erkennen, aber das war in diesem Stadium normal, da hatte er sich auch keine Illusionen gemacht. Zu mindestens einem Dutzend der gefallenen Namen musste nachgefragt und nachgebohrt werden.

Er suchte also um ein weiteres Gespräch nach. Aus irgendeinem Grund schien ihm – private Interessen beiseite – die Spur Al-Masri vielversprechender als die anderen Namen auf seiner Liste, die er dennoch in den darauffolgenden Wochen pflichtbewusst abarbeitete, in der Hoffnung, irgendwo auf Dopplungen zu stoßen.

Auch wenn er den ganzen Tag an seinem Schreibtisch im Hotel gearbeitet hatte, wusste er, dass er für abendliche Unterhaltung und Entspannung nicht weit gehen musste: In der Bar des Mayflower traf sich nach dem Dinner zur blauen Stunde immer eine internationale Community, und mit zwei Amerikanern, einem Journalisten und einem Diplomaten, war er schon ins Gespräch gekommen. Ab und zu stieß auch noch ein Franzose dazu, ein Mitarbeiter Durocs, und jeden zweiten Abend tauchte gegen elf, halb zwölf Schmidt-Lausitz auf, setzte sich zu ihnen an den Tisch, griff in die Erdnuss- und in die Pistazienschale und befragte ihn beim Bier nach seinen Fortschritten, während er seinerseits über die diversen Pisten plauderte, die die Kommission verfolgte.

»Waren Sie eigentlich bei all Ihrer Schreibtischarbeit schon mal in der Stadt und haben sich die Massenzusammenkünfte der Zedernrevolution angesehen?« fragte ihn der amerikanische Diplomat beim Whisky.

Schneider schüttelte den Kopf. »Bin noch nicht dazu gekommen.«

»Ich bin ja nun schon länger im Land«, sagte der Journalist, »aber diese Form von Einigkeit unter den Libanesen habe ich noch nie erlebt.«

»Es ist ein bisschen wie bei uns vor 15 Jahren, habe ich den Eindruck«, entgegnete Schneider. »Wir sind das Volk. Sie haben ja auf ihrer Welle von Solidarität die Syrer geradezu aus dem Land geschwemmt.«

Der Diplomat nickte: »Jedenfalls standen die Chancen für einen demokratischen Libanon nie so gut wie jetzt. Siniora ist ein ungeheuer verständiger Mann. Und zu den Gesprächskreisen, die wir seit Jahren initiieren, kommen mehr und mehr Menschen. Und nicht nur Politiker, sondern auch Geschäftsleute.«

»Das ist immer ein gutes Zeichen«, meinte der Journalist.

»Wieso?« fragte Schneider.

»Die Libanesen waren daran gewöhnt, ins Ausland gehen zu müssen, um Geschäfte zu machen und Geld zu verdienen. Wenn wir ihnen dabei helfen, hier Rechtssicherheit zu gewährleisten, investieren sie auch mehr im eigenen Land.«

»Und was ist mit den Gegendemonstrationen der Hisbollah?« fragte Schneider. »Die sollen riesig sein.«

Schmidt-Lausitz war mit einem Bier in der Hand an ihren Tisch getreten, nickte den Amerikanern zu und zog sich einen Sessel heran.

»Denen geht der Arsch auf Grundeis, weil ihre Versorgungslinien bröckeln.«

»Aber die Hisbollah ist natürlich noch ein Thema«, sagte der Diplomat. *Of course, it's another issue.*

Diesen Satz hatte Schneider über all die Jahre behalten, weil er fand, dass das Wort ›issue‹ angesichts einer bis an die Zähne bewaffneten Terrormiliz so unglaublich beiläufig und geschäftsmäßig und amerikanisch klang.

»Wie kommen Sie mit Ihren Kontakten voran?« fragte der BKA-Mann. »Und wie mit der Schauspielerin?«

»Habe morgen wieder einen Termin mit ihr«, antwortete Schneider. Aus den Augenwinkeln sah er den Franzosen die Bar betreten. Das war das Schöne an diesen Abenden: Es kamen immer genügend Leute zusammen, jeder hatte Neuigkeiten, politische, juristische oder auch Klatsch und Tratsch oder irgendwelche Ausgeh-Tipps.

Durocs Mitarbeiter sah sie und steuerte zielstrebig auf ihren Tisch zu. Die Amerikaner rückten auf dem Sofa zusammen, der Franzose bedankte sich, setzte sich, klopfte sich mit beiden Händen auf die Schenkel und sagte: »Ich glaube, wir haben Dschumblat!«

Schmidt-Lausitz runzelte die Stirn: »Ist das nicht classified?«

Der amerikanische Diplomat lachte: »Bei Dschumblat ist nichts classified. Der alte Kiffer ist doch sein eigenes Pressebüro.«

»Und was heißt das?« fragte der Journalist.

»Dass er offiziell zugesagt hat, die demokratische, westlich orientierte Politik der neuen Administration zu unterstützen.«

»Das bedeutet, die Drusen sind auf unserer Seite?« fragte der Journalist nach.

Schneider verlor kurz die Konzentration und den Anschluss ans Gespräch, weil er an seinen morgigen Termin mit Razane dachte.

Wenn er auch sonst noch nicht viel Brauchbares herausgefunden hatte, konnte er sich doch in Ansätzen ein Bild von dem machen, was man sich unter einem Jet-Set-Leben vorzustellen hatte. Er hatte schon einige Tage zuvor einen Termin mit ihr verabreden wollen, aber ihre Assistentin hatte erklärt, dass sie drei Tage in Dubai sei, wohin sie, die Präsidenten-Witwe begleitend, in deren Privatjet geflogen sei. Den morgigen Termin hatte er unter dem Vorwand, mehr über ihre Vergangenheit erfahren zu wollen, nach Saida gelegt. In Wirklichkeit hoffte er auf ein paar Stunden mit ihr allein, ohne den Zerberus der allgegenwärtigen Assistentin.

Das klappte auch. Sein Dienstwagen holte sie in ihrem Bergdorf ab, er stieg vor dem Hotel dazu, und sie saßen auf der halbstündigen Fahrt beide nahe beieinander im Fond.

Als sie in Sichtweite des neuen, vom Präsidenten seiner Heimatstadt gespendeten Fußballstadions kamen, übernahm sie das Kommando und dirigierte den Chauffeur auf Arabisch in die Nähe der Karawanserei, wo sie dann ausstiegen und ihren Spaziergang begannen, in drei, vier Schritten Abstand gefolgt von Schneiders Bodyguard.

Razane trug eine buntbestickte Tunika über weißen Leinenhosen und hatte sich, gegen die Sonne oder aus anderen Gründen, ein weißes Kopftuch umgebunden, das von ihrer Sonnenbrille, die sie auf die Stirn geschoben hatte, festgehalten wurde. Sie redete und gestikulierte unaufhörlich, deutete hierhin und dorthin, lachte, und Schneider ging halb betäubt von ihrem Duft und ihrer Lebendigkeit neben ihr her, bis ans Wasser und dann hinaus über die Brücke zur Ruine der alten Kreuzfahrerburg. Die Schauspielerin erzählte vom Baden im Meer während ihrer Kindheit, von der ersten Begegnung mit der Präsidentenfamilie, von all den Wohltaten, die sie der Stadt und ihrer Familie über Jahre und Jahrzehnte hatte zukommen lassen.

Wie schon öfter, seit er im Libanon war, aber nie so stark wie jetzt, spürte der Jurist die Macht und das Gewicht der historischen Kontinuität, die überall im Lande wie eine schwere, wärmende, nährende und unbarmherzige Sonne auf Menschen, Natur und Bauwerke niederstrahlte. Und wie fragil und trostbedürftig und trostspendend unter diesem saturnischen Himmel des Werdens und Vergehens, des Zerstörens und Wiederaufbauens diese Frau ihm vorkam, wie ein Granatapfel, Punica Granatum, der den höchsten Würdenträgern als Grabbeigabe und Wegzehrung in die westliche Kammer gelegt wurde, und dessen roter Saft auf den Basaren zum sofortigen Verzehr in schwere Kristall- und billige Plastikkaraffen gepresst wurde ...

Er ließ seine Hände über den goldenen Stein streichen, während die kleinen Wellen träge glucksten, und versuchte sich klarzumachen, dass der deutsche Kaiser Friedrich II., der Apulier, zur selben Zeit wie das Castel del Monte auch diese Burg hatte bauen lassen und dafür die Quader eines römischen Tempels verwendete, der vermutlich seinerseits auf dem Fundament eines Baalstempels errichtet worden war.

Beim anschließenden Mittagessen profitierte er von der gelösten Stimmung, um im Gespräch ein paarmal, scheinbar beiläufig, als gehöre es zu seinem Gestikulieren dazu, mit der Hand ihre Hand oder ihren Unterarm zu berühren, und ihre massive, warme, duftende körperliche Nähe brachte ihn schier um den Verstand.

Allerdings nicht so sehr, als dass er nicht bemerkte, wie sich aus ihren Aussagen langsam eine Gruppe immer wiederkehrender, wieder erwähnter Personen und Namen herausschälte.

Bei der Nachbearbeitung des Gesprächs wurden endlich systematische Nennungen deutlich. Schneider hörte sich noch einmal alles an, was er aufgenommen hatte, ging alle seine Notizen und Protokolle durch und kam schließlich auf ein Dutzend Namen, die in Al-Masris Erzählungen immer wieder auftauchten. Drei davon konnte er sofort streichen, denn sie waren bei dem Attentat zusammen mit dem Präsidenten ums Leben gekommen. Es blieben drei hauptsächlich politische und sieben eher private Kontakte übrig. Zwei saudische Geschäftsfreunde, ein Bodyguard aus Saida, ein halb syrischer, halb libanesischer Mann, der als Faktotum und Chauffeur arbeitete, ein ehemaliges Kabinettsmitglied, ein Mitarbeiter der libanesischen Sûreté, und noch drei weitere.

Schneider machte einen Termin mit Schmidt-Lausitz aus und ließ sich am nächsten Tag ins Hotel Montverde hinauffahren. Sie hielten kurz am Armee-Checkpoint, dann stand er im Büro des Kommissars und erläuterte ihm seine Liste. Der wies daraufhin einen IT-Mitarbeiter an, die Daten mit den übrigen gesammelten Informationen abzugleichen, und lud Schneider für die Wartezeit auf ein Bier ein.

Bislang liefen die Spuren auf eine Verantwortung Syriens hinaus, weihte er ihn in dem zur Kantine umfunktionierten Speisesaal ein, aber es war noch niemand gefunden, dessen Aussagen Beweiskraft haben könnten. Nach zwei Stunden tauchte der Computerfachmann wieder auf und meldete, es gebe tatsächlich einen von Schneiders Liste, dessen Bewegungen und Überschneidungen mit anderen Protagonisten in der Nähe des Präsidenten ihn zu einer potentiellen Schlüsselfigur mache. Und das war ein gewisser Mohammed Daoud, der Mann für alles, das Faktotum, das Al-Masri so oft beiläufig erwähnt hatte, ohne sich etwas dabei zu denken. Mütterlicherseits Syrer und derzeit mit unbekanntem Aufenthaltsort.

»Da haben Sie Ihre Aufgabe, wenn Sie unsere Schöne das nächste Mal treffen«, sagte Schmidt-Lausitz. »Diesen Daoud. Alles, was sie über ihn weiß, ob sie noch Kontakt zu ihm hat, was sie von ihm hält und vor allem: wo er steckt. Hängen Sie's aber nicht zu hoch. Ich will nicht, dass wir uns mit irgendeiner harmlosen Null lächerlich machen, und letztlich wissen wir auch nichts Genaues über die tiefsitzenden Loyalitäten unserer Dame. Na, Sie werden das schon hinkriegen. Sie haben ja ein richtiges Vertrauensverhältnis zu ihr aufgebaut.«

Schneider zuckte die Achseln. Er wollte nicht über sein Verhältnis zu Al-Masri sprechen. Und vor allem gegenüber der allgegenwärtigen Nr. 2, dem Kommissar, nicht erwähnen, dass er große Mühe hatte, das Verhör der Künstlerin – denn das war es letztlich – von seinen Bemühungen zu trennen, sie irgendwie ins Bett zu bekommen.

Er sah beständig das Bild vor sich, wie sie, das schwarze Haar in der Brise wehend, zwischen den Steinblöcken der 1000 Jahre alten Kreuzfahrerburg umherging und sich mit ausgebreiteten Armen der Sonne entgegendrehte, ein Bild voller Kraft und Lebensgenuss, wie sie dabei eine Coladose durch den Strohhalm geräuschvoll leerschlürfte, und wie sie dann an einem der nächsten Tage im Privatflugzeug eines Milliardärs irgendwo hinfliegen würde, um allein auf einer Bühne ihre Seelenabgründe zu offenbaren. Es war überlebensnotwendig, sich an ihr – sich mit ihr – zu messen und sie, wenn auch nur für fünf Minuten und im Bett, zu erobern, zu beherrschen, zu besitzen.

Da die Zeit für die Kommission knapp wurde und er sie zu

einem weiteren Gespräch drängte, lud sie ihn kurzerhand ins Café Raouda unten am Luna Park ein, wo sie einigen Freunden ein Essen geben wollte, und bat ihn, gern seinerseits jemanden mitzubringen. »Keine Angst, der ganze Trubel wird unsere allerbeste Ausrede sein, um gemeinsam ein verstecktes Eckchen zu suchen, wo wir unsere Geheimnisse austauschen können. Und das Raouda«, fügte sie schelmisch an, »liegt unter freiem Himmel. Also gibt es keine versteckten Mikrofone.«

Er fragte sich, ob der Flirtton Konvention war oder ein hauchzartes Zeichen für ein gewisses Interesse ihrerseits, als er mit der Dienstlimousine vor dem Gartenlokal anhielt, das in mehreren begrünten Terrassen bis direkt zum Meer hinunter abfiel, von dem die vorderste Tischreihe durch eine Glasscheibe geschützt war, deren Rahmen zugleich das Gerüst einer Pergola bildete, von deren Dachstreben sommerdürre Ranken herabhingen.

Er hatte zwei seiner neuen Bekannten mitgenommen, den amerikanischen Journalisten und einen vor kurzem zur abendlichen Whiskyrunde im Mayflower dazugestoßenen amerikanischen Banker. Der Lärm von unten wies ihnen den Weg. An zusammengerückten Tischen saß ein Dutzend Leute, und Al-Masri, von ihrer Assistentin auf die Neuankömmlinge aufmerksam gemacht, erhob sich vom Tisch und kam ihnen ein Stück entgegen. Sie begrüßte Schneider mit vier angedeuteten Wangenküssen und reichte den Amerikanern die Hand. Dann gebot sie den Gästen, die ihr gegenübersaßen, beiseitezurücken, und bat den deutschen Ermittler auf den freien Platz, der ihm ungehinderte Aussicht auf sie und hinter ihr das abendliche Meer schenkte.

Es wurde rasch dunkel, der Mondnachen glitt über den schwarzen Himmel, die Laternen gingen an, und die leise Brandung untermalte synkopisch die lauten durcheinanderwogenden Gespräche am Tisch und das immer wieder aufbrausende Gelächter; am lautesten war das der Schauspielerin, der Kraftquelle, um die herum sich alles wie Magnetstaub ordnete. Vier Kellner brachten unaufhörlich oben von der Küche Platten und

Schälchen mit Mezze und Gegrilltem an den Tisch, die von Hand zu Hand weitergereicht wurden.

Betäubt und mitgerissen sah Schneider dem gargantuesken Appetit Al-Masris zu, die über die Mezze in Ekstase geriet und ihren Nachbarn Finger voll Baba Ghanoush in den Mund steckte, damit sie auch kosteten und gleich ihr zum hemmungslosen Schlemmen mitgerissen wurden. Die ausgelassene Stimmung machte dem deutschen Juristen Mut, ebenfalls seinen Mund aufzusperren wie ein hungriges Vögelchen, und tatsächlich fuhr sie mit dem glänzenden Finger in eine Schale und hielt ihn zwischen seine geöffneten Lippen, die er einen Moment länger um die Kuppe schloss, als zum Ablecken nötig gewesen wäre.

Und nicht nur aß sie mehr und genießerischer als alle anderen, sie trank sie auch im wahrsten Sinne des Wortes unter den Tisch. Es standen zwei eisgekühle Flaschen Arrak und mehrere Plastikflaschen Wasser auf der Tafel, und ständig wurde angestoßen, aber der Alkohol schien ihr nichts anzuhaben.

Irgendwann, es war gewiss schon nach Mitternacht, begann Tanzmusik aus den altertümlichen Lautsprechern zu scheppern, die an den Laternenpfählen befestigt waren, arabischer Discopop und Rai mit mehreren Echos, da die hintereinandergeschalteten, über den Garten verteilten Klangquellen nicht vollkommen synchron waren, ein Sound, ebenso besoffen und schwankend wie mittlerweile die meisten Teilnehmer der Tafelrunde. Aber als er einige Paare von den Nachbartischen aufstehen und tanzen sah, fasste Schneider sich ein Herz und forderte Razane auf.

Sie genoss die sinnlichen Freuden des Abends alle viel zu sehr, kostete sie alle viel zu gierig aus, war sein Eindruck, als dass sie diese zusätzliche nun ausgeschlagen hätte, sie bewegte sich mit der kontrollierten Grazie der ausgebildeten Tänzerin, und als dann nach kurzer Zeit ein langsames Lied gespielt wurde, kam sie ohne zu zögern in seine Arme, zunächst hielten sie einander wie zwei betrunken Taumelnde, die sich stützen müssen, ein schweres, heißes, schwitzendes, nach Fleisch, Sonne, Knoblauch, Ambra und Zwiebeln duftendes, pulsierendes Gewicht, sie legte den Kopf auf seiner Schulter ab und ließ sich führen (oder aufrecht halten) und grub die Nägel ihrer linken Hand durch sein durchgeschwitztes Hemd in seine rechte Schulter. Zum ersten Mal konnte Schneider verstehen, warum Menschen fähig sind, in bestimmten Situationen Schmerzen als lustvoll zu empfinden.

Danach ging das Trinken weiter, und als die meisten sich schon verabschiedet hatten oder komatös vor ihrem Glas auf den weißen Plastikstühlen kauerten, stand Al-Masri auf und bedeutete Schneider, ihr zu folgen.

Sie ging ihm in einen abgeschiedeneren Teil des mittlerweile fast leeren Gartens voraus, setzte sich an einen Tisch und sagte: »Sie hatten doch noch Fragen. Schießen Sie los.«

»Ist es dafür nicht ein wenig spät? Ich weiß nicht, ob ich noch ...«

Sie sah ihn ironisch und wie er fand herausfordernd an, und obwohl er sich nicht mehr in der Lage fühlte, konzentriert zu denken, versuchte er mit aller Macht, die Alkoholnebel aus seinem Kopf zu vertreiben, fixierte einen Laternenpfahl, um den Schwindel zu bannen, aber taktieren konnte er nicht mehr.

»Mohammed Daoud«, sagte er denn auch einfach und starrte sie an, damit das Drehen endlich aufhörte.

Sie kräuselte die Nase und legte die Stirn in Falten. »Daoud? Wie kommen Sie auf ihn? Hab ich ihn erwähnt? Ein kleines Licht.«

»Ja, aber vielleicht jemand, der uns weiterhelfen kann. Versuchen Sie, ihn mir zu beschreiben.«

»Gott ...« Sie kratzte sich das Haar. »So auffällig ist er nicht. Irgendwie immer da, das schon. Ein unscheinbarer, beflissener, kleiner Mann ... Ich glaube, jeder Mächtige braucht solche Leute in seiner Umgebung ...«

»Wie meinen Sie das?« fragte Schneider.

»Wie soll ich das erklären? So ein Faktotum, verstehen Sie? So jemand, auf den man zugreifen kann für seine Launen und Wünsche, den man einfach losschickt, ohne ihm groß was zu erklären und vor dem man sich nicht zu rechtfertigen braucht. Können Sie sich vorstellen, was ich meine?«

Schneider zog eine Grimasse. Er hatte Angst, nicht mehr klar artikulieren zu können und dass ein ›Ja‹ wie ein ›Wla‹ herauskäme.

»Sie wollen Zigaretten oder einen bestimmten Whisky, jetzt, auf der Stelle, und aus irgendeinem Grund ist nichts im Haus, und es ist drei Uhr morgens. Da schicken Sie dann die Daouds los, denn die lungern in einer Ecke rum, auch um drei Uhr, und warten auf Befehle und Aufträge und führen sie dann aus, ohne etwas zu fragen. Oder wenn jemand oder etwas irgendwo hingebracht oder irgendwo abgeholt werden muss. Ganz gleich wer oder was. Das Faktotum ist Ihr verlängerter Arm.«

»Da muss er ihn ja auch gut kennenlernen, seinen Herrn. Über seinen Tagesablauf Bescheid wissen.«

»Ja, aber nicht so wie ein fester Angestellter oder ein Mitarbeiter, der einen Plan in die Hand bekommt. Ich glaube nicht, dass Daoud jemals ein offizielles Arbeitsverhältnis mit dem Präsidenten oder seiner Familie hatte.«

»Wie schätzen Sie ihn ein, soweit Sie das beurteilen können? Dumm, klug, raffiniert? Loyal?«

Sie zuckte die Achseln. »Das Besondere an dieser Art Menschen ist ja, dass man sie eigentlich gar nicht wahrnimmt. Ich hab' ihn gesehen, wenn er mich irgendwo hinfuhr, oder wenn ich das Haus betrat, da lehnte er irgendwo an der Wand und wartete. Ganz dumm kann er nicht sein, und was seine Loyalität angeht, nun ja, wer beißt schon die Hand, die ihn füttert?«

»Ich verstehe«, sagte Schneider, »aber –«

»Warten Sie!« Al-Masri hob die Hand. »Jetzt fällt mir wieder ein, apropos Loyalität, dass er eine Woche vor dem Attentat um Urlaub bat, weil seine Mutter in Damaskus schwer erkrankt sei ...«

Sie sah Schneider fragend an.

»Ist er denn danach wieder zurückgekommen?«

»Ja, sobald er von dem Anschlag hörte. Zwei Tage später war er wieder da, völlig aufgelöst, am Boden zerstört, wie ein Hund, der nicht vom Sarg seines Herrn weicht ...«

»Und haben Sie ihn danach nochmal gesehen?«

Sie schüttelte den Kopf. »Nicht in den letzten Wochen. Nicht seit wir uns kennengelernt haben, also seit die Kommission arbeitet.«

»Glauben Sie, können Sie sich vorstellen, dass er Einblick gehabt hat oder genommen hat in die Tagespläne, die Tagesabläufe des Präsidenten?«

Sie verzog zweifelnd den Mund. »Jedenfalls bestimmt nicht von offizieller Seite. Also der Stab des Präsidenten hat garantiert nicht mit ihm geredet. Aber es gibt ja sowas wie eine – wie nennt man das? – so eine Herr-Knecht-Dialektik, eine Art gegenseitiges Vertrauen bis hin zu einer merkwürdigen Form von Freundschaft zwischen dem Mann ganz oben und dem ganz unten – ausschließen würde ich jedenfalls nicht, dass er sich nach all den Jahren im Dienst des Präsidenten recht gut auskannte …«

Sie blickte aus glasigen Augen auf den Tisch, dann: »Aber meinen Sie denn, ausgerechnet Daoud weiß irgendetwas?«

Er riss sich zusammen und artikulierte so beiläufig wie möglich: »Mit größter Wahrscheinlichkeit nicht. Aber wir müssen eben alle Krümel vom Tisch picken. Und deshalb nun noch die Quizfrage, liebe Razane: Wissen Sie, wo er wohnt?«

Sie schüttelte den Kopf, dann: »Warten Sie, nein, nicht genau, aber doch ja, so ungefähr, wenn Ihnen das etwas hilft. Er hat mich irgendwann gefahren, auf der Uferstraße, und auf der Höhe von Ramlat al-Baida, kurz vor den Raouché-Felsen, deutet er in irgendeine Straßenschneise im Häusermeer und sagt: ›Und da hinten, da wohne ich übrigens.‹ Aber genauer weiß ich es nicht …«

»Na immerhin«, sagte Schneider. »Und jetzt haben wir uns, glaube ich, beide unseren Schlaf verdient.« Er konnte ein Gähnen nicht unterdrücken und hielt die Hand vor den Mund.

»Schon müde?« fragte Al-Masri spöttisch, und ihre Augen funkelten. »Na gut, aber noch one for the road.« Und sie ergriff die Flasche Arrak, die sie mit an den einsamen Tisch genommen hatte, setzte sie sich an den Hals und trank einen tiefen Schluck, bevor sie sie Schneider hinhielt.

Als er aufstand und ihr zunickte, taumelte er und musste sich am Stuhl festhalten. Solange er ihren Blick im Rücken glaubte, spannte er seine Muskeln an, ging aber trotzdem diagonal zu der Linie, die er eigentlich verfolgen wollte.

Der Chauffeur und der Bodyguard schliefen beide im quer vor dem Eingang zum Raouda geparkten Wagen. Die Alka-Seltzer-Nachtruhe war kurz, denn am nächsten Morgen um neun ließ sich Schneider zum Montverde hinaufchauffieren, um Schmidt-Lausitz Bericht zu erstatten.

Eine Woche später bestellte der ihn für zehn Uhr vormittags zu einer Adresse in der Rue Bliss, wie sich herausstellte ein nobles Apartmenthaus in der Nähe des zugebauten alten Leuchtturms. Der Kommissar hatte dort eine Arbeitswohnung angemietet, und Schneider wurde in ein großes Zimmer geführt, dessen Panoramascheibe über das Brachgrundstück gegenüber hinweg, wo vor kurzem die letzte osmanische Villa der Straße abgerissen worden war, einen direkten Ausblick aufs Meer gewährte. Der würde aber nur kurz währen, denn unten am Straßenrand standen schon die Plakate, die ein 25-stöckiges Luxus-Condo-Haus avisierten.

Schneider war erstaunt, als außer dem BKA-Mann auch Duroc de la Vasselière den Raum betrat, sowie ein dritter, unbekannter Mann. Man schüttelte sich die Hände, und Schmidt-Lausitz sagte, bevor noch irgendjemand den Mund geöffnet hatte: »Geschäftssprache heute ist Englisch.«

»Wir haben ihn aufgetrieben«, fuhr er dann zu Schneider gewandt fort. »Nicht so ganz einfach ...«

Intensive Vernehmungen von Zeugen und Verdächtigen gehörten innerhalb der Kommission nicht zu Schneiders Aufgabenbereich, die behielt sich Möller vor, und Schneider war auch nicht informiert über den Stand der Ermittlungen, abgesehen davon, dass es diese syrische Piste gab, wovon ohnehin jeder überzeugt war, aber für die, soweit er wusste, noch die entscheidenden Zeugen fehlten.

Daoud wurde hereingeführt, und Schneider wies ihm einen Platz auf der anderen Seite des Schreibtisches an. Die übrigen drei nahmen auf Stühlen an der Wand Platz.

Schneider breitete seine Unterlagen aus und musterte das Faktotum des Präsidenten, einen unscheinbar aussehenden Araber in grauer Hose und weißem offenem Hemd, wie sie zu Hunderten die Hamra entlangspazierten, dunkles Haar, starker Bartwuchs, mittelgroß. Schneider dankte ihm für sein Kommen, was ein bisschen zynisch war, dachte er, da er nicht wusste, wie freiwillig der Mann hierher mitgekommen war, nahm seine Personalien auf und befragte ihn eine Stunde lang anhand seiner Aufzeichnungen zu seiner Arbeit und zu konkreten Aufträgen, die er für den Präsidenten erledigt hatte, auch zu seinem persönlichen Verhältnis zu ihm.

Der Mann bekam feuchte Augen. »Ich darf nicht sagen, dass er wie ein Vater für mich war, wie ein Freund, dazu ist der Abstand zwischen uns zu groß. Aber so fühle ich.«

Die meisten Angaben einschließlich der Reise nach Damaskus zu seiner kranken Mutter deckten sich mit dem, was Al-Masri erinnert hatte. Damit war Schneiders Arbeit hier beendet, er dankte dem Mann, der wieder aus dem Zimmer geführt wurde.

Die anderen drei blickten einander an, dann kam Schmidt-Lausitz auf Schneider zu und streckte die Hand aus. »Ganz herzlichen Dank für Ihre Arbeit, Dr. Schneider«, sagte er nun wieder auf Deutsch. »Wir setzen große Hoffnungen auf Ihren Zeugen da. Wir melden uns bei Ihnen, sobald es etwas Neues gibt.«

Schneider verstand, dass er damit entlassen war und fragte sich kurz, wie es jetzt in dieser Wohnung weitergehen würde, was Duroc bei der Vernehmung zu tun hatte und wer der dritte stumme Gast war. Aber zum Glück waren das Fragen, die nicht in seine Verantwortung fielen, und kaum stand er auf der Straße, hörte er auf, über sie nachzudenken.

Stattdessen dachte er darüber nach, Razane al-Masri einzuladen, und zwar diesmal privat, und plante und fantasierte herum, womit er die anspruchsvolle Künstlerin verblüffen und begeistern konnte, und wie er es vor allem anstellen könnte, mit ihr alleine zu sein.

Er hatte sein Vorhaben noch nicht in die Tat umgesetzt, sie

noch nicht angesprochen, als Möller persönlich ihn anrief und mit erregter Stimme hinauf ins Montverde bat oder beorderte.

»Wir haben den Durchbruch, Schneider!« rief er in den Hörer. »Wir haben den Durchbruch! Und das ist zu großen Teilen Ihnen zu verdanken, mein Junge! Heute abend neun, halb zehn hier oben! Alles klar? Kein weiteres Wort am Telefon!«

Am Armeecheckpoint auf der Zufahrt zum Hotel war die Anzahl der Posten verdoppelt worden, alle trugen Maschinenpistolen und steckten in Kampfmontur, und in dem Komplex selbst patrouillierten ebenso gekleidete und bewaffnete BKA-Trupps. Die Security am Eingang war ebenfalls verstärkt worden, aber das Identifikations-Prozedere blieb Schneider erspart, denn ein strahlender Möller erwartete ihn persönlich am Haupteingang des Hotels.

»Kommen Sie, kommen Sie, ich wollte, dass Sie bei der ersten Gegenüberstellung dabei sind.«

Der Mann mit dem grauen Bürstenschnitt, der trotz der Hitze einen akkuraten blauen Anzug mit Krawatte und Einstecktuch trug, fasste ihn unter dem Arm, und gefolgt von seiner plappernden und aufgeregten Suite aus Sekretärinnen, Assistenten und Anwälten sowie den stummen Sicherheitsbeamten, durchmaßen sie die Korridore bis zu Möllers Büro.

Dort erfuhr Schneider, der mittlerweile angesteckt war von der allgemeinen freudigen Erregung, vom Durchbruch der Untersuchungen. Angesichts des Ausmaßes des Attentats hatten die Ermittlungen von Anfang an auf eine Staatsverschwörung hingedeutet. Nur staatliche Stellen, nur ein weitverzweigtes Komplott, hatten die strategischen und logistischen Mittel besitzen können, den Anschlag ins Werk zu setzen. Zahlreiche Aussagen belasteten mehrere hochrangige libanesische Personen und mit ihnen ihre Kontakte bis hinauf ins Regime von Damaskus. Nun aber, erklärte Möller, habe er mit Daoud das missing link zwischen all diesen Leuten gefunden. Der habe eingewilligt, als Kronzeuge gegen den Sicherheitschef des Präsidenten, den Ex-Chef des Militärgeheimdienstes und den Kommandeur der Präsidentengarde auszusagen.

»Woher weiß Daoud diese Dinge?« fragte Schneider.

»Er steckt selbst mit drin. Der ominöse Damaskus-Aufenthalt zur Zeit des Attentats hat uns auf die Spur gebracht.«

»Und das hat er zugegeben? Wie haben Sie das geschafft?«

»Sie wissen doch, wie ein guter Staatsanwalt arbeitet, Schneider. Sie sind selbst einer. Bisschen Zuckerbrot, bisschen Peitsche. Und er hat mehr zu gewinnen als zu verlieren, wenn er mit uns zusammenarbeitet. Wird natürlich 'ne neue Identität brauchen.«

»Was hat er erzählt?«

»Seine Wohnung war das Hauptquartier der Verschwörer. Die libanesischen Generäle, die wir jetzt gerade verhaften lassen und mehrere syrische Geheimdienstler. Außerdem hat er ausgesagt, dass er während seines Syrienaufenthalts in einem Militärlager den Van gesehen hat, in den dann der Sprengstoff gepackt wurde. Und seine Aussagen decken sich mit denen eines anderen Zeugen, eines syrischen Abwehrmannes, der von mehreren konspirativen Treffen im Präsidentenpalast berichtete, wo das Mordkomplott geschmiedet wurde. Dank dieser beiden Kronzeugen haben wir jetzt eine lückenlose Beweiskette, die von den libanesischen Generälen über Lahoud bis in Assads Büro und zu seinem Bruder reicht. Quod erat demonstrandum. Mehr geht nicht. Das sollte der UNO reichen, um die entsprechenden Maßnahmen zu ergreifen.«

»Gratuliere«, sagte Schneider atemlos und überwältigt von den sich überstürzenden Ereignissen.

»Nein! Ich gratuliere Ihnen! Mein lieber Dr. Schneider, Sie sind derjenige, der uns das fehlende Teilchen für unser Puzzle geliefert hat. Kommen Sie mit.«

Er stand auf, und sie durchquerten beide, flankiert von mehreren Bodyguards, die Korridore, bis sie in einen schallgedämpften Raum gelangten, der an ein Aufnahmestudio im Radio erinnerte.

Darin saßen Schmidt-Lausitz, Duroc und einige weitere Leute. Der Kommissar gab gerade einem Kameramann Anweisungen:

»Sie halten von der ersten bis zur letzten Sekunde auf das Gesicht, verstanden? Die Lügen werden alle dort zu lesen sein, und, falls es Wahrheiten gibt, auch die Wahrheiten.«

Der Kameramann nickte und verließ den Raum, und Schmidt-Lausitz reichte Schneider die Hand und seufzte. »In einem anderen Leben« – er verbesserte sich: »in einem besseren Leben, wäre ich gerne Regisseur geworden. Dokumentarfilmer, wissen Sie? Ich glaube, es war Godard, der einmal gesagt hat, eine Kameraeinstellung sei eine Frage der Moral, aber ich sage Ihnen, sie ist eine Frage des Muts. Wenn Sie Ihre Kamera sinken lassen und in irgendeiner Ecke die Staubkörnchen in den Fokus nehmen, anstatt unbeirrt das Gesicht Ihres Gegenübers zu visieren, dann ist das genauso, wie wenn Sie –«, er stockte kurz, »dann ist das genauso wie bei allem andern. Immer eine Frage des Muts.«

»Schauen Sie sich's ein bisschen an«, sagte Möller zu Schneider und deutete auf die Glasscheibe, die diesen vom angrenzenden Raum trennte, in den soeben der Kameramann mit seiner Ausrüstung eintrat.

Außer ihm befanden sich drei Männer dort, zwei Staatsanwälte der Kommission, die Schneider vom Sehen kannte, und ein stoppelbärtiger Libanese. Jetzt wurde von zwei Wachmännern ein weiterer Mann hereingeführt, der einen Sack über dem Kopf trug. Das musste Daoud sein.

»Ich übernehme jetzt die Befragung«, sagte Schmidt-Lausitz und stand auf, um das Zimmer zu verlassen. Der libanesische General blickte direkt auf sie, aber wie ein Blinder. Offenbar, nahm Schneider an, war die Glasscheibe halb verspiegelt.

»Ist das der General?« fragte er.

Möller nickte, während drüben die Tür aufging und der Kommissar den Raum betrat.

»Und der Getarnte Daoud?«

»Ja«, sagte Möller. »Hat sich als effizient erwiesen, Zeuge und Verdächtigen so direkt aufeinander loszulassen.« Er drückte einen Knopf auf dem Mischpult vor ihm, und sie konnten die Stimmen aus dem Nebenraum hören. »Es wird ein Marathon werden. Sie müssen nicht die ganze Zeit hier sitzen. Ich geh' auch gleich da rein. Wir haben über 800 Fragen vorbereitet, es kann also dauern. Wenn Sie genug haben, lassen Sie sich einfach raus begleiten. Wir sehen uns demnächst beim Feiern.«

Feiern, das war auch sein Stichwort und der Vorwand, unter dem er Al-Masri alleine einladen konnte.

Er rief sie an und musste an sich halten, um keine Geheimnisse auszuplaudern, erklärte ihr also nur, ihre gemeinsamen Nachforschungen hätten die Kommission sehr viel weitergebracht, und er wolle ihr seinen Dank ausdrücken und diesen auch persönlichen Erfolg gerne mit ihr zusammen feiern, bei einem Glas Wein zu zweit, in seinem Hotel.

»Sehr gerne«, sagte sie, »danke für die Einladung. Aber Daoud war also tatsächlich die richtige Spur? Hat man denn mit ihm reden können, hat man ihn gefunden?«

»Ja, war gar nicht so einfach, aber doch. Und seine Aussagen machen ihn zu einem wichtigen Zeugen, aber sorry, mehr darf ich aus Sicherheitsgründen nicht verraten.«

»Verstehe ich natürlich. Aber Sie wissen ja, wie viel mir auch persönlich an einer Aufklärung liegt. Ich möchte den- oder diejenigen, die das zu verantworten haben, gern vor einem internationalen Gerichtshof sehen.«

»Das werden Sie auch bald. Und Sie haben persönlich viel dazu beigetragen. Lassen Sie uns darauf anstoßen. Auf die Gerechtigkeit.«

»Dann freue ich mich auf morgen Abend. Ich bin um neun Uhr im Mayflower.«

»Und ich freue mich auch«, sagte Schneider. »Sehr sogar.«

Sein Plan war, die Dachterrasse zu requirieren, aber dazu musste er mit dem Inhaber sprechen. Dort oben wurden normalerweise zur Happy Hour Drinks serviert, es gab eine Handvoll niedrige Tische und Lounge-Sofas sowie einen winzigen Pool, kaum größer als ein Ermüdungsbecken, der den Hotelgästen bis Mitternacht zur Verfügung stand.

Schneider bat um ein Gespräch mit Samaha, dem in Kanada ausgebildeten Juniorchef des Hauses, schilderte ihm in groben Zügen, was er vorhatte, und fragte, was es kosten würde, die

Dachterrasse für den kommenden Abend für sich alleine zu haben.

Das ist der Vorteil eines Landes wie dem Libanon, dachte er hinterher händereibend. Es gibt keine prinzipiellen Vorschriften, keine unumgänglichen Verordnungen, kein ›Wenn alle das wollten‹, keinen Neidfaktor – es war eine simple Geldfrage. Und es war nicht mal so teuer wie befürchtet: Für 800 Dollar gehörte ihm die Dachterrasse samt einem exklusiv abgestellten Kellner. Speisen und Getränke natürlich ausgenommen.

Die halbe Nacht und den ganzen folgenden Tag produzierte seine Fantasie Endlosschleifen von Filmtrailern mit Variationen des bevorstehenden Abends: Was sie tragen würde, wenn sie unten aus der Limousine ausstiege, wie stark sie geschminkt sein würde, wie sie einander im Aufzug mustern würden – herausfordernd, gespannt, offen lüstern, begierig darauf, die Erregung langsam hochzutreiben, ihre Stimme oben auf der Terrasse unter dem Samthimmel, dann die erste Berührung der Fingerkuppen, seine Hand auf ihrem Arm, oder am Pool, wie sie sich auszöge und dann breitbeinig auf dem Rand sitzen würde, die Füße im Wasser – nein! nicht so schnell! Also am Pool: Wollen wir baden? Nackt? Vielleicht würde er ihr aus den Kleidern helfen, vielleicht sie ihm. Vielleicht würde er oben breitbeinig auf dem Rand sitzen, die Füße im Wasser, und sie stünde im Pool, vor ihm … Wie würde sie aussehen, dort wo er sie nicht kannte, wie würde sie riechen? Wie würde sich ihr Kuss anfühlen? Wie das Eindringen? Würde sie ihn kratzen? Würde sie sich trauen, laut zu werden, dort oben über den Dächern? Würde sie ihn wie ein Krake mit ihren Fangarmen umschließen?

Jedesmal leichte Nuancenveränderung, Perspektivverschiebung. Und noch einmal wiederholen, noch ein Take – er war wie ein nie zufriedener Regisseur. Und er drehte die Szenen weiter, die in der Realität schon einen Anfang gehabt hatten: ihr fettiger Finger in seinem Mund, ihre langen Nägel in der Haut seiner Schulter. Kameraperspektive eine Frage des Muts. Was nehme ich ins Visier?

Am frühen Abend duschte er, schnitt sich die Nägel, parfümierte sich auch im Schritt, sicherheitshalber auch das Gesäß, zog sich eine sandfarbene Hose, einen blauen Blazer, ein fein gestreiftes Hemd und Slipper an und wartete ab 20.45 Uhr auf dem Sofa auf einen Anruf von der Rezeption.

Um zwanzig nach neun klingelte es, er hob ab und rief: »Ich komme!«, in den Hörer. Der Aufzug brauchte quälend lange, um in seiner Etage anzukommen und wurde zu allem Überfluss auf dem Weg nach unten auch noch in einer weiteren Etage angehalten. Dann stand er in der Rezeption und blickte sich um. Das Herz schlug ihm bis zum Hals.

Er sah sie nicht. Warum stand sie nicht da?

Dann drehte sich eine Frau um, die an der Tür mit einem Angestellten gesprochen hatte, und lächelte ihm zu. Sein Herzschlag setzte kurz aus. Es war die Assistentin.

Es muss noch nichts bedeuten, sagte er sich wider besseres Wissen, es muss noch nichts bedeuten. Gleich kommt sie rein.

»Oh hi, Dr. Schneider! Great to see you!« Sie streckte ihm die Hand entgegen: klein, dunkel, beflissen, geschäftsmäßig freundlich, wie er sie kannte. Wenn es einen Menschen gab, den er heute Abend nicht sehen wollte, dann sie.

»Razane is terribly sorry –«, begann sie.

»Ist sie nicht hier?« platzte es aus ihm heraus, und er blickte sich verzweifelt um.

»No, no, she couldn't make it. But she sends her heartfelt apologies. She was so much looking forward to this evening ...«

»Ja ja, aber warum kann sie denn nicht? Gestern hat sie doch noch bestätigt ...«

Er hatte Mühe, einen höflichen Ton aufrechtzuerhalten. Die Assistentin erklärte mit mitfühlender Stimme und einer übertrieben bedauernden Miene, dass Al-Masri etwas Unaufschiebbares dazwischengekommen sei – »very short notice« –, aber dass sie ihr aufgetragen habe vorbeizukommen und sich persönlich zu entschuldigen.

»Verstehe«, sagte Schneider schon mehr verzweifelt und wütend als hoffnungsvoll. Aber die Hoffnung ließ sich nicht so leicht aus dem Feld schlagen. »Aber sie *wollte* ja kommen, sagen Sie, nicht wahr? Sie hatte es fest vor … vielleicht können wir es dann ja morgen oder übermorgen nachholen. Ich habe die ganze Woche frei …«

Die Assistentin schüttelte traurig den Kopf. Miss Al-Masri würde morgen auf längere Zeit in die Staaten reisen, wo sie eine Reihe von Theater-Workshops geben musste.

Nachmittag

Schneider riss sich mit Gewalt aus diesen Erinnerungen, die auch nach acht Jahren unerträglich waren. Die Kränkung brannte noch immer, als steche jemand einen glühenden Schürhaken durch die weichen Schichten der Zeit hindurch direkt in sein Herz. Er packte seine Badesachen zusammen und rief bei der Rezeption an, um ein Taxi zu bestellen, das ihn in den Sporting Club bringen sollte. Zehn oder zwanzig Bahnen, sich die bitteren Erinnerungen von der Seele schwimmen, eine Kleinigkeit essen, das war es, was er jetzt brauchte, um heute Abend entspannt und gut gelaunt zu dem Empfang des saudischen Prinzen gehen zu können.

Das Taxi setzte ihn, weil sich in der schmalen Auffahrt ein Stau gebildet hatte, direkt vor der hohen Brandmauer des Stadions schräg gegenüber dem Club ab, auf die er mit einer Mischung von amüsiertem Kopfschütteln und Grauen blickte. Noch immer waren die Explosionsspuren in Form einer schwarzen, impressionistischen Baumkrone nicht übertüncht worden, Erinnerungen an ein Attentat von Ende 2005, als hier einer ihrer Zeugen, ein hohes Mitglied der libanesischen Sûreté, spätabends beim Einsteigen in sein geparktes Auto in die Luft gesprengt worden war. Nur die roten Flecken, die damals die Wand verunziert hatten, waren verblasst.

Den Anschlag hatte damals eine Terrorgruppe namens Jund al-Sham für sich reklamiert, sie brachte in den Monaten von Möllers Mandat auch noch zwei weitere Leute um, und gegen

Jahresende, nachdem die Beschuldigungen gegen Syrien offiziell waren, häuften sich ihre konkreten Drohungen gegen den UNO-Staatsanwalt, der, wenig originell, als ›Agent des Zionismus‹ bezeichnet wurde, so sehr und wurden offenbar so ernst genommen, dass Möller irgendwann in einer internen Konferenz alle Mitarbeiter darüber informierte, kein weiteres Mandat anzustreben, sondern vielmehr auf Anraten der UNO und der beteiligten Sicherheitsorgane und aus Rücksicht auf seine Familie zum Jahreswechsel nach Deutschland zurückkehren zu wollen.

Das erinnerte Schneider, während er in den Club eincheckte, eine Umkleidekabine in den Zementgängen aufsuchte und danach seine Sachen in ein Schließfach sperrte, um sich auf den Weg zur am Ende des Korridors leuchtenden Sonne zu machen, an das merkwürdige zusätzliche Halbjahr, das er 2006 noch im Libanon verbracht hatte.

Im Januar war Möller weg, aber ein Teil der Delegation sollte die Geschäfte und Ermittlungen weiterführen, bis sein Nachfolger eingearbeitet war, und zu der gehörte als Unverheirateter auch er. Übrigens auch Schmidt-Lausitz, der sich allerdings damals in erster Linie um Sicherheitsbelange der Präsidentenfamilie kümmerte. Er selbst sollte eigentlich am 15. Juli zurück nach Deutschland reisen, aber einen Tag vorher brach der Krieg mit Israel aus, und das Erste, was geschah, war, dass der Flughafen von Beirut bombardiert und lahmgelegt wurde.

Man hatte ihn damals gefragt, ob er aus Sicherheitsgründen Westbeirut verlassen und hinauf ins Montverde umziehen wolle, aber da hatte er sich schon viel zu sehr in seiner Suite im Mayflower eingelebt gehabt.

Einer der weißgekleideten Stewards und Kellner wies ihm einen Tisch mit Sonnenschirm und Liegestuhl im offenen Bereich des Clubs an, mit herrlichem Blick auf das dunkelblaue, leicht bewegte Meer, und er bestellte sich einen alkoholfreien Cocktail und einige Mezze, zog sich die Schwimmbrille über und stieg ins große Becken, um seine Bahnen zu ziehen.

Aber die Hoffnung, mit den regelmäßigen Kraulzügen bahnauf, bahnab auch Struktur in sein Denken zu bekommen, sich zu entspannen, gar nichts mehr zu denken für den Augenblick, erfüllte sich nicht. Ausgehend von dem Bild Razanes, die er heute Abend zum ersten Mal seit fast neun Jahren wiedersehen würde, kreiselten die Erinnerungsbilder durch seinen Kopf und stießen dort mit der Zeitgeschichte und der bevorstehenden Anhörung in Den Haag zusammen. Dabei war doch alles ganz einfach, was er zu erzählen hatte. Aber war es das, von heute aus betrachtet, tatsächlich?

Es ist merkwürdig, dachte er, wie viel Solidarität und Mitgefühl doch mit räumlicher Nähe zu tun haben. Wäre er damals in Deutschland gewesen, hätte er als normaler deutscher Zeitungsleser und Medienkonsument ganz selbstverständlich auf israelischer Seite gestanden. Aber so, wenn er im Mayflower die Bomben explodieren hörte und die Finger auf den vibrierenden Tisch legte, oder wenn er an den in der Hamra kampierenden Flüchtlingsfamilien vorüberging und sich klarmachte, dass auch er nicht aus der momentanen Falle entkommen konnte, dann fühlte er mit den geschundenen Libanesen mit und war wütend über die kalte, arrogante und rücksichtslose Bestrafungsaktion und die verächtliche Arithmetik, die dahinterstand und einen toten Soldaten mit 100 toten Zivilisten, Frauen und Kindern, vergalt.

Al-Masri hatte bereits Ende Juni das Land verlassen, ungefähr zur Zeit der Schalit-Entführung, die den Krieg dann auslöste. Besaß schon ein Näschen, die Frau. Kurz zuvor hatte er einen letzten Versuch unternommen bei ihr. Diesmal quasi wieder von vorn mit einer Einladung zum Abendessen im Abdel-Wahab in Achrafieh.

Und wieder hatte die Assistentin geantwortet stattdessen und um ein kurzes Gespräch nachgesucht. Er sah, auf dem Liegestuhl sitzend und seinen Cocktail trinkend, die peinliche Szene wieder vor sich: die kleine, schlanke Frau im Hosenanzug, die ihm in die Augen sah und sagte: »Dr. Schneider, Razane dankt herzlich für die Einladung. Aber – wie soll ich mich ausdrücken ...«

»Sie muss wieder ins Ausland«, hatte er ironisch geantwortet, aber er wusste selbst, dass er kläglich und beleidigt klang.

»Schauen Sie, Herr Doktor, was eine, hm ... persönliche Beziehung angeht, so ist Razane ...«

Sie wusste nicht weiter, brach ab und starrte ihn dafür intensiv an, fast hilfeheischend.

Er war ärgerlich und starrte zurück, nicht willens, ihr entgegenzukommen, und dabei sah er sie zum ersten Mal. Sie war jung, schlank, sehnig, attraktiv, sehr businesslike und strahlte eine fast knabenhafte Aura aus. Und plötzlich waren ihm die Schuppen von den Augen gefallen.

»Sie meinen –«, begann er und hielt inne. Dann nickte er. »Ich verstehe.« Fast war er dankbar, dass dies der Grund sein sollte.

Die Assistentin schloss erleichtert die Augen und verabschiedete sich dann nach ein wenig Small Talk rasch.

Ein Näschen, sinnierte er jetzt schmunzelnd und sog am Strohhalm. Ich habe weiß Gott keins gehabt.

Und plötzlich fiel ihm auf, was ihm in all den Jahren seither noch nie aufgefallen war: dass sie nämlich ab dem Moment, als er dank ihrer Hilfe den späteren Kronzeugen für Möller gefunden hatte, jede weitere persönliche Begegnung verweigerte.

Und pünktlich drei Wochen vor Beginn des Israel-Krieges war sie nach Dubai geflogen.

Und irgendwann kurz vorher war er im Mayflower von dem Headhunter angerufen worden, der ihm eine Stelle bei der saudischen Holding anbot, die er nicht ablehnen konnte. Das Einstiegsgehalt war viermal so hoch gewesen wie das eines Staatsanwalts beim Berliner Kammergericht.

Alle möglichen Erinnerungen kamen ihm jetzt, und er musste die Lehne des Deckchairs senkrecht stellen, um sie in sitzender Position zu ordnen, denn im Liegen ging es nicht. Er winkte den Kellner heran und bestellte einen weiteren Cocktail, diesmal einen alkoholischen. Seine Haut war schon wieder völlig trocken, sein Haar fast.

Zum Beispiel fielen ihm die beiden Manager von der Bechtel Corporation ein, die im Dezember oder im Januar 2006 zu der abendlichen Runde seiner amerikanischen Freunde gestoßen waren. Sie erzählten, dass sie im Norden des Landes geeignete Terrains für den Bau einer großen amerikanisch-libanesischen Militärbasis samt Flugplatz sondieren wollten. Was war eigentlich daraus geworden? War das Ding je gebaut worden? Wohl kaum, seit die Hisbollah mit in der Regierung saß und sie kontrollierte. Und mit welchem Ziel hatten die Amis überhaupt einen Militärflughafen im Norden des Libanon geplant?

Jedenfalls waren diese Pläne noch nirgendwohin gediehen, als die Israelis am 12. Juli 2006 losschlugen. Am zweiten Tag wurde der Flughafen bombardiert, und Schneider unterhielt sich am Abend mit dem Juniorchef des Hotels über die Sicherheitslage. »Die Nähe der Amerikanischen Universität schützt uns vor Flächenbombardements«, meinte Samaha unbekümmert, »und hier im Hotel haben wir meines Wissens niemand zu Gast, der einen gezielten Anschlag Israels rechtfertigen würde. Für die Nachbarhäuser kann ich natürlich nicht garantieren.«

Schneider war aufgefallen, dass Hamra und Bliss wie ausgestorben dalagen.

»Das ist immer so in den ersten Kriegstagen oder nach einem großen Bombenattentat. Zuerst ist es immer ein paar Tage lang menschenleer, dann normalisiert das Leben sich aber zumindest tagsüber schnell wieder. Sie werden sehen. Wir sind ja an Kriege gewöhnt.«

Und genauso war es auch gewesen. Auch er selbst hatte sich nach wenigen Tagen an die nächtlichen Bomben- und Granateinschläge gewöhnt, sobald er sich bewusst gemacht hatte, dass es zwar krachte, als würden sie nebenan explodieren, sie aber zuverlässig und präzise auf die südlich gelegenen Hisbollah-Viertel in Haret Hreik gezielt waren. Und bald kehrte das Straßenleben tagsüber wieder zurück.

Zwar organisierte die deutsche Botschaft für deutsche Staatsbürger Evakuierungskonvois per Bus via Tripoli nach Syrien, denn die direkte Straße nach Damaskus war auch sofort bombardiert worden, und stand auch in permanentem Kontakt zu einem israelischen Verbindungsoffizier, einem Major, mit dem die Räume, Strecken und Zeiten der Konvois koordiniert wurden, so dass sie relativ sicher waren. Aber er hatte trotz des Angebots, auf diese Weise auszureisen, von keiner der Möglichkeiten Gebrauch gemacht.

Warum eigentlich nicht? Zum einen war es ›sein erster Krieg‹, und er fand irgendwie auch einen Kitzel an der Sache. Im Übrigen hatte er einmal in einem Buch gelesen, im Krieg und unter Artilleriebeschuss sei man an jedem Ort gleichermaßen sicher oder unsicher, solange nicht auf einen persönlich gezielt werde. Und dann empfand er, er habe gewissermaßen ein Recht darauf, in Beirut zu bleiben. Hier war seine Arbeit und sein derzeitiger Lebensmittelpunkt, und er entwickelte einen gewissen Trotz den Eindringlingen gegenüber, die all das bedrohten.

Und *collateral damage* gab es sowieso. In der ersten Kriegswoche hielten die Israelis einen Transport von Kanalrohren in der Innenstadt für einen Kanonentransport und griffen ihn von den permanent über die Stadt donnernden Flugzeugen aus an, und einige Zeit darauf wurde in den frühen Morgenstunden die Brücke im Norden von Jounieh bombardiert, und damit war der letzte Fluchtweg über Land ohnehin abgeschnitten.

Das hieß natürlich auch, dass die Nachfolgedelegation noch nicht vollzählig vor Ort war und ihre Arbeit beginnen konnte, und für ihn und die übriggebliebenen Kollegen gab es nicht mehr viel zu tun.

Die Bar des Mayflower war jetzt voller amerikanischer Militärbeobachter und Leute vom Verteidigungsministerium, aber von einem von der abendlichen Tischrunde zumindest wusste er, dass er schon sehr viel länger in Beirut war, da er ihn bereits im Februar auf einem Empfang der deutschen Botschaft gesehen hatte, wie er sich angeregt mit Schmidt-Lausitz austauschte. Der saß auch an dem Abend dabei, als Schneider diesen Amerikaner nach seinem Interesse an dem Krieg zwischen Israel und der Hisbollah fragte.

»It's a blueprint«, antwortete der, sagte aber nicht, wofür. Offenbar war es aber keine gute Vorlage, denn noch vor dem Ende

330

der Kriegshandlungen wurden die Amerikaner im Mayflower immer mürrischer und einsilbiger und maulten: »They fucked it up«, oder kopfschüttelnd: »They screwed it up.«

Schneider bohrte bei dem BKA-Kommissar nach.

»Axis of evil«, erklärte der. »Die Mullahs. Ähnliche Strategien und Taktiken, vergleichbares Terrain. Aber wenn eine Armee wie Tsahal es schon gegen diese paar Tausend Hisbollah-Fritzen verkackt, dann müssen die Amis gar nicht erst versuchen, auf diese Weise über Land nach Iran zu kommen.«

»Ach, will Bush das denn? Mir scheint, er kriegt mit Abu Ghraib und allem schon den Irak nicht pazifiert.«

Schmidt-Lausitz gab einen angewiderten Laut von sich. »Steck sie alle in einen Sack und schlag drauf. Wirst immer den Richtigen treffen.«

Mangels sonstiger Beschäftigung half Schneider in diesen Tagen dem Leiter des Goethe-Instituts, der sich auch nicht hatte evakuieren lassen, ein wenig dabei, die Flüchtlinge aus dem Süden des Landes zu unterstützen. Als die ersten Sanitätskonvois aus der Gegend von Saida und Tyrus in Beirut eintrafen, wurde deutlich, dass dort unten nicht die erwarteten 200 Bundesbürger, sondern über 3000 Deutsch-Libanesen und Libanesen mit einem gültigen Visum für Deutschland eingeschlossen gewesen waren. Schneider ging dem Leiter und seinem libanesischen Assistenten zur Hand, um die Klassenzimmer und den Theatersaal des Instituts leer zu räumen, Matratzen zu besorgen und die Vorhänge zu zerreißen, um sie als provisorische Zudecken zu nutzen. Er besorgte Essen und saß ansonsten einfach dabei und hörte zu. Es waren Familien und Paare, die ihre zitternden Hände nicht unter Kontrolle bekamen, die verschüttet gewesen waren oder stundenlangen Dauerbeschuss und Bombardierungen ertragen, tote Nachbarn aus den Trümmern geschleppt hatten.

An einem Samstagmorgen war Schneider vom Hotel hinunter zur Rue Bliss geschlendert, um wieder im Institut zu helfen. Er saß mit dem Leiter beim Kaffee in seinem Büro, der ihm gerade erzählte, wie er schon am zweiten Tag des Krieges seine

Maid zur philippinischen Botschaft gebracht hatte, als die annoncierte, wenigstens einige Hundert der vielen Tausend Beiruter Maids mit Bussen nach Syrien zu evakuieren und von dort auszufliegen. Zwar hatte sie auf dem Botschaftsgelände zusammengepfercht mit Hunderten anderen zwei Tage lang ausharren müssen, bevor sie einen Platz bekam, aber das war für die quasi rechtlosen Filipinas immer noch sicherer, als auf den Straßen der Willkür der Beiruter Polizisten ausgesetzt zu sein.

In diesem Moment stoppte eine Detonation von nie erlebter brachialer Gewalt und Lautstärke zwei Sekunden lang alles Leben – die Welt erstarrte – lautlos, und lautlos zerbarsten die Scheiben, es war ein Erschrecken, ein Entsetzen, wie wenn im Albtraum der gewaltige Schatten des Bösen dich packt und dir das Herz ausreißt, dann erst erwachte er, erwachten sie, Trommel- und Zwerchfell entspannten sich, die Geräusche kehrten zurück, Adrenalin schoss ein, und sie tauchten unter den Tisch, wo sie unkontrolliert zitternd langsam wieder zu sich fanden.

Eine Stunde später, als Ruhe eingekehrt war, trauten sich alle nach draußen und sahen unten am Meer eine Rauchsäule aufsteigen. Die Israelis hatten dort, einen halben Kilometer Luftlinie entfernt, den neuen Leuchtturm bombardiert, treffsicher, zielgenau. Es hatte sich angehört, als sei die Bombe direkt aufs Haus gefallen. Nachdem der Rauch sich verzogen hatte, entdeckte man die Ruine: Sie sah aus wie eine zerrupfte Nelke.

Kurz nach dem Ende der Kampfhandlungen, sobald die Start- und Landebahnen des Flughafens geflickt waren, wurden die Reste der Delegation ausgeflogen, und im Herbst hatte er seine neue Stelle angetreten.

Auf der Rückfahrt vom Sporting-Club zum Hotel, vorbei an den am Straßenrand der Corniche in Richtung Raouché überall kampierenden syrischen Kriegsflüchtlingen, sinnierte er wieder über die verschiedenen Interpretationen nach, die seine Erfahrungen zuließen: Nicht zuletzt dank seiner Ermittlungen hatte die Kommission Syrien für den Mord am Präsidenten inkriminieren können. Heute lag Syrien in Schutt und Asche. Ihre

Nachfolgerin hatte von Syrien abgelassen und seit einigen Jahren die Hisbollah im Visier. Und schon vor dem Krieg von 2006, den Israel nicht gewinnen konnte, gab es Pläne für amerikanische Militärinstallationen im Norden des Libanon. Gewiss, das mochten Zufälle und Kontingenzen sein, aber was ihn betraf, so hing alles an Razane al-Masri: Warum hatte sie sich ihm verweigert, seit er den syrischen Kronzeugen gefunden hatte? War er der Mohr, der seine Schuldigkeit getan hatte? Aber für wen und warum? Vielleicht würden sie ihn in Den Haag genau das fragen. Und er würde es heute Abend die Schauspielerin fragen. Was war damals wirklich geschehen?

Abend

Das Taxi setzte ihn auf dem von Dutzenden von Lichtmasten gleißend hell erleuchteten Kai der neuen Marina ab, direkt gegenüber der längsseits ankernden weißen Yacht. Für einen saudischen Prinzen war das langgestreckte Schiff mit den zwei Sonnendecks am Heck gar nicht übermäßig protzig, nur vielleicht 60, 70 Meter lang, dachte er und musste grinsen.

Auf den Promenadendecks hatte die Party bereits begonnen, die Bässe arabischer Housemusik dröhnten, als seien die Dieselmaschinen bereit zum Auslaufen. Auch auf dem oberen Deck, soweit man hinaufblicken konnte, drängten sich Frauen und Männer in Abendgarderobe, aber dort oben waren deutlich mehr Thawbs und Kufiyas zu sehen als unten, wo die westliche Kleidung überwog.

Er reihte sich in die kleine Schlange ein, die vor dem auf dem Kai aufgestellten Empfangstresen wartete und zeigte, als er an der Reihe war, seine Einladung und seinen Reisepass vor. Eine junge Hostess wünschte ihm einen schönen Abend und legte ihm ein kleines schwarzes Plastikarmband an. Danach kamen die Sicherheitsschleuse und das Durchleuchtungsgerät, die gleichen Apparate wie auf einem Flughafen, und er zog sein Jackett aus und gab es mitsamt seinem Tascheninhalt in eine Box, woraufhin er problemlos durch das elektronische Tor trat und alles wieder einsammelte und anzog.

Der Weg bis zur Gangway war gesäumt von bulligen Security-Männern mit Stöpseln im Ohr und Funkgeräten. Ein Stückchen weiter lehnten zwei uniformierte Polizisten mit Maschinenpistolen an ihrem Auto. Die ganze Marina leuchtete und funkelte als riesiger Kronleuchter in der jungen Nacht, die festliche Erwartung duftete so appetitanregend und einladend wie frisches Brot, und die hell erleuchteten glitzernden Hochhäuser des neuen Centre Ville im Hintergrund erinnerten an eine riesige Cartier-Auslage auf schwarzem Samt.

Kaum von der Gangway an Deck getrieben, wurde ihm von einem Kellner ein Silbertablett mit Champagnerflöten vor die Nase gehalten, und er griff sich im Vorübergehen ein Glas und trank es fast in einem Zug aus, um seine Verschüchterung angesichts der Parfumdüfte, Juwelen, Schneiderkunstwerke und optimierten Gesichter ringsherum zu überwinden. Er nahm gleich ein weiteres vom nächsten Kellner und schob sich zwischen den herumstehenden und plaudernden Paaren und Grüppchen hindurch, in der Hoffnung, irgendwo ein bekanntes Gesicht zu entdecken. Dabei geriet er bis zur hinteren Reling und setzte sich auf die dort entlanglaufende beige Ledercouch, um das Gesamtbild, das verschwommen und aufglitzernd hin und her wogte, in sich aufzunehmen. Er hatte einen guten Blick auf den Rand des oberen Decks, wo es aussah wie auf dem Kölner Karneval: lauter Scheichs in Scheichskostümen. Um sich herum hörte er viel Englisch, wenig Französisch und gar kein Arabisch.

Und dann sah er sie – oder besser: erhaschte einen kurzen Blick auf sie. Razane al-Masri im türkisfarbenen Abendkleid, die sich vor Lachen nach hinten gegen die Reling der oberen Terrasse bog, ihr gegenüber ein feister, schnurrbärtiger Saudi in einer weißen Kufiya. Und schon war sie wieder verschwunden.

Aber du entkommst mir heute Abend nicht, dachte Schneider, nickte sich selbst zu und beschloss, noch ein Glas zu trinken und ein paar Minuten zu warten, bevor er hinaufging.

Nach einer weiteren Viertelstunde und zwei weiteren Gläsern Champagner – er hatte noch mit niemandem außer den Kellnern ein Wort gewechselt – gab er sich einen Ruck und stand auf, bevor Al-Masri womöglich wieder nach Amerika oder Dubai verschwand. Aber an der Außentreppe zum Oberdeck stand ein breiter Security-Mann und bat um einen Blick auf sein Handgelenk.

»I'm sorry, Sir, but I'm afraid access to the upper deck is limited to green wristbands.«

»Ja und?« sagte Schneider und blickte verständnislos auf sein Handgelenk.

»You have a black wristband.«

»Hören Sie mal, ich bin hier eingeladen, um den Auftritt von Miss Al-Masri zu sehen, und die ist da oben. Also bitte –«

Aber der bullige Mann versperrte ihm den Durchgang und wiederholte: »I'm sorry, Sir, only green wristbands on the upper deck.«

Ernüchtert und verärgert überquerte Schneider das Deck, aber auch vor der linken Treppe stand ein Wachmann, der die Handgelenke kontrollierte. Er betrat den Innenraum, voll, heiß und stickig, in dem ein D.J. die Tanzfläche beschallte, und wo es eine große Bar mit einem weißgekleideten Mixer gab, vor der die Pärchen auf Hockern saßen und sich zwischen den hängenden Flaschen im Spiegel anblickten.

Dahinter führte eine breite, hufeisenförmige Treppe in zwei Aufgängen nach oben, aber auch die waren beide bewacht.

Mehrere Scheichs passierten sie ungehindert, und aus der Küche strömten Kellner, die auf der Schulter silberne, haubenbedeckte Serviertabletts auf der rechten Treppe hinauftrugen und von der linken wieder heruntereilten.

Es war ganz unmöglich, dort durchzukommen, ohne einen Skandal zu provozieren. Er setzte sich auf einen frei gewordenen Barhocker und bestellte einen Gin Tonic, um seine aufkommende Wut im Zaum zu halten und die Kränkung zu verdauen.

Eine Zeitlang sah er dem Kommen und Gehen auf der Treppe zu, dann zog er eine Visitenkarte aus dem kleinen Metalletui in der Innentasche seines Jacketts, schrieb auf die Rückseite: ›Dear Razane, can I please have a quick word?‹ und unterzeichnete mit seinen Initialen: H. J. Der ganze gottverdammte Name stand schließlich mit allen Titeln auf der Vorderseite gedruckt.

Er winkte den Barkeeper heran, reichte ihm die Karte und bat ihn, sie oben zu übergeben. Die Augen des Mannes fixierend, zog er eine 50-Dollar-Note aus der Brieftasche, warf einen kurzen bedauernden Blick auf das Konterfei von Ulysses Grant und drückte sie ihm dann mit den Worten in die Hand: »Personally, you understand?«

Nun blieb nichts als zu warten und zu hoffen. Die laute Musik und der Alkohol auf quasi nüchternen Magen ließen einen Kopfschmerz in Stirn und Schläfen kriechen.

Und genauso wie vor ihrer ersten Begegnung vor so vielen Jahren begann er wieder zu fantasieren. Wie sie die Treppe herunterkommen und ihn anlächeln würde, und der flirtend-anspielungsreiche Dialog, der sich anschlösse. Ein gutgekleidetes interkulturelles Paar, wohlhabend, selbstsicher, parkettgewandt, und ein Barmixer als stiller, wohlwollender Mitwisser. Oder sie würde ihn nach oben bitten und mit herzlich ausgebreiteten Armen wiederbegrüßen und sein erster Blick fiele auf die Wölbung ihres Schoßes unter ihrem engen Kleid. Danach gleiches Szenario, das sich in erotischen Schlieren verlor.

Stattdessen geschah eine halbe Stunde lang gar nichts, und dann sah er die Person die Treppe herunterkommen, die er nicht sehen wollte, aber die eine klarer denkende Instanz in seinem Innern schon die ganze Zeit befürchtet hatte.

Die Assistentin hatte sich äußerlich kaum verändert, das Haar vielleicht noch kürzer und knabenhafter, die sehr schlanke Figur steckte in einem taillierten Hosenanzug, der nach Saint-Laurent aussah. Eine Sekunde lang stellte er sich einen Dreier mit diesen beiden Frauen vor, dann erhob er sich ohne zu lächeln.

Sie streckte ihm die Hand entgegen wie eine Lanze: »Dr. Schneider.«

Plötzlich hatte er keine Lust mehr auf Höflichkeit und Heuchelei.

»Sie hatte ich nicht hierherbestellt. Was ist es diesmal? Ich dachte, die Ausreden hätten wir durch.«

Eine leichte Furche formte sich auf der glatten, gepuderten Stirn zwischen den dichten Brauen.

»Dr. Schneider, ich habe Ihre Karte in Empfang genommen. Das gehört zu meinen Aufgaben. Honestly, ich fürchte auch, Razane würde sich gar nicht mehr an Sie erinnern. Es ist doch so lange her, dass sie Ihnen Rede und Antwort stehen musste. Das ist doch alles lange erledigt. Und sie ist da oben eingebunden und muss nachher auch gleich auftreten.«

»Ich will sie ja auch gottverdammt nochmal nicht ficken, ich will sie nur etwas fragen!«

Die Augen der Assistentin gingen ein wenig panisch nach links und rechts in Richtung Security. Er hatte lauter gesprochen als er vorgehabt hatte.

Ein Mann, der weiter oben auf der Treppe gestanden hatte, trat zu ihr, legte ihr die Hand auf die Schulter, sagte einige Worte zu ihr, schob sie dann behutsam die Stufen hinauf und drehte sein Gesicht ins Licht. Das graublonde, dünne Haar, die graue, rotfleckige, großporige Gesichtshaut, die bei über 60-Jährigen den jahrzehntelangen Alkohol- und Nikotinabusus verrät.

»Schmidt-Lausitz!« platzte es aus Schneider heraus, und es war ihm zunächst nicht klar, ob der unerwartete Anblick des Menschen seine Wut noch steigerte oder vielmehr Trost und Erleichterung war, wie wenn ein Kind sich in einer Menschenmenge verlaufen hat und plötzlich den Vater wiedererblickt.

»Was zum Teufel machen Sie hier?«

»Feiern. Genau wie Sie.«

»Da oben?«

Der Polizist folgte Schneiders Blick und nickte dabei der Assistentin zu, die daraufhin raschen Schrittes die Treppe emporstieg und verschwand.

»Ja, ich hab' da ein paar ältere Rechte. Aber glauben Sie mir, Sie versäumen nichts. Puritanische Scheichs, die die Sau rauslassen. Keine Gesellschaft für einen anständigen Menschen wie Sie.«

»Aber für einen wie Sie?« fragte Schneider, der sich noch nicht entschieden hatte, ob er nicht auch mit dem BKA-Mann Streit anfangen wollte.

Schmidt-Lausitz legte ihm begütigend die Hand auf die Schulter. »Kommen Sie raus an die frische Luft. Hier versteht man ja sein eigenes Wort nicht.«

Schneider stutzte. »Sagen Sie, habe ich Sie gerade eben mit dieser Frau arabisch sprechen hören?«

Der andere grinste wie ein ertappter Sünder. »Placet experiri, mein lieber Schneider. Lebenslanges Lernen. Gut für die Birne. Gerade in meinem Alter.«

»Ich will auch nichts von den verdammten Scheichs«, sagte Schneider, als sie draußen unter freiem Himmel an einem Tisch saßen. »Ich wollte nur ein paar Sätze mit Razane sprechen.«

»Kommen Sie denn nie von dieser Person los, Schneider? Sie sind mit einer wunderbaren Frau verheiratet und haben einen – wie alt ist er jetzt? – drei- oder vierjährigen Sohn. Was zum Henker wollen Sie mit einer hysterischen, zu stark geschminkten, arabischen Schauspielerin, die mit knapp 40 schon aus dem Leim geht?«

»Sie ist eine geniale Schauspielerin!«

»Schneider, wenn Sie eine geniale Schauspielerin sehen wollen, dann fahren Sie nach Hause und gehen mal wieder in die Schaubühne und sehen sich Edith Clever an. Das ist eine geniale Schauspielerin.«

»Woher wissen Sie überhaupt, dass ich verheiratet bin und einen Sohn habe? Sie waren weder zur Hochzeit noch zur Taufe eingeladen.«

»Man informiert sich doch über die alten Bekannten.«

»Stand auch nichts in den Zeitungen und im Netz davon.«

Schmidt-Lausitz seufzte: »Ein kleines Englein hat es mir geflüstert.«

»Aber jetzt mal ernsthaft«, sagte Schneider, »was machen Sie hier?«

»Ich bessere meine Pension auf.«

»Und womit?«

»Ach, hauptsächlich mit Empfehlungen für irgendwelche Jobs, Posten, Aufgaben. Vertrauenswürdige Leute. Ich hab' ja lange in der Gegend gearbeitet, da kommt im Laufe der Zeit eine Liste zusammen.«

»Und, stehe ich auch auf Ihrer Liste, Herr Schmidt-Lausitz?« Der lachte: »Mein lieber Schneider, Sie haben da schon immer draufgestanden. Von Anfang an. Dass aus Ihnen ein Guter wird, das wusste ich schon im Frühjahr 2005. Aber was wollten Sie denn die Al-Masri'sche so Dringendes fragen?«

»Ich will wissen, warum sie damals so plötzlich abgetaucht ist, nachdem ich meine Informationen von ihr hatte. Mit denen wir dann die Syrer anklagen konnten. Bis hinauf zu Assad. Bloß, was ist daraus geworden? Syrien ist kaputt, Assad ist immer noch da, und jetzt soll's die Hisbollah gewesen sein, die man 2006 nicht kleingekriegt hat. Ich frage mich langsam, ob« – er zögerte. »Aber eigentlich kann ich das ja genauso gut Sie fragen. Sie scheinen ja seit jeher über alles auf dem Laufenden zu sein.«

Der Satz hatte ironisch klingen sollen, aber Schneider musste zugeben, dass er sich eher flehend anhörte.

Schmidt-Lausitz trank einen Schluck, steckte sich eine Zigarette an und sagte lächelnd: »Na dann, *shoot!* Wie unsere amerikanischen Freunde sagen.«

»Hand aufs Herz, Herr Kommissar, ich will wissen, ob wir damals in der Untersuchungskommission irgendetwas manipuliert haben. Ich will wissen, ob deutsche Staatsanwälte und Polizisten einer politischen Agenda gefolgt sind, anstatt objektiv zu ermitteln. Ich will wissen, ob wir instrumentalisiert wurden, um irgendjemandes Interessen zu befördern.«

»Jemineh, Schneider. Das sind ja große Fragen. Die übrigens, scheint mir, ein bisschen spät kommen. Aber wenn Sie mich nach politischer Agenda und Instrumentalisierung fragen, dann will ich Ihnen mal eine Geschichte von politischer Instrumentalisierung aus dieser Region hier erzählen. Sagt Ihnen der Name Schellenberg was?«

»Nicht dass ich wüßte.«

»Walter Schellenberg. Jurist aus Saarbrücken. Hat nach 1933

eine brillante Karriere bei der SS gemacht unter Heydrich und Himmler. Seit 1941 Leiter des Auslandsnachrichtendienstes im Amt VI des RSHA. Nach dem Ende von Canaris Leiter der Vereinigten Geheimdienste von SD und Abwehr.

1943, nachdem von Ribbentrops Leute mit dem irren Großmufti von Jerusalem, der ja seit Ende 41 in Berlin hockte, nichts hinbekamen, um die Araber gegen die Engländer und die Juden aufzuwiegeln, hat er die ›Forschungsstelle Orient‹ im SD gegründet und Strategien entwickelt und durchspielen lassen, wie man die Moslems über ihre Religion in den aktiven Krieg gegen die Feinde Deutschlands ziehen könnte.

Sie haben mit allen möglichen Spezialisten gearbeitet, Koraninterpreten, haben Kontakte nach Ägypten, Iran, Irak geknüpft. Die erste Idee war, ob man den gläubigen Moslems nicht Hitler als den Mahdi verkaufen könne, den 12. Imam, der den eschatologischen Endkampf gegen die Mächte des Bösen führt. Irgendwer hat ihnen dann gesteckt, dass Hitler nicht der Mahdi sein könne, weil der aus der Familie des Propheten stammen muss, die sich nun mal beim besten Willen nicht bis nach Braunau ausgebreitet hat. Daraufhin versuchten sie Hitler glaubwürdig als Isa darzustellen, der das Kommen des Mahdi vorbereitet. Die Quellen waren irgendwelche mündlichen iranischen Korandeutungen, in denen von der ›Wiederkehr des Lichts des Propheten‹ die Rede ist. Vermutlich zoroastrische Gedanken. Aber Hitlers Brandbomben, da leuchtete der Phosphor ja auch ganz hell. Haben dazu sogar ein Flugblatt konzipiert und mit einigem Erfolg verteilt. Sie wissen schon, dass Isa das arabische Wort für Jesus ist. Hitler als Jesus im Vernichtungskampf gegen den Ewigen Juden. Fantasie hatten die Burschen, das muss man ihnen lassen …

Aber Schellenberg arbeitete an mehreren Fronten: Er hat auch für die Aufstellung mohammedanischer Einheiten der Waffen-SS gesorgt und bei Himmler persönlich ein ›unverbrüchliches Sonderrecht‹ für diese Truppen erwirkt, in ihren Rationen nie Wurst und Schweinefleisch vorgesetzt zu bekommen. Und damit diese Einheiten richtig indoktriniert würden, hat er noch im November 44 in Dresden die ›Osttürkische Mullahschule< eröffnet. Dort sollten Geistliche ausgebildet werden, die die Gläubigen in ihren Heimatländern dann auf die Achse Hitler–Mohammed und den Heiligen Krieg einschwören sollten.

Naja, wie wir wissen, ist daraus nichts geworden. Dilettantisch gemacht, das Ganze. Aber das, Schneider, das war ein Versuch von deutscher Seite, die Leute zu manipulieren. Das war eine politische Agenda, der deutsche Juristen und Polizisten gefolgt sind.

Sie haben doch jetzt auch genug von dieser Weltgegend hier mitbekommen und fragen mich allen Ernstes nach klaren Angaben zu Ursachen und Wirkungen und Interessen?

Es ist so und vielleicht auch so und vielleicht auch ganz anders. Mit der Betonung auf *und*.

Es ist einfach eine Gegend, in der seit jeher sehr viele Köche im Brei herumrühren. Und wenn Sie ihn dann kosten, wie wollen Sie entscheiden, von wem das Salz stammt und von wem der Pfeffer und von wem die zweite Prise Salz, die schließlich alles ungenießbar macht?«

»Meinetwegen. Ich will nur wissen, ob wir damals dem Recht gedient haben, ob ich Teil eines rechtsstaatlichen Verfahrens gewesen bin. Ich will nur wissen, ob ich das in Den Haag guten Gewissens sagen kann.«

»Natürlich können Sie das sagen. Du lieber Himmel, Ihr Gewissen ist so rein wie das eines Säuglings. Wäre es anders, hätten Sie wohl kaum das Angebot eines saudischen Unternehmens angenommen.«

»Ja, aber –«, setzte Schneider wieder an wie ein trotziges Kind und spürte, dass er jetzt gleich wider besseres Wissen diesem Mann seinen ganzen Gedankengang offenbaren würde, halb hoffend, Schmidt-Lausitz werde ihn bestätigen, halb, er werde ihn ad absurdum führen. Und zugleich war ihm bewusst, dass es dumm war, alles auszusprechen, denn es wäre nicht wieder zurückzunehmen, nicht wieder ungesagt zu machen. Aber zu spät.

»Manchmal habe ich den Eindruck, ich bin damals bei Al-Masri auf diesen Daoud nicht ganz von alleine gestoßen, und wir haben den Amerikanern zuerst die Syrer aus dem Weg geräumt und sollen im zweiten Schritt die Hisbollah schwächen, damit sie Iran –«

Schmidt-Lausitz hob nachlässig die Hand. Dann lehnte er sich zurück und sah Schneider ernst an. Betrachtete ihn. Dann seufzte er und sagte: »Ach Schneider, wenn Sie sich plötzlich wirklich für Diplomatie, für Geheimdiplomatie und die Arkana der Zeitgeschichte interessieren, wenn Sie so naseweis sind, dass Sie Ihre Finger mal kurz ins Räderwerk der Politik halten wollen und ein paar Deckel hochklappen, dann lade ich Sie nachher zu einem Treffen ein.«

»Was für ein Treffen?«

»Paar alte Männer wie ich, die Sachen zu besprechen haben, die man hier nicht besprechen kann.« Er hob die Hand und drehte sie hin und her. »Ich glaube, ich habe noch nie einen Ort gesehen, der so verwanzt ist und wo so viele gespitzte Ohren herumlaufen. Also, wenn Sie was lernen wollen, dann kommen Sie heute nacht um halb vier zur Rückseite des Fußballstadions unten am Meer gegenüber dem Sporting Club. Den kennen Sie doch, nicht wahr? Und Sie erinnern sich, wenn man vom Parkplatz hochfährt Richtung Uferstraße, dann kommt man an der Südmauer des Stadions vorbei. Da ist es schön ruhig. Da treffen wir uns. Ich überlass' es Ihnen. Halb vier. Und ansonsten machen Sie sich keinen Kopf. Sie haben als treuer und loyaler Staatsdiener Ihr Bestes gegeben, um zur Lösung des Falles beizutragen. Bleiben Sie dabei.

Und was können Sie dafür, wenn den Politikern Ihre Ermittlungsergebnisse irgendwann nicht mehr in den Kram passen? So, ich muss mich da oben wieder mal blicken lassen. Wann wollten Sie übrigens nach Hause fliegen?«

Schneider sah ihn an. Dann zuckte er die Achseln. Nachdem der pensionierte BKA-Mann fort war, hielt es ihn nicht mehr lange auf dem Schiff. Den Auftritt Al-Masris von hier unten aus zu verfolgen, hatte er keine Lust. Am Kai traf er einen Deutschen, der in dieselbe Richtung musste. Sie teilten sich ein Taxi. Schneider war dankbar, nicht alleine unterwegs zu sein in der Nacht.

Aber zurück im Hotel, stellte er fest, dass er nicht müde war. Er saß unschlüssig auf der Bettkante und wusste nicht, ob er sich ausziehen sollte. Wollte er denn tatsächlich nochmal raus und zu diesem ominösen Treffen gehen und womöglich Dinge hören, die er nicht wirklich wissen mochte?

Er rieb seine feuchten Handflächen am Laken ab. Plötzlich wäre er dankbar gewesen, bereits einen dieser im Morgengrauen abgehenden Lufthansa-Flüge gebucht zu haben. Er trank einen Schluck Whisky, obwohl er eigentlich genug Alkohol intus hatte. Dann wischte er sich erneut die Hände ab, an den Hosenbeinen. Sie wurden andauernd wieder feucht. Zum ersten Mal war ihm in diesem Land unheimlich. Zum ersten Mal, seit er hier vor neun Jahren angekommen war, fürchtete er sich.

Taadib Nameh

تأديب نامه

Buch der Erziehung

———

Ein Junge der gar nicht die uralte Technik
des Allesbesiegers im Griff hat der glatt ignoriert
das Heulen und Klappern und fliegt
durch das Mahlwerk der Welt

———

WILHELM BARTSCH

Der Lehrer

Erzähle uns, Bernhard! Erzähle uns alles! Erzähle
uns endlich, wie es war, als im Palmenhain Leilah und Madschnun sich wiedersahen nach so vielen Jahren. Erzähle uns vom
Leid und der Freude! Erzähle uns, wie du Jamblika, den Schla-
fenden, in seiner Höhle gefunden hast, wo der Engel Dschi-
bril ihn behutsam gewendet hatte, und von dem Schatz, den
er euch offenbart hat. Erzähle uns alles! Erzähle uns von der
Liebe und dem Verlust und der unendlichen Trauer und von
der Gnade des Wiedersehns. Vom Idioten erzähle, vom Fürsten
der Unverfügbarkeit, der vorausgeschickt wurde in die Wüste,
um bei seiner Rückkehr zum Lehrer werden zu können, denn
diese Geschichte ist der Kreuzungspunkt so vieler Geschichten, so vieler Anfänge und Aufbrüche, die heute alle an diesem
Tisch zusammentreffen, in dieser Magiermühle, deren Schenke
du bist.

Hier sitzen wir, Tote und Lebende, die einmal Tote sein werden, Vertriebene, Gegangene und Wiedergekehrte, Verfremdete
alle, aus dem Licht der Ursprünge gefallene beschädigte Leben,
und führen ein schönes Gespräch miteinander, einen Zwiegesang der Freundschaft im Vorgefühl des Augenblicks – im Horchen auf den Klang –, im Ausblick auf das Land, das wir einmal genussvoll durchschreiten werden, wo das Schöne wachsen
wird, das auch das Neue ist.

Oh ja, erzähle, wir wollen alles hören, wir wollen alles wissen!

»Langsam! Was ihr da von mir hören wollt, das kann ich euch
gar nicht geben. Und was ich zu erzählen hätte, ist nur ein kleiner Teil des Ganzen, aber so ist's ja immer, wenn man erzählt.
Und die Geschichte, die ihr von mir zu hören bekommt, die

muss ich gemeinsam mit Ulla erzählen, denn gemeinsam haben wir uns damals den Kopf zerbrochen, wie wir es recht machen könnten, und bevor wir jetzt anfangen, müsst ihr uns auch nach all der Zeit versprechen, uns nicht böse zu sein über die Geheimnistuerei, die uns dabei am Anfang notwendig schien.

In Ordnung? Also gut, womit beginnen?

Ich hatte Angst. Angst vor dem Wiedersehen. Angst davor, wir könnten uns fremd geworden sein und uns nicht wiedererkennen. Angst davor, was geschehen würde, wenn wir, jeder für sich, vor dem Mahlstrom, dem schwarzen Loch der vergangenen, verlorenen und fremden Zeit des anderen stehen würden.

Ich fuhr da runter, ohne noch jemandem irgendetwas gesagt zu haben, und zitterte regelrecht vor Angst.

Ich klingele, und er macht die Tür auf, und natürlich erkenne ich ihn, bisschen älter, bisschen grauer, aber genauso gut hätte ich mich fürchten können, meine eigene Mutter nicht wiederzuerkennen.

Und, weißt du noch, Hermann, du schlägst die Hände überm Kopf zusammen und sagst im dicksten Hääschdener Platt: ›Heiliger Antonius, isch bin e Schlapp! Hilf mer zu finde, was isch verlore' hab'!‹

Naja, und den Rest könnt ihr euch denken, wir wollen ja nicht sentimental werden. Fragen gab's keine, das hoben wir uns für später auf.

Aber etwas hatte sich doch geändert, oder besser gesagt: Du hattest dich verändert, Hermann, das wurde mir schon in der ersten Stunde unseres Wiedersehens bewusst. Du lieber Gott, wie soll ich das beschreiben, ohne dass ihr mich für verrückt haltet. Vielleicht so: Mit einer gewissen Scheu, die mich gehindert hat, dich zu viel zu umarmen und zu knuffen und zu herzen, habe ich so etwas gespürt oder gesehen wie einen Firnis über dir –«

»Eine Dreckkruste, meinst du, weil ich nicht geduscht war!«

»Nein, hör auf, Witze zu machen, ist so schon schwer genug auszudrücken, was ich sagen will. Es war der Eindruck von so einer Art fleischgewordener Objektivierung. Alles, was Hermann gewesen war, war noch da, aber es war nichts Zufälliges mehr dabei, nichts Vages, nichts Annäherndes …«

»Vielleicht kann man es so sagen«, meint Ulla, »die Gestalt Hermann hatte sich geklärt.«

»Danke dir – nein, sag jetzt nichts, Hermann, und genau deshalb, weil ich das spürte, kam mir plötzlich der Gedanke mit den beiden Jungs. Wir hatten ja natürlich geredet, was machst du, was willst du tun, willst du wieder zurück in die Welt, das war mir schon klar, dass ich dich das fragen musste, dass das nicht selbstverständlich war: Willst du wieder zurück in die Welt?«

»Und ich habe dich angeguckt«, sagt Hermann, »und gesagt: aber langsam, Bernhard.«

»Ja, und da kam mir die Idee mit Ernst und Navid. Das ist eine Objektivität, der sie nicht widerstehen werden, hab' ich gedacht, und zugleich: Hermann ist ein Lehrer, und das könnte der Weg für ihn sein, langsam wieder aus der Wüste herauszufinden; zwei Schüler. Zwei junge Menschen, die er nicht kennt und die ihn nicht kennen.«

»Und da hat die Geheimnistuerei angefangen«, sagt Ulla.

»Oh ja, du lieber Gott! Ulla, erzähl du weiter. Ich krieg' heute noch feuchte Hände bei der Erinnerung.«

»Naja, das Problem war – und da haben wir uns die Köpfe heiß diskutiert –, geben wir jetzt ein Fest und laden alle ein, hurra, Hermann ist wieder da, der verlorene Sohn, aber das war uns sofort klar, dass er das nicht aushalten würde. Dann wurde es taktischer. Können wir Hermann und Maryam einfach so aufeinander loslassen, nach all der Zeit und all dem, was geschehen war, und womöglich noch dabeisitzen und zuschauen?«

»Umso mehr«, sagt TK, »als Hermann nichts gesagt und nichts gefragt hatte und ich zum Glück auch nicht gleich mit der Tür ins Haus gefallen bin. Das brauchte Zeit.

Und die andere Frage war, sagen wir es sofort Maryam? Oder deuten wir ihr etwas an und wenn ja was. Wir hatten eine panische Angst, dass das Wundhäutchen aufreißen würde und die Blutung sofort wieder anfinge und vielleicht nicht zu stillen wäre.

Ja, und der dritte Punkt waren unsere beiden Sorgenkinder, mit denen wir ja damals nicht wirklich reden konnten. Und meine Idee, vage wie sie war, ihnen Hermann als Lehrer oder was auch immer vorzusetzen, wird die nicht von vornherein komprommittiert, wenn ich zu Ernst sage: Du, da kommt jetzt Papas ältester und liebster Freund, und, schlimmer noch, zu Navid: Und außerdem ist er die große, tragische Liebe deiner Mutter. Nein, das ging alles nicht.«

»Also«, sagt Ulla, »mussten wir eins nach dem anderen machen. Aber womit anfangen? Wir entschieden uns für die Jungs. Das war sozusagen ein sanftes Wiedereinführen Hermanns in die Gemeinschaft und zugleich ein Feld, auf dem er völlig autonom sein würde. Und wenn das klappen würde mit den dreien, dachten wir, dann ergibt sich vielleicht alles andere daraus.«

»Haben wir eigentlich einen Plan B gehabt, falls es nicht klappen würde?«

»Nein, du warst dir so sicher. Oder war es die reine Verzweiflung, weil keiner von uns mehr an die Jungs rankam?«

»Mir habt ihr zum Glück nichts davon gesagt, von Verzweiflung und dergleichen«, sagt Hermann. »Ich erinnere mich nur, dass du von ›schwierigen, aber begabten Jugendlichen‹ gesprochen hast. Und dass der eine euer Sohn war, den ich noch nicht kannte, das war natürlich Verpflichtung. Trotzdem hab' ich dich gefragt, was du dir davon versprichst.«

»›Ich bin kein Lehrer mehr, wenn ich jemals einer war‹, hast du zu mir gesagt. Und ich habe geantwortet: Ja, aber du bist mehr als das.«

»Und ich habe gesagt: Ich bin gar nichts mehr, worauf du antwortetest, wir müssten einfach improvisieren. Ich liebe den vertrauensvollen Plural!«

TK lacht. »Ja, weil ich gespürt habe, dass du etwas zu geben hast, das so anders ist, als was man gemeinhin unter dem Unterricht eines Lehrers versteht, dass du die Kruste sprengen würdest.«

»Wobei ja für dich spricht«, sagt Hermann, »dass du es die ganze Zeit nur für eine Kruste oder Schale gehalten hast.«

»Allerdings«, sagt Ulla, »für eine dicke und stachelige.«

»Das hat er mir nicht gesagt!«

»Entschuldige, Maryam, aber wir haben gewartet, bis du eine Woche weg warst auf Konzertreise, um Hermann heraufzuholen und die Jungs vorzubereiten.«

»Was hat er euch um Himmels willen erzählt?« fragt Hermann die beiden.

»Ich weiß es nicht mehr genau«, sagt Ernst. »Unsere Gespräche damals waren ja wie die Atomverhandlungen mit Iran. Vorsichtig, vorsichtig und diplomatisch. Und von solidem Misstrauen getragen.«

»Du hast mit unserer Fünf in Philosophie angefangen«, sagt Navid zu TK. »Und ob wir uns vorstellen könnten, in unserem Sinne uns mit jemandem über das Thema zu unterhalten, der etwas davon versteht.«

»›Mit einem Philosophen unterhalten‹, hat er gesagt«, ergänzt Ernst. »Du hast gesagt: Möchtet ihr eure Ansichten mal mit einem Philosophen austauschen und sehen, ob er euch was zu geben hat?«

»Ich weiß noch«, sagt Navid, »wir hatten unser Konto gerade ein wenig überzogen und waren insofern verhandlungsbereit. Nach dem Motto: Komm, einmal eine Stunde geben wir ihnen als Kompensation.«

»Unerträglich eingebildete und aufgeblasene und von euch selbst berauschte Nullen wart ihr!« sagt Maryam. »Ich möchte gar nicht an die Zeit erinnert werden!«

Bevor Navid das kommentieren kann, sagt Hermann: »Das Aufgeblasene und Aufgestaute in dem Alter hat meines Erachtens damit zu tun, dass dein ganzer Kopf voll ist mit und blockiert ist von der Frage nach deiner Identität. Was allerdings auch eine extrem komplexe Frage ist, und wenn du heranwächst umso mehr, als du keine Antwort darauf finden kannst. Denn das, was dich ausmacht, ist ja zu großen Teilen überhaupt noch nicht da und herausgebildet. Deswegen war auch der einzige Gedanke, den ich damals hatte – von einem Plan kann man kaum sprechen –, das mit ihnen zu tun, was mich selbst in dem

Alter gerettet hat: in den Wald zu gehen und dort zu lesen und zu denken und Musik zu machen. Denn im Gehen, das wusste ich noch, entkommst du dem verbarrikadierten Gehäuse deines Kopfs und allen anderen geschlossenen Räumen wie Klassenzimmern und elterlichen Wohnküchen. Im Gehen öffnet sich das Gehäuse, und die aufgestaute Identitätsproblematik strömt aus wie Dampf aus dem Ventil eines Kessels. Du verlierst, wenn du durch den Wald gehst, den Drang, jemand sein zu müssen, einen Namen und eine Geschichte zu haben. Und so wirst du offen und bekommst Platz im Kopf für alles, was hinein- und hindurchwill. Es steckt ja auch so viel Schmerz in einem jungen Menschen. Der muss rausgelaufen werden. Der Mensch, habe ich irgendwo gelesen, hat keine Wurzeln, sondern Füße, und zu gehen entspricht seiner Natur.«

»Ich weiß noch«, sagt Navid, »wir saßen da, leicht angespannt und bockig und hatten einen Block und Schreibzeug vor uns liegen und warteten sehr skeptisch auf den Wundermann, den Bernhard uns da angekündigt hatte.«

»Und natürlich stand auch ein Notebook auf dem Tisch, zum Googeln oder was immer wir uns vorstellten, was von uns erwartet wurde, und unsere Handys lagen griffbereit. Und dann kamst du rein, ich weiß es noch, mit dem Gitarrenrucksack über der Schulter, hast uns die Hand gegeben und gesagt: ›Zieht euch feste Schuhe an, wir gehen in den Wald. Das alles da brauchen wir nicht. Aber wenn ihr eine Gitarre habt, nehmt sie mit.‹«

»Aus den Gitarren« ergänzt Navid, »sind dann des Gewichts wegen im Laufe der Wochen Ukulelen geworden. Die Ukulele war eine geniale Idee, Hermann!«

»Und dann sind wir hinter Hermann hergedackelt, hoch in den Wald und haben gewartet. Und gewartet. Und gewartet. Ich glaube, er ist eine ganze Stunde lang gegangen und hat nach links und rechts geblickt und nach oben und unten und uns auf einen Vogel aufmerksam gemacht oder auf einen Fliegenpilz oder einen Tannentrieb, der aus einem toten Stamm herauswuchs, aber sonst keinen Ton gesagt.«

»Ihr übertreibt«, sagt Hermann. »So lange kann es nicht gewesen sein.«

»Das Verrückte war«, sagt Ernst, »wir haben auch nicht geredet. Ich meine, wir hätten ja quatschen können. Aber irgendwie … Vielleicht haben wir darauf gewartet, dass er mit seiner Lektion anfängt. Wie auch immer: stumm durch den sonnenfleckigen Wald. Immer geradeaus, also nicht etwa ein Rundweg oder so. Immer weiter weg. Und als es uns schon langsam unheimlich wurde, setzt er sich auf eine Lichtung, holt die Gitarre raus und beginnt, einen Blues zu spielen. Guckt uns an, stumm, und bedeutet uns mitzuspielen, wenn wir wollen.

Ja, und dann sind wir dagesessen und haben reihum auf einem Bluesschema improvisiert. Die ganze Zeit auf Augenkontakt, um mitzubekommen, wer wohin unterwegs ist …«

»Wahrscheinlich habe ich mit euch Musik gespielt, weil ich nicht wusste, was ich euch sagen sollte, oder vielleicht auch, weil ich Angst hatte vor euch …«

»Angst? Vor uns?«

»Ja, Angst vor eurer Jugend, dem Dünkel und der Zuversicht und der Kraft und Unbarmherzigkeit der Jugend.«

»Aber ich glaube, auf dem Rückweg hast du angefangen zu sprechen. Wenn ich mich recht erinnere, über Platons Höhlengleichnis, was ja gepasst hätte, nachdem du uns aus der Höhle der Identität rausgeführt hattest.«

»Nein, Ernst, das weiß ich noch genau. Platon war's nicht. Der kam später. Ich glaube, es ging mit den Mythen los. Mit den Musen und Apollon.«

»Ihr meint mit Heraklit: ›Sie verstehen nicht, wie das Auseinandergezogene mit sich selbst zusammengezogen wird: gegenstrebige Fügung wie die des Bogens und der Leier.‹ Nein, damit habe ich bestimmt nicht angefangen, das ist zu kompliziert. Nein, wenn ich mich recht entsinne, habe ich mit mir selbst angefangen und meiner Angst vor unserer Begegnung. Sprich mit Sartre und Martin Buber.«

»Was haben die miteinander zu tun?« fragt Giselle.

»Sartres Grundgedanke war die Angst vor dem Anderen. Der

Andere nimmt mir meine Freiheit. Sein Blick bohrt sich in meine Welt und lässt sie abfließen, als ob der Stöpsel in der Badewanne gezogen wird und das Wasser abfließt. Das hat mich immer tief berührt: die Ohnmacht, wenn ein anderer mich anblickt, abschätzt, beurteilt. Das ist das eine. Das andere ist Martin Buber. Da tut sich eine entgegengesetzte Welt auf: Da ist es der andere, der mir dazu verhilft, zu mir selbst zu kommen. Ich werde zum Ich erst am Du. Die Entdeckung liegt im Reich des Dazwischen. Ja, ich bin sicher, dass ich damit begonnen habe, denn das spiegelte ja ganz konkret unsere Situation wider.«

»Und auf dem Rückweg begann das Gespräch dann ganz natürlich zu fließen«, sagt Navid. »Fragen, antworten, nachfragen ...«

»Ja, das war einfach«, sagt Hermann, »das hatte ich schon als Kind erfahren bei uns zu Hause. Gehen im Wald klärt und befreit. Auch die Zunge. Und der Wald ist keine Bühne, sondern schluckt alles, auch den geistigen Stickstoff von Scham und Peinlichkeit, und gibt dir frische Luft zurück. Auch in meiner Zeit als Schäfer habe ich dieses nomadische Denken im Gehen praktiziert.«

»Was uns besser gefallen hat, als in der Schule das monadische zu exerzieren«, entgegnet Navid.

»Ja, Denken als nomadische Wanderung von geistigem Weidegrund zu geistigem Weidegrund« fährt Hermann fort. »Und immer mal wieder zurück zu einem früheren, wenn etwas nachgewachsen ist. Auf dem Rückweg habe ich euch dann gefragt, ob ihr damit weitermachen wollt.«

»Im Wald war es für uns beide ganz einfach, Ja zu sagen«, sinnert Ernst. »So querfeldein zu den Schulen und Epochen den Fährten zu folgen, die uns interessiert haben, die uns etwas angingen ...«

»Wobei ihr nicht denken müsst, dass das alles nur unverbindliche Spaziergänge und Plaudereien gewesen wären. Hermann hat durchaus verlangt, dass wir lesen. Wir hatten dann eines der Bücher, über die wir sprachen, mit, und wenn wir irgendwo saßen, schlug Hermann sein Exemplar auf, und die große Stille begann. Du lieber Gott, das war am Anfang wie ein kalter Entzug. Du sitzt da in der Waldesstille, der Meister spricht kein Wort, du traust dich nicht, sie zu durchbrechen, plötzlich droht die große Öde, die große Leere, und deine Hand zuckt nach dem Handy, damit irgendeine Abwechslung den Druck verringert, aber da war keines, da war er kategorisch. Bevor dir die Hände anfangen zu zittern, schlägst du das Buch auf, und langsam, ganz langsam, beginnst du wieder zu lesen.«

»Suchttherapie«, sagt Maryam nur halb im Scherz. »Gedrucktes Methadon.«

»Wir haben uns daran gewöhnt«, meint Navid. »Irgendwann, da waren wir aber bestimmt schon ein halbes Jahr in unseren Lektionen und Diskussionen drin, gehen wir morgens los, setzen uns irgendwohin, um zu lesen, und als ich das erste Mal auf die Uhr blicke, weil die Sonne so schräg steht, waren geschlagene sechs Stunden vergangen.«

Ernst schüttelt den Kopf. »Sechs Stunden ohne ein Wort. Nur gelesen. Vogelgezwitscher, ein Igel, eine Blindschleiche, Ameisen, Mistkäfer, Hummeln, Libellen, rauschende Blätter, aber sonst kein Ton. Wir waren im wahrsten Sinne des Wortes weg. Voll im Flow.«

»Was meintest du vorhin mit ›gegenstrebiger Fügung‹?« fragt TK.

»Es geht dabei zunächst um die beiden Attribute des Apollon, den Bogen und die Leier. Beider Spannung entsteht dadurch, dass die zusammengefügten Teile sich in entgegengesetzte Richtung spannen. Das Zusammenhalten des Auseinanderstrebenden macht Bogen erst zu Bogen und Leier zu Leier. Die Einheit *ist* die Spannung. Die Einheit heißt *harmonia,* das bedeutet Fügung. Und die Gegenstrebigkeit steht dazu nicht in Widerspruch, es gibt kein Entweder-oder. Sie *ist* die Fügung. Die Kraft des Auseinanderstrebens ist zugleich die Kraft, die die widerstrebenden Teile ins Gefüge hineinspannt, also zu dem macht, was es ist. Bogen und Leier gehören aber beide zu Apollon, das eine als Zeichen seiner Furchtbarkeit, das andere als das seiner Heiterkeit. Bogen und Leier gemeinsam bilden also *auch* eine gegenstrebige Fügung. Die Einheit von zerstörerischer und erhaltender Macht – die Mythologie nennt es Zeus oder Gott, Heraklit nennt es *logos*. Und so wanderst du von den Göttern zu den Philosophen und von Apollon zur Dialektik.«

»Wir haben es unter uns irgendwann ›Reisen mit Odysseus‹ genannt, unsere wöchentlichen Ausflüge in den Wald. Denn die Irrfahrten waren ja der eigentliche Gewinn. Das vermeintliche Ziel, das Nach-Hause-Kommen, die Heimkehr zu sich selbst, hat ja gute Weile gehabt für ihn. Er wusste eben auch, was ihn dort erwarten würde: das Ende der Abenteuer, der Erkenntnisse, eine Treueüberprüfung, ein Massaker und danach die große Langeweile als adliger Bauer. Aber unterwegs, was war da nicht alles zu lernen: die Geheimnisse der Erotik, die Grenzbereiche von Leben und Tod, die Vertrautheit mit der Stimme der Göttin. Emotionen, Entscheidungen und ständiges Nachdenken, um Schritt zu halten mit deinem Schicksal. Doch doch, wir haben es zunehmend genossen.«

»Ich glaube«, meint Navid, »das, was uns an diesem nomadischen Philosophieren wirklich gefangengenommen hat, war, dass durch die permanente Bewegung, also die des Gehens im Wald und die des Denkens, niemals eine Zuschreibung und Festschreibung aufkam. Hermann hat nie gesagt: Da und da steht ihr, und das und das seid ihr. Es war die ganz unpersönliche und daher umso überzeugendere Akzeptanz des *out-of-place*, des Dazwischen. Und damit haben wir uns irgendwie identifizieren können.«

»Mir hat der Austausch auch mehr und mehr Spaß gemacht, denn es kam bei unserem peripatetischen oder nomadischen Denken auch immer gleich viel zurück, und zwar vor allem das jugendliche Sich-nicht-Begnügen, das mich selbst permanent herausgefordert hat, nicht stehenzubleiben und mich zu versteifen auf einmal vermeintlich Erkanntes und Beständiges. So sind unsere Waldspaziergänge immer mehr zu Höhenwanderungen geworden, auch zu Gratwanderungen, wo der Weg, der Ziegenpfad, manchmal nur der Tritt, einen quer oder diagonal zu den kartografisch verzeichneten Grenzen führt und eben auch im-

mer wieder hinüber und herüber – Geistesschmuggel ohne Pass-
kontrollen und Zollstationen. Ich erinnere mich, wie wir auf einer solchen Mehrtageswanderung bei Aristoteles und Averroes
aufbrachen, bei Denken und Glauben, und über mehrere Hö-
henkämme der Logik und Vernunft schließlich auf der Alm der
Ethik und bei Wilhelm von Humboldt und Max Weber angekommen sind. Ein wahres Denktrekking in dünner Luft im Himalaya der Philosophen.«

»Allerdings nicht ohne Sauerstoffgeräte! Denn ich weiß genau, was das für Lesemühe gekostet hat, um trittsicher zu werden«, sagt Ernst.

»Ja, der Weg von *idea* zu Bildung, von göttlicher Gestalt zu
Menschengestalt, der war steinig. Zuerst mussten wir mal raus
aus Platons Höhle, ans Sonnenlicht, um das wirkliche Aussehen
der Dinge wahrzunehmen – und zu ertragen. Den Geist, sagt
Paulus und meint Gott, den *eidos,* das Urbild, sagen die Griechen, und so wie in der Eichel der *eidos* der Eiche steckt, steckt
in der Schöpfung Gott, und die Menschen denken ihn hervor.
Im Laufe der Zeit wurde dann aus der Gottesgeburt in der Seele
die Verwirklichung des Ideals der Menschheit, das Herausbilden des Humanen.«

»Und Naturwissenschaft tritt an die Stelle der Theologie«,
sagt Ernst. »›Denkt nach, wenn ihr Einsicht habt‹.«

»Ich sage nur *Ilm*«, erwidert Navid und grinst.

Maryam hebt die Augen zum Himmel. »Du hast sie damals
nur noch versnobter gemacht, Hermann. Was zum Teufel heißt
das jetzt wieder? Dauernd seid ihr damals mit hoch erhobener
Nase rumgelaufen und habt mit diesen Geheimbegriffen um
euch geworfen.«

»Ich erinnere mich auch noch«, sagt Ulla lachend. »Plötzlich
saßen sie da und haben Hausaufgaben gemacht und wenn ich
fragte, was mit ihnen los sei, sagten sie nur ›*Ilm*‹.«

»Und für unsereinen, der nie mit Hermann im Wald philo-
sophiert hat«, fragt Martha, »was bedeutet es denn nun? Ich
kenne nur ›das friedliche Ufer der Ilm‹.«

»*Ilm*«, sagt Hermann, »heißt Wissen. Wissen und Lernen.

Und das fordert und erwartet Gott im Koran von jedem Gläubigen. Also nicht nur Kenntnisse des Glaubens, sondern den Aufbau eines möglichst umfangreichen Wissens auf allen Gebieten. Und dieser Aufruf oder dieses Gebot stand am Anfang der großen wissenschaftlichen und eben vor allem naturwissenschaftlichen Periode des islamischen Kulturkreises, die über sieben Jahrhunderte lang führend in der zivilisierten Welt gewesen ist.«

»Während man hier in Europa noch auf den Bäumen saß«, sagt Navid. »Nein, aber im Ernst. Es war eine Entdeckung für uns, als Hermann uns davon berichtet hat. *Ilm* – das große *sapere aude* und *placet experiri*. Mit Al-Mansurs Haus der Weisheit hast du im 9. Jahrhundert in Bagdad eine Art Keimzelle der Universitäten gehabt, ein lebendiges Wikipedia mit moslemischen, jüdischen, christlichen Gelehrten, die übersetzt haben und kopiert und weitergedacht.«

»Ja«, sagt Hermann, »deswegen war das *Ilm* ja auch für uns so bereichernd. Es geht los mit dem Kopieren oder Übersetzen des vorhandenen Wissens. Im zweiten Schritt eignest du es dir wirklich an, und im dritten gehst du darüber hinaus und wirst selbst kreativ. Das ist in einem Wort, was die islamische Wissenschaft so viele Jahrhunderte zur führenden gemacht hat. Die Betonung eines Quellenstudiums, die Erarbeitung einer Terminologie, Wissensaustausch zwischen Bagdad, Sizilien und Córdoba. Und ganz wichtig: die Kombination aus Theorie und Praxis. Permanentes Experimentieren. Es ist unglaublich, wie weit die gekommen sind in Mathematik und Physik, in Astronomie und Medizin und Geografie. Vor allem auch in der Kartografie. Kein Kolumbus und kein Vasco da Gama ohne die astronomische Forschung und das Kartenmaterial aus der islamischen Wissenschaft.«

»Und was auch passte zu unseren Reisen mit Odysseus, das war die Betonung der lebendigen Lehrer-Schüler-Beziehung. Es ist dort alles im permanenten Austausch vorangegangen. Nicht nur durch Bücherstudium. Die ersten modernen Augenoperationen, das müsstet ihr mal sehen, die Berichte von einer Star-Behandlung«, sagt Ernst.

Und Navid fällt noch ein, zu seiner Mutter gewandt: »Sogar die alte sassanidische Tradition der Heilung der Melancholie durch Musiktherapie ist weiterentwickelt worden.«

»Eine persische Idee«, sagt Maryam lächelnd. »Ich wusste ja, dass die Musik vor der Philosophie da war.«

»Jedenfalls solltest du froh sein, dass wir uns *Ilm* auf die Fahnen geschrieben haben. Zum Abitur auf dem Weg über die große Epoche der arabischen Natur- und Geisteswissenschaft. Das nenne ich echtes nomadisches Denken out of place!« ruft Navid.

»Ich hatte ehrlich gesagt anfangs schon Angst, dass eure Köpfe noch stärker anschwellen, wenn Hermann mehr hineinstopft als hineinpasst«, sagt Maryam.

Ihr Sohn schüttelt den seinen. »Dabei haben wir die Hälfte der Zeit auf der Ukulele gejammt. Wir saßen im Wald, stundenlang, aus der Zeit gefallen, haben kein kluges Wort gesprochen und nur gespielt.«

Ernst zwinkert: »Sozusagen persische Musiktherapie gegen die adoleszente Melancholie.«

»Wer in erster Linie von alldem profitiert hat, ist Kitmir, der auf diese Weise wunderbare Spaziergänge machen konnte!«

»Apropos aus der Zeit gefallen«, meint Hermann. »Ich hatte, was das betrifft, ja einige Erfahrung gesammelt, und das wollte ich den beiden in jedem Fall mitgeben. Die Freiheit von der Zeit.«

»Oh, die musst du mir auch beibringen«, sagt Martha lachend.

»Es ist eigentlich ganz einfach«, sagt Hermann. »Du musst verweilen. Und verweilen ist etwas anderes als einfach in der Zeit stehenzubleiben oder hinter ihr zurückzubleiben. Du kannst in der Zeit verweilen, indem du in einer Sache aufgehst, beispielsweise schaust oder musizierst oder liest. Du entbindest dich vom ständigen Vorwärtsdenken in die Zukunft, und du reißt dich los vom orphischen Blick zurück in die Vergangenheit. Du verweilst im Moment, in dem du aufgehst, dadurch, dass du dich in der Gegenwart bei deinem Gegenstand sammelst – etwa der Musik, wie wir das regelmäßig getan haben. Und das ist etwas anderes, als sich Zeit für etwas zu nehmen. Die ist dann nämlich abgesteckt und vergeht, wogegen im Verweilen, das nicht von dir ausgeht, sondern von der Sache, der du dich hingibst, die Zeit ausgesetzt ist. Irgendwann fällst du überrascht und überraschend wieder aus dem Verweilen hinaus, und dann muss die Zeit einen Sprung machen – also deine Zeit –, um mit der übrigen wieder synchron zu werden, es ist immer ein kurzer Augenblick der Verwirrung, dieser Sprung aus der Unendlichkeit zurück in den Fluss. Aber das nur am Rande. Willst du uns etwas singen, Martha?«

»Ja, wenn ihr mitmacht«, sagt Martha. »Aber erklärt mir vorher noch eines, was ich nicht verstanden habe. Ihr beiden wart ja damals eher misstrauisch, als Bernhard euch mit Hermann zusammengebracht hat. Misstrauisch und ablehnend all diesen Erwachsenen, Erziehern, Berechtigten und vermeintlichen Respektspersonen gegenüber. Oder, wenn ich mir erlauben darf, das zu sagen: dem Alter gegenüber. Was hat denn auf der menschlichen Seite den Ausschlag gegeben, dass ihr das Experiment wagt? Und genauso bei dir, Hermann. Ich meine, junge Leute können einem ja auch gehörig auf die Nerven gehen mit ihren Problemen, die unsereins alle hinter sich hat.«

»Hear, hear!« ruft Maryam lachend.

Navid und Ernst denken nach. Da Hermann nichts sagt, scheint es an ihnen, anzufangen. Navid kratzt sich am Kopf und beginnt tastend:

»Na kommt! Ihr kennt doch Hermann! Es ist ganz gleich, wie du ihm gegenübertrittst, ob offen oder mit Vorbehalten, ob abschätzig, in Abwehrhaltung oder mit halb geöffnetem Visier – er tritt direkt in den Zwischenraum hinein –«

»– das ist unsere Martin-Buber-Erfahrung«, ergänzt Ernst, und Hermann nickt.

»– er betritt also den Zwischenraum zwischen zwei Ichs, wenn ihr versteht, was ich meine. Er tritt dort hinein, ohne über dich zu verfügen, es ist keine Herrschaftsgeste, und zugleich ist klar, dass du auch nicht über ihn wirst verfügen können. Er tritt also frei in einen Bereich der Freiheit hinein –«

»– und zieht dich damit ganz automatisch auch in diesen Bereich«, sagt Ernst. »Also keine Übergriffigkeit, aber auch kein Harmoniegehabe, sondern Begegnung.«

»Buber sagt«, erläutert Hermann: »Jenseits des Subjektiven, diesseits des Objektiven, auf dem schmalen Grat, darauf ein Ich und ein Du sich begegnen, ist das Reich des Zwischen.«

»Und dieses Reich des Zwischen«, fährt Navid fort, »das war der Ort, den wir instinktiv und sofort für uns akzeptieren konnten, herrschaftsfrei, übrigens (sagt er mit einem Seitenblick auf seine Mutter) auch frei von der Tyrannei der eigenen Identität, und daher der ideale Freiraum für alles Dritte. Und diesem Dritten, also in unserem Falle der Frage nach dem Denken und den philosophischen Wanderungen, stellt sich nichts mehr in den Weg.«

»Und das«, sagt Ernst, »gelingt deshalb, weil die Begegnung selbst der Raum ist, der unverfügbar ist für die beiden Ichs. Er ist vorher da. Wir haben nicht als geschlossene Entitäten die Begegnung zustande gebracht, mit Hilfe von Diplomatie. Vielmehr bringt die Begegnung uns zustande. Das Zwischen ist vor der Subjektivität da.«

»Die Begegnung«, fügt Hermann hinzu, »macht uns zu uns. Und deshalb war sie für mich ungeachtet allen Alters- und Erfahrungsunterschieds ebenso aufregend und abenteuerlich wie für die beiden.«

»Ich weiß nicht, ob ich das verstehe«, sagt Martha.

»Es ist gar nicht so schwer zu verstehen. Wenn du gleich die Gitarre zur Hand nimmst und den ersten Akkord spielst oder anfängst, eine Melodie zu zupfen, betrittst du auch dieses Zwischen. Und einer von uns antwortet dir darauf mit einer zweiten Stimme. Du schlägst eine Tonart vor, aber nicht, um damit zu herrschen, sondern damit wir gemeinsam modulieren. Der gemeinsame Klang, dem wir dann beide nachhorchen, führt uns weiter. Und schon sind wir im Zwiegespräch, das sich um die Sache dreht, nämlich die sich entwickelnde Musik, und das, was wir zu ihr beisteuern, zeigt uns beiden, was in uns ist und was wir sind.

Schau mal, im Grunde war es doch die gleiche Situation, als ich damals Maryam kennenlernte, eben angekommen im fremden Deutschland und gänzlich verloren. Da traf eine feste Identität auf eine nomadische Identität, eine erschütterte, und wenn ich damals mit dieser festen Identität auf dich zugegangen wäre, Maryam, und dich damit überrollt hätte, wäre es nie zu einer Begegnung gekommen. Stattdessen konnten wir mit Hilfe des Du zu einem Ich werden, und es gibt uns nur, weil es unsere Beziehung gibt.«

»Out of place«, entgegnet Maryam.

In der eintretenden Stille ergreift Martha die Gitarre und fängt an zu singen: »Heute hier, morgen dort, bin kaum da, muss ich fort ...«

Und alle fallen in den Refrain ein:

Manchmal träume ich schwer,
Und dann denk' ich, es wär
Zeit zu bleiben und nun
Was ganz andres zu tun.
So vergeht Jahr um Jahr,
Und es ist mir längst klar,
Dass nichts bleibt,
Dass nichts bleibt, wie es war.

Das Wiedersehen

»Nachdem die erste ›Lektion‹ so gut gelaufen war – ich meine, wir hatten ja keine Ahnung, *was* genau eigentlich gelaufen war, sie kamen irgendwann aus dem Wald zurück, reichten sich die Hand, sagten ›Bis nächste Woche‹, und dann gingen die Jungs hoch zu Navid, also offenbar *war* es gut gelaufen –, da kam der Moment, vor dem wir uns wirklich fürchteten. Also nicht am selben Tag, das wäre der Overkill gewesen, aber ein, zwei Tage später luden wir Hermann zum Essen ein, nur wir drei, Ulla, er und ich, und fragten ihn, wie ihm die beiden Jungen gefallen hätten.

›Gut‹, sagte er, ›sehr gut, du hattest recht, Bernhard, viel Potential bei beiden, viele Fragen, viel Rebellion auch und Verwirrung und laokoonhaftes Ringen mit sich selbst, aber beide ungeheuer reich, musikalisch, nicht zynisch, kein bisschen zynisch.‹

Und dann sagte er, wie schön es sei, auf diese Weise unseren Sohn kennenzulernen, dessen Geburt und Heranwachsen er ja versäumt habe. ›Ich sehe ihn an und sehe euch und sehe auch etwas ganz Eigenes, natürlich sehe ich auch einen Fremden, und da wird mir die verlorene Zeit besonders bitter bewusst. Es gibt solche Dinge, die kann man nicht aufholen, die kann man nicht nachholen, das ist momenteweise unglaublich traurig, aber dann reiße ich mich zusammen und zwinge mich in die Gegenwart dieses Siebzehnjährigen, die ja auch meine eigene ist, und dann wird das Ganze wieder beeindruckend und schön und offen, ein Abenteuer.‹

›Und der andere Junge, sein Freund?‹

›Ja, ganz merkwürdig, obwohl ich ihn doch gar nicht kenne – ich meine, seine Familie nicht kenne –, empfinde ich ihm gegenüber eine ebensolche Verwandtschaft wie zu Ernst. In manchem ist er mir sogar durchsichtiger als Ernst, manche seiner Reaktionen kann ich vorhersagen, und seine Denkbewegungen sind mir vertrauter als die des anderen. Wie haben die beiden sich denn so eng angefreundet, sie sind ja wie zwei Brüder oder zwei Cousins?...‹

Wir haben uns unwillkürlich angeschaut.

›... und seine Eltern, die würde ich auch gerne mal kennenlernen, um mir ein Bild zu machen, reine Neugierde, ich meine –‹

Und dann stockte er, weil er wahrnahm, wie wir beiden einander ansahen und dann wieder ihn, mit einer Mischung aus Unsicherheit und Scham und sogar Furcht.

Und er blickte auf mich, auf dich, es herrschte plötzlich eine Stille, eine Geräuschlosigkeit wie in einem Vakuum, in dem der Name Navid schwebte, und dann sagte Hermann: ›Wo ist sie?‹

Und als wir dann irgendetwas herausgestottert hatten, ist er aufgestanden und zur Tür raus, und ich wollte hinterher, aber er sagt: ›Alles in Ordnung. Ich brauche nur mal einen Augenblick für mich.‹ Und nach einer Stunde kam er wieder und setzte sich und sagte nur: ›Herr, mache mir Raum in meiner engen Brust!‹ Und dann nach einer Weile: ›Ach, was ist die Nacht der Ferne für ein Abgrund, für ein Schmerz!‹

Jedes Wort, das wir hätten sagen können, wäre zu viel und zu wenig gewesen, jede Berührung unangemessen. Deshalb haben wir ihm nur gesagt, dass Maryam in ein paar Tagen zurück wäre von ihrer Konzertreise, und er sagte, er werde ja in einer knappen Woche wieder hier sein für das nächste Treffen mit den beiden Jungen. Mehr ist darüber an jenem Abend, glaube ich, nicht mehr gesprochen worden.

Wir hatten jedenfalls Angst, andererseits musste die Begegnung ja doch irgendwann stattfinden, wer hätte auch das Recht gehabt, ihnen *nicht* voneinander zu erzählen, nur um ihren prekären Seelenfrieden zu wahren – vorausgesetzt, sie *hatten* einen Seelenfrieden, so tief blickt man ja doch in niemanden hinein, und was Hermann betrifft, haben wir ihn damals unwillkürlich, wenn auch völlig überflüssigerweise, wie sich bald herausstellte, wie einen Rekonvaleszenten behandelt.

Ulla, du warst es, die die Neuigkeiten dann Maryam beibringen musste.«

»Ja, ich habe hin und her überlegt, es musste ja etwas passieren, bevor Hermann wiederkam für seinen Philosophiekurs, denn bei dem angespannten Verhältnis, das wir damals zu den Kindern hatten, war klar, dass Maryam würde sehen wollen, was da genau ablief.

Ich habe dann Bernhard aus dem Haus geschickt und dafür als zusätzliche weibliche Präsenz Martha eingeladen und Maryam Bescheid gesagt, dass sie bei ihrer Rückkehr zu uns zum Abendessen kommen solle. Allerdings fiel mir nichts Besseres ein, als auf die Anrichte, wo das Brot geschnitten wird und wo nebendran der Stapel ungeöffnete Post liegt, wie zufällig den Ausdruck von Hermanns Gedicht zu platzieren, das aus seinem

Blog, an dem Bernhard ihn wiedererkannt hatte. Maryam isst gerne Brot zum Salat, dachte ich, also wird sie früher oder später aufstehen, um sich noch eine Scheibe abzuschneiden, und dabei wird ihr Blick zwangsweise auf dieses Blatt Papier fallen.«

Maryam lacht, den Kopf schüttelnd.

»Ja, lach nur, aber primitiv wie es war, hat es doch funktioniert. Martha erzählte gerade irgendetwas, Maryam steht auf, will jemand noch eine Scheibe Brot, geht rüber, fängt an zu schneiden, hält plötzlich inne, den Blick auf den Zettel gerichtet, ihre linke Handfläche legt sich auf das weiße Papier mit dem Gedicht, sie dreht sich zu uns um, in der rechten Hand immer noch das erhobene Brotmesser, und: ›Ulla, wo ist er?‹«

»Ja«, sagt Bernhard, »dieser erste Satz, der war bei euch beiden der gleiche: Wo ist sie? Wo ist er?

Merkwürdigerweise oder vielleicht auch natürlicherweise hatte keiner von euch beiden Eile.

Ich meine, man hätte jetzt ja annehmen können, Maryam fährt sofort nach Frankfurt, oder Hermann käme auf der Stelle hoch nach Mühlheim. Aber nein. Hermann würde in vier Tagen ohnehin hier sein, um die Jungs zu unterrichten. Ihr habt auch nicht nach des anderen Telefonnummer gefragt. Und Ulla hat mir streng verboten, irgendetwas zu forcieren, irgendwie einzugreifen. Und es war auch ohne weitere Worte klar, dass ihr einander nicht bei einem von euch zu Hause treffen wolltet. Jedenfalls hast du am Vortag deines Kommens hier angerufen, Hermann, und mir gesagt, du würdest schon frühmorgens losfahren, um ein bisschen zu gehen, eine kleine Wanderung durch den Wald übers Willemerbrünnchen, die eingefasste Quelle im Friedwald, und dann runter nach Mühlheim. Mehr hast du nicht gesagt, und mehr brauchtest du ja auch nicht zu sagen.«

»Ich bin sofort hoch zu dir, Maryam«, sagt Ulla, »und du hast mich dann zum Frühstücken eingeladen am nächsten Morgen, und wir haben ein Weilchen geplaudert, und dann hast du mir zugenickt und das Haus verlassen, so wie du warst, und bist durchs Dorf hinauf, ich hab' dir nachgeguckt, an der Skulptur des barfüßigen Bettelweibs vorbei in Richtung Wald.«

»Ja, und alles andere, alles weitere müsst ihr beiden uns erzählen.«

Aber Hermann lächelt nur und sagt:

>*Trinke Wein bei der Laute Getön,*
Und wenn sie dir sagen: Es ist verboten,
So sag: Gott ist es, welcher verzeiht.

Anderen ist Freude und Lust der
Quell des fröhlichen Sinnes,
Mir ist der Liebe Gram Quelle von Freuden und Lust.
Sage, Hafis, was klagst du über die Trennung?
Denn aus Finsternis kommt Licht und
aus Trennung Genuß.«

Und als Antwort darauf zitiert Maryam das folgende Gedicht:

>*Aus ist die Flucht, die Nacht der Trennung!*
Ich loste, und die Sterne sprachen:
Nun ists zu Ende.

Wie sehr der Herbstwind kost und schmeichelt,
Sobald des Frühlings Odem wehet,
Ist er zu Ende.

Sag zu der lang versteckten Hoffnung,
Des Morgens komm heraus, die Schatten
Sind nun zu Ende.

Gedankt sei Gott! Durchs Blatt der Rose
Ist Dornenstolz und Windeshochmut
Endlich zu Ende.

Der Nächte und des Herzens Leiden
Sind in dem Schatten deiner Locken
Endlich zu Ende.

Der Lauf der Zeiten macht mich zweifeln,
Ob wohl die Trennung von dem Freunde
Schon sei zu Ende.«

Hermann dankt Maryam für die Erwähnung seiner Locken, beide müssen lachen, und dann reden sie über etwas anderes, und das war und ist alles, was sie zu dem Thema sagen.

*

Liebe Freundin, ich will gestehen, dass es mich frustriert, hier die Tür ins Herz dieser Geschichte sozusagen vor der Nase zugeschlagen zu bekommen. Man will doch wissen, nicht nur, wie die Geschichten ausgehen, sondern was zuvor geschieht, damit sie ausgehen wie sie ausgehen. Das Elliptische fordert mich heraus, und ich fühle mich in solchen Situationen berufen, das, was mir zu kurz erscheint, ins Einzelne auszumalen.

Sollte uns, Freund, in diesem Falle nicht die gefährdete Tugend der Diskretion ein höheres Gut sein und wir sie respektieren, da sie doch offenbar von den Beteiligten gewünscht und praktiziert wird? Begnügen wir uns mit dem Sichtbaren: Sie haben sich wiedergetroffen, und das ist nicht allen Liebenden nach langer Trennung schon in jenem Leben vergönnt. So verständlich und bescheiden Ihr Wunsch ist, denke ich ihn mir erfüllt, so erscheint er mir verwegen.

Dann lass uns aber wenigstens den unbekannten und verschwiegenen Kern ein wenig umkreisen und versuchen, stellvertretend für die, die schweigen, zu sprechen und zu empfinden, nachzuvollziehen und zu spekulieren und uns, aus unserer Erfahrung,

Kenntnis und Intuition heraus darüber zu verständigen, was in zwei Seelen geschieht, die sich einmal so nahe waren.

Zwei Seelen, die sich so nahe sind, sind wie der Wein in einer Karaffe. Fällt die Karaffe hin und zerbirst, läuft der Wein aus. Mit Glück kann die Karaffe wieder zusammengefügt werden. Die Bruchlinie aber bleibt sichtbare Narbe. Und der Wein muss neu sein. Man kann in eine gegenwärtige Karaffe keine Vergangenheit füllen, nur Gegenwart.

Was wissen wir denn in der Gegenwart? Wir wissen, dass sie hier beieinandersitzen und sich unterhalten und scherzen und Musik machen und dass eine tiefe Vertrautheit zwischen ihnen zu bestehen scheint. Wir wissen, dass Hermann damals ein Jahr lang jede Woche die beiden Jungen traf, Navid und Ernst, und mit ihnen, gehend und vom gemeinsamen Ukulele-Spiel unterbrochen, eine lange philosophische Wanderung unternahm, eine geistige Transhumanz. Wir wissen, dass die drei Nomaden auf ihrer Suche nach Weidegründen von Somnima und Paruhang über die Musen zu den Sirenen gewandert sind. Von Ödipus über Kant zu Humboldt. Von Heine über Pascal zu Nietzsche. Von Conrad über Poe zu Kierkegaard. Vom Isenheimer Altar über Dionysius zu Suhrawardi. Von Proust über Benjamin zu Mozart. Von Ball über den Styliten zu Al-Biruni. Von Inger Christensen über Heidegger zu Edith Stein. Und wir wissen, dass dann, vor dem Abitur der beiden, Hermann und Maryam in einer umstandslosen standesamtlichen Zeremonie geheiratet haben und er Navid adoptiert hat. Wir wissen, dass Maryam danach zum ersten Mal wieder in ihre Heimat reiste. Und wir wissen, dass die beiden auch nach ihrer Heirat nicht zusammengezogen sind, sondern jeder seine Wohnung behalten hat, sie ihr Häuschen in Mühlheim, er seine Zimmer im Westend.

In der Vorlage zu unserer Geschichte heißt es folgendermaßen: ›Oh, der du herrschest im Reich der Liebe: Möge dein Leben dauern, solange die Liebe währt! Sieh, mich schickt Leilah, die durch ihre Schönheit eine Zierde dieser Welt ist, und der mehr als ihr Leben die Freundschaft mit dir gilt. Wie lange schon hat sie dein Antlitz nicht mehr geschaut; wie lange schon deine Stimme nicht mehr vernommen! Sie möchte dich sehen. Sie möchte Auge in Auge mit dir sein, und wäre es auch nur für die Dauer eines Atemzuges. Und auch du: wird nicht ihr Anblick auch dich beglücken? Willst du die Fessel der Trennung nicht dies eine Mal sprengen? Ihr ein paar Verse sagen, durch die der Friede in den Herzen einkehrt? Nochmals leben, was Erinnerung ist? Wieder wecken, was schon Vergangenheit ist?‹

Und ein zweites Wort: Es werde! trennt sie nicht zum zweiten Mal. Wie hat er, der Tolle, auf diesen Vorschlag reagiert? Ich weiß es zwar, aber ich frage dich und will aus deinem Munde hören, wie ihm dabei zumute war.

Und wie *ihr*.
Madschnun denkt: ›Wie denn? Ein Blick ins Paradies sollte auf Erden schon möglich sein? Ein Stück Ewigkeit sollte die Kette der Stunden zerbrechen?‹ Er kommt zum Treffen in den Palmenhain. Sie bleibt zehn Schritte von ihm stehen, denn sie würde verbrennen, träte sie näher. Und er fällt bei ihrem Anblick in Ohnmacht. Als er wieder erwacht, sieht er sie an und singt für sie. Dann flüchtet er. Nicht lange darauf sterben beide, erst sie, dann er, denn man kann den Duft des Weins hier riechen, aber kosten kann man ihn erst im Paradies.

Wovor mir am meisten graut, das ist die Vorstellung, sie könnten einander im ersten Moment nicht wiedererkannt haben. Alles ist denkbar, alles ist erträglich, aber nicht dieser Gedanke. Es gibt eine Beschreibung eines solchen Moments, in dem die suchende Liebe ihr Gegenüber fixiert und ins Nichts der verlorenen Zeit stürzt: Vom einen Augenpaar heißt es da, es ›forschte und suchte bei zurückgelegtem Haupt lange und dringlich mit Leid und Liebe im Gesicht des Anderen und erkannte ihn nicht. Es geschah aber, dass dessen Augen sich bei dem Anschauen langsam und bis zum Überquellen mit Tränen füllten … und da erkannte er ihn, ließ sein Haupt sinken an die Schulter des Verfremdeten und weinte bitterlich.‹

Dieses Bild ist mir unerträglich. Dass du dir ein halbes Leben lang nichts sehnlicher gewünscht hast, als diesen einen Menschen wiederzufinden, dass du den ganzen Bau deines beschädigten, halben Lebens auf dieser Hoffnung aufgerichtet hast, und dann siehst du ihn an und blickst ins Gesicht eines Fremden. Eines Unbekannten. Ich glaube, schlimmer kann Gott Liebende nicht strafen. Die abgründige Frage ist allerdings: Wofür? Wofür wirst du bestraft in diesem Augenblick, da sich die allesverschlingende Zeit dir offenbart? Für deinen Unglauben? Für deine Ungeduld? Für deine mangelnde Treue? Für dein fehlendes Vertrauen?

Die Zeit hat sein Bild umgeschliffen, und du hast keinerlei Anteil gehabt an dieser Veränderung und musst dir eingestehen, dass der geliebte Mensch ohne dich gelebt hat und dass du selbst ohne ihn zu dem geworden bist, der vor ihm steht. Zwei Menschen, denen das geschähe, die müssten in ohnmächtiger Verzweiflung auf die Brust des andern einschlagen und rufen: Sei wieder du! Lass mich wieder ich sein! Was habe ich dir angetan? Was hast du mir angetan? Was hat Gott uns angetan! Vergehen lassen hat er die Zeit, anstatt sie auszusetzen, und das gähnende Loch, vor dem wir jetzt stehen und das uns trennt, darin ist unser Leben verschwunden. Und die fremden Gesichter, das ist unser Leben gewesen.

Nein, so darf es nicht gewesen sein!

Aber wenn sie sich dann unter Tränen wiedererkennen, dann dürfen sie sagen: Nein, nein, du bist's, und nun bin ich es auch!

Denn ja, was *haben* sie einander angetan, ohne doch jemals dem anderen etwas anderes als Liebe antun zu wollen. Das ist sowohl der Moment, Gott zu danken als auch mit ihm zu hadern und zu sagen: Gott hat dich gegeben und genommen und hat dich wiedergegeben, aber nicht ganz. Er hat dich auch wieder behalten.

370

Nicht ganz. Ein Pfand bleibt verloren. Das ist, glaube ich, die ernste Wahrheit eines solchen Wiedersehns, und nun geh' damit um! Zürnst du Gott und dem Geliebten und dir selbst für das *Nicht ganz* oder dankst du ihm für das Geschenk neuer Zeit?

Wenn es nur nicht so spät käme im Leben!

Nun, man kann es ausschlagen.

Und gewinnt dafür die Unsterblichkeit, die nur dem Absoluten zuteilwird, nie dem Kompromissbereiten und Klugen.

... noch dem Menschenfreundlichen. Ich verstehe diejenigen, die sich selbst und dem anderen verzeihen können und das versehrte Leben, das ihnen angeboten wird, dem absoluten Leben jenseits der Grenze der Gemeinsamkeit vorziehen. Ist das kleinmütig? Ist es unheroisch? Oder ist es nicht vielleicht auch tapfer? Heißt es nicht: Die Mär, dass der Liebende auf dem Weg der Liebe sein Leben zu verspielen hat, ist ein Trug; denn in Wahrheit ist die Liebe die Lebensquelle, die Erquickung spendet.

Wer sich nicht ins Absolute fallen lässt, der fällt ins Diesseitige und muss hoffen und glauben, dass helfende Freundeshände der Lebenden ihn dort auffangen. Auch dazu braucht es Vertrauen.

Eine andere Art von Vertrauen.

Wir Menschen sind als Verräter am Absoluten geschaffen. Wir verlieren das Paradies. So sind wir. Und vielleicht ist es das Einzige und zugleich das Schwierigste, wenn wir Verräter und Flüchtlinge zurückkehren zu denen, die wir verloren haben, zu fragen: Kannst du mir verzeihen?

Ja, so kann ich es mir vorstellen, so möchte ich es mir vorstellen, dieses Wiedersehen: Er sitzt auf der steinernen Umrandung des Willemerbrunnens und wartet. Die Hände auf den Knien, äußerlich ganz ruhig, aber innerlich zutiefst aufgewühlt, ängstlich, beschämt, seiner selbst, seiner Wünsche, Hoffnungen und Erwartungen unsicher. Es ist die prinzipielle Entscheidung, die Lebensentscheidung, die so schwer zu treffen ist: Soll er weglaufen und sein Unglück, seine Zerstörtheit bis zur Neige leben und damit seine Tollheit heiligen? Oder soll er 20 Jahre zu einer Parenthese machen, zu einem Irrtum, einem Irrweg, und versuchen, an das Vergangene, Halbvergessene anzuknüpfen? Was ist klüger, was ist größer, was ist menschlicher? Was will er.

Und ebenso sie. Sieht sich von außen, wie sie durch den Wald irrt, wohin und weswegen? Eine gestandene 50-jährige Frau, die einen Sohn großgezogen und eine berufliche Karriere gemacht und sich mit dem Alleinleben arrangiert hat. Ist es nicht peinlich, ist es nicht unter ihrer Würde, wie eine 20-Jährige zu einem geheimen Treffen im Wald zu laufen mit einem Verflossenen aus Jugendtagen, der mittlerweile ein alter Mann ist? Heißt das nicht zu verleugnen, dass man das eigene Schicksal gemeistert hat, zuzugeben, dass die ganze autonome Selbsterschaffung Ersatz war? Was soll daraus werden, was soll daraus entstehen? Was zieht sie denn dorthin? Läuft sie zu etwas, zu jemandem hin, oder läuft sie vor etwas und vor sich selbst fort?

Und dann sieht sie ihn und bleibt stehen, in zehn Schritten Entfernung. Und er sieht sie und erhebt sich.

Die Scheu, einander in die Arme zu fallen.

Der Drang, wie ein Würgereiz, dem anderen Vorwürfe zu machen. Du hast mein Leben zerstört. In der Hoffnung, der andere möge endgültig fortgehen.

Die Erkenntnis, dass dies nicht der tiefste Drang ist.

Und dann sagt einer von beiden, gleichgültig wer: »Verzeihst du mir?«

Und der andere sagt: »Gott hat uns verziehen. Du siehst es ja, denn er hat dich mir wiedergegeben.«

Sollte es sich so zugetragen haben, und sollten die beiden beides, Trennung und Wiedersehen, tatsächlich als Fügung begriffen haben – als gegenstrebige Fügung sozusagen – und nicht als Zufall, dann muss ihnen auch beiden klar gewesen sein, dass man als Mensch mit ihr schritthalten muss und in göttliche Weisheit sich mit menschlicher Klugheit einfühlen. Wenn ein sinnreicher Plan für Trennung und Wiederfinden gesorgt hat, dann muss man diesen Plan nachfühlen, verstehen und, ihm gehorchend, ihn auf menschenfreundliche Weise vollziehen und weiterführen – auch wenn es auf Kosten der Legende geht, in deren Spuren man zu wandeln glaubt.

So schlummern die beiden der Auferstehung entgegen; es kann kein Tadel ihnen den Weg mehr verlegen. Sie hatten sich Treue gelobt in dieser Welt; sie schlafen in jener zusammen im gleichen Zelt.

Aber bis es so weit ist, verlangt das Leben seinen Tribut.

Und wie dieser Tribut intelligent und hilfreich und im Sinne der Lebensfügung abzuleisten wäre, das stand beiden ja klar vor Augen: Hermann konnte mit dem, was er in der Wüste gelernt hatte, dem Sohn seiner Freunde und dem Sohn seiner Freundin die Leidenschaft vermitteln, über anderes als sich selbst nachzudenken und fand mit dieser Tätigkeit zurück in die Welt. Maryam fand zurück zu ihrem Sohn und konnte mit ihm in die andere, verloren geglaubte Hälfte ihres Lebens und ihrer Identität reisen. Ein jeder scheint dem anderen seine verlorene oder zerbrochene Hälfte zu ersetzen, einer des anderen Prothese, oder freundlicher formuliert: Sie sind Freunde. Und von dieser Freundschaft profitieren andere, zu denen sie ausstrahlt. Und die Worte, die zwischen ihnen hin- und herfliegen, wenn sie Musik machen, die Chiffernbriefe aus Tönen, Harmonien und Melodien, die sind für uns Außenstehende nicht zu entziffern, die bleiben ihr Geheimnis.

Ghorbat dar Gharb Nameh

غربت در غرب نامه

Buch des westlichen Exils

———

Komm, lass uns unser Leid erzählen,
dass wir erfahren, welches Ziel uns treibt.

———

HAFIS

Die Frauen unter sich

Erlauben Sie mir, lieber Freund, diesem Kapitel meine Stimme voranzustellen. Nicht weil ich selbst meine frühen Erfahrungen gemacht habe mit Heimatlosigkeit und der Suche nach einem Überleben und besseren Leben anderswo, sondern weil ich meine, dass zunächst Frauen erzählen sollten von Auswanderung und Flucht und Exil, so wie es heute abend in Ullas Küche auch geschieht, bevor dann nach und nach ihr Männer euch uns zugesellt.

Warum Frauen, da es doch momentan in erster Linie eine Völkerwanderung der Männer zu sein scheint, der jüngsten, kräftigsten, hartnäckigsten? Auch der abgebrühtesten. Auch der wohlhabenderen. Getrieben von Verzweiflung, Überdruss oder Angst, gezogen von einem Lichtfaden Hoffnung auf ein besseres Leben.

Aber ich meine, eine Flucht wird erst zur Auswanderung, wenn die Frauen fortgehen, denen es so viel schwerer gemacht wird. Ihr Körper ist keine Waffe wie der der Männer, sie haben weniger Geld, sie wurden und werden in vielfältigen Abhängigkeiten gehalten, oft wird ihnen jegliche Bildung versagt, und gewaltige Kräfte ziehen an ihnen, Gewichte hängen an ihnen und binden sie dort, wo sie sind: ihre Kinder, ihre Alten, denn sie sind es, die alle betreuen.

Erst wenn die Frauen aufbrechen, kommt die Menschlichkeit ins Exil, denn nur wo Frauen sind, entsteht der kleinste gemeinsame Nenner von Heimat, entsteht die Hoffnung auf Zukunft.

Und nur wenn die Frauen erzählen von den Geschichten der flüchtenden, wandernden, suchenden, aufbrechenden Menschen, diesem die Welt kreuzenden und querenden Strom seit Jahrhunderten und -tausenden, werden aus Heldensagen Familienepen. Aber erzählen von der Auswanderung kannst du nicht, während sie geschieht, das muss in den Intervallen geschehen, in den historischen Atempausen, auf den Inselchen im Meer des erzwungenen oder erhofften Aufbruchs, über die der Sturm der Zeit fegt und die doch alle Festigkeit und Sicherheit bedeuten, die wir je haben werden.

Sind wir doch alle wie die beiden Brüder, die einen Schwarm Vögel an der Küste des grünen Meers jagten und plötzlich hinabfielen in das Dorf mit den finsteren Einwohnern und in einen tiefen Brunnen gesperrt wurden, in die Dunkelheit des westlichen Exils.

Niemand, lieber Freund, verlässt leichtfertig die Heimat.

Denn die Fahrt ins Exil ist eine Reise ohne Wiederkehr. Wer sie antritt und von der Heimat träumt, ist verloren. Er mag wiederkehren – aber der Ort, den er dann findet, ist nicht mehr der gleiche, den er verlassen hat, und er selbst ist nicht mehr der Gleiche, der fortgegangen ist. Er mag wiederkehren, zu Menschen, die er entbehren musste, zu Stätten, die er liebte und nicht vergaß, in den Bereich der Sprache, die seine eigene ist. Aber er kehrt niemals heim.

Es führt kein Weg zurück. Das ist das eherne Grundgesetz von Flucht und Auswanderung. Du kannst nicht mehr in das Land zurück, in dem du ganz zu Hause warst, denn du möchtest es so finden, wie es in dir lebt, und so ist es nicht mehr. Und so ist es auch nirgendwo anders.

Alles wird anders sein.

Wenn du auch krank vor Heimweh bist
und dein Herz verdorrt,
immer, wenn einer fortgeht, ist
er für immer fort.

Und auch wenn deine Heimat dich austreibt mit Hunger und Mord und Ungerechtigkeit und Verfolgung, wenn sie keine Heimat ist und nie gewesen ist, welche Kraft der Verzweiflung braucht es, blind und hoffend den Weg ins westliche Exil zu nehmen, des Nachts aus dem finsteren Schacht hinauf in die

Burg zu klettern und zu glauben, dass Kunde kommt von Hudhud durch den Wind und die Blitze.

Und glückt die Flucht und erreichst du das rettende Ufer, so gerätst du unweigerlich zwischen die Mühlsteine der Fremdheit, die deine Identität und deine Sprache und deine Erinnerungen zermahlen, ob du sie nun loswerden wolltest oder nicht. Das, was du warst, wird zermahlen, aber das Mehl, das in die Schütte fällt, hat einen fremden Geschmack. Das Ufer, an dem du strandest, hat seine eigenen Gesetze und Erinnerungen und seine eigene Sprache, und du lebst dort in einem kulturellen Vakuum, das sich mit Fremdem füllen wird. Im westlichen Exil verwestlichst du nie aus freien Stücken, sondern weil dir nichts anderes übrigbleibt.

Wir kommen auf das Thema, weil wir in der Küche sind und Gemüse schnippeln und Kartoffeln schälen fürs Abendessen, Ulla und Maryam, Giselle und Martha, Karoline und meine Stimme, und jemand nach TK fragt und Ulla antwortet:

»Bernhard ist noch unten in der Erlenmühle beim Fußballspielen mit den Flüchtlingen. Er macht das doch zweimal die Woche mit Reiner vom Sportverein hier, dass er die Kids zum Kicken rausholt.«

Über 100 Flüchtlinge sind dort in dem ehemaligen Sporthotel, in dem auch die Nationalmannschaft früher ihre Trainingslager abhielt, nach und nach einquartiert worden.

»Zu dem Thema Flucht und dem unteren Dorf fällt mir auch etwas ein«, sagte Martha. »Ich bin die Älteste hier, und ich habe die ältesten Erinnerungen daran. Und das, woran ich mich erinnere, hat sich genau dort unten zugetragen, wo jetzt das Hotel steht, in dem die Flüchtlinge untergebracht sind, direkt hinter der alten Brücke.

Es sieht dort ja heute nicht mehr aus wie früher, aber neben der Brücke stand die Bäckerei meiner Großeltern, die dann zusammen mit anderen Häusern im Zuge der Straßenverbreiterung in den Fünfzigern abgerissen wurde, die ganzen schönen Fachwerkhäuser. Altes Gelersch, ham die Leute damals gesagt.

Ich habe nur noch wenige Zusammenhänge präsent, ich

war ja erst fünf damals, aber zwei, drei Erinnerungen sind es noch. Vor allem Erwin, der immer rüberkommen ist über die Gass' zum Spielen, er war etwa gleich alt wie ich. ›Ernin Freund‹ habe ich damals immer ganz stolz zu meiner Großmutter gesagt. Seine Familie hieß im örtlichen Platt ›S'Mayesch‹, so wie alle Familien nach dem Vornamen ihres Ältesten hießen. Meine Familie war ›S'Fritze‹. Mayesch, weil der Patriarch Mayer hieß, und mit Nachnamen Mühlheimer, wie das Dorf.

Einmal, erinnere ich mich, kam Erwin völlig aufgelöst und in heller Panik über die Straße und in unser Haus gerannt, um sich bei uns zu verstecken. ›Isch hans Vertiko von der Oma umgeschmisse!‹ hat er gekeucht. Offenbar hatte er heimlich versucht, an dem Buffet hochzuklettern, weil oben drauf die Marmeladengläser standen, und dabei war das Unglück passiert.

Aber wovon ich eigentlich reden will, ist eine andere Erinnerung, ein Bild, das ich mein Lebtag nicht vergessen werde, obwohl es 75 Jahre her ist. Ein Bild von diesseits und jenseits der Brücke. Es muss Lärm gegeben haben, deswegen kamen wir aus der Bäckerei gelaufen, Erwin und ich. Und auf der anderen Seite der Brücke ein Auflauf. Männer, die rund um eine schwarzgekleidete alte Frau standen, und die Frau hob die Arme in den Himmel, und dann fiel sie auf die Knie. Und ein paar Meter weiter dahinter eine Gruppe Menschen, Erwins Familie, in Schach gehalten von einem Mann in Uniform mit einem Gewehr. Und auf der Straße ein LKW mit laufendem Motor. Und wir sehen die Szene, Erwin und ich, und brauchen vielleicht ein, zwei Sekunden, um zu verstehen, und dann bricht es aus ihm heraus, herzzerreißend, ich sehe es vor mir. ›Mei Oma'sche! Mei Oma'sche!‹ schreit er und rennt los, auf die Brücke zu, Augen und Mund weit aufgerissen in unaussprechlichem Entsetzen und Unverständnis, während zwei Männer die alte Frau unter den Achseln packen und mitschleifen und hochheben und auf die Ladefläche des LKW werfen wie ein Bündel.

›Mei Oma'sche! Mei Oma'sche!‹ Es geht mir durch Mark und Bein, dieser Schrei, hier sitzt er immer noch« – und sie hält die Hand auf ihr Herz. »Zum Glück hat ihn irgendjemand gepackt und festgehalten, bevor er die Brücke erreicht, und er hat gestrampelt und sich gewehrt und geschrien, gellend, ohrenbetäubend.

Das ist die Szene, die ich vor mir sehe. Alles andere wurde mir später erzählt, oder ich habe es rekonstruiert. Ich weiß auch nicht mehr, was ich selbst getan habe oder was direkt danach geschehen ist.

S'Mayesch, sie hatten seit Generationen in Mühlheim gelebt. Der Urgroßvater war Vorsteher der Synagoge gewesen.«

»Es gab hier eine Synagoge im Dorf?« fragt Ulla.

»Ja«, sagt Martha, »gar nicht so weit weg von hier. Ein kleines einstöckiges Fachwerkhäuschen drüben vor dem Stadttor. Ist aber abgerissen worden in den frühen Sechzigern, als der Eigentümer anbauen wollte. Ich glaube, die jüdische Gemeinde hat sie schon vor '38 verkauft, denn in der Reichskristallnacht ist mit dem Haus nichts passiert. Ironischerweise lag sie an der Ecke der Adolf-Hitler-Straße. Also so hieß die natürlich erst seit '33, vorher hatte sie die Säugasse geheißen.

Ja, da holten sie also die Oma vom Erwin ab. Warum nur die Oma, weiß ich nicht, vielleicht wurden an dem Tag auch noch andere wegtransportiert. Es war Anfang 39, ein gutes halbes Jahr, bevor der Krieg losging. Und Erwin und seine Eltern sind dann ganz kurz danach ausgereist. Das ging noch. Nach Argentinien. Das weiß ich aber nur, weil er offenbar in den siebziger Jahren mal hier war, als ich in Frankfurt lebte. Mir ist es nur erzählt worden, wie er durch die Straße gegangen ist und hier und da geklingelt und gefragt hat: ›Ei, kennt ihr misch noch? Isch bins doch. Isch bin doch s'Mayesch Erwin!‹ Aber ich weiß nicht, ob ihn noch viele kannten oder kennen wollten oder was daraus geworden ist. Er war wohl Flieger in der argentinischen Luftwaffe gewesen und hatte danach eine Firma für Bohrmaschinenmeißel gegründet und geführt. Ja, ich lach' mich ja tot, wenn ich heute einen von den jungen Leuten sagen höre, die Nazis waren ausländerfeindlich, als wären Erwin und seine Familie Ausländer gewesen. Aus dem eigenen lebendigen Leib haben wir uns damals die Stücke rausgeschnitten. Mei

Oma'sche. Die Berta Mühlheimer, die sie da auf den Lastwagen geworfen haben, und ihre ganze Familie, das waren ebenso sehr Deutsche und Hessen und Mühlheimer wie jeder andere von uns, und dann mussten sie Hals über Kopf und mit nichts als was sie am Leib trugen nach Argentinien fliehen, um nicht so zu enden wie ihre Oma.«

»Ja«, sagt Karoline, »so lange ist's noch nicht her, dass man sich nicht dran erinnern könnte, dass die Menschen auch aus Deutschland flüchten mussten, um zu überleben.«

»Und noch weniger lang«, schließt Ulla an, »dass sie aus Deutschland fliehen mussten, wenn sie nach Freiheit dürsteten, zumindest aus der einen Hälfte davon.«

Apropos Freiheit, denke ich: Wisst ihr, was früher als Inschrift auf der Freiheitsstatue in New York stand?

Gebt mir eure Müden, eure Armen,
Eure geknechteten Massen, die frei zu atmen begehren.
Den elenden Unrat eurer gedrängten Küsten.
Schickt sie mir, die Heimatlosen, vom Sturme Getriebenen,
Hoch halt' ich mein Licht am gold'nen Tor.

Ja, und da haben wir alle geseufzt, vielleicht wegen der entsetzlichen Bilder, die jeder im Kopf hat, vielleicht wegen der Verheißung, die einst von Amerika ausging, vielleicht weil es nie aufhört mit dem Elend von Flucht und Vertreibung und Hoffnung, und vielleicht weil es über das Vermögen von uns Menschen geht, zu lange am Stück ins brennende Auge der Wirklichkeit zu blicken.

»Tut mir einen Gefallen«, sagt Martha, »sonst muss ich nach Hause gehen, und ich hab' absolut keine Lust, alleine abendzuessen. Das soll keine Erpressung sein, versteht mich nicht falsch. Aber ich habe mein Teil an Unmenschlichkeit oder besser ›Menschlichkeit‹ gesehen in meinem Leben. Ich will nicht, wenn wir uns über das Thema unterhalten, dass wir auf dem Bestialischen herumreiten, dem Unerträglichen, wie das die

Medien tun. Ich bitte euch – und ich sage das als jemand, der Leichen gesehen hat in seinem Leben, auch verstümmelte, auch Kinder, auch Babys – verzichten wir drauf, uns zu aalen in den Details, weil wir glauben, das gehöre zu einem authentischen und ehrlichen Nachdenken dazu. Ihr wisst, wovon ich spreche, die Bilder von Kinderleichen und Entstellten, mit denen man uns ein schlechtes Gewissen macht und uns in die Ecke drängt, ohne irgendetwas damit zu verbessern oder zu verändern. Ich war in einem Frankfurter Keller im Herbst 44, als eine Bombe einschlug und mein jüngerer Cousin zwei Meter von mir entfernt starb, eine staubige Salzsäule mit aufgerissenen Augen und klaffendem Mund und schwarzen Zähnen und schwarzem Gaumen von dem Schutt, den ich versucht habe aus seinem Mund zu pulen, und danach bin ich rausgekrochen mit meiner Mutter, als die Entwarnung kam, und war erleichtert, noch zu leben, und dass ich Tote gesehen und angefasst habe, hat mich nicht zu einem besseren oder aufmerksameren oder hilfsbereiteren Menschen gemacht als ich auch ohne das geworden wäre.«

Daraufhin herrscht ein Schweigen, in dem nur das Klappern der Küchenutensilien zu hören und nur die schönen, ökonomischen Bewegungen zu sehen sind, mit denen geübte Frauen in einer Küche einander zuarbeiten.

Ich will es nutzen für folgenden Augenzeugenbericht von der Flucht:

›Das Elend der meisten Auswanderer war größer und ihre Lage rat- und hilfloser, als ich mir hatte vorstellen können. Scharenweise waren Tausende, nachdem sie die geringe Habe, wie das unter solchen Umständen immer geschieht, um ein Spottgeld losgeschlagen, mit Frau und Kind an die Küste gekommen, aufs Geratewohl, ohne Leitung, und ohne dass weder für ihre Einschiffung noch für ihr Unterkommen bis zur Abfahrt gesorgt war. Ohne die Mittel zur Bestreitung der ansehnlichen Überfahrtskosten hatten nur die Wenigsten, kaum der vierte Teil dieser Unglücklichen, Aufnahme auf reisefertigen Schiffen gefunden. Die Übrigen überschwemmten bettelnd die Umgegend

383

der Seehäfen, in der Hoffnung, endlich doch ihre Absicht zu erreichen. Viele, die Gesundesten und Kräftigsten, waren von gewissenlosen Menschenhändlern oder deren Maklern von einer Woche zur andern hingehalten worden, in der Absicht, sobald durch eine hinreichende Anzahl bar zahlender Passagiere die Kosten der Überfahrt gedeckt wären, die Ladung durch solche mittellosen Emigranten zu vervollständigen.

Schaudererregend waren die Schilderungen von der empörenden Behandlung dieser Unglücklichen, wenn sie nun endlich, krank an Leib und Seele, auf elenden Schiffen, welchen kein Kaufmann sein Gut anvertraut hätte und die nur noch zum Menschentransport für gut genug gehalten wurden, aufgenommen worden waren.

Hier lagen sie, ohne Unterschied des Geschlechts und Alters, säugende Kinder, Greise und hochschwangere Frauen in Zwischendecken, selten mehr als 4 1/2 Fuß hoch, welche keine frische Luft durchziehen kann, in doppelt und dreifach größerer Anzahl zusammengepackt, als es, um ihr Leben nicht in die augenscheinlichste Gefahr zu setzen, von den Behörden hätte geduldet werden sollen. Grobe Nahrungsmittel von der schlechtesten Qualität, zum Teil sogar solche, die schon eine Reise nach Amerika oder Asien gemacht hatten, waren ihre Speise. Fauliges Wasser, kärglich zugemessen, ihr Getränk. Ein dünner Strohsack ihr elendes Lager.

Viele waren in solchen verpesteten Höhlen und bei solcher Nahrung schon vor der Abfahrt gestorben, den Keim der Krankheit unter den Übrigen zurücklassend. In diesem jämmerlichen Zustand, in einem Raum von 80 bis 100 Fuß Länge, 20 bis 28 Fuß Breite und höchstens 5 Fuß Höhe, denke man sich 30 bis 100 Tage lang 4 bis 500 Menschen, in zwei übereinander angebrachten Reihen von Schlafkästen, von der widerlichen Seekrankheit ergriffen, von Ungeziefer zernagt, Frauen in Kindesnöten, Sterbende auf verfaultem Stroh, wimmernde Kinder, verzweifelnde Väter – man vergegenwärtige sich diese grauenerregende Szene während eines Sturms, nein nur während eines unsteten, das Schiff in einer rollenden Bewegung erhaltenden

heftigen Windes, wo, um das Eindringen der das Deck über-
spülenden Wellen zu verhindern, die Luken, die einzigen Öff-
nungen, durch welche man ein- und ausgeht und etwas Licht
in das Zwischendeck fällt, verschlossen sind und daher alle Bedürfnisse, oft zwei, drei Tage nacheinander, in demselben Raum
befriedigt werden müssen, welcher den Unglücklichen zum Auf-
enthalt dient, und dessen mephitisch gewordene Luft zu atmen
allein schon eine Höllenqual ist – und man wird nur erst ein
mattes Bild von dem menschlichen Elend aus den Auswanderer-
schiffen haben.

Denn die grellsten Züge in diesem Bild fehlen noch, denn noch
erblickt man den Boden des Schiffes nicht, von Schleim und Blut
der Ruhrkranken überzogen – noch sieht man die noch halb Ge-
sunden nicht, zwischen Sterbende gepresst und unter Leichen
hervorkriechen – noch sieht man nicht Säuglinge an den kalten
Brüsten ihrer toten Mütter saugen, und man hört das herzzer-
schneidende Geschrei der armen Kinder nicht, die Mutter und
Vater, Geschwister in die Fluten hinabsinken sehen, – noch habe
ich der allen Glauben übersteigenden viehischen Unsittlichkeit –
unvermeidliche Folge des die Seele niederbeugenden, den Menschen zum Tier herabwürdigenden Elends, und des engen Bei-
sammenseins der beiden Geschlechter – noch der Brutalitäten
des rohen Schiffsvolks gegen das weibliche Geschlecht, noch der
scheußlichen Seuchen nicht erwähnt, welche diesen gewöhnlich
auf dem Fuße folgen.‹

Das, teurer Freund, schrieb im Jahre 1817 unser Zeitgenosse,
der Freiherr Moritz von Fürstenwärther, der beauftragt worden
war, die unsäglichen Zustände zu untersuchen, unter denen die
deutschen Auswanderer nach Amerika ihre Reise erlitten. Und
1817 stand die Auswanderungswelle aus Deutschland erst am
Anfang. In den folgenden 100 Jahren flohen, emigrierten und
wanderten sieben Millionen Deutsche aus ihrer Heimat aus. Armut, Elend, Flucht, Hoffnung, oft genug enttäuscht, Kriminelle,
die davon profitieren: Es hat sich also nicht viel verändert seither, nur trifft es diesmal nicht uns.

Wahrscheinlich ist es aber so, dass nur jemand, der es selbst auf sich genommen hat, seine Heimat mit ungewissem Ausgang zu verlassen, nachvollziehen kann, was andere dazu getrieben hat und was sie dabei durchgemacht haben. Lasst uns also einmal solch einem brüderlichen Gespräch lauschen:

Gottfried und Amir

»Grüß Gott, ich bin der Gottfried.«

»Salam, Amir heiße ich. Ich kenne den Bernhard vom Fußballspielen auf dem Platz neben dem Aufnahmelager.«

»Ich kenne ihn zwar nicht persönlich, aber ich komme aus demselben Dorf wie er. Wahrscheinlich sitzen wir deshalb hier zusammen.«

»Ja, und wenn ich es recht verstanden habe auch, weil wir beide unsere Heimat verlassen haben, um dem Militärdienst zu entgehen.«

»Stimmt, aber das war nicht der einzige und nicht der wichtigste Grund.«

»Nein. Nur einer von vielen. Was war es bei dir sonst noch, Gottfried?«

»In erster Linie, dass wir am Verhungern waren. Und bei dir?«

»Eine 50:50-Chance, erschossen zu werden, jedesmal, wenn wir aus dem Haus gingen. Wie alt warst du, als du dein Zuhause verlassen hast?«

»21 Jahre alt. Verheiratet und mit zwei kleinen Kindern. Das war im Frühjahr 1845. Und du, Amir?«

»Ebenfalls 21. Aber noch nicht verheiratet. Ich bin im Frühjahr 2015 zusammen mit meinem älteren Bruder geflohen. Wie heißt dein Heimatdorf?«

»Hääschde. Eigentlich Hauenstein. Aber ich sprach damals nur Pfälzer Platt, kein Hochdeutsch, geschweige eine Fremdsprache.«

»Unseres heißt Khabab. Liegt ein wenig südlich von Damaskus.«

»Bevor wir weitererzählen, Amir: Seid ihr alle beide durchgekommen?«

»Nein, mein Freund, leider nicht. Nur ich. Mein Bruder hat es nicht geschafft. Aber immerhin sind später meine Eltern und meine kleine Schwester glücklich nachgekommen. Und bei dir?«

»Meine Kinder und ich sind heil drüben angekommen. Meine Frau nicht. Ich habe später wieder geheiratet, weil die Kinder eine Mutter brauchten.«

»Man glaubt immer, so ein Schmerz müsse einen auch sterben lassen. Aber man stirbt nicht. Merkwürdig. So ein irrsinniger Schmerz oder zerstörte Hoffnungen, aber man lebt weiter.«

»Und das Merkwürdigste, Freund Amir, ist, dass man den Schmerz vergisst. Also man vergisst ihn nicht wirklich. Aber er verblasst. Und irgendwann, nach Jahren, muss man sich auf die Erinnerung daran richtiggehend konzentrieren, um ihn noch zu empfinden.«

»Aber manchmal passiert auch nach Jahren irgendetwas, irgend ein Zufall, ein Satz, ein Bild, und er ist wieder mit voller Gewalt da und zerreißt dich. Mir hat manchmal nur der Glaube weitergeholfen. Bist du gläubig gewesen, Gottfried?«

»Oh ja. Ich hätte es anders gar nicht geschafft. Wie hat es bei dir begonnen, die Flucht oder Auswanderung?«

»Unser Dorf, Khabab, lag zwischen den Fronten von syrischer Armee und einer islamistischen Miliz, also nicht Nusra oder IS, irgendeine andere, die hauptsächlich Geld verdienen wollte. Sie hat immer wieder Geiseln im Dorf genommen und die Familien erpresst und sie dann gegen 1000 Dollar wieder zurückgegeben. Aber das Dorf lag von zwei Seiten unter fast permanentem Beschuss. Mein Bruder und ich haben in Damaskus studiert und gearbeitet. Aber auch die Autobahn wurde ständig gezielt beschossen. Einmal schlug eine Kugel bei mir in die Windschutzscheibe. Hier, kannst du sehen, ich habe noch die Narben an der Stirn. Ich hatte Glück, dass ich nichts in die Augen bekommen habe.«

»Lass sehen. Oh ja. Ich hatte Glück, dass ich nach dem Krieg geboren wurde, aber mein Vater hatte 1813 in der Schlacht ein

Bein verloren und konnte deshalb den kleinen Hof seiner Eltern nicht bewirtschaften. Aber erzähl weiter.«

»Ich habe Wirtschaft studiert und nebenher auf dem Bau gearbeitet, um Geld zu verdienen. Auch die Uni und die Krankenhäuser in den Außenbezirken wurden ständig beschossen. Einmal traf eine Bombe die Mensa, und es gab 40 Tote. Viele von meinen Freunden. Dann wurde die Trinkwasserversorgung sabotiert, und die Stadt war zwei Monate ohne Trinkwasser. Das Essen wurde immer teurer, und die Menschen tranken Schmutzwasser aus Pfützen und wurden krank. Bei uns im Dorf war es nicht ganz so schlimm, weil jeder seinen kleinen Gemüsegarten hat. Aber ohne Wasser ist da auch die Hälfte vertrocknet. Auch Heizöl war knapp. Es wurde kalt, es gab keine Elektrizität mehr, der Kühlschrank funktionierte nicht. Und deshalb war es auch unabdingbar, dass mein Vater weiterarbeitete, wir brauchten ja das Geld. Mein Vater war verbeamteter Elektriker in Dharra. Deshalb musste er, Beschuss hin oder her, jeden Tag dorthin fahren zur Arbeit. Und jeden Tag gab es eine Wahrscheinlichkeit von 50 Prozent, dass er nicht mehr zurückkommt. Aber wir hatten keine Wahl, wir hatten Hunger. Wir mussten alle arbeiten, um zu überleben.

Langsam leerte sich unser Dorf. Die Leute hielten den permanenten Beschuss irgendwann nicht mehr aus. Ich meine, ich zucke heute noch jedesmal zusammen, wenn die S-Bahn beschleunigt. Das summt dann so, das hört sich genauso an wie eine heranfliegende Rakete.

Ja, und zu allem Überfluss hing über meinem Bruder und mir das Damoklesschwert der Armee. Spätestens am Ende des Studiums wären wir eingezogen worden. Und obwohl wir von Bekannten, die in die Türkei geflohen waren und dort in Lagern feststeckten, hörten, dass sie lieber wieder nach Hause kämen und dort sterben wollten, beschloss mein Vater dann, dass wir beide nach Europa fliehen sollten, um uns außer Lebensgefahr zu bringen. Jeden Tag konnte einer von uns auf der Straße sterben.

Und dann haben wir Geld gespart und gesammelt, ich habe das Geld vom Job auf dem Bau dazugelegt, und mein Vater hat sein Auto verkauft und einige Möbel, und wir haben uns im Internet über die Fluchtmöglichkeiten informiert. Und bei dir? Wie begann es bei dir?«

»Ja, wie gesagt mit Hunger. Mein Vater konnte als Krüppel ja nicht den Hof seiner Eltern übernehmen, sondern half seinem jüngeren Bruder. Dessen Kinder starben aber jung, und deshalb hat mein älterer Bruder dann irgendwann den Hof übernommen. Da war mein Vater schon gestorben. Und dann folgten mehrere Jahre schlechter Ernten, und wir konnten kaum mehr etwas verkaufen. Auch hatten die Leute im Dorf selbst kein Geld zum Kaufen. Und auch die Schafwolle, von der wir hauptsächlich gelebt hatten, wurde um billigstes Geld von Engländern aufgekauft. Und spätestens als ich verheiratet war und das erste Kind kam, war klar, dass der Hof für zwei Familien nicht ausreicht. Ich habe hier und da gearbeitet, beim Schmied, als Träger, aber dann ist unser Kind im ersten Winter verhungert, weil meine Frau nicht genug Milch hatte, und im Frühjahr drauf blieb mir eigentlich nur noch, zu den Soldaten zu gehen, aber dann kam ein Werber ins Dorf und redete von einem Neuanfang in Amerika. Ich war nicht der Einzige, für den das die letzte Chance darstellte. Wir waren 32 Männer aus unserem Dorf, die unterschrieben haben. Wir hatten ja nicht genügend Geld für die Reise und mussten einen vierjährigen Arbeitsvertrag unterschreiben, abzuleisten bei unserer Ankunft. Der Werber sorgte dafür, dass wir Pässe bekamen, ich glaube, das Land war ganz froh, die hungrigen Mäuler auf diese Weise loszuwerden. Und dann ist die ganze Gruppe, die Männer und ihre Familien, sofern sie welche hatten, aufgebrochen, zu Fuß und mit Pferdefuhrwerken in Richtung Hannoversch Münden. Dort sollten wir mit einem Dampfschiff nach Bremen fahren und von dort über den Ozean. Mittlerweile hatten wir einen zweijährigen Sohn, und später im Jahr, als wir dann in Bremen ankamen, hat meine Frau noch ein Töchterchen geboren. Am Abend vor der Abreise ist im Gasthaus Abschied gefeiert worden, am Morgen bin ich dann zum Grab meines Vaters und habe mir eine Handvoll Erde in ein Tüchlein gepackt für mein eigenes Grab in der

Fremde, damit ich dort was von Daheim hätte. Es war ja ein Abschied auf Nimmerwiedersehn.«

»Auf Nimmerwiedersehn? Nein, so haben wir es eigentlich nicht gesehen, so sehe ich es immer noch nicht. Ich habe ja Wirtschaft studiert, und die Hoffnung, die ich hatte und immer noch habe, ist, irgendwann einmal mein Land aus der Zerstörung heraus neu aufzubauen, mit einem freien und nicht korrupten und liberalen Wirtschaftssystem, wo jeder Arbeit hat.«

»So haben die Werber uns damals von Amerika vorgeschwärmt. Freiheit und Arbeit und Land für alle. Fleisch und Weißbrot jeden Tag. Nun ja, die Realität sah dann etwas anders aus ...«

»Was für euch damals Amerika schien, das Paradies, das ist heute für uns Deutschland. Ich meine, Deutschland hatte immer schon einen legendären Ruf bei uns wegen der Qualität der Ausbildung, aber jetzt bedeutete es eben auch Freiheit. Freiheit und vor allem Rechtssicherheit. Wir wollten jedenfalls nach Deutschland. Deutschland oder nach der Schweiz. Aber wir wussten, dass es einfacher ist, nach Deutschland zu kommen als in die Schweiz. Es gab im Internet verschiedene Optionen, um nach Europa zu kommen. Billige und teurere. Für die billigere wurden 4000 Dollar verlangt. Das hieß: schlechtere Qualität der Schlauchboote, von denen von vornherein klar war, dass zwei Drittel sinken werden, und mehr Menschen pro Boot. Die teurere Option bedeutete bessere Boote und weniger Passagiere pro Boot. Es gab Treffpunkte im Hafen in der Türkei mit den Schleusern, die meistens Türken waren, oder ihren Helfern. Das waren Syrer wie wir. Mein Bruder und ich sind dann mit dem Bus in den Libanon und von dort in die Türkei geflogen.«

»Ja, wir mussten zu Fuß gehen. Unser Tross kam dann irgendwann ziemlich vollzählig, aber in tristem Zustand in Bremen an. Am 25. April erhielt ich die Anweisung, mich mit den meinen auf dem Weserkahn Adelheid einzuschiffen, der uns nach dem Bremer Hafen bringen sollte. In dieses kleine enge Schiffchen wurden gegen 50 Personen verpackt. Gut, dass die Reise nur 24 Stunden dauerte, denn an Niederlegen, Schlafen oder Essen war hier nicht zu denken. Die sämtlichen Passagiere gehörten zu der Brigg Ella, dem Schiff, welches uns aufnehmen sollte. Die Gesellschaft selbst bestand aus dem rohesten Auswurf mehrerer deutscher Stämme. Württemberger, Baiern, Badener, Pfälzer, Nassauer, Preußen, Sachsen, fluchten in allen deutschen Dialekten durcheinander. Ich sah mich unter den Gesichtern um, mit denen ich lange Zeit zusammenleben sollte, aber ich sah wenig Anziehendes, aber genug Züge, die Furcht einflößen konnten. Die Nacht kam herbei, ein Schlafplatz musste gesucht werden, aber wo? Ich brachte meine Frau und den Sohn notdürftig unter, mir selbst war es unmöglich zu schlafen. Die Nacht war elend und das Schiff mit Gestank erfüllt. Nach einem Tag kamen wir zwar im Hafen an, mussten aber noch eine Nacht in der Adelheid verbringen, da die Schlafplätze auf der Brigg Ella noch nicht hergerichtet waren.

Im Hafen selbst war Schnaps, Wein und Bier genug, aber keine warme Speise zu bekommen. Das Schiff, auf dem wir überfahren sollten, war eine schöne kleine Brigg, aber wie sehr erschrak ich, als ich den Raum besah, der auf der Reise unser Aufenthaltsort werden sollte. Auf einer Leiter mussten wir in ein ziemlich enges Verlies steigen, in dem 84 Menschen eingepresst werden sollten. Die Schlafplätze, sechs Fuß breit, zwei Fuß hoch und fünf Fuß tief, schienen passender für Schweine als für Menschen. Und in ein solches Loch, das kaum für drei Menschen Raum genug hatte, mussten fünf kriechen. Drehen konnte sich keiner. Zugleich waren die Kojen so niedrig, dass man nur der Länge nach hineinkriechen konnte.«

»Bruder Gottfried, fast muss ich lachen über die Konkurrenz des Elends, die wir uns hier machen. Ist es nicht schrecklich, sich über 150 Jahre hinweg noch die gleichen Geschichten zu erzählen?«

»Ja schau, Amir, was aber doch vor allem gleich geblieben ist, das ist dieser Verzweiflungsantrieb, dieses ›Etwas Besseres als den Tod finden wir überall‹, dem wir Menschen immer wieder folgen.«

»Wir gingen genau wie ihr im Mai aufs Wasser. Um nach

Rhodos zu kommen. Irgendwann, man sah ja nichts, das Boot zog schon lange Wasser, machte der Kapitän irgendeine Dummheit mit der Benzinleitung oder den Reservekanistern, das Benzin floss aus, und wir standen von zehn Uhr abends bis sechs Uhr morgens im Benzin, das uns die Beine verätzte und die Hosen kaputtmachte. Dann, schon halb am Sinken, griff uns die griechische Marine auf und schleppte uns in den Hafen, wo wir vier Tage lang in ein Lager mit einem hohen Zaun drumrum gesteckt wurden. Zu essen und zu trinken gab es nichts, aber man konnte sich von fliegenden Händlern, die draußen herumliefen, was kaufen. Wir haben in unseren zerfressenen Hosen gefroren wie die Schneider. Danach brachte uns dann ein großes Boot nach Athen.«

»Ja, ich war länger auf dem Wasser. Drei Monate. Am 1. Mai begünstigte der Wind endlich unsere Abfahrt, und wir gingen unter Segel. Als ich früh auf Deck kam, bot sich mir zum ersten Mal der Anblick der weiten, öden Wasserfläche dar, welche die fast ausmündende Weser bildete. Ich sah nur noch von weitem einen schmalen Streifen Land. Der Tag war trübe, aber ein frischer Wind blähte die Segel. Nur wurde unsere gute Stimmung durch den Anblick der aus dem Wasser ragenden Masten eines kürzlich gescheiterten Schiffes getrübt. Da konnte jeder sehen, was auch uns blühen mochte. Denn draußen auf See ist an Rettung nicht zu denken, wenn etwas geschieht, ein Sturm, ein Blitzeinschlag, ein Riff.

Schon den Tag nach unserer Abfahrt trat ein zwar nicht ungünstiger Wind ein, aber da er von der Seite kam, fing das Schiff an, sehr zu schwanken. Die Seekrankheit wurde allgemein. Das Zwischendeck verwandelte sich in ein Hospital. Alles erbrach sich, klagte und jammerte.

Auf den anfangs günstigen Wind, der uns bald nach dem Kanal trieb, folgte erst Windstille, bei der fast alle wieder gesund wurden, mit welcher wir aber nicht vorwärts kamen, dann gänzlich widriger Wind. Wir mussten bis zum Ekel vor Dover kreuzen, und mehrere Tage blieb uns diese Stadt vor Augen. Unterdessen wurde die Stimmung an Bord immer schlechter: Flüche,

Verwünschungen, Unreinlichkeit, Gestank und Schmutz. Und vor allem Kleiderläuse.

Zwar hielt der Kapitän Martens auf Reinlichkeit und ließ täglich unsere Höhlen mit Essig räuchern, aber gegen die Unreinlichkeit und die Läuse war kein Ankommen.

Länger als zwölf Tage wurden wir im Kanal herumgetrieben. Anfangs hatten wir die Erlaubnis, uns aus den Fässern Wasser nach Belieben zu pumpen. Da sich aber unsere Reise so ungemein verzögerte, da die Unbesonnenen das Trinkwasser verschwendeten, setzte uns der Kapitän auf Rationen, und zwar auf sehr knappe. Pro Mann wurde täglich nur noch ein Quart herausgegeben, womit wir unseren Durst stillen mussten. Meine Frau und mein Sohn wollten immer trinken, und ich habe Qualen des Dursts gelitten, die durch das salzige Essen noch verschlimmert wurden, auf das die Leute sich stürzten wie die Tiere.

Einige Tage, nachdem der Schiffszimmermann versucht hatte, einen Delphin zu harpunieren, ihm aber nur ein Stück Fleisch aus dem Rücken gerissen hatte, das am Haken hing, ging er bei einem Sturm über Bord. Wir waren bereits in den kalten und nebligen Regionen um Neufundland. Das Takelwerk zerriss, das Schiff stieg und fiel, da ertönte durch das Geheul der Elemente der Ruf: Mann über Bord! Man hörte den Unglücklichen noch um Hilfe schreien und warf ihm Seile zu. Doch er konnte sie nicht greifen, und wenige Sekunden später hatte das Meer ihn verschlungen.

Die Sturmseen, die ins Schiff schlugen, machten die Hälfte unseres Gepäcks unbrauchbar. Kaum war der Sturm vorüber, begann das Gefluche und Geschimpfe wieder, als jeder die Schäden an seinen Habseligkeiten ins Auge nahm. Um die ekelhafte Atmosphäre an Bord noch zu verschlimmern, waren bald nach der Abreise die Blattern ausgebrochen. Ja, und dann geschah das Schlimmstmögliche. Meine Frau, ohnehin geschwächt, starb daran. Und ich fragte, was jetzt aus mir werden sollte, mit einem kleinen Sohn und einem Säugling. Da war es vorbei mit der Hoffnung auf ein besseres Leben. Wie hast du deinen Bruder verloren, Amir?«

»Wir fuhren mit dem Bus von Athen aus bis 60 km vor die mazedonische Grenze. Den Rest mussten wir zu Fuß gehen, wir waren einen Tag und eine Nacht unterwegs, ohne Essen und Trinken, dann sind wir nachts illegal durch die Berge über die Grenze. Dann mit dem Zug an die serbische Grenze, zu Fuß rüber und dann ganz rechtmäßig mit einer Fahrkarte im Zug nach Belgrad. Insgesamt haben wir 30 Tage auf der Straße geschlafen, auf Kartons oder auf dem nackten Erdboden.

Dann war die Frage, wohin von Serbien aus. Wir wollten nicht nach Ungarn, das hatte unter den anderen Flüchtlingen einen schlechten Ruf. Also haben wir in einem Café einen weiteren Schlepper angesprochen, der uns für 2000 Euro pro Kopf heimlich über die Grenze nach Österreich bringen sollte. Es wurde ein Treffpunkt nachts im Wald ausgemacht, dann kam ein Van. 30 Leute wurden hinten reingepfercht, und die Fahrt ging los.

Offenbar waren wir schon über der Grenze drüber, die Lebensgefahr war eigentlich vorbei, und alles andere, Mittellosigkeit, Schmutz, Müdigkeit war dagegen fast leicht zu verkraften, da gerieten wir in eine Polizeikontrolle. Der Fahrer reagierte panisch und sprang aus dem fahrenden Auto. Die Polizisten schossen ihm hinterher, aber er entkam. Aber das führerlose Auto kam von der Straße ab, überschlug sich einmal und krachte gegen einen Baum. Und irgendwie, ganz unglücklich, ganz unnötig, wurde mein Bruder gegen die Wand geschleudert, ich hab' ja in der Dunkelheit und dem Chaos nichts gesehen, und brach sich den Nacken oder den Schädel – sie haben ihn mir nicht mehr gezeigt! Ich konnte ihn nicht mehr sehen! Sie haben mir nur gesagt, dass er tot sei ...«

»Ich kann mir vorstellen, wie du dich gefühlt hast, Amir.«

»Ich weiß. Ich danke dir. Wenn es jemand nachvollziehen kann, dann du. Aber was hast du dann mit deinem Baby gemacht, Gottfried?«

»Ja, wie soll man das nennen? Glück im Unglück? Eine junge Frau aus der Koje nebenan verlor ihr eigenes Neugeborenes. Am selben Tag, an dem meine Frau starb. Und sie – sie hat dann meines gesäugt, so hat es überlebt. Wir haben uns dann zusammengetan, und nach einem Jahr in Amerika haben wir geheiratet.«

»War sie denn nicht verheiratet gewesen?«

»Nein, das war ja der Grund, warum sie auswanderte. Eine ledige Mutter mit einem Säugling ...«

»Ich verstehe. Jedenfalls, in Österreich musste ich noch einmal vier Tage im Gefängnis verbringen, weil ich meinen Asylantrag nicht dort, sondern in Deutschland stellen wollte. Sie haben 13 Leute anderthalb Tage in einem Zimmer von drei Quadratmetern festgehalten ohne Essen und mit wenig Wasser, um sie gefügig zu machen. Das war alles unangenehm, aber nicht wirklich ernst. Es bestand ja keine Lebensgefahr mehr. Dann ging's über die Grenze und in eine Flüchtlingsunterkunft. Ich wurde registriert, bekam Geld und Kleidung und wurde dann hierher geschickt. Und deine Ankunft?«

»In gewisser Hinsicht begann der Horror und die Lebensgefahr erst wirklich, als wir unser Ziel erreicht hatten. Das hat sich heute offenbar verbessert. Ich war ja arbeitsverpflichtet, um meine Reise zu bezahlen. Ich habe also vier Jahre lang in Philadelphia, wo wir angekommen waren, geschuftet, im Hafen, im Straßenbau. Es blieb gerade so viel übrig nach dem Abzahlen meiner Schulden, dass die Frau und die Kinder, die in einem Zimmer einquartiert waren, überleben konnten. Es war sehr schwer, weil ich ja auch kein Englisch sprach, noch nicht mal Hochdeutsch. Die Amerikaner haben einen natürlich an allen Ecken und Enden betrogen, aber irgendwann lernte ich Pfälzer kennen, und über die bin ich dann nach Pittsburgh gekommen. Da gab es Arbeit zuhauf. Die Stadt wuchs. Und ich habe in einer Fabrik für Lokomotiven geschuftet und danach dann beim Schienenbau und schließlich in einer der neuentstehenden Stahlkochereien. Aber das war schon zehn Jahre nach unserer Ankunft. Unser kleines Mädchen wurde nie richtig gesund und ist mit zwei gestorben, aber den Jungen habe ich heranwachsen sehen, und der Herrgott hat uns, als wir schon in Pittsburgh waren, noch ein Kind geschenkt, das auch überlebt hat. Aber leicht wurde mir nichts, und die Morgenröte des Paradieses der neuen Welt habe ich nie gesehen. Ich hoffe nur, meinen Kindern haben sich alle Hoffnungen erfüllt.«

»Ich hatte das Glück im Unglück, dass meine Mutter und meine kleine Schwester drei Monate später unter leichteren Bedingungen auch nach Deutschland gekommen sind. Und im Rahmen des Familiennachzugs dann auch mein Vater. Aber ich hätte es tun sollen wie du und Erde von zu Hause mitnehmen für meinen Bruder. Auch wenn der kein Grab gefunden hat. Die Erde hätte man irgendwo verstreuen können, so hätten wir wenigstens einen Ort zum Trauern. Aber ich darf mich nicht beschweren. Ich habe ein Angebot für eine duale Ausbildung bekommen. Um die anzutreten, brauche ich allerdings eine Aufenthaltsbewilligung, und die habe ich noch nicht bekommen. Meine Eltern, die später kamen als ich, haben eine, aber ich nicht.«

»Ich wünsche dir, dass du eine bekommst, Bruder Amir. Und möge Gott dich schützen und behüten.«

»Ich danke dir, mein Bruder. Und möge Gott, der Barmherzige, dir seinen Frieden schenken.«

Die Frauen unter sich (Fortsetzung)

»Apropos Flucht aus Deutschland und die unausrottbare Sehnsucht nach Freiheit«, sagt Ulla. »Mein Großonkel, also der Onkel meines Vaters – die Familie kam ja ursprünglich aus Stettin –, ist 1963 mit seiner ganzen Familie aus Ost- nach Westberlin geflohen. Ich hab' das als Kind nicht weiter mitbekommen, hab' mich auch nicht groß interessiert, erst sehr viel später, nach der Wende, war ich mal selbst dort und habe mir von meinen Cousinen alles zeigen lassen, und da ist mir erst klargeworden, was das für ein Leidensdruck und für eine Verzweiflung gewesen sein muss, die die alle in ein solches Himmelfahrtskommando getrieben hat.«

»Wie sind sie denn geflohen?« fragt Maryam.

»Es hört sich an wie im Film, sie haben einen Tunnel gebaut«, sagt Ulla. »Die Ecke hieß und heißt heute noch ›Entenschnabel‹, weil die Grenze dort so eine Ausbuchtung hat, eine Enklave fast, die 20 kleine Siedlerhäuschen umfasst. Und in einem davon lebte der Onkel. Als er mit seiner Familie 1961 aus den Sommerferien zurückkam, lag das Wohnzimmer im Schatten, weil vier Meter davor die Mauer hingestellt war. Dafür hatten sie dann Tag und Nacht Licht von den extrastarken und extrahohen Straßenlaternen, die das ganze Areal beleuchteten. Die gesamte Siedlung lag unter ständiger Beobachtung, und am Eingang zu ihr hatten sie einen Schlagbaum aufgebaut, so dass du, sobald du aus der Haustür tratest oder wieder auf dein Grundstück wolltest, den Ausweis vorzeigen musstest. Egal ob einer zur Arbeit ging oder sich nur mal die Füße vertreten wollte. Meine Tante Waltraud, also die Tochter von Onkel Martin, wohnte in der Parallelstraße, also plötzlich im Westen, und es gab keine Möglichkeit mehr, einander zu sehen, obwohl man sich quasi zurufen konnte. Und als sie heiratete, durften die Eltern sie nicht besuchen, dabei hörten sie sozusagen die Sektkorken knallen.

Weil die Siedlung so dicht an der Grenze lag, die Mauer rund um die Gärtchen verlief, wollte die DDR dort nur 200-Prozentige wohnen haben, und es gab ein paar Zwangsräumungen. Mein Onkel hatte nichts gegen die DDR, im Gegenteil wohl, aber dieses Misstrauen und diese Zwangseinkerkerung, da ist ihm wohl irgendwann der Kragen geplatzt, er war ja vielleicht ein Sozialist, aber eben auch ein freiheitsliebender Mensch und ein eigenbrötlerischer Individualist. Kragen geplatzt ist auch zu harmlos, ich glaube wirklich, es muss ein Kohlhaas'scher Schrei nach Gerechtigkeit gewesen sein, das Gefühl, die Ketten, in die man das ganze Volk plötzlich gelegt hatte, abwerfen zu müssen, um atmen und überleben zu können.

Jedenfalls hat er im Sommer drauf, beim Campingurlaub im Vogtland, den Plan gefasst, einen Tunnel zu graben, zusammen mit einem Freund, dem er vertraute. Die Idee war, die gesamte Familie mit den kleineren Kindern samt Großmutter und Schäferhund rüberzubringen.

Ihr müsst euch die Verlockung vorstellen: Die Grenze lag fünf

Meter vom Haus entfernt, und der Grenzstreifen war 40 Meter breit. Einen einzigen Steinwurf entfernt lebte die Tochter, war die Freiheit. 50 Schritt, die man ihnen nicht zu gehen erlaubte.

Meine Mutter – wir wohnten ja damals in Bremen, und sie durfte einreisen –, meine Mutter erfuhr also im August, dass ihr Onkel anfangen wollte zu graben und sagte es ihrer Cousine, die von da an in ständiger Angst um ihre Eltern und Geschwister lebte und jedesmal in Panik verfiel, wenn dort drüben ein Schuss zu hören war – oder irgendein Geräusch, das sich anhörte wie ein Schuss.

Der eingeweihte Freund, ein Dresdner Zahnarzt, hatte einen Sohn, der zu der Zeit in Berlin studierte, der wurde nun den Behörden am Schlagbaum als Verwandter vorgestellt, der als armer Student regelmäßig zum Essen kam. In Wirklichkeit kam er zum Graben.

Um kein Aufsehen zu erregen und um Platz zu gewinnen, hat Onkel Martin zunächst eine Terrasse gebaut, die er mit Betonplatten fundamentierte. Das war einerseits ein Zeichen nach außen, dass er vorhatte, dort zu bleiben, und zum andern der Ausgangspunkt für die Grabungen, die direkt unter der Terrassentür im Wohnzimmer ansetzten. Außerdem war es dadurch möglich, unauffällig das Holz zu besorgen, das für die Stützung des Tunnels nötig war.

In zweieinhalb, drei Metern Tiefe einen 46 Meter langen Tunnel zu graben, stellt euch das vor. Ohne dass es jemand bemerkt bei 24 Stunden Totalaufsicht über das Viertel. 60 Zentimeter breit war er und 80 Zentimeter hoch. Sie versteiften ihn mit allem Holz, das sie auftreiben konnten, alten Dielen, alten Fensterrahmen, und zur Beleuchtung diente eine Weihnachtsbaumkette.

Ich habe Onkel Martin nicht oft gesehen, ich erzähle euch gleich warum, aber er muss ein ungeheuer taffer Mensch gewesen sein. Ich meine, es ist schon schwer, einen 46 Meter langen Tunnel zu graben mit nichts als deinen Händen und einer Bratpfanne als einzigem Werkzeug. Dazu auch noch die tägliche Angst und Sorge um die Familie, deren Ende ein einziges Klingeln an der Wohnungstür in jedem Augenblick besiegeln konnte.

Er und seine Frau ins Gefängnis, die Kinder in Heime, die Existenz des Dresdner Freunds zerstört und vieler anderer womöglich auch, die man befragen und terrorisieren würde. Aber das größte logistische Problem war: Wohin mit dem ausgegrabenen Sand? Das waren insgesamt 25 Kubikmeter. Sie hatten ja doch keinen Keller. Und da wurde Martin einfallsreich. Ich denke mir immer: Hätte die bescheuerte DDR mal diese Energie und Klugheit und Hartnäckigkeit für die Allgemeinheit nutzen können, anstatt so jemand aus dem Land zu ekeln! Er zog also in jedem Zimmer Zwischenwände ein und Zwischendecken und brachte den Sand dort unter. Jeder Hohlraum wurde gefüllt.

Sand in Schubladen, Sand in Dachrinnen, in Fernsehschränken, in der Badewanne, hinter Spiegeln, Sand versteckt in Fahrradschläuchen und in Kissenbezügen. Tagsüber gruben sie, und nachts versteckten sie den Sand. 150 Tage lang. Von Oktober bis März.

Und dann war es so weit. Er war durch. Aber Onkel Martin war ein vorsichtiger und kluger Mann. Und er muss eiserne Nerven gehabt haben. Zuerst schickte er nur den Jungen durch, mit dem Auftrag, drüben im Westen Polizisten oder alliierte Soldaten aufzutreiben. Sein Kalkül war, dass mit jemandem in einer Westuniform am Ausgang die Vopos nicht so schnell schießen würden, falls sie etwas bemerkten.

Das hieß noch einmal zwei Stunden warten. Das müssen die längsten gewesen sein. Zwei Stunden, die langsamer vergehen als die fünf Monate vorher. Und die alles zunichtemachen können. Die Familie bäuchlings im Tunnel und er selbst, Martin, als Nachhut im Wohnzimmer. Stellt euch den vor, der am nächsten beim Ausgang lag. Drei Meter bis zur Freiheit, bis zur Rettung, und er darf sich um keinen Preis bewegen …

Aber offenbar blieben sie alle ruhig und diszipliniert, und schließlich kam der Dresdner mit zwei Westberliner Polizisten zurück, und dann krochen sie einer nach dem andern durch. Ich frage mich, wie sie das mit dem Hund angestellt haben, dass er nicht gejault und gebellt und sie alle verraten hat …«

»Ja und wie sie ihn da durchbekommen haben«, sagt Martha.

»Ich meine, so ein armer Schäferhund ist doch kein Dackel, der sich freiwillig in einen Karnickelbau quetscht ...«

»Ja, aber der Hund scheint nicht das Schwerste gewesen zu sein, sondern die Großmutter. Für Martin kam es ja nicht in Frage, irgendwen zurückzulassen. Die Großmutter haben sie flach auf eine Luftmatratze gelegt und dann durch den Tunnel gezogen. 70 war sie. Angeblich soll sie gesagt haben: ›Jetzt weeß ick schon mal, wie et is, ins Jrab runterjelassen zu werden. Nur folchte de Ufferstehung zum Jlücke ja gleich hintennach ...‹«

Wir lachen alle, und Ulla fährt fort:

»Es gibt aber wie gesagt noch eine Coda. So gut das alles geklappt hat, in Westdeutschland ist Onkel Martin dann nie heimisch geworden. Er fand keine Freunde oder wollte keine finden, vielleicht konnte er diesen einmaligen Moment von Mut, Organisation, Solidarität, Konzentration und Freundschaft auch einfach nicht mehr toppen. Oder er fand nicht mehr die Menschen dazu. ›Wenn ick det jewusst hätte, wie die in 'n Westen hier mitnander umjehn ...‹, hat er gesagt und ist dann Anfang der Siebziger auch wieder zurück nach Westberlin gezogen. Direkt an die Mauer zu seiner Tochter. Leider ist er im März 1989 gestorben. Ich hätte es ihm so gewünscht, das noch mitzuerleben, was dann ein halbes Jahr später passiert ist ...«

»Was haben denn seine Kinder gemacht?«

»Gesplittet, eins ist im Westen geblieben, eins 1991 zurück nach Ostberlin gezogen.«

»Es gibt einen Satz von Brecht«, meint Maryam. »Das Gedächtnis der Menschheit für erduldete Leiden ist erstaunlich kurz. Ihre Vorstellungsgabe für kommende Leiden ist fast noch geringer.«

»Aber wenn du bedenkst«, sagt Martha, »wie wenig willkommen die DDR-Flüchtlinge im Westen oft waren oder, ich erinnere mich selbst, wie ungeheuer schäbig die Eingesessenen nach 45 mit den Vertriebenen aus dem Osten umgegangen sind oder mit den zurückkehrenden Emigranten, und das waren ja alles Landsleute, die dieselbe Sprache sprachen, dann darfst du dich über die Abneigung von vielen heute nicht wundern.«

»Naja«, sagt Maryam. »Unter uns gesagt: Manchmal haben

sie auch Grund, misstrauisch zu sein. Ich könnte euch Geschichten erzählen über Asylbewerber aus Iran ...«

»Na komm! Jetzt wollen wir's auch hören.«

»Ja, das ist unfair. Erst den Mund wässrig machen und dann zurückziehen.«

»Naja«, sagt Maryam, »es sind witzige Anekdoten, aber auf ernstem Hintergrund. Auf ernstestem und tragischstem. Denn wenn du jemals tatsächlich in die Fänge des Haft- und Foltersystems in Iran gekommen bist, dann kannst du natürlich nicht mehr über das andere lachen. Andererseits haben gerade wir Iraner ein Bedürfnis zu lachen, und heute sind die Dinge ja auch nicht mehr so dramatisch unmenschlich und tödlich wie vor zwanzig Jahren. Der Punkt ist: Alle wollen eben einfach gern einmal ein paar Jahre in Europa leben, vor allem in Deutschland. Die Deutschen können es ja nie glauben, aber es ist eben einfach ein Sehnsuchtsziel. Und da lässt man sich alles Mögliche einfallen.«

»Weil ja auch noch unsere Sozialhilfe ein komfortableres Leben erlaubt als dort bei denen«, meint Giselle.

»Ja, einerseits. Umso mehr, wenn du sie betrügst, was ja offenbar gar nicht so schwer ist. Aber das mit der Sozialhilfe zieht eher die Einwanderer aus den wirklich armen Ländern an, die Afghanen oder Schwarzafrikaner. Oder eben die professionellen Betrüger, die Abzockerclans aus allen möglichen Ecken. Aber die Iraner sind ja so gesehen nicht arm. Sie haben einfach die Nase voll von den politischen Verhältnissen, der Korruption, den Sittenwächtern, der Inflation, dem ganzen absurden Theater der Unfreiheit und Gängelung. Und andere wollen einfach tun, was wir auch gerne tun: sich den Wind der großen weiten Welt um die Nase wehen lassen und rauskommen aus ihrem Muff. Sich selbst erneuern.

Ich habe diese Geschichten hauptsächlich von einem Teheraner Freund, der als Dolmetscher arbeitet. Zum Beispiel erzählte er, wie letztes Jahr ein Mann mittleren Alters in sein Büro kam.

›Worum geht's?‹ fragt Hassan.

›Um den Visatermin‹, sagt der Kunde. ›Wir müssen den Visatermin verschieben.‹

Nun muss man wissen, dass man um die Visatermine an der deutschen Botschaft richtig zu kämpfen hat. Manchmal muss man mehrere Hundert Euro zahlen, um auf dem Schwarzmarkt einen Termin zu bekommen, an dem man erstmal seinen Antrag vorlegen kann. Die ganze Prozedur dauert Monate.

›Alle Leute wollen einen Termin haben, und Sie wollen Ihren stornieren?‹ fragt Hassan.

›Ja wissen Sie. In Deutschland ist alles für unser Asyl in trockenen Tüchern. Sobald die Familie dort ist, werden wir als Asylberechtigte anerkannt.‹

Hassan ist perplex. Wo denn dann das Problem sei?

›Das Problem ist, dass wir noch keinen Käufer für unser Haus haben. Alle haben gehört, dass wir nach Deutschland wollen, und bieten nur völlig lächerliche Preise an, weil sie meinen, sie könnten eine Notlage ausnutzen. Aber es ist ein großes Haus mit Pool, und ich denke gar nicht daran, es unter Wert zu verkaufen. Ich hab' keine Eile! Wir gehen erst ins Asyl, wenn ich einen marktkonformen Preis für dieses Haus erzielt habe!‹

Es gibt auch unter denen, die wirklich rauswollen, äußerst Einfallsreiche. Ich habe von einer Frau gehört, die via Irak mit einem Schengenvisum nach Deutschland gekommen ist und hier Asyl beantragt hat mit der Begründung, sie sei eine enge Verwandte des Künstlers Mussawi, der unter Hausarrest steht und dessen Werk beschlagnahmt wurde. Nun heißt sie zwar tatsächlich Mussawi, aber das ist kein so seltener Name, und natürlich hat sie mit *dem* Mussawi nichts zu tun, hatte vermutlich auch nie von ihm gehört, bevor ihr irgendjemand von der praktischen Namensgleichheit erzählte.

Hassan hat mir von einem erzählt, der noch findiger war. Und zwar ein Dissident, für den Unterstützer eine Social-Media-Kampagne starteten, eine Solidaritätsseite auf Facebook, Twitter-Account, alles. Der junge Mann sei aus politischen Gründen verhaftet worden. Es wurden Testimonials gepostet, ein Tagebuch über seine Zeit in Haft, Fotos aus seinem Leben, Zitate, und eine große Unterstützungs- und Unterschriftenaktion wurde lanciert. Ich hatte die Seite übrigens auch gesehen und auch unterschrieben, damit er freikommt. Und dann erzählte Hassan mir, dass dieser junge Mann in Shiraz wohnte, an der Uni studierte und die ganze Geschichte von einem der Uni-Server aus selbst orchestriert und organisiert hatte. Nach einem halben Jahr reiste er mit allen gesammelten Unterlagen nach Europa und wurde hier in Deutschland sofort als Asylberechtigter anerkannt und sogar auf allen möglichen Podien umhergereicht. Am einfachsten haben es sowieso die Intellektuellen und Halb- und Viertelintellektuellen und -künstler.«

»Warum? Weil sie am meisten unter dem Regime leiden?«

»Die Wahren natürlich. Und mit denen zeigt sich der Westen solidarisch. Aber das ruft eben auch eine Menge Trittbrettfahrer auf den Plan. Denen es leicht gemacht wird, und zwar auf beiden Seiten. Hier und in Iran. Schaut, unser Regime, ich meine jetzt natürlich das iranische, blöd, wie es neben vielem anderen auch noch ist, hat sehr deutliche quasi neonleuchtende rote Linien gepinselt, die in Kunst, Literatur und Presse nicht überschritten werden dürfen. Das fängt bei ganz harmlosen Sachen an, bei Sprachregelungen, was die Obrigkeit betrifft. Die Geistlichkeit, die Polizeiapparate, die Armee, die Religion, viele Berufsstände auch, wie Juristen oder Ärzte, da muss Vorsicht walten. Natürlich darf man sie nicht beleidigen, manchmal darf man sie auch gar nicht erwähnen, und wenn doch, dann nur auf eine bestimmte Weise. Beispiel Chomeini. Wenn du seinen Namen nennst, musst du immer ›Imam‹ davorsetzen. Ayatollah Chomeini geht nicht, einfach nur Chomeini geht überhaupt nicht. Und nun ist es eine Sache des Fingerspitzengefühls und der Güterabwägung, wie weit man diese roten Linien übertritt, um einerseits den Ärger mit den Behörden im Rahmen zu halten, andererseits aber doch Punkte für einen akzeptierten Asylantrag zu sammeln. Also ein ›Ayatollah Chomeini‹ in einem zur Veröffentlichung eingereichten Text bringt dir, je nachdem, an wen du gerätst, zwischen zwei Tage und zwei Monate U-Haft, und U-Haft ist ein Erste-Klasse-Ticket zum Asyl in Deutschland. Hausarrest ist auch sehr gut, wenn auch nicht ganz so gut. Aber ich habe auch schon gehört, dass die enervierten Beamten es dir selbst nahelegen. Der Geheimdienst lädt dich vor und dann: ›Warum geht ihr nicht einfach ins Ausland? Nach Deutschland?‹ Sie sagen es zwar nicht so, aber es klingt wie: ›Da hätten wir doch alle was davon.‹

So, das reicht jetzt aber. Sonst denkt ihr noch, jeder zweite Iraner wäre ein Asylbetrüger. Nur das noch, der Klassiker: die Scheidung. Die Frau flüchtet als Geschiedene nach Deutschland und beantragt Asyl, weil sie die Rache ihres Mannes fürchtet, der ihr bereits mehrfach mit dem Tode gedroht hat. Das gibt es ja wirklich, wenn auch eher bei manchen arabischen Hinterwäldlern als bei uns. Sobald sie dann als Asylantin anerkannt ist, holt sie Mann und Kinder nach.«

»Aber das gilt nicht«, sagt Martha. »Den Trick mit der Scheidung gibt's hier nämlich auch. Das haben mir meine Ex-Kolleginnen erzählt. Speziell bei den gutbetuchten Intellektuellen und Bildungsbürgern, die gern in den bunten Multikulti-Vierteln Frankfurts wohnen, aber um alles in der Welt verhindern wollen, dass ihre hochbegabten Kinder mit dem Gesocks auf die Brennpunktschulen in diesen Vierteln gehn müssen. Probatestes Mittel ist da die Scheidung oder die offizielle permanente Trennung. Frau und Kind ziehen dann ganz zufällig bei guten Freunden in Homburg oder im Westend zur Untermiete ein. Und schon können die Kleinen mit ihresgleichen aufs Lessing- oder Gagerngymnasium gehen.«

Mit einem Blick aus dem Fenster sagt Ulla:

»Da kommt Bernhard. Aber er ist nicht allein.«

Die Männer kommen dazu

Aus dem Küchenfenster, das zur Gartenseite geht, sieht Ulla TK in Begleitung eines schnurrbärtigen Mannes und eines jungen Mädchens in Jeans, Turnschuhen und einem schwarzen Kopftuch den Fußweg heraufkommen, der vom Sportplatz zwischen Obstwiesen hindurch ins obere Dorf führt. Aber während die drei noch bergauf unterwegs sind, geht die Eingangstür, und Hermann, Kadmos und die beiden jungen Männer treten ein.

»Sind wir zu früh?« fragt Hermann.

»Du meinst, ob ihr noch beim Kochen helfen müsst? Nein, ist alles im Ofen.«

»Worüber habt ihr Frauen die ganze Zeit gesprochen?«

»Über Flucht und Auswanderung und Exil«, sagt Maryam.

»Habt ihr auch schon über das Gegenteil gesprochen?«, fragt Kadmos, nachdem er sich an den großen Tisch gesetzt hat.

»Über diejenigen, die gerne gingen, aber freiwillig oder gegen ihren Willen von stärkeren Bindungen und Verpflichtungen davon abgehalten werden als der Drang zur Selbstverwirklichung eine ist?

Zur Flucht besteht ja im Libanon kein Grund, aber an Auswanderung habe ich schon manchmal gedacht. Interessanterweise am intensivsten, wenn ich in den letzten Jahren in Deutschland war, zu einer Lesung oder um meine Tochter zu besuchen. Einmal vor allem auf einer Bahnfahrt von Hamburg nach Eutin und dann in dem Städtchen selbst. Diese Fahrt durch ein permanentes Grün, Wälder, kleine Haine, vorüber an Seen. Das hatte so etwas ungeheuer Ruhiges und Beruhigendes. Wie das Versprechen von Schlaf für einen zu Tode Erschöpften. Und der Ort mit seinem kleinen Marktplatz und seinem schiefen Kirchturm. Diese stille Sicherheit, diese Überschaubarkeit, dieses tägliche Ebenmaß. Ihr werdet vielleicht sagen, das sei ein langweiliger Ort, vielleicht sagt ihr das auch von diesem hier. Langweilig, es passiert nichts. Aber genau das ist für unsereinen in unserem von Kriegen und Krisen geschüttelten und bedrohten Libanon mit seinen Putschen und Attentaten und der Korruption und der permanenten Rechtsunsicherheit und der blutigen Vergangenheit und ungewissen Zukunft eben ein Traum. Natürlich will man eigentlich die Heimat nicht verlassen, aber der Gedanke, einmal in diesen weiten, stillen, grünen Landschaften zu leben, durch den Regen zu gehen, keine Ängste ausstehen zu müssen, der hat etwas ungeheuer Süßes und Liebliches. Freiheit, die in Sicherheit geborgen ist ... ich weiß nicht, ob ihr das verstehen könnt. Wenigstens ein Weilchen so ein Leben, um ein wenig auszuruhen. Aber wie gesagt, das sind persönliche Wünsche. Richtig dringlich sind sie für mich eigentlich erst in den letzten vier, fünf Jahren geworden. Die Beiruter Tageszeitung, deren Kulturseite ich seit 20 Jahren verantworte, ist ja mehrmals verkauft worden. Sie war 2005 von ihrem damaligen Eigentümer an eine Gruppe verkauft worden, die der Hisbollah nahestand. Aber mein Chefredakteur blieb, und damit blieb auch mir die Freiheit, über politische Dinge zu schreiben. Und gerade was das Treiben der Hisbollah angeht, konnte ich mir als Schiit immer ein wenig mehr herausnehmen, als das einem Sunniten oder Christen oder Drusen gestattet gewesen wäre. Aber dann hat die Hisbollah direkt die Kontrolle der Zeitung übernommen und den Chefredakteur ausgewechselt, und mir wurde sehr klar und deutlich gesagt, was man von mir erwartete und was man nicht dulden würde. Ich bekam einen Maulkorb umgehängt. Buchrezensionen ja, Kulturberichterstattung ja, aber kein politisches Wort mehr. Andernfalls fristlose Kündigung. Wäre ich nur mir selbst verantwortlich, ich hätte, auch mit über 60, keinen Tag gezögert und meinerseits gekündigt. Ich brauche nicht viel, und ich hätte überall zurechtkommen können, ich wäre auch irgendwie in Europa durchgekommen, und vielleicht wäre ich tatsächlich ausgewandert und hätte mich wieder, wie zu meinen Studienzeiten in Paris niedergelassen oder eben noch lieber hier in Deutschland. Aber so ist es nun einmal nicht. Denn wie jeder Libanese, der Vater von Kindern ist, stehe ich zuallererst ihnen gegenüber in der Verantwortung. Ihr wisst, wie das im Libanon ist: Die einzigen natürlichen Ressourcen, die er hat, sind Intelligenz und Bildung. Jeder Vater und jede Mutter, die es sich irgend leisten können, sorgen dafür, dass ihre Kinder eine erstklassige Ausbildung bekommen. Jeder ist es ihnen schuldig, sie wenn möglich ins Ausland zu schicken, nach Europa oder in die USA, und wenn sie einen Abschluss haben, bleiben leider die meisten im Ausland und leben oder arbeiten dort oder in den Golfstaaten und schicken das Geld nach Hause. Ich glaube, das macht die Hälfte unseres Sozialprodukts aus, der Geldtransfer der exilierten Libanesen. Es ist aber eben auch wahnsinnig schwierig, zu Hause etwas aufzubauen. Die permanente politische Unruhe, die Rechtsunsicherheit, die Korruption, das miserable Kreditwesen – es ist für einen gutausgebildeten jungen Libanesen ungleich schwieriger, daheim ein Unternehmen zu gründen als eine gutdotierte Position irgendwo in Europa oder den Staaten zu finden. Aber zunächst einmal ist es eine vollkommene Selbstverständlichkeit und Ehrensache, dass man die Ausbildung seiner Kinder so lange finanziert, bis sie auf eigenen Füßen stehen können. Und natürlich hofft ein jeder ebenso selbstverständlich darauf, dass sie ihm dann später, wenn er alt und schwach ist, ihrerseits unter die Arme greifen und ein würdiges Alter ermöglichen. Und das ist eben der Grund, warum ich nicht einfach kündigen kann und auswandern, wenn ich im Beruf erpresst werde. Mein Sohn studiert Islamwissenschaften, Arabistik und Philosophie an der Sorbonne und meine Tochter Film in Babelsberg, sie machen sich beide gut, sind fleißig und erfolgreich, aber es wird noch wenigstens vier, fünf Jahre dauern, bis sie finanziell flügge sein können. Und bis dahin muss ich zusehen – ich habe ja auch noch für meine geschiedene Frau zu sorgen –, dass ich jeden Monat von irgendwoher 2000 Dollar kriege, die ich ihnen überweisen kann. Natürlich müssen sie etwas dazuverdienen, aber das darf nicht so viel Zeit kosten, dass es ihnen das Studieren unmöglich macht. Und dieses Geld verdiene ich nicht mit Lyrik, sondern nur bei der Zeitung. Also akzeptiere ich den Maulkorb, schlucke allen Unmut herunter und gehe jeden Tag in die Tretmühle und träume weiter vom grünen Paradies Eutin, wo ich in diesem Leben vermutlich nicht mehr hingelangen werde.

Das wollte ich nur dazusagen, denn auch diese Zwänge, auch diese Situationen und Generationsverträge gehören zur Geschichte der transnationalen Wanderungsbewegungen unserer Zeit. Ich hätte es gerne anders, doppelt anders, aber die Ironie bei der Sache ist, dass ich auf meinen Wunsch nach Auswanderung verzichte, um sie der nach mir kommenden Generation zu ermöglichen; dass ich gegen die Zukunft meines Landes arbeiten muss, um die Zukunft meiner Familie zu sichern.«

Dann steht auch TK vor der Küche und schiebt die Gäste durch die Tür.

»Hallo, das ist Meriam, die mit den Jungs kickt, und ihr Vater, Herr Ghazi. Er wollte sie eigentlich vom Sportplatz abholen, aber Meriam war neugierig, mal zu sehen, wo wir wohnen. Herr Ghazi spricht noch kaum Deutsch, aber Meriam dafür umso besser.«

Herr Ghazi deutet eine Verbeugung an und reicht den Anwesenden die Hand.

»Meriam, möchtest du einen Tee?« fragt Ulla.

»Lieber ein Bizzel«, sagt das Mädchen. Ihr Gesicht ist noch rot vom Herumrennen und Bolzen, und Oberlippe und Stirn sind von einem feinen feuchten Film bedeckt. Ihre Augen sind ungeheuer lebendig und beweglich, und während sie ihren Sprudel trinkt, nimmt sie Zimmer und Menschen mit raschen, kurzen Kopfbewegungen in sich auf.

TK holt zusätzliche Stühle herbei. Karoline sagt etwas auf Arabisch zu dem Mann, und er antwortet.

»Herr Ghazi sagt, ihr sollt euch keine Umstände machen. Er will nicht lange stören. Es ist nur, weil seine Tochter so insistiert hat.«

Aber er akzeptiert eine Tasse Tee und blickt sich auch interessiert in der vollen Küche um.

»Woher kommt ihr?« fragt Maryam.

»Syrien«, antwortet Meriam.

»Sie sind schon über ein Jahr hier«, meint TK. »Wohnen aber immer noch in der Erlenmühle. Die ganze Familie. Aber Meriam ist nicht mehr in der Willkommensklasse, sondern geht in Riedelbach ganz normal in die Regelklasse, denn sie ist ein helles Köpfchen, stimmt's, Meriam?«

Die beiden klatschen sich ab.

»Wie alt bist du, Meriam?« fragt Hermann.

»Fünfzehn«, erwidert das Mädchen und bittet um ein weiteres Glas Sprudel. Das erste hat sie in einem Zug geleert.

»Meriam hat eine Supertechnik und eine Pferdelunge«, sagte TK.

»Lassen die Jungs dich denn mitspielen?« will Ulla wissen.

»Das will ich ihnen raten!« kommt Meriams Antwort postwendend, ihre Augen sprühen Funken, und alle lachen.

Karoline fragt Herrn Ghazi auf Arabisch, woher die Familie komme, und er erklärt, dass sie aus Aleppo geflohen seien, nachdem ihre Wohnung ausgebombt worden war.

Daraufhin tritt ein kurzes Schweigen ein, denn niemand will den Mann drängen, weiterzureden, und der blickt zu Boden, als suche er etwas, das ihm aus der Tasche gefallen ist.

Mit feinen Antennen nimmt das Mädchen, das eben noch die Fotos an den Wänden und Hermanns Gitarre betrachtet hat, die Stille wahr, dreht sich zu seinem Vater um und fragt ihn etwas. Es entspinnt sich ein kurzer Wortwechsel. Meriams Stimme klingt, als bitte sie ihn um etwas. Dann zupft sie ihm den Schnurrbart. Das Kind hat es raus! Wer könnte so viel natürlichem Charme widerstehen? Herr Ghazi nickt schließlich, halb seufzend, halb lächelnd.

»Ich will erzählen!«, sagt Meriam. Ihr Vater hebt, in der Art aller Väter lebendiger, willensstarker Töchter, kurz die Augen zum Himmel und akzeptiert dann eine zweite Tasse Tee.

»Ach ja«, sagt TK, »das habe ich euch noch gar nicht erzählt. Meriam ist nämlich auch eine angehende Schriftstellerin. Wie nennt sich das nochmal, was du schreibst?« wendet er sich an das Mädchen.

»Fanfiction«, sagt Meriam. »Hab' ich zu Hause schon gemacht. Auf Arabisch. Und jetzt versuche ich's auf Deutsch.«

Ernst, der mit dem Begriff mehr anfangen kann als die Alten, fragt nach. Meriam erklärt, dass sie hauptsächlich Anime und Mangas weiterspinnt und weitertextet. »Vor allem *Final Fantasy*«, sagt sie. »Kennt ihr das? Ich schreibe meistens über Eiko Carol und Rinoa Heartily und über Sephiroth.« Und sie blickt erwartungsvoll in die Runde, sieht aber an den Gesichtsausdrücken der Anwesenden, dass keiner eine Ahnung hat, wovon sie spricht. Daran scheint sie gewöhnt und geht leichthin darüber hinweg, indem sie sagt:

»Na gut, dann erzähle ich euch jetzt, wie wir hierhergekommen sind?«

Alle nicken.

»Hat jeder ein volles Glas?« fragt TK.

Es hält die quirlige Meriam nicht auf ihrem Stuhl. Sie trinkt ihr Glas leer und springt auf.

»Eigentlich waren wir alle Falken gewesen, aber dann aßen wir das Korn des Begehrens, und der Jäger der Bestimmung konnte uns fangen und warf uns in einen tiefen Brunnen ohne Licht. Jeden Tag sind wir hinaufgestiegen aus unserem stockdunklen Verlies durch den schwarzen Kamin mit Hilfe unserer Hoffnungssensoren an den glatten Wänden entlang und hoch hinauf in den Turm, weil nur da oben die Möglichkeit bestand hinauszusehen, aber nie sahen wir etwas, und vor dem Ende der Nacht mussten wir immer wieder hinunter ins Loch, das feucht war von unserem Angstschweiß, denn es war uns verboten, das Tageslicht zu erblicken. Und trotzdem haben wir es immer aufs Neue versucht.

Aber einmal in einer mondhellen Nacht, da trat Hudhud durch die Lichtluke hinein und grüßte uns, und in seinem Schnabel trug er einen Brief aus dem gesegneten Land. War's nicht genau so?«

Sie wendet sich zu ihrem Vater, und der, obwohl er eigentlich nichts verstehen kann, nickt ihr zu.

»Und wir nahmen den Brief, da sagte Hudhud: ›Ich habe erfahren, auf welche Weise ihr befreit werden könnt, und bin zu euch gekommen mit sicherer Nachricht aus Saba von der Königin. Sie haben dort nämlich eine Königin, und sie besitzt einen gewaltigen Thron. Und sie und ihr Volk fallen vor der Sonne nieder statt vor Gott.‹ Also öffneten wir den Brief der Königin, und darin stand, wir könnten entkommen, wenn wir uns alle an ihrem Lichtseil festhalten, dem Dschauzahar, das ist ein mächtiger Drache. ›Ergreift seine leuchtenden Schuppen dort, wo der Weg des Mondes den der Sonne schneidet‹, erklärte uns Hudhud. ›Tut es, bevor die Säule des Morgens birst und alle Dörfer, auf denen der Zorn Gottes liegt, einstürzen!‹

Als aber der Morgen graute«, fährt Meriam fort, greift sich zwei Gläser, die auf dem Tisch stehen und hält sie hoch, »da rief

410

ich die beiden Dschinnen, die unter meinem Befehl stehen, zu mir. Sie sind zwei furchterregende Wesen, unzerstörbar, mit Superkräften und 23 Leben, turmhoch und mit Augen wie Feuerräder und Krallen wie Wolverine, aber mir müssen sie gehorchen! Und ich steckte sie beide in eine runde Flasche, die ich hergestellt hatte, und warf sie hoch hinauf und schnitt damit die Flüsse aus dem Innern des Himmels ab. Als aber das Wasser des Himmels von der Mühle getrennt war, da stürzte das ganze Bauwerk ein, und Sonne, Mond und alle Planeten wurden zermahlen.«

Meriam blickt kurz in die Runde, um sich zu vergewissern, dass alle zuhören, auch ihr Vater, und fährt dann fort:

»Ist der Morgen nicht nah? fragte ich, und plötzlich sah ich, dass in der Stadt, in der uns Schlechtes getan wurde, alles Unterste zuoberst gekehrt wurde, und Steine aus geschichtetem Ton regneten auf sie herab und begruben alles und alle unter sich.

In diesem Moment mussten wir das Lichtseil ergreifen, und der Drache flog auf aus den Trümmern des Turms, und alle seine Schuppen waren Edelsteine, Diamanten, Rubine und Smaragde, die blendeten mit dem ersten Strahl der aufgehenden Sonne die Bösen, und so entkamen wir der Zerstörung.

Aber wir mussten weiter fliehen, und am Wegesrand sah ich die abgetrennten Köpfe von Ad und Thamud liegen, die ein Schwanzschlag des Dschauzahar vom Rumpf getrennt hatte, und alle von ihrer Sippe, die Unrecht getan hatten, schrien laut auf und lagen morgens in ihren Wohnungen auf der Brust, als hätten sie nie darin gewohnt.

Mit uns auf unserer Flucht waren unsere Schafe, doch in der Wüste gingen sie uns verloren, denn ein Erdbeben riss Löcher in die Erde, die sie verschluckten, und auf die anderen fielen Blitze vom Himmel herab. Und auch mir schickte Gott eine Strafe, die meine Familie für mich bezahlen musste. Er legte eine Finsternis über uns, und sie bekamen Fieber und Albträume, und der Albdruck, der auf ihnen lastete, war so groß, dass sie im Schlaf aufstanden und sich das Gesicht blutig kratzten und den Kopf gegen die Wand schlugen. Als ich das nicht mehr mitansehen und aushalten konnte, entdeckte ich eine Lampe, in der Öl war und von der ein Licht ausströmte, das sich im gesamten Haus verbreitete, so dass seine Nischen hell aufloderten und meine Familie von der strahlenden Herrlichkeit des sonnengleichen Lichts aus ihren bösen Träumen geweckt wurde. Dann stellte ich die Lampe in den Mund des Drachen, über dem die Sterne leuchteten, von denen niemand den Ort kennt als der Kundige, der ein gründliches Wissen hat. Daraufhin ging der jemenitische Stern auf, hinter zarten Wolken hervor, die aus dem bestanden, was die Spinnen von den Ecken der Welt des Ursprungs in die Welt des Seins und Vergehens woben.«

Meriam macht eine Pause, trinkt etwas und fragt in die Stille der Runde hinein:

»Und? Gefällt euch meine Geschichte? Ist sie spannend?«

Und als alle nicken, lächeln, den Daumen hochhalten und sie bitten fortzufahren, holt sie tief Atem und hebt wieder an:

»Und die erste Nacht der Flucht ging zu Ende, und die Sterne sangen, und ich hörte ihre Melodien und den Klang ihrer Saiten. Ich lernte ihre Lieder, und ihre Töne klangen in meinen Ohren wie das Geräusch von Ketten, die über einen massiven Felsen gezogen werden.

Am nächsten Tag kamen wir ins Tal der Ameisen. Aber dann begann der Sturm von Suleiman und seinen Heerscharen, Männern, Vögeln und Dschinnen, und sie trampelten alles nieder, und die Ameisenkönigin rief: ›O ihr Ameisen! Schnell in eure Wohnungen hinein, damit sie euch nicht niederwalzen und tottrampeln‹, und ich war mittendrin und wurde getrennt von meinem Gefolge und sah und hörte nichts mehr, und ich rief: ›Lob sei Gott, der mir Leben gab, nachdem er mich getötet hat und in dem alle Auferstehung ist! Und dann vernichtete ich alle die Meinen und alle, die waren von der Vergangenheit. Und mit Hilfe meiner Dschinnen, die mich unter den Achseln fassten, schaffte ich es auf das Schiff, das schon von Wasser umspült war, und mein Vater rief: ›Im Namen Gottes sei seine Fahrt und seine Landung!‹«

Meriam dreht sich zu ihrem Vater um und lächelt ihn unter langen Wimpern an: »Stimmt's nicht? Hast du das nicht gesagt?«

Er lächelt zurück, unter seinen schweren Stirnfalten, und um seine Augen öffnet sich ein Strahlenkranz von Krähenfüßen. Dann nickt er bedächtig.

»Ja«, fährt Meriam fort und steht jetzt mitten in der Küche, schwankend und mit ausgebreiteten Armen, wie um ihr Gleichgewicht wiederzufinden.

»Ja, wir stiegen auf das Schiff, und es fuhr mit uns auf einer Woge, so hoch wie die Berge. Die Wellen fluteten zwischen mich und die anderen, und ich flehte zum Himmel: ›Niemand findet Rettung als einer, dessen Gott sich erbarmt!‹ Und die Woge trat zwischen uns, und der neben mir gestanden hatte, war einer von denen, die ertränkt wurden. Und als wir dann an einen Ort kamen, wo die Wellen heftig gegeneinander wüteten und prallten und die Wasser wogten, da nahm ich meine Amme, die mich gestillt hatte, und warf sie in die offene See.

Aus Angst vor der Verfolgung durch den König hinter uns schlugen die Männer ein Loch in das gedrängt volle Schiff, aber bevor es unterging, kamen wir an der Insel von Gog und Magog vorbei, und alle jammerten, dass wir nun endgültig verloren seien.

Da besann ich mich auf meine beiden Dschinnen, die ich immer noch in der geschlossenen Flasche mit mir führte. Ich ließ sie frei und befahl der Quelle von flüssigem Kupfer, die aus dem Loch im Rumpf sprudelte, mir zu Diensten zu sein. Meinen beiden Dschinnen aber sagte ich: ›Blast hinein, bis es wie Feuer wird!‹ Und so errichtete ich mit Hilfe der Dschinnen einen Damm aus hochloderndem Feuer und flüssigem Metall gegen Gog und Magog. Aber mein Vater sah etwas und rief: ›Wehe! Eine kleine Lücke ist in dem Damm!‹ Bevor jedoch Gog und Magog durch diese Bresche dringen konnten, war plötzlich Chiser da, der Grüne, der mit den Hörnern und den quecksilbrigen Augen, der Freund, der mir zu Hilfe kam und mit seinem Schwert Gog und Magog endgültig in die Flucht schlug. So segelten wir an der Insel vorbei und waren gerettet.«

Meriam hält inne und sagt: »Fast ist die Geschichte zu Ende. Aber noch nicht ganz. Wollt ihr auch noch das letzte Stück hören?«

Alle nicken und ermuntern sie, und Ulla gießt ihr noch einmal das Glas voll. Meriam nimmt einen Schluck und fährt fort: »Und als wir das feste Land erreicht hatten, ging ich durch die Grotten und Höhlen hindurch, bis ich die Steine hinter mir gelassen hatte. Da sah ich einen mächtigen Felsen auf der Spitze eines Bergs. Vor ihm lag die Quelle des Lebens, die Chiser mir verheißen hatte, und ich fragte die Fische, die darin versammelt waren und voller Freude und Wonne dort lebten, nach dem hochragenden, mächtigen Schatten. ›Was ist das für ein Berg? Und was ist dieser mächtige Felsen?‹ Da antwortete mir einer der Fische: ›Das ist, was du die ganze Zeit gesucht hast.‹ Und ich fragte ihn: ›Und wer seid ihr Fische?‹ ›Wir sind deinesgleichen‹, antwortete er. ›Ihr seid die Kinder *eines* Vaters. Ihnen geschah dasselbe wie dir. Sie sind deine Brüder!‹

Als ich das hörte und als wahr erkannte, umarmte ich sie. Ich freute mich über sie, und sie freuten sich über mich.

›Vielleicht‹, sagte mein Vater zu mir, als wir endlich oben auf dem Berg im Licht standen, ›vielleicht müssen wir noch einmal und noch viele Male zurück in die Gefangenschaft. Aber weine nicht, Meriam, denn wenn das so ist, dann kannst du, mein Kind, immer hoch in diesen Garten steigen und mit deinen Brüdern, den Fischen, in der Quelle des Lebens schwimmen. Und am Ende wirst du endgültig frei sein und ins Licht des Lichtes eingehen.«

Sie hört auf zu sprechen, und einen Moment lang herrscht vollkommene Stille in der Küche von Ulla und TK.

Dann fragt Meriam fast schüchtern: »Habe ich es richtig gesagt, Vater?«

Sie setzt sich zutraulich auf den Schoß ihres Vaters, und der legt ihr die Hand auf den Kopf und nickt.

Und die Blicke aller Anwesenden ruhen auf dem Mädchen mit dem schwarzen Kopftuch und den hellen Augen.

Coda

Später am Abend während des Essens wird auch Maryam noch einmal nach ihren Erinnerungen gefragt.

»Die Schlimmsten?« fragt sie und überlegt kurz. »Es gibt eine Szene, an die ich noch ab und zu denke. Ganz am Anfang, in den allerersten Tagen in Offenbach. Es war kalt, ich war allein, ich verstand nichts und glaubte nicht, jemals etwas verstehen zu können. Die Fremde, das Fremde umgab mich wie eine Kälte und kroch in mich hinein, und ich erstarrte völlig, und wenn ich in den Spiegel sah, war ich mir selbst fremd geworden. Und dann habe ich mich verlaufen und bin in eine Sackgasse geraten. Neben mir Häusermauern und undurchsichtige Fenster und vor mir eine Hauswand, und ich konnte nichts erkennen. Und da hatte ich das Gefühl, ich hätte eine Grenze überschritten, aber diesmal die zur absoluten Fremde, zum Tod. Ich glaubte, ich sei gestorben, ohne es selbst zu bemerken. Denn wenn man so fremd ist, dass einen kein anderer sieht, dann wird man sich selbst auch fremd und weiß nicht mehr, ob man lebt oder tot ist oder warum man noch leben sollte. Denn jemand, der so allein ist, der lebt eigentlich nicht mehr. Und da, in dieser Sackgasse, als es nicht mehr weiterging, da dachte ich plötzlich, komm, ich helfe noch ein bisschen nach, ich trete über irgendeine Kante und falle einfach ins endgültige Nichts, es kann sich nicht unterscheiden vom Jetzt. Und ich tat mir noch nicht einmal leid, denn die da verschwinden sollte, die war weit weg von mir, der leeren Hülle, die dort in der Sackgasse stand und an den fremden Häusern aufblickte.

Das und einige Jahre später der Moment der Flucht aus Iran. Als ich heimlich über die Grenze in die Türkei ging. Als ich sie überschritten habe, blicke ich noch einmal zurück. Der Blick auf die Heimat zeigte mir ihre grünen Berge und Täler. Es wird der letzte gewesen sein, wenn der Orient zurückbleibt. Er erschien mir unbegreiflich schön. Ein verlorener Geliebter ist nicht schöner. Alles, was meiner Jugend gegeben war, hatte ich in Iran erlebt. Lust und Schmerz eines seiner Zeitalter, das das meines Heranwachsens war; aber mehreren anderen, die vor meinem Dasein liegen, bin ich auch verbunden.

Überaus leidvoll war dieser Abschied.«

Khandeh Nameh

خنده نامه

Buch des Lachens

Du musst dir den Tod als deutschen General vorstellen,
der sein blaues Auge auf den Tisch legt und auf einem
hinkenden Bein fortgeht.
Es ist die brutale Freiheit.

ABBAS BEYDOUN

Der Arabische Mantel

E s w a r d e r Herbst im Jahr nach dem 11. September, und ich war als Libanese zu einer Vortragsreise über den Dialog der Kulturen nach Deutschland eingeladen. Es war mein erster Besuch hier. Ich war über Paris geflogen, wo schönes Wetter herrschte, aber als ich in Berlin eintraf, war es so kalt, es herrschte sogar leichter Frost, dass ich mir noch auf dem Flughafen einen Mantel kaufte, einen schweren, dunkelgrauen Wollmantel, viel dicker als alles, was ich normalerweise trage.

Thorsten Haberland, der mich eingeladen hatte und dem ich im Libanon schon mehrmals begegnet war, hatte alles vorbereitet und mir die Adresse des Kollegs aufgeschrieben, in dem ich wohnen sollte, ich brauchte sie nur dem Taxifahrer zu zeigen. Er selbst würde am folgenden Vormittag kommen und mich auf die mehrtägige Tour abholen, deren Orte und Daten auf einem Ausdruck verzeichnet waren, den ich ebenfalls in der Manteltasche trug. Er hatte mir versichert, ich würde mich in dem Land, dessen Sprache ich nicht sprach, um nichts kümmern müssen.

Ich würde in einem Wald wohnen, dieser Eindruck verfestigte sich während der Taxifahrt und bestätigte sich, als wir das Anwesen erreichten, in dem ein Zimmer für mich reserviert war. Ich hatte nach der schweren Operation gezögert, ob ich mit einer großen Wunde im Herzen das Angebot einer solchen Reise annehmen sollte, und konnte meinen Koffer auch nur mit Schwierigkeiten die Wendeltreppe hochschleppen. Trotzdem war mir die Hilfe der blonden, bebrillten Dame peinlich, die mir an der Rezeption meinen Schlüssel überreicht hatte, aber die Warnung meines Arztes, nach dem Eingriff keine schweren Lasten zu tragen, ließ sie mich schließlich akzeptieren. Überdies war die Frau sehr viel größer als ich, und dieser Größenunterschied reichte schon aus, dass wir uns gegenseitig als Ausländer empfanden und mit entsprechender Höflichkeit begegneten.

Die ganze Zeit über hatte ich das Gefühl, ich sei nach Deutschland gereist einer Aufgabe wegen, die ich nicht recht verstand. Aber das Zimmer lenkte mich von dieser Frage ab und auch von dem wolkenverhangenen Himmel, der mir so bedrückend vorkam wie ein unabwendbares Schicksal. Direkt unterhalb meines Zimmers befand sich ein kleiner See, von Bäumen umstanden, und das wirkte, gerahmt vom Fenster, als hätte jemand mir dort ein Gemälde als Geschenk hingehängt.

Eingedenk der Ratschläge meines Arztes beabsichtigte ich zunächst, einen Spaziergang zu machen. Schließlich hatte ich den ganzen Tag für mich, um mich einzugewöhnen.

Allerdings musste ich vorsichtig sein, denn ich habe ein erhebliches Problem mit der Orientierung. Es kann mir immer wieder passieren, dass ich mich verirre, so weit in eine falsche Richtung gehe, dass ich keinesfalls den richtigen Weg wiederfinden kann. Ich bleibe plötzlich stehen und kann nicht nach dem Weg fragen, da ich die Sprache nicht beherrsche. Dann setze ich vor lauter Angst keinen Fuß mehr vor den andern, womöglich regnet es auch noch, besonders in fremden Ländern.

Dabei ist mangelnde Orientierung nicht der eigentliche Punkt, sie ist nur Teil eines durchweg mangelnden Einvernehmens mit den Dingen. Es fängt mit dem Körper an, dessen Mechanik dann und wann aussetzt, sodass man einen falschen Schritt tut, stolpert, gegen eine Baumwurzel stößt oder mit einer ungeschickten Handbewegung ein Glas samt Inhalt umstürzt. Für mich sind solche Vorkommnisse ganz natürlich, es wundert mich kaum, wenn Hand und Fuß sich in einem flüchtigen Augenblick der Unaufmerksamkeit selbstständig machen und schnell wieder korrigieren, doch die Leute sehen nur den Fleck auf der Tischdecke oder ihrer Kleidung; sie sehen mit großen Augen, wie der Fleck sich ausbreitet, und ihr Versuch, die Sache zu bagatellisieren, verrät, was sie von mir denken.

Im Gegensatz zu anderen bin ich an Überraschungen meines Körpers gewöhnt. Er ist nicht immer ganz unter meiner Kontrolle, irgendetwas an ihm bewegt sich ganz frei ohne mein Zutun.

Ebenso geht es mir mit Orten. Je weiter ich weg bin, umso eher können sie mich verwirren. Außerhalb des kleinen Bereichs, in dem ich mich sicher bewege, bekommen die Orte etwas Metaphysisches, ich bin ihnen ausgeliefert. Wenn ich durch Straßen irre, von denen ich nicht weiß, wohin sie führen, fühle ich mich schutzlos, so als wäre ich, wie diese Wege und Straßen, ohne Namen und ohne Wesen.

Aus all diesen Gründen musste ich Vorsicht walten lassen auf dem bevorstehenden Spaziergang. Ich beschloss, nur geradeaus zu gehen. Der Weg führte am Ufer des kleinen Sees entlang, und ab und an blickte ich mich um, ob ich das Haus noch sah, in dem ich wohnte. Am Ende des Sees bog ich auf einen querenden Weg und ging ihn ein wenig auf und ab, darauf achtend, mich nicht zu weit von der Kreuzung zu entfernen, von der ich kam. Die Linien durften nicht zu zahlreich werden und anfangen, sich in meinem Kopf zu verwirren.

Zwei Frauen kamen mir entgegen, die wieder zwischen den Bäumen verschwanden, und ein hübsches Mädchen, aber ich blickte es nicht an, ich befürchtete, ich könne ihm, hier mitten im Wald, sonst Angst einjagen.

Stattdessen konzentrierte ich mich auf die prächtig schillernden Herbstblätter, rötlich, goldbraun, gelb. Es war nicht nur ihre Farbe, sondern wie sie das Licht reflektierten, sie waren beinahe so rein und klar, dass sie tropften, wie man auf Arabisch sagen würde.

Am Morgen, bei meiner Ankunft, war ein kräftiger Wind gegangen, der die Blätter von den Bäumen geweht hatte. Was noch an den Zweigen hing, hatte nicht mehr gestrahlt, nur noch gezittert und erwartete sein Ende. Ich dachte mir, dass ein solches, jährlich wiederkehrendes Drama eine Wirkung auf das Unterbewusstsein haben müsse, dass dies vielleicht der Westen sei: Wälder, Kälte, Regen und Sturm, das jährliche Blätterfallen und die Verwandlung des leuchtenden Laubs in Schmutz und Unrat. Keine wirklich neue Idee, doch muss man unterscheiden zwischen Vorstellungswelten, in denen es Wälder gibt und anderen ohne.

Am Ende des Querwegs, den ich auf und ab ging, immer in Sorge, das Haus, in dem mein Zimmer war, könne bei der nächsten Vorüberkunft verschwunden sein, machte ich in einiger Entfernung ein Café aus. Mich verlangte nach einem Kaffee, aber um dort hinzugelangen, musste ich innerhalb dieses Waldes noch mehrere Kreuzungen überqueren, und ich befürchtete, auf dem Rückweg nicht mehr den richtigen Abzweig zu finden.

Ein plötzlicher Anfall von Abenteuerlust oder Ruchlosigkeit, wie er einen in fremden Ländern manchmal überkommt, entschied schließlich. Ich zählte die Kreuzungen, die ich überschreiten musste, blickte mich immer wieder um, dann stand ich vor dem Café und trat ein.

Ich hängte den Mantel an die Garderobe und setzte mich an einen der vielen freien Tische. Während ich meinen Cappuccino trank, klingelte das Handy. Es war Amal, eine libanesische Freundin, die in Berlin lebte. Sie fragte mich, ob ich gut angekommen sei, und wir plauderten eine Weile. Schließlich lud sie mich zum Abendessen zu sich nach Hause ein.

»Ich fürchte, ich werde das nicht finden«, sagte ich.

»Mach dir darum keine Sorgen. Ich lasse dir ein Taxi kommen, das dich bis zu mir bringt. Du musst mir nur sagen, wo du jetzt bist.«

Ich rief die Bedienung und reichte ihr das Telefon. Sie nannte einen Namen und eine Adresse und gab es mir dann wieder zurück, und Amal sagte mir, das Taxi werde in einer Viertelstunde da sein.

Das war es auch, ich sah es vorfahren. Ich bezahlte und zog meinen Mantel an, verließ das Café und stieg in das wartende Taxi.

Zwar war mir aufgefallen, dass das Grau meines Mantels ein wenig heller geworden war. aber ich machte mir darüber keine Gedanken. Ebenso wenig, dass er ziemlich weit war, denn ich brauche Zeit, mich zu vergewissern und traue meiner Wahrnehmung nicht. Der Mantel war etwas anders, etwas heller und etwas weiter. Ich benötige schon mehr Anhaltspunkte, um auf den Gedanken zu kommen, es könne etwa nicht mein Mantel sein, deswegen kam mir dieser Gedanke auch nicht, und ich ging schnell über die kurze Irritation hinweg. So bin ich, mir kommt selten etwas komisch vor, und ich finde es anstrengend, meine Aufmerksamkeit länger einer Sache zuzuwenden.

Der Abend bei Amal und ihrem Mann verging in großer Vertrautheit, die heimische Sprache und die Umarmungen dämpften meine Furcht vor all dem, was vor mir lag, ein wenig.

Erst beim Aufbruch spät am Abend fiel es mir auf. Dieses Mal bemerkte ich, dass es nicht mein Mantel war. Es war ein hellgrauer Damenmantel.

Ich glaubte zunächst, ich hätte mich getäuscht, aber es hing kein weiterer Mantel am Haken. Wir versuchten gemeinsam zu rekonstruieren, wo der Fehler geschehen war, aber ich konnte mich nicht recht konzentrieren, denn mit aufsteigender Panik fiel mir ein, dass sich meine ganze hiesige Existenz in diesem Mantel befand: der Schlüssel zu meiner Unterkunft, die Liste mit Daten, Orten und Telefonnummern für die Reise, meine Brieftasche und mein Pass mit Visum.

Ich haderte besonders mit dem Verlust des Schlüssels, der alle Räumlichkeiten des Kollegs öffnete. Das war gefährlich und verdächtig, schließlich lag der 11. September nicht weit zurück, und ich war Araber.

Um diese Zeit war dort niemand mehr, der mich hätte einlassen können, und alle Telefonnummern, einschließlich der von Thorsten Haberland, standen auf der Liste in der Manteltasche.

Ich musste mich ins Unabänderliche fügen: Vor morgen früh war nichts zu machen. Kolleg und Café waren lang geschlossen. Amal bot mir an, in ihrer Wohnung zu übernachten. Ich tat kein Auge zu, stand früh auf, trank einen Kaffee und ließ mich dann im Taxi zum Kolleg bringen.

Ich trat an den Empfang, und die blonde, bebrillte Dame von gestern blickte auf. Ich fragte, ob Thorsten Haberland schon da sei.

»Bedaure«, sagte sie, »aber Herr Haberland ist heute morgen

zusammen mit dem arabischen Mantel zu einer Lesereise aufgebrochen. Er wird erst nächste Woche zurück sein.«

Also war ich zu spät gekommen.

»Entschuldigen Sie«, sagte ich. »Es war überhaupt kein arabischer Mantel. Ich habe ihn in Deutschland am Flughafen gekauft.«

Sie nahm ihre Brille ab, um mich besser zu sehen, und verzog den Mund ein wenig.

»Guter Mann, warum sollte Herr Haberland zusammen mit einem *deutschen* Mantel auf eine Vortragsreise zum Dialog der Kulturen und zum Terrorismus gehen? Das würde wohl wenig Sinn machen.«

»Hat er mir irgendeine Nachricht hinterlassen?« fragte ich. »Ich meine Herr Haberland.«

»Eine Nachricht? Nein. Wer sind Sie überhaupt?«

Sie musterte mich eingehender, schien sich aber zu keinem Urteil entschließen zu können.

Ich nannte ihr meinen Namen und erinnerte sie dann, dass ich am Vortag mein Zimmer bezogen hatte.

Sie beugte den Kopf über eine ausgedruckte Liste und fuhr die Namen darauf mit dem Finger nach.

»Ja, hat alles seine Ordnung. Ein arabischer Mantel dieses Namens, den das Kolleg eingeladen hat, ist hier gestern eingetroffen und zusammen mit Herrn Haberland heute früh zum Bahnhof gefahren.«

Ich sah ein, dass ich den Tatsachen nicht widersprechen konnte, und die Frage nach der Herkunft des Mantels schien die Dame nicht zu interessieren. Auch fiel mir auf, dass ich dringendere Probleme zu lösen hatte als das mit der Empfangsdame. Welchen Eindruck würde der Mantel bei einem deutschen Publikum hinterlassen? Welche Auswahl an Gedichten würde er vortragen? Und würde er überhaupt meine Gedichte vortragen oder womöglich ganz andere? Wie würde er sich bei den unvermeidlichen Interviews verhalten? Es hing so viel davon ab, diese Gespräche mit deutschen Journalisten richtig zu führen! Und Thorsten Haberland. Er hatte eine Menge Zeit und Arbeit investiert, um mir mein Visum zu beschaffen und die Lesereise zu organisieren. Und jetzt war er mit einem Mantel unterwegs, dessen politische Überzeugungen, dessen rhetorische Fähigkeiten, ja dessen Charakter mir völlig unbekannt waren. Wäre Thorsten nicht zutiefst enttäuscht, wenn all die Mühe, die er in den Dialog, den Austausch zwischen Orient und Okzident gesteckt hatte, in Chaos oder noch größerer Fremdheit endeten?

Es blieb mir nichts übrig, als Haberland und dem Mantel hinterherzureisen, um zu retten, was zu retten war.

Ich versuchte mich verzweifelt zu erinnern, welches die erste Station der Reise gewesen war. Ich durfte nicht vergessen, dass hier in Deutschland, anders als im Libanon oder anderen arabischen Ländern, der Dichter ein Repräsentant war und kein isolierter Privatmann, der in einem Café anderen Privatleuten Gedichte von einem Zettel vorlas. Nicht auszudenken also, was im Dialog der Kulturen alles schieflaufen konnte, umso mehr als der Irakkrieg bevorstand und die Spannungen zwischen den Parteien täglich zunahmen.

Ich glaubte mich zu entsinnen, dass die erste Lesung in Hamburg stattfinden sollte. Ja, Hamburg und dann Köln, so war es. Verdrängte ich oder hatte ich schon vergessen, während ich mich zum Bahnhof durchfragte, dass ich kein Geld und keine Papiere bei mir hatte? Oder aber schob ich die Frage beiseite, weil ich mich nicht gleichzeitig auf zwei mögliche Katastrophen konzentrieren konnte?

Offen gestanden hatte ich es sogar vergessen, als ich tatsächlich in einem Nachmittags-ICE saß, der direkt nach Hamburg fuhr. Vielleicht glaubte ich auch unterbewusst, dass ich durch die Leistung, den Bahnhof und den Zug gefunden zu haben, die Reise irgendwie verdient hatte.

Darüber wurde ich aber rasch eines Besseren belehrt. Dem Kontrolleur – ich nahm an, dass es der Kontrolleur war, als er in einer Uniform und mit einem elektronischen Gerät vor mir stand – konnte ich nur hilflos bedeuten, dass ich keine Fahrkarte besaß, und als ich versuchte, die Situation auf Französisch zu erklären, wechselte er vom Englischen zum Du.

Während die anderen Fahrgäste die Köpfe reckten, um missbilligende Blicke auf mich zu werfen, holte er noch einen zweiten Kollegen zur Verstärkung, und beide wirkten, als schulde ich ihnen persönlich Geld und sie hätten mich erwischt, bevor ich mich über die Grenze stehlen konnte. Man bedeutete mir, auf meinem Platz sitzen zu bleiben, als hätte ich irgendeine andere Möglichkeit gehabt, und die einzigen Worte, die ich verstand, waren »Polizei« und »Hamburg«.

Die erschreckten mich nicht so, wie die Beamten es vielleicht erwartet hatten, denn es war ja auch mein Interesse, der Hamburger Polizei klarzumachen, dass ich rechtzeitig ins Literaturhaus gebracht werden musste, damit der Frieden zwischen Ost und West nicht aufs Spiel gesetzt wurde.

Ich hatte am Morgen Amal gebeten, den Damenmantel in jenes Café zurückzubringen, um wenigstens eine Anzeige wegen Diebstahls zu vermeiden, und trug gegen die Herbstkälte nur mein Tweedjackett und einen Schal. Aber im Zug war es warm.

Das änderte sich auf dem Hamburger Bahnhof, wo die Kontrolleure mich zwei Polizisten übergaben, die mich einmal quer durch das eisige und zugige Gebäude eskortierten, halb zogen, halb schoben.

»Schwarzfahrer, min Jung? Das ist in Deutschland aber nicht erlaubt!«

Soviel verstand ich, aber es gelang mir nicht, den Beamten klarzumachen, dass mir das durchaus bewusst war.

Die Anzeige in dem engen Büro der Bahnhofspolizei auszufüllen gestaltete sich wegen der fehlenden Papiere schwierig.

»Du Name? Du wie heißen? Wo Papiere?«

Meine Papiere waren in meinem Mantel, und mein Mantel war vermutlich bereits im Literaturhaus auf dem Podium. Ich schüttelte nervös den Kopf und sah auf die Uhr. Wollte ich noch rechtzeitig dort sein, musste ich mich beeilen. Noch einmal versuchte ich die Situation auf Französisch zu erklären.

»Und was ist das jetzt für eine Sprache? Muss ich das verstehen, du?«

»Er riecht aber nicht alkoholisiert, der Knabe.«

»Ja, aber versucht uns trotzdem zu verarschen.«

»Ruf den Grenzschutz an. Die sollen erstmal die Personalien feststellen.«

Und so ergab es sich, dass ich, anstatt im Literaturhaus Gedichte vorzutragen und über den Kampf der Kulturen zu diskutieren, die Nacht in einer Zelle auf dem Hauptbahnhof verbrachte. Nicht gerade komfortabel, aber komfortabler als die Zelle der Israelis, in der ich 1982 gesessen hatte. Und das Personal war ungleich freundlicher.

Dem Grenzschutzbeamten, der mir die Fingerabdrücke abnahm, schien mein verzweifeltes Gesicht Mitleid einzuflößen, dabei dachte ich an den Skandal, der mittlerweile wohl schon stattgefunden hatte.

»Keine Angst. Du hier übernachten. Nicht auf Straße. Aber dann wieder zurück nach Kanakistan. Aber erstmal 'ne warme Suppe.«

Wichtiger als die warme Suppe war mir, am nächsten Tag eine *taz* zu finden, in der gewiss über den Abend berichtet wurde.

Am folgenden Morgen wurde ich im Streifenwagen zur Ausländerbehörde gefahren, wo ich immerhin meine dringliche Bitte nach einer Tageszeitung vorbringen konnte, bevor man mich zur Seuchenüberprüfung brachte. Es gab hier allerdings keine *taz*, stattdessen warf mir ein Beamter eine *Bild-Zeitung* hin. Von der wusste ich immerhin, dass es die größte Zeitung Deutschlands war, nahm also an, sie werde über alles Wichtige berichten. Vielleicht also auch über meinen gestrigen Auftritt bzw. den des Mantels.

Ich hatte Zeit, die Zeitung einmal durchzublättern, bevor ich mich freimachen musste und Blut abgenommen bekam, aber ich entdeckte nichts. Andererseits mochte das Fehlen meines Namens in einer der dicken Überschriften ja auch darauf hindeuten, dass es keinen Skandal gegeben hatte, und dieser Gedanke beruhigte mich etwas und trug dazu bei, dass die Krankenschwester, die einen Mundschutz und Gummihandschuhe trug, mir zu meinem Blutdruck gratulierte.

Auch an Tuberkulose schien ich nicht zu leiden, dagegen war die kunstvoll im Amerikanischen Hospital zu Beirut gesetzte Naht auf meiner Brust niemandem eine anerkennende Erwähnung wert.

Nach der Untersuchung kam ich wieder in eines dieser kleinen Büros, die, was ich erstaunlich fand in Deutschland, völlig aus der Zeit gefallen schienen und an amerikanische Fernsehserien der sechziger Jahre erinnerten: Schreibmaschinen statt Computer, Aktenordner, vorsintflutliche Telefone.

Ich versuchte es einmal mehr mit Französisch, worauf der Beamte sich an einen Kollegen wandte:

»Hört sich Arabisch an. Hol mal den Memet.«

Memet, ein junger, offenbar türkischer Beamter, der allerdings auch kein Arabisch sprach, hörte sich meine Erklärung über den vermeintlich arabischen Mantel, der sich mit meinen Papieren selbstständig gemacht hatte und um diese Uhrzeit vermutlich mit Thorsten Haberland im ICE von Hamburg nach Köln saß, wo ich nunmehr schwerlich hoffen konnte, ihm sein Handwerk zu legen, mit unbewegtem Gesicht an.

Dann spannte er einen Bogen Durchschlagpapier in die Schreibmaschine und begann mich wieder nach meinem Namen, meiner Herkunft und den Modalitäten meiner illegalen Einreise oder Flucht nach Deutschland zu fragen.

Am späten Nachmittag oder frühen Abend wusste ich soviel, dass ich mit größter Wahrscheinlichkeit in mein Heimatland abgeschoben würde, sobald zweifelsfrei erwiesen sei, welches mein Heimatland war, was ohne gültige Papiere eine Weile dauern konnte. In der Zwischenzeit würde ich in eine Erstaufnahmeeinrichtung verbracht werden und musste unterschreiben, dass ich mich nicht weiter als soundso weit aus ihr entfernen und die Stadt Hamburg weder zu Fuß noch per Bahn, Auto, Flugzeug oder Schiff verlassen würde. Schließlich bekam ich eine Quittung über ein Tagesgeld ausgestellt, das ich mir an der Kasse im 1. Stock abholen sollte, von dem aber gleich anteilig eine Rate des erhöhten Beförderungsentgelts für die Bahnreise von Berlin hierher abgezogen würde.

»Ich bringe dich danach dann in die Siffbude«, schloss Memet freundlich.

Es war schon dunkel, als wir das Gebäude verließen, aber eingedenk des Ratschlags meines Arztes, nach der Operation jeden Tag ein wenig spazieren zu gehen, bat ich Memet, mich bis zu einem Kiosk zu begleiten, was der gutherzige junge Mann, der ohnehin noch Zigaretten brauchte, auch bereitwillig tat.

Der Zeitungsstand, ein Stück Wegs von der Ausländerbehörde gelegen, führte tatsächlich noch ein Exemplar der taz, und als ich es in der Hand hielt, war ich froh, die Blutdruckmessung bereits hinter mir zu haben. Mein Herz schlug bis zum Hals, und als meine zittrigen Finger die Seite aufschlugen, die ich gesucht hatte, setzte es einen Schlag lang aus. Tatsächlich! Dort auf der Kulturseite prangte ein Foto meines Mantels. Ich erkannte ihn sofort.

Ich legte eine Hand aufs Herz, um den Lärm, mit dem es pochte, zu kaschieren, und bat Memet, mir das Interview mit dem Mantel – denn darum handelte es sich – zu übersetzen, soweit er konnte.

Ich bin mir nicht sicher, alles richtig verstanden zu haben, auch nicht, dass Memet alles richtig verstand. Immerhin war die Überschrift eindeutig:

»Frieden ist nicht das Wichtigste.«

Offenbar hatte der Mantel im Gespräch deutlich gemacht, dass er, anders als die Journalistin von der taz, die entschieden gegen den Irakkrieg war, weil sie niemandem schaden wollte, als selbst in die Problematik der Region Verwobener keine unschuldige Wahl treffen konnte und dem Frieden in einem Land, dessen Herrscher Krieg gegen das eigene Volk führte, keinen besonderen Wert beimaß.

Nach der Rolle der Intellektuellen befragt, erklärte der Mantel, dass es viel mehr Aufregung bei uns gebe, wenn ein ignoranter Schriftsteller nicht richtig zwischen einem Koranvers und einer Überlieferung des Propheten unterscheiden konnte, als wenn er seine Kollegen politisch angreife. Vergeblich versuchte er klarzumachen, dass ein Dissident in unseren Ländern nicht die gleiche Bedeutung hat wie in Osteuropa.

»Diktatur«, sagte er, »ist keine schwere Anschuldigung in Ländern, die sich ihren eigenen Diktaturen, ohne es zu bereuen, unterworfen haben.«

Je mehr Memet mir vorlas, desto mehr fand ich, dass der Mantel seine Sache gar nicht so schlecht gemacht hatte, und desto mehr verzweifelte ich an der Journalistin, die mit ihm gesprochen hatte.

Warum nahm sie alles so widerspruchslos hin, was er sagte, wenn sie etwas über uns und unsere Widersprüche erfahren wollte? Diente das Ganze denn nur der Unterhaltung Nichtbetroffener? War es gar nicht ernst gemeint? Vielleicht erwartete man von dem Mantel nichts anderes, als mit Vertretern einer anderen Kultur zu plaudern? Mir schien, er konnte sagen, was er wollte, es wurde alles mit Respekt und Höflichkeit aufgenommen, als wäre es eine postkoloniale Attitüde, dem Vertreter einer vollkommen fremden Kultur die Schattenseiten dieser Kultur um die Ohren zu hauen. Ich hatte den Eindruck, dieses Interview trug dazu bei, einen fast verschwundenen Mythos wieder zum Leben zu erwecken: den Mythos vom Orient als einer sozialen und kulturellen Einheit und Antipode des Westens.

Im Nachhinein musste ich mir sagen, dass ich selbst kaum etwas anders oder besser formuliert hätte als der Mantel. Das war zum einen ungeheuer beruhigend, zum andern ein wenig deprimierend.

Aber deprimiert zu sein konnte ich mir nicht erlauben, sobald ich die Unterkunft betrat, die definitiv die ungastlichste war, die ich in Deutschland bislang kennengelernt hatte.

Kaum hatte ich ein Bett zugewiesen bekommen, da näherten sich mir drei junge algerische Männer. Sie waren die Ersten, deren Sprache ich wieder perfekt verstand, darum wäre das Messer, das der eine von ihnen in der Hand hielt, um seine Wünsche gestisch zu untermalen, gar nicht nötig gewesen, um mir zu verdeutlichen, dass die Herren sowohl mein Tweedjackett als auch die in Paris gekauften Wildlederschuhe haben wollten, unter anderem, weil ich Schiit sei.

Ich bin dennoch nicht zum Märtyrer geeignet, also kam ich ihrer Bitte widerspruchslos nach.

Immerhin war es kein Diebstahl, denn sie warfen mir im Gegenzug ein paar Turnschuhe vor die Füße, die aussahen und rochen, als seien sie nach mehreren Monaten aus dem Meer gezogen worden, und eine Trainingsjacke auf die Pritsche, die ich angesichts der Kälte im Saal auch sofort überzog, obwohl sie vom selben Schiffbruch zu stammen schien wie die Schuhe.

Es war an meinem zweiten Tag dort, dass ich auf meinem routinemäßigen Spaziergang eine *FAZ* fand, in der endlich von einem Auftritt des Mantels berichtet wurde, der Deutschland mittlerweile besser kennen musste als ich.

Ich hatte einen Freund gefunden in der Unterkunft, der Deutsch konnte und mir den Beitrag übersetzen würde. Er war ein gläubiger junger Mann, dem aufgefallen war, dass ich es ablehnte, aus der Branntweinflasche zu trinken, die herumgereicht wurde, der Arzt hatte mir ja harten Alkohol untersagt. Er interpretierte das anders.

»Du bist ein guter Moslem, Bruder«, sprach er mich an. Ich zuckte die Achseln und murmelte »Inschallah«. Er lächelte und sagte: »Die Kosovaren kontrollieren die abgeschraubten Duschköpfe und vermieten sie für unverschämtes Geld. Aber ich steh' mich gut mit ihnen. Ich besorg' dir einen, dann kannst du dich hier duschen.«

Obwohl das Interview glimpflich abgelaufen war, hatte ich ein banges Gefühl, als ich meinem Beschützer die Kulturseite der Zeitung reichte.

»Der Vortrag des Lyrikers in kehligem Arabisch, das das rhapsodische Pathos orientalischer Dichtung noch unterstreicht, wurde begleitet von theatralischen deklamatorischen Gesten und wehenden Rockschößen. Die begeisterten Zuschauer fühlten sich angesichts von so viel geballter Exotik an die Märchenerzähler auf dem Platz Djemaa El-Fna in Marrakesch, an Schlangenbeschwörer oder gleich an Sheherazade erinnert.«

Ich schlug die Hände über dem Kopf zusammen. Offenbar hatte der Mantel sich hinreißen lassen, Adonis zu parodieren, aber auch die berichtenden Journalisten waren angesichts einer Lyrik, die auf Brecht und René Char fußt, geografisch ein wenig in die Irre gegangen.

»Bei der nachfolgenden Podiumsdiskussion, die natürlich im Zeichen des 11. September und des Afghanistankrieges stand, hatte man bei einigen Antworten das Gefühl, es nur mit der Hülle eines arabischen Intellektuellen zu tun zu haben. In anderen Momenten füllte er seine Rolle aber auch erwartungsgemäß aus. Wenn er erklärte, dass der Dialog der Kulturen, in dessen Zeichen der Abend stand, ein Mythos sei, dass es eine andere Seite gar nicht gebe, dass dieser Dialog in seinem eigenen Innenfutter stattfinde von Kindesbeinen an und die Basis seiner Arbeit bilde, dass auch der Hass auf den Westen immer Selbsthass auf den Westen in sich selbst sei, spürte man, er trägt auf beiden Schultern, mag er auch noch so bemüht sein, den Mantel nicht nach dem Wind zu hängen, der den arabischen Intellektuellen derzeit natürlich ins Gesicht bläst. Bei der Frage nach seinen wahren Loyalitäten und Überzeugungen blieb er zugeknöpft. Wird hier ein Antagonismus bemäntelt, der tiefer geht als Fragen der Kunst? Auch nach diesem ebenso exotischen wie augenöffnenden Abend bleibt das Schnittmuster der Ost-West-Beziehungen unklar.«

Zugegeben, es hätte schlimmer kommen können. Mein Freund fragte mich, da es Freitag war, ob ich mit ihm in die Moschee kommen wollte, und obwohl es gewiss 25 Jahre her ist, dass ich einen Fuß in eine gesetzt habe, wäre es mir undankbar vorgekommen, abzulehnen.

Dieser Moscheebesuch war denkwürdig in mehrerer Hinsicht, zunächst einmal, weil er mich indirekt wieder zurück nach Berlin brachte, aber auch weil ich mich an ihn seither immer nur in Verbindung mit dem Eklat erinnern kann, der dann am letzten Abend der Lesereise offenbar doch noch geschah, von dem ich aber erst später und häppchenweise erfuhr.

Die Freitagspredigt in der schäbigen, ich weiß nicht von welchem Islamverein kontrollierten Hinterhofmoschee war ärger als alles, was ich in Tyrus oder Kairo je gehört hatte von Hisbollah- oder Moslembruderpredigern, denn es ging nicht nur wie üblich gegen Amerikaner und Zionisten, sondern gegen alle Ungläubigen aller Länder.

Hier, dachte ich, wären die Journalisten fündiger geworden für ihren Antagonismus der Kulturen als bei meinem Mantel, der auf einer privaten Einladung zum Abschluss der Vortragsreise als Antisemit enthüllt wurde.

»Eingeladen von einem unserer bekanntesten Kolumnisten«, las ich später unter der Überschrift ›Der Stoff, aus dem die (Alb-)Träume sind‹, »der, wie man dem Gast wohl vorsichtshalber gesagt hatte, Jude ist, weigerte sich der Mantel, irgendeine von den Speisen zu essen, die der Hausherr selbst gekocht hatte, stopfte sich aber bei dem öffentlichen Empfang danach die Taschen mit Kanapees voll. Hier lebt jemand, auch wenn er vor dem Hintergrund seiner Stammeskultur als westlich gelten darf, in einer derartigen Zwangsjacke von Vorurteilen und Geschichtslügen, dass der Dialog mit ihm nur eines sein kann: elementare Aufklärung und geduldiges Stopfen der Löcher im fadenscheinigen Gewebe.«

In gewisser Hinsicht begrüßte ich diesen Ausbruch von Antipathie sogar doppelt. Es war ein ehrlicher Bruch mit dem bisherigen Austausch von Höflichkeiten, und da ich in dieser Moschee in einem grauen Hamburger Viertel wirklich Zeuge antisemitischer Tiraden geworden war, übertrug ich die Anklage auf meine Person und akzeptierte sie.

Was den Vorfall selbst betraf, so hatte ich auch schon Botschaftsempfänge miterlebt, wo belegte Brötchen in den Jacken von Diplomaten und Beamten verschwanden, und dass ein Mantel, statt zu essen, sich die Taschen vollschlug, schien mir noch kein hinreichender Beweis für seinen Antisemitismus zu sein.

Ich hörte später von Thorsten Haberland, der ja dabei gewesen war, dass der Hausherr an jenem Abend erzählt hatte, mit welcher Genugtuung er die Davidsterne auf den in Ramallah und Beirut einfahrenden Panzern betrachtet habe, was wohl der

Grund für die plötzliche Appetitlosigkeit des Mantels gewesen war.

Zurück aber in jene schäbige Moschee: Irgendetwas an mir schien meinem Freund mit dem Duschkopf den Eindruck zu vermitteln oder die Hoffnung schöpfen zu lassen, aus mir könne noch ein Kämpfer für den rechten Glauben gemacht werden, und ich gestehe, als er mir sagte, dazu müsse ich einen Sheikh in Berlin treffen, habe ich für meine Verhältnisse unglaublich schnell geschaltet und zugesagt.

Der Gedanke, die kalte und karge Erstaufnahmestelle zu verlassen und jetzt, wo die Lesereise ohnehin zu Ende war, in Berlin mein Glück zu versuchen, mein eigenes Leben wieder bei den Rockschößen zu greifen, ließ mich zu einem Taktierer werden.

Mein Glaubensbruder vermittelte mich an einen Freund, einen ›Kämpfer‹, wie er das nannte, der mich illegalerweise in seinem Wagen bei ohrenbetäubender Rai-Musik nach Berlin chauffierte, und gab mir die Adresse einer Moschee im Stadtteil Moabit, bei der ich vorsprechen sollte.

Ich gestehe jedoch, dass ich, in Berlin angekommen, es war Montagvormittag, eine Woche nach Beginn meiner Reise, nicht etwa nach Moabit suchte, sondern mich von meinem Fahrer in den Grunewald bringen ließ, und zwar direkt vor das herrschaftliche Haus, wo alles seinen Anfang genommen hatte.

Ich zitterte wie ein junges Mädchen vor dem ersten Rendezvous oder wie ein von Lampenfieber geschüttelter Mime, bevor er die Bühne betritt, als ich die Stufen zum Eingang hinaufstieg.

Ich öffnete die Tür und entdeckte, dass der Sessel am Empfang leer war. Die bebrillte blonde Dame war nicht da.

Aber was da war, das sah mein zweiter Blick durchs ausgestorbene Foyer, das war mein Mantel. Er hing, sofort wiedererkennbar, an der Garderobe. Ich näherte mich ihm auf einer fluchtbereiten Halbkreisbahn durch den Raum, pirschte mich sozusagen an ihn heran, klopfenden Herzens, und tippte ihn dann mit zwei Fingern an.

Der Stoff bewegte sich ein wenig, aber nicht anders als der Stoff jedes Mantels, wenn man ihn berührt.

434

Da überwand ich mich, riss den Mantel mit dem Mut der Verzweiflung vom Haken und warf ihn mir über. Dann schlüpfte ich mit Autorität in die Ärmel.

Er ließ es ohne Gegenwehr geschehen.

Aber ich glaubte noch nicht an mein Glück, auch traute ich meiner Wahrnehmung nicht wirklich. Ich griff mit beiden Händen in die Manteltaschen.

O welche Erleichterung! Da war sie! Meine Brieftasche! Vollständig! Meine American-Express-Karte. Da war mein Reisepass. Da war der Zettel mit den Informationen zur Lesereise. Und da war in der rechten Tasche sogar noch der Kassenbon vom Flughafen mit dem Kaufdatum:

Loden-Frey. Modell Hubertus. Sonderpreis 369 Euro.

Es war mein Mantel!

In diesem Moment trat die bebrillte junge Dame an ihren Schreibtisch. Sie sah mich von ihrer ganzen Höhe herab an, und ihr Blick hellte sich auf.

»Herzlich willkommen zurück! Ich hoffe, Sie hatten eine schöne Lesereise. Sie kommen gerade rechtzeitig zum Mittagessen. Im Speisesaal ist schon eingedeckt.«

Amal Nameh

آمال نامه

Buch der Utopie

Wisset nur, dass Dichterworte
Um des Paradieses Pforte
Immer leise klopfend schweben,
Sich erbittend ew'ges Leben.

GOETHE

Die Anfechtungen Daddschals

Ehrerbietung der Majestät des Ewigen! Schuf er nicht den Alchwarithmus des Rauschens der Flügel Gabriels, des rechten, der reines Licht ist, und des linken mit seinem finsteren Teil wie ein Fleck auf dem Gesicht des Vollmonds?

Navid, der ethische Hacker, könnte uns mit Chiffre und Wahid nachweisen, dass alles, was unsere Sinne wahr- und falschnehmen, Rauschen dieser Flügel ist, und ein Hauch in diesem Rauschen sind wir selbst.

Gehören unsere Stimmen, Worte und Taten aber zum Klang des lichten oder zum Lärm des befleckten Flügels, während wir, auserwählte und ausgequälte Frauen, berechtigte und berüchtigte Männer, begünstigte und begnadigte Tiere, allahlippste Maryamme, meschuggener Medschnun, Leibende, Ototeman, hinaufwandern den gebahnten Weg zur Tränke des Willemerbrunnens, um dort mit Salz unser inultimes Utopicknick zu feiern, bevor die Sterne sich zerstreuen und der Mondtag uns trennt?

Falsche Frage. Meint ihr denn, dass wir unsere eigenen Meister seien? Oder dass wir einen Atemzug und einen halben uns selbst gehörten?

So wenig wie die Feder, die der Schreiber führt, oder der Ball, der nicht errät, wohin er rollen wird!

Wie? Nicht gemeinsam? Die jungen Leute auf eigene Faust voraus, die Männer unter sich und die Frauen auch? Kein Liebesgeflüster auf diesem Weg? Kein »Eine Maus soll dich fressen!«. Und kein »Ich werde deine Leber essen!«? Und dennoch haben sie einer des andern Wetter. Schönes Wetter übrigens, kommende Woche soll es eintrüben, aber erst dann.

Auf dem Saumpfad am Waldrand entlang der verschnaufende Blick auf die Apfel- und Birnbäume in dem lieblichen Tal, das unterhalb des Wegs sanft abfällt bis hinunter zum Kirchturm zwischen Erlen und Buchen, und herauf weht ein Duft nach Kindheit und Heu, während aus dem Wald die Kühle der Zukunft steigt. Dazwischen halten sie kurz inne, die drei grauhaarigen Pfälzer, der Waldgänger, der Kommunitarist und der Hornochs, und diskutieren darüber, dass das Licht besteht, auch neben der gemeinen Welt. Neben den Bächen aus Blut fließt der klare Bach – ein einziger, unbedachter Schritt genügt, dass sich der reine Sinn mit Blut vermengt. Worüber sprechen hinter ihnen wohl der polnische Tischler und der phönizische Poet und worüber, auf der anderen Seite des Hügels, wo der Weg flacher ist und man das Wägelchen mit dem Essen leichter ziehen kann, Ulla und Maryam, Martha und Karoline, stöhnend und lachend, seufzend und feixend, unbeobachtet und ungestört im Freiheitsharem der unversehrten autonomen Ixe? Nur die Jungen haben auf ihrem Weg die Grenze nicht zwischen den Geschlechtern, sondern zwischen den Generationen ziehen wollen und sind schon früher los, bepackt mit den Ukulelen und dem Wein, Navid Hand in Hand mit Giselle, dahinter Susanne, die Kosmetikerin, die für Younes die Leilah gespielt hat, zwischen Ernst und ihrem freitäglichen Madschnun, dem Mechaniker mit den Mühen beim Memorieren. Kindheitsspielkameraden übrigens, bis sie die Schulwege trennten, als Ernst und Navid aufs Gymnasium kamen. Hier im Wald über dem Heimatdorf ist die alte Vertrautheit wieder wach.

Aber bevor wir alle zusammentreffen, um bei Gesang und Gespräch, mit Essen und Trinken den Abschied hinauszuzögern und an den Rand des morgigen Tags zu drängen, den es nicht gibt, versperrt uns Daddschal unsichtbar, aber schauderspürbar den Weg. Er, der uns auflauert auf dem befleckten Flügel Gabriels, lässt sich, angelockt vom Klang des Wortes Utopie, das ihm widerlich ist, die Gelegenheit nicht entgehen, das Gift des Zweifels in unsere Seelen zu träufeln, an einem Tag, an dem ihre Häutchen dünn und durchlässig sind von bevorstehendem Abschied.

Lasst alle törichte Hoffnung fahren beim Eintritt in diesen düsteren Wald, dass irgendwer oder irgendwas hinter der Schwelle wartet und alles ausgleicht, alles heilt, das Leid und den Schmerz und die Kränkungen und Enttäuschungen, denn da ist nur das höhnende Nichts, dessen Maul euch auslachen wird, bevor es euch verschlingt, und zuvor schon will ich euch aushöhlen und anfüllen mit meiner Verzweiflungsleere, fühlt ihr, wie es wehtut, euch wappnen zu wollen mit der Erinnerung an Momente des Glücks, die nicht mehr sind, tut es nur, ich weide mich an euren Zuckungen und Verrenkungen, indem ich zunächst nach den Jungen ausgreife, die schwieriger und leichter zugleich zu konfrontieren sind mit dem Blick auf die eigenen Abgründe, zu fett und fest sitzt euch noch das Fleisch der Zuversicht und Hoffnung auf den Knochen, aber ich will euch den Naivitätsschleier schon wegreißen vor den Augen, und das immer herumliegende trockene Reisig der jugendlichen Identitätsunsicherheit und der Selbstzweifel lässt sich doch zu einem schönen Seelenbrand anblasen, du da, der Vaterlose, der Bastard mit der dunklen Haut, fragst du dich nicht auch manchmal, wo du hingehörst, hierher doch nicht, sieh dich nur um, das haben die, die dich lieb- und achtlos in die Welt setzten, dir angetan, und du, mit der schamvollen Unsicherheit, wie es mit dir gemeint ist, vielleicht passt du doch besser in Moe's Taverne, und oh die Einsamkeit, die dir dann blüht in der trüben und lauen Anonymität, für die ihr beide schon ansteht, zu schwach und zu träge wie ihr seid für die große Auflehnung und die große Tat, nicht wahr, das Leben betrügt eure Erwartungen verlässlich, das wirst du ihnen bestätigen können, ich sehe, wie du leidest unter deinem grauen Haar und deiner vertrockneten Weiblichkeit, denn da ist so gar nichts, womit du das kompensieren könntest, arme Betrogene, die die Zeitläufte um einen Beruf, eine Karriere, eine Zugehörigkeit gebracht haben, stattdessen bist du weggespült worden in die Fremde in ein bis zum Ende prekäres Lebensprovisorium unter Ignoranten, die sich nicht für das interessieren, die es nicht schätzen können, was für dich das Wichtigste ist, und dort, wo du allenfalls verstanden würdest, da haben sie nicht auf dich gewartet, eine fliegende Holländerin bist du, darfst alle zehn Jahre einmal auftauchen vor der Sehnsuchtsküste, aber ein Grab gibt es dort nicht für dich, wogegen das für dich das einzige Eigentum sein wird, für den brotlosen Denker, den Versager, der sich für einen Suchenden hielt, den Idioten, der nicht mehr recht daran glauben mag, seine vertane Existenz sei für irgendjemanden auf dieser Welt hilfreich oder auch nur erwähnenswert gewesen, o du Blinder und Getäuschter und Ausgelachter, durchgereicht nach unten dein Leben lang, ohne Schwielen an den Ellbogen, die gähnende Leere um dein Totenbett sehe ich vor mir, kein Kind wird dich beweinen, warst doch auch fürs Zeugen zu weich und zu schwächlich, doch zuvor erwarten dich noch ein paar Erniedrigungen, kein Geld für die Zähne, das stinkende Mehrbettzimmer für die armen Schlucker, die Pflegegruft, wo niemand ist, dir den Speichel vom schiefen Mund zu wischen, denn niemand, dem du es rechtmachen wolltest, wird sich deiner erinnern, was für dich, alte Frau, bereits das nächste Kapitel im Buch des Lebens sein wird, das letzte, du meinst, es könne schlimmer nicht werden mit den Gebrechen des Alters, o du ahnst ja nicht, was dich noch alles treffen mag, bis du als inkontinentes, sein Seelenselbst wegbrechen fühlendes, wurmstichiges Wrack von den Brechern des Schmerzes auf dem Riff der Hinfälligkeit zermalmt wirst, du horchst schon jeden Tag in dich hinein, wo und wann es beginnt, und das vergällt dir die Stunden und presst sie in einen Schraubstock der Angst, die alles ist, was dir bleibt, das ist die Summe unterm Strich, doch vorher wirst du noch das Verkommen und Verschwinden deiner Welt wahrnehmen, all dessen, was dir wertvoll und beständig schien, zugedeckt vom Magmastrom des Fremden und Feindlichen, nur glaube nicht, es wäre dann ein Trost, die Augen schließen zu können, euereins klammert sich mit rattenhafter Gier bis zur letzten Sekunde an die letzte Planke, freiwillig gibst du ihn nicht heraus, den letzten Atem, und wirst dich am Ende noch selbst verachten für dieses würdelose Grapschen der Kreatur nach Licht und ihre Feigheit vor dem Nichts, frag nur ihn hier, er wird es dir gestehen müssen, der Idealismusidiot, der Sozialkasper, der Sisyphosclown, dem der Fels auch noch übern Fuß rollt, dass man sich lieber betrügt als der Wahrheit ins Auge zu sehen, stimmt es nicht, Biedermann, dass du den Brandstiftern in deinem Haus die Handhabung der Zündhölzer erklärt hast, dass du den putzigen Wühlmäusen beim Untergraben der Fundamente zur Hand gehst, und gib nur zu, dass du mit Angst und Schrecken auf den unvermeidlichen Tag wartest, wo die jungen Männer dort unten, die du mit Fußball zu Demokraten zu erziehen vorgibst und die jetzt schon keiner Frau die Hand reichen, die erste Joggerin überfallen und den Dealerarmeen beitreten werden, in aller Ruhe, denn in eurem gottverlassenen Nest ohne Schule, ohne Läden, ohne Zukunft, das jeder, der noch gehen kann, verlässt, gibt es auch keine Polizei mehr, die die Zeche zahlt, die du Utopiepopanz mit deinem Stückwerk 30 Jahre hast anschreiben lassen, und bald sitzt ihr allein an eurem gastlichen Tisch, der so viel dann doch nicht wert ist, dass seinetwegen einer hier wohnen bliebe, und du kannst deiner Frau zusehen, wie sie sich die Achselhöhlen und die Brust abtasten wird, ob wohl schon Knötchen sich gebildet haben, und ihr schweigt euch an, denn alles ist schon gesagt und wiedergekäut bis zum Überdruss, so wird sie verfallen, eure Illusionsmühle, zugrunde gehen wie all eure lächerlichen Bollwerke gegen die Zeit, und ihr werdet schamrot anlaufen, wenn ich euch die Bilanz eures Lebens und dieses Wochenendes aus dem Munde deines Lieblingsdichters zitiere: In den Tagen, als ihr Fall gewiss war // auf den Mauern begann schon die Totenklage // Richteten die Troer Stückchen gerade, Stückchen // in den dreifachen Holztoren, *Stückchen!*

Ihr Troer!

Trohungen, Täuschungen, Trug, der verweht und vergeht im Säuseln des Sommerlaubs über der Lichtung, auf der wir alle ein letztes Mal beisammensitzen, und der kurze Kälteschauder, der zurückbleibt, war das ein erster Vorbote des Herbstes? Noch ist es warm und die Sonne strahlt, und das sollte uns schnell wieder bewusst werden. Setzen wir Daddschal unseren Optimismus mit Trauerrand entgegen!

Und darum sagt Hermann: »Eine Utopie also? Aber eine Utopie gehört in eine Geschichte.«

Kadmos fügt hinzu: »Nur da ist sie gut aufgehoben und spendet dauerhafte Hoffnung.«

Und Maryam ergänzt: »Und deswegen erzählen wir euch jetzt eine utopische Geschichte. Sie heißt:«

Die Drei Prinz*essinnen von Serendip

Es ist eine sehr alte und weitgereiste und oft erzählte Geschichte, weshalb wir nicht dafür garantieren können, dass sich in unserer Erzählung noch alles genau so anhört wie als sie zum ersten Mal berichtet wurde. Dass es aber in ihren wechselnden Zeitkostümierungen immer die gleiche Geschichte ist, dafür wollen wir uns verbürgen, und das ist auch das Besondere an ihr: dass sie über die Berge reist, durch die Wüsten und über die Meere und bis in die Wälder sich durchschlägt, dass sie in vielen Sprachen erzählt und immer ein wenig auf die lokalen und zeitlichen Umstände abgestimmt wurde und an jedem Ort, zu jeder Zeit, ihre Zuhörer hat einfangen und inspirieren können. Was auch daran liegt, dass diese Geschichte von jedem ihrer Zuhörer um den Teil seiner eigenen Fantasie und Erfahrung weitergesponnen werden möchte. Sie ist ein Zauberbaldachin, der sich mit jedem Gast, der sich unter seinem Schatten niederlässt, weitet und ausdehnt. Weswegen wir euch auch nur wenige der berühmten Erlebnisse der hohen Geschwister ausführlich mitteilen und die übrigen nur eben erwähnen und anreißen, um euch über die Schwelle des eigenen Anfangs zu tragen.

Zum ersten Mal wurde sie – wo sonst – in Persien aufgeschrieben im berühmten *Hasht-Behesht* von Chosrau. Was aber keineswegs bedeutet, dass seine Version nicht auch schon auf anderen aufbaute, sie ausschmückte und weiterspann, die es schon lange zuvor gegeben hatte, in Indien vielleicht oder China, und definitiv gibt es auch eine von Rabbi Jochanan erzählte talmudische Spielart von ihr. Nach Europa kam die Geschichte natürlich via Venedig, wo sie von einem Armenier aufgeschrieben wurde, der sie wohl recht frei aus dem Persischen übersetzte. Dort hatte sie einen solchen Erfolg, dass sie sehr schnell und ebenso frei weitergereicht und übersetzt wurde, ins Deutsche, ins Französische und ins Englische. Sie gefiel überall, und das mag daher rühren, dass sie unter anderem die erste Detektivgeschichte der Literatur ist und genau deshalb auch die moderne wissenschaftliche Vorgehensweise begründen half.

Aber genug der Einführung. Beginnen wir unsere aktualisierte Version der Drei Prinz*essinnen von Serendip und ihrer Reise nach Deutschland.

Serendip ist ein kleines und leider auch sehr armes Land. Sein einziger Reichtum ist die gute Bildung, die jeder Einwohner seinen Kindern zukommen lässt, in der Hoffnung, sie werden damit irgendwo auf der Welt zu Wohlstand kommen und mit deren Dividenden den Daheimgebliebenen unter die Arme greifen.

Der König von Serendip machte da keine Ausnahme. Seine drei Kinder, zwei Söhne und eine Tochter, die, nebenbei gesagt, äußerst wohlgestalt waren, Haut wie Rosenblüten, Gazellenglieder, zypressenbiegsam, Ambralocken, wir müssen das nicht ausführen, ihr seht es vor euch, strahlten vor allem durch ihre Klugheit und waren von den weisesten Lehrern, die es im Land gab, erzogen worden, um schließlich wahre Spezialisten im Reiten, Tanzen, Deklamieren schöner Verse, in Fecht- und Konversationskunst, Softwareentwicklung, Lautespiel und Gesang, IT-Sicherheit, Datascience, internationalem Recht, Kochkunst, Önologie und Asienkunde zu werden.

Weswegen der König auf die für einen weitblickenden, wenn auch konservativen Monarchen naheliegende Idee kam, seine Tochter mit dem Thronfolger eines reichen benachbarten Landes zu verheiraten, um die Staatsfinanzen zu sanieren. Weil die Prinzessin wie gesagt nicht nur schön, klug, gebildet, sondern auch selbstbewusst war, verweigerte sie sich diesem Ansinnen rundheraus und machte ihrem Vater einen Gegenvorschlag: Da ihr uns von den besten Lehrern habt erziehen lassen und wir darauf brennen, unsere Kenntnisse auszuprobieren, machen wir es doch wie die anderen: Reisen wir ins Ausland und kommen mit so viel Geld zurück, dass unser Reich auch ohne Zwangsheirat überleben kann.

Die beiden Brüder waren mit diesem Vorschlag selbstredend einverstanden, denn wie ihre Schwester waren sie abenteuerlustig und neugierig. Also wurde beschlossen, nach Amerika zu reisen, wo man bekanntlich als umtriebiger Mensch rasch zu Reichtum gelangt. Unerwarteterweise war die Reise aber bereits in Deutschland zu Ende, wo sie bei der Zwischenlandung erfuhren, dass sie kein Einreisevisum für die USA bekamen. Gut, sagten sie sich, dann eben hier, obwohl sie das Land nicht kannten.

Sie verließen den Terminal auf der Suche nach einer Bushaltestelle, da entdeckten sie einen Mann, der, sich die Haare raufend und den Tränen nah, vor dem Gebäude stand, und da die drei hilfsbereite Naturen waren, erkundigten sie sich nach seinem Leid. Er schien sie zuerst nicht zu verstehen, jammerte dann aber: Mein Auto ist mir gestohlen worden! Ich war fünf Minuten in dem Gebäude, und es ist weg!

Die drei Geschwister blickten einander an.

Handelt es sich vielleicht um einen SUV? fragte der älteste Bruder.

Und zwar um einen zweifarbig lackierten? forschte der jüngere.

Und besitzt dieses Auto zufällig vier Auspuffrohre? erkundigte sich die Schwester.

Ja, genau! rief der Mann. Habt ihr ihn gesehen? Wo ist er?

Der ältere Bruder wandte sich um und deutete in die entgegengesetzte Richtung, da rannte der Mann auch schon los.

Gern geschehen, sagte die Prinzessin, und die drei setzten ihren Weg fort. Aber da war der Mann auch schon wieder neben ihnen: Da war nichts, rief er schon fast vorwurfsvoll. Ich dachte, ihr hättet mein Auto gesehen!

Nun, sagte der älteste Prinz, es ist doch ein Auto mit einer Bose-Sensurround-Anlage, nicht wahr?

Und auf dem Gummi unterhalb der linken Seitenscheibe ist alles voll Asche, meinte der zweite.

Der Mann staunte sie an: Aber wo ist es?

Die Prinzessin deutete in dieselbe Richtung wie ihr Bruder, und wieder war der Mann fort. Er war aber bald wieder da, diesmal in Gesellschaft von Polizisten.

Da, die drei müssen es gewesen sein, sagte er und deutete auf die Kinder des Königs von Serendip, und vielleicht wegen ihres fremdländischen Aussehens und ihrer exotischen Kleidung wurden sie auf die Wache des Flughafens eskortiert und dort nach dem verschwundenen Auto befragt.

Nun, sagte der ältere Bruder, das ist alles eine Frage des genauen Hinsehens

– und Kombinierens, ergänzte der zweite.

Und Deduzierens, schloss die Prinzessin.

Haben Sie den Wagen also gesehen? fragte der Polizist.

Nein, aber das äußere Profil der Reifen ist stärker abgefahren als das innere, sagte der ältere Bruder.

Und wenn mich nicht alles täuscht, sagte die Prinzessin, liegt im Handschuhfach ein kleines, als Geschenk verpacktes Schächtelchen.

Das ist der Beweis! schrie der Fahrer. Die drei haben mein Auto gestohlen!

Aber woher wissen Sie das alles, wenn Sie es *nicht* gestohlen haben? fragte der Polizist.

Ich werde das gerne erklären, sagte der ältere Bruder bereitwillig. Als wir diesen Herrn trafen, war der Umschlag seines linken Hosenbeins ein wenig hochgerutscht, wie es passiert, wenn man aus einem hohen Wagen aussteigt und mit dem Bein an der Türschwelle hinabgleitet. Dass der Wagen zweifarbig lackiert sein könne, war allerdings nur Spekulation. Es war uns nämlich die extrem ausgesuchte Kleidung des Herrn aufgefallen, Krawatte, Einstecktuch, Gürtel und Socken sind farblich aufeinander abgestimmt, und jemand mit solch ausgeprägtem Stilempfinden ist durchaus in der Lage, bei seinem Auto ähnlich zu verfahren wie bei seiner Garderobe.

Der Besitzer des verschwundenen Geländewagens blickte verblüfft an sich hinab.

Was die vier Auspuffe betrifft, erläuterte die Prinzessin, so handelt es sich um analoges Folgern. Wir sahen, dass der Herr bei unserer Ankunft eine Tablette einnahm, bei der es sich augenscheinlich, falls das keine zu indiskrete Beobachtung ist, um Viagra handelte, was wiederum bei einem noch jungen Menschen auf ein eher unterentwickeltes Selbstbewusstsein schließen lässt, das dann leicht zu überkompensatorischen Demonstrationen führt wie der, sich zwei zusätzliche Auspuffrohre an sein Auto schrauben zu lassen.

Bei der Frage nach dem Profil der Reifen, fuhr der jüngere Bruder fort, befinden wir uns aber wieder ganz auf dem wissenschaftlichen Boden der Beobachtung. Wenn Sie die Schuhsohlen des Herrn betrachten, so finden Sie an beiden leichte Spuren von Gummiabrieb, die auf eine beidfüßige Nutzung von Gas- und Bremspedal deuten, was wiederum ein Zeichen dafür ist, dass der Herr im Stile eines Rallyefahrers durch die Kurven driftet, was dann zu einer asymmetrischen Abnutzung der Reifenprofile führt.

Und die sehr potente Musikanlage erschloss sich aus seiner leichten Hörschwäche und Lautstärke, weil ihm vom Lärm in seinem Auto noch die Ohren summten –

– wogegen sich die Aschespuren am Fenstergummi aus der Tatsache erklären, dass der Herr einen starken Pfefferminzgeruch, unterlegt mit kaltem Rauch, verströmte, was darauf schließen lässt, dass er bei der Anfahrt zum Flughafen angesichts seines bevorstehenden Treffens den vollen Aschenbecher aus dem Auto gekippt hat, wobei sich aufgrund des Fahrtwindes immer Spuren und Reste an den Gummidichtungen festsetzen.

Woher wisst ihr von dem Treffen? rief der Mann schon mehr erschreckt als empört.

Simple Deduktion, sagte die Prinzessin. Sie sind hierhergekommen, um jemanden abzuholen. Pfefferminzdragees und Kleidung deuten darauf hin, dass es eine Frau ist. Ganz sicher war ich mir darüber aber erst nach einem Blick auf Ihre Nasenlöcher.

Schauen Sie, wies sie den Polizisten an, Sie sehen dort kein Härchen, dafür aber frische Wachsspuren. Wer als Mann die Tortur auf sich nimmt, sich die Nasenhaare waxen zu lassen, macht das nur, um auf eine Frau zu wirken. Ich bin mir übrigens sicher, dass sie draußen sitzt und auf ihn wartet.

Der Polizist bat einen Kollegen nachzusehen, und der betrat nach wenigen Sekunden den Raum gemeinsam mit einer sehr eleganten und gutaussehenden jungen Dame.

Der ältere Bruder nach höflicher Begrüßung: Da der Herr sich alle erdenkliche Mühe um sein Äußeres gab, als er diese Dame von ihrem Flug abholte, gehe ich davon aus, dass er ihr auch ein Geschenk mitbrachte, das er im Handschuhfach verstaut hat. Dies ist wieder Spekulation, aber vielleicht können Sie mir bestätigen, dass es sich um einen Verlobungsring handelt.

Der Mann stotterte, die junge Frau errötete und legte ihre Hand auf seine.

Allerdings, gnädiges Fräulein, wäre ich an Ihrer Stelle vorsichtig, zu schnell in den Heiratsantrag einzuwilligen, sagte die Prinzessin.

Die junge Frau starrte sie an: Aber warum?

Nun, wenn ein verliebter Mann einer Frau einen Antrag macht, dann geht er zu ihr und wartet nicht, bis ein Geschäftstermin (worauf Ihre Aktentasche deutet) sie in seine Stadt führt. Verhält es sich aber andersherum, ist der Bräutigam in spe entweder ein Stoffel, oder aber er kann es sich nicht leisten, für solch einen privaten Flug Geld auszugeben. Vielleicht weil es um seine Geschäfte, trotz des demonstrativ teuren (und unbezahlten – daher die Panik) Autos und der ausgesuchten Kleidung (die vielleicht doch nicht ganz so neu ist, denn warum sollte Ihnen sonst durch die verschlissene Hosentasche diese Münze auf den Boden gefallen sein, die aufzuheben wir uns die Freiheit genommen haben, bitte schön) nicht zum Besten steht. Und womöglich ist genau dies auch der Grund für eine Heirat mit einer wohlhabenden jungen Dame, sozusagen eine Chance, sich gesundzustoßen, wenn Sie mir den Doppelsinn dieser Worte verzeihen.

Die junge Frau starrte ihren Verlobten an, der zu Boden sah.

Der Polizist meinte trocken: Aber all das sagt uns nicht, wo das gestohlene Auto ist.

Ach, ich glaube, da kann ich helfen, sagte der ältere Bruder. Ich hatte ja schon versucht, die Richtung des großen Parkplatzes anzuzeigen. Ich nehme doch an, ein Teil dieses Areals wird dazu genutzt, abgeschleppte Fahrzeuge abzustellen. Während der Herr vor dem Terminal hielt und nach dem Ankunftsgate forschte, ist sein Wagen gewiss von Ihren Kollegen abgeschleppt worden, die wir bei unserer Ankunft patrouillieren sahen, schließlich befand er sich im absoluten Halteverbot. Ich bin sicher, diese Frage können Sie schnell klären.

Was der Polizist auch tat, woraufhin er die Anzeige zerriss und den Prinzen den Rat gab, ihr Glück als Detektive zu versuchen.

Kann man damit in diesem Land Geld verdienen? fragte die Prinzessin, die nicht vergessen hatte, welchem Zweck ihre Reise diente.

Könnten wir euch nur alles erzählen, was den Geschwistern in Deutschland noch widerfuhr, während sie doch eigentlich bloß nach einer Gelegenheit suchten, Reichtümer für ihr armes Königreich zu erwerben! Stattdessen machten sie Entdeckungen, lösten Probleme, fanden Freunde, denn der Zufall begünstigt nur einen vorbereiteten Geist, den aber beständig. Ihr müsst euch ihre Abenteuer also selbst ausknobeln und weiterspinnen, wir geben nur ganz wenige Hinweise, zum Beispiel über jenen Abend in einem Restaurant der Kapitale, als sie durch Zufall dem Schah des Landes begegneten. Stört euch nicht an dem Wort: Wir bleiben in unserer Geschichte bei der Diktion der drei Serendipianer, die aus ihrer Region nur Könige, Kalifen und Kadis kannten und denen die Feinheiten der Unterschiede von Kanzlern, Ministerpräsidenten und Oppositionsführern ebensowenig geläufig waren wie die zwischen Meuchelmord und Misstrauensvotum.

An jenem Abend revolutionierten sie nicht nur die Ess- und Trinkkultur ihres Gasthauses, als ihnen nämlich klarwurde, dass der kredenzte Wein von Reben stammen musste, die auf einem

Friedhof wuchsen, was sie daraus herleiteten, dass anders als in Serendip, wo sein Genuss die Zecher in Heiterkeit zueinander bringt, alle Gäste ernst und vereinzelt an kleinen, tristen Tischen saßen, sie klärten anhand der Runde am Nachbartisch und ihrer Gestik auch ein Mordkomplott gegen den Schah auf, der ihnen dann gestand, die Abneigung gegen seine Regentschaft rühre daher, dass er den Spiegel der Gerechtigkeit nicht mehr besitze, der, einem Übeltäter oder Rechtsbrecher vorgehalten, diesen sofort überführe und so den Frieden und das Recht im Land garantiert hatte.

Neugierig und hilfsbereit und wie immer geneigt, sich von ihren eigentlichen Zielen durch verlockende Seitenwege ablenken zu lassen, versprachen sie dem Schah, den Spiegel wieder zurückzubringen, den der Wesir einer östlichen Provinz sich zur Bändigung eines fürchterlichen Übels ausgeborgt hatte. Es tauchte dort nämlich täglich eine gigantische ausgestreckte Hand aus dem Fluss empor, turmhoch, griff sich ganz wahllos die schreckerstarrten Menschen, Frauen, Kinder, Männer, und verschwand mit ihnen wieder in der Tiefe der Fluten. Zwar bewirkte der Spiegel, wenn ein Mutiger ihn der Hand entgegenhielt, ein kurzes Zögern des Zugriffs, änderte aber nichts an ihrem unvermuteten Erscheinen, mit dem sie das Land terrorisierte.

Das grausige Schauspiel des gurgelnd aufgewühlten Wassers und die riesige ausgestreckte Hand, die aus dem Fluss auftauchte und an einem monströsen Arm in die Höhe strebte, so groß und so hoch, bis am Ufer alle in ihrem Schatten standen, beeindruckte auch die Prinzen und die Prinzessin, die all ihren Mut zusammennehmen mussten, um nicht ebenso schreiend davonzulaufen wie alle anderen.

Sie berieten einen ganzen Tag lang, wie ihr beizukommen sei. Am nächsten Morgen wartete die Prinzessin am Ufer, bis unter Rauschen und Brodeln die mordende Hand emporwuchs, visierte sie an, hielt ihrerseits den Arm hoch, aber anstatt alle fünf Finger starr auszustrecken, hob sie nur drei.

Die Riesenhand erstarrte einen Augenblick in der Bewegung, wurde mit einem Mal schlaff wie ein Gummischlauch, taumelte, verdrehte sich, sackte kraftlos in sich zusammen, patschte flach auf die Wasseroberfläche, um dann auf Nimmerwiedersehn zu versinken.

Der Statthalter, als er den dreien den Spiegel der Gerechtigkeit zurückgab, wollte natürlich wissen, wie sie die Hand bezwungen hatten.

Nun, so schwer war es nicht, erklärte der ältere Bruder. Diese Hand mit ihren fünf gestreckten Fingern war ein Symbol dafür, dass fünf Männer, die sich für einen Zweck zusammentun, die Welt erobern können.

Wir haben ihr bewiesen, sagte der zweite Bruder, dass diese Annahme ein Irrtum ist, weil nämlich schon drei Menschen, die ein Traum vereint, dafür ausreichen.

Und es müssen auch nicht alles Männer sein, fügte die Prinzessin hinzu.

Bei ihrer Rückkehr in die Kapitale jedoch fanden sie den Schah nicht etwa glücklich über die Rückkehr des Spiegels, sondern in tiefer Trauer über den Verlust einer über alles geliebten Frau, die er selbst verbannt hatte und die, kaum dass er seine Tat bereute und sie zurückholen wollte, spurlos verschwunden war.

Die Serendipianer überlegten, wie dem Manne zu helfen sei.

Die Überlieferung würde verlangen, ihm vorzuschlagen, sieben wunderschöne Paläste in allen Provinzen seines Landes erbauen zu lassen, in jedem dieser Paläste einen Monat zu verbringen und die besten Erzähler zu seiner Ablenkung und Zerstreuung zu engagieren, räsonnierte der ältere Bruder.

Und einer dieser Erzähler würde dann die Geschichte eines Herrschers und seiner verbannten Liebe erzählen, die es in ein fernes Land verschlagen, aber die ihm längst verziehen hatte, er würde erkennen, dass es seine eigene Geschichte war, die ihm da vorgetragen wurde, und sofort Boten in jenes Land schicken, um die Verlorene mit allen Ehren und Verzeihungsbitten zurückzuholen, meinte der jüngere.

Ja, sagte die Prinzessin, aber so gut kenne ich dieses Land schon, dass wir das mit den sieben Palästen hier nicht umgesetzt bekommen, und auch, was die sieben wunderbaren Erzähler angeht, bin ich skeptisch. Ich werde daher eine App entwickeln, die dem gleichen Zweck dient: sich nämlich gemeinsam derer zu erinnern und zu vergewissern, die wir verloren haben.

Gesagt getan, mit technischer und grafischer Unterstützung ihrer Brüder entwickelte die Prinzessin eine App für den Schah, mit der er seine Liebe und Trauer um die Verschwundene zelebrieren und teilen konnte, und es geschah, was geschehen musste, von einem Betrachter zum anderen, von einem Land zum nächsten, wickelte sich eine Kette von Mittrauernden, Mitsuchenden auf, und irgendwer, irgendwo, kannte die Gesuchte, stellte die Verbindung her und verhalf den Getrennten zu einem Wiedersehen und dem Land wieder zu einem glücklichen Herrscher.

Die Sache hatte aber noch einen Nebeneffekt, mit dem niemand, auch die Prinzen und die Prinzessin nicht, gerechnet hatte. Es gab ungeheuer viele Trauernde und Traurige in diesem Land, die einem Verschwundenen, einem Verschollenen, einem Verstorbenen, einem Verehrten oder einer gescheiterten Hoffnung solch ein Denkmal aus Bildern und Geschichten setzen wollten, die App wurde viral, und da die Prinzessin sich die Rechte daran hatte sichern lassen, begann das Geld bald zu strömen, und alle finanziellen Probleme des Königreichs von Serendip waren ein für alle Mal gelöst.

Ist die Geschichte damit zu Ende? Sind die Prinzen und die Prinzessin zurückgekehrt nach Serendip? Sind sie in Deutschland geblieben, dessen ein wenig naive, sehr gutwillige und so häufig traurige Menschen es ihnen angetan hatten? Haben sie geheiratet, oder fanden sie womöglich, den Wechselfällen des Lebens mit wacher Geistesschärfe ihr Glückspotential entlockend, einen praktischen Weg, Erotik und Alltag, Freundschaft und Schonung, Kreativität und Bewahrung, Heimatsehnsucht und Abenteuerlust so zu verbinden, dass sie sich gar nicht trennen mussten?

Das müsst ihr selbst weitererzählen. Unsere Geschichte wollte lediglich andeuten, was geschieht, wenn sich Zufall und Scharfsinn, wenn sich Fortuna und Klugheit paaren, denn vertraut man sich beidem an, dann macht man die schönsten Entdeckungen, mit denen man gar nicht gerechnet hat, und am Ende sind alle reicher, als sie sich je vorstellen konnten.

Bis in die Nacht hinein, bis die Sonne untergegangen ist, der Wald unter dem Vollmond in Silber zerfließt, sitzen alle zusammen und trotzen der Zeit ein Reservat des Verweilens ab, sinnieren über die Schönheit und Klugheit der Serendipianer und wie man dank ihr auch in der Fremde zurechtkommt, sich dort beliebt und unentbehrlich macht. Alle, die morgen wieder fortmüssen, der eine weiter, der andere nicht ganz so weit, tanken noch ein wenig von der Nähe, die aus Berührungen und Liebkosungen steigt wie die Sommerwärme aus dem Waldboden. Den Hinweg hatten alle in Gruppen zurückgelegt. Jetzt aber, für die Heimkehr im Mondlicht, haben sich die Paare zusammengefunden und warten ab, welchen Weg Leilah und Madschnun vorgeben (er mit dem Gitarrenkoffer, sie mit dem Tamburin).

Alle anderen schließen sich an, aber Ernst fügt wissend hinzu: »Lassen wir ihnen ein wenig Vorsprung.«

In ihrer überseligen Nacht.

Begleiten auch wir sie, liebste Freundin. Wohin aber gehen wir? Du weißt es. Eja, wären wir da!

Und so fortan.

Dank

Das vorliegende Buch ist, wie es so schön heißt, ein Werk der Fiktion, alle darin vorkommenden Figuren sind frei erfunden und jegliche Ähnlichkeit mit existierenden Menschen wäre Zufall und unbeabsichtigt.

Nichtsdestoweniger baut ein solches Werk auf der Wirklichkeit auf, und in der Wirklichkeit der letzten 15 Jahre, in denen ich mich mit seiner Thematik beschäftigt habe, bin ich vielen Menschen zu Dank verpflichtet.

Viele haben mir in ausführlichen Gesprächen die Augen geöffnet, andere geduldig meine Fragen beantwortet. Einigen verdanke ich, den Nahen Osten kennengelernt und mich dort zurechtgefunden zu haben. Viele sind auch meine Freunde und haben mir ganz beiläufig während unseres Zusammenseins Perspektiven aufgezeigt und Zusammenhänge sichtbar gemacht, von denen ich nichts ahnte. Von einigen habe ich die Gedanken, Texte und Schriften zitiert oder in meine Arbeit inkorporiert, ohne dass um der Fiktion willen ihr Name genannt werden konnte.

So habe ich unter anderem aus dem Buch »Das Rauschen der Flügel Gabriels« von Bettina Löber zitiert, aus den Textbeispielen der IS-Propagandistinnen, die Leslie Tramontini und Sabine Damir-Geilsdorf zusammengestellt haben, aus den Hofopern von Rolf Umbach, aus Gerhard Denys »Gesprächen mit Odysseus« sowie aus »Lob der Macht« von Rainer Hank.

Maryam Akhondy hat mir wertvolle Erklärungen über das Wesen und das Studium persischer Kunstmusik gegeben.

Ohne ihr aller Zutun hätte dieses Werk nicht entstehen können.

Sollte es aber misslungen sein, liegt die Schuld ganz alleine bei mir.

Bevor ich all die Namen nenne, entschuldige ich mich bei denen, die ich vergessen habe. Denn man vergisst immer jemanden. All diejenigen, die sich hier nicht finden und mir geholfen haben, mögen sich in diese Danksagung eingebunden fühlen.

Maryam A., Simon Youssuf A., Ursula A., Abbas B., Markus B., Amir Hassan C., Rachid D., Hasan D., Gerhard D., Claudia D., Mahmoud D., Ulrich E., Ali F., Eckhard F., Ameer G., Otto G., Iskander H., Rainer H., Thomas H., Mahmoud H., Iman H., Barbara K., Majid K., Hiba El K., Navid K., Assad K., Georges K., Bettina L., Luca L., Maryam M., Markus M., Bruno P., Lisa P., Sherif S., Bernd G.S., Erhard S., Faezeh S., Rolf S., Christian S., Ebrahim T., Leslie T., Rolf U.

Und ein besonderer Dank wie immer an meine Familie.

Alle anderen: Ja. Sie: Nein.
Karen Duves grandioser Roman über Annette von Droste-Hülshoff

592 Seiten, € 25

Eine junge Dichterin, die sich nicht anpassen kann. Eine Welt im Umbruch. Und eine fatale Verstrickung der Gefühle. Karen Duve erzählt gnadenlos realistisch und mit trockenem Humor von der Liebes- und Lebenskatastrophe der Annette von Droste-Hülshoff.

www.galiani.de

»Vielleicht musste man so, exakt so leben! Mit durchgedrücktem Gaspedal und immer eine Filterlose zwischen den Lippen.«

368 Seiten, € 22

Ein Roman über die Leidenschaft fürs Schreiben, die Schönheit der Chance und die Liebe zur Literatur, voller Sätze, die man am liebsten immer wieder lesen möchte.

www.galiani.de